KB058759

비이성적
암호화폐

일러두기

• 게임, 영화, 드라마, 인터넷 매체 등은 〈 〉로 묶었습니다.
• 신문, 잡지, 단행본은 《 》로 묶었습니다.
• 본문의 괄호 중 옮긴이의 말은 '옮긴이'라고 표기했고, 나머지 괄호는 저자의 말입니다.

암호화폐의 급격한 상승과 충격적인 하락

비이성적
암호화폐

NUMBER GO UP

제크 포크스 지음 | 장진영 옮김

RHK
알에이치코리아

추천사

암호화폐의 나쁜 면을 파헤쳐 눈을 뗄 수 없고 몸서리쳐지게 끝도 없이 즐거운 읽을거리를 제공한다. (암호화폐는 대체로 나쁜 면만 갖고 있다.) 이 책은 미국에서 가장 재미있는 금융 저널리스트가 현대 금융에서 가장 재미있는 이야기를 다룰 때 무슨 일이 일어나는지를 보여준다. 그 결과는 당신이 바라는 것만큼 암울하고 유쾌하다.

– 〈머니 스터프〉 칼럼니스트, 매트 레빈

이 책은 터무니없게 설득력 있다. 말 그대로 나는 이 책을 읽는 동안 잠시도 손에서 내려놓을 수 없었다. 그는 이 책에서 우리가 감히 이해할 수 없는 거대한 무언가를 포착해낸다.

– 《야망의 시대Age of Ambition》 저자이자 내셔널북어워드 수상자, 에반 오스노스

제크 포크스는 암호화폐의 뻔뻔하게 무의미하고 지독하게 비윤리적인 세계로 뛰어들었다. 그의 여정은 영웅이 걷는 여정과 다름없다.

– 《베니티 페어Vanity Fair》 특파원, 제시카 프레슬러

이 책은 흥미진진하고, 무섭고, 재미있고, 믿을 수 없고, 우울하고, 제정신이 아니다. 이 시대 최고의 비즈니스 책을 아주 가까이에서 읽고자 한다면, 이 책을 읽으라고 말하겠다.

– 뉴욕타임스 베스트셀러 《더 퍼즐러The Puzzler》 저자, A.J. 제이콥스

이 책은 금융업계를 진지하게 탐사하면서 암호화폐 업계의 격동의 시기에 관한 이야기를 놀라울 정도로 즐겁고 가볍게 들려준다. 암호화폐의 위대한 약속과 서사시적인 몰락에 관해 거의 완벽하고 예리하고 흥미로운 이야기를 전해준다.

– 《노 필터No Filter》 저자, 사라 프라이어

이 책은 불가능한 일을 해냈다. 이 책은 꼼꼼한 탐사와 거부할 수 없는 스토리텔링이 결합된 결과물이다. 이 책은 거의 완벽한 암호화폐 책이고, 암호화폐에 관해 진실을 알고자 한다면 반드시 읽어야 하는 책이다.

－《역행The Contrarian》 저자, 맥스 채프킨

암호화폐에 관해 알고 싶다면 읽어야 할 유일한 책이다. 웃고 울 준비를 해라. 당신의 모든 기대가 산산조각 날 것이다. 이 책은 우리의 부조리한 순간과 만난 감성으로 작성된 디지털 원숭이 토큰의 시대를 위한《라이어스 포커Liar's Poker》다.

－《구제불능Dead in the Water》 공동 저자, 키트 첼렐

이 책은 비현실적이고, 우습고, 지어낼 수 없는 광적인 암호화폐 붐으로 구성된 아찔한 사파리다. 바하마, 이탈리아, 그리고 캄보디아까지 전 세계를 누비며 제크 포크스는 독자를 금융업계를 발칵 뒤집어놓은 암호화폐가 누렸던 극도로 좋은 시간으로 데려간다.

－뉴욕타임스 베스트셀러 1위《악마의 거래Devil's Bargain》 저자, 조슈아 그린

이 책은 재미있고, 극도로 짜증 나고, 짜릿하고, 심오하다. 우리는 첫 번째 위대한 암호화폐 관련 책을 기다렸고, 제크 포크스가 그 책을 써냈다.

－《머니랜드Moneyland》 저자, 올리버 벌로

이 책은 암호화폐라는 대중적 환상을 이해하고자 하는 사람이라면, 반드시 읽어야 할 책이다. 그리고 우리가 스스로를 어떻게 속여왔는지를 이해하고자 하는 사람도 이 책을 반드시 읽어야 한다.

－《세상에서 제일 잘난 놈The Smartest Guys in the Room》 공동 저자, 배서니 맥린

2022년 2월 17일, 바하마 나소.

모든 암호화폐의 총 가치 2조 달러!

(그렇다! 무려 '조' 단위다.)

샘 뱅크먼-프리드Sam Bankman-Fried는 내게 "거짓말하지 않을게요"라고 말했다. 하지만 이 말은 거짓말이었다.

우리는 그의 바하마 사무실에 있었다. 나는 의자를 그의 책상 쪽으로 바짝 당겨서 앉았고 녹음기를 켰다. 나는《블룸버그》기자로 암호화폐의 정체를 밝히는 임무를 띠고, 전 세계를 휩쓸고 있는 광기에 가까운 암호화폐 열풍의 중심에 있는 이 남자를 만나기 위해서 바하마까지 날아왔다.

뱅크먼-프리드는 책상 위에 놓인 모니터 6개를 빤히 쳐다보고 있었다. 그는 마우스 스크롤을 내리며 이메일을 확인하고 있었다. 그러면서 언제나 암호화폐에 관해서 자기 생각을 솔직하게 말할 테니 자신을 믿으라고 내게 말했다. 최근 《포브스》는 그를 세계에서 가장 부유한 30대 이하 젊은이로 선정했다. 하지만 내게 그는 도서관에서 밤새워 공부하고 잠깐 눈을 붙였다가 억지로 잠에서 깬 평범한 학생으로만 보였다. 그는 후줄근했고 맨발이었다. 그는 파란색 반바지에 자신의 암호화폐 거래소인 FTX를 홍보하는 회색 티셔츠를 입고 있었다. 그의 헝클어진 곱슬머리는 그가 쓰고 있는 헤드폰 때문에 잔뜩 눌려 있었다. 그 모습은 마치 털을 깎다가 만 양 같았다. 그의 책상 위에는 병아리콩 코르마가 담긴 포장 용기가 열려 있었다. 어제 점심으로 먹다 남은 듯했다.

나는 이 암호화폐 천재 소년의 프로필을 작성할 계획이었다. 29세의 어린 나이에 돈의 미래를 간파한 듯 보이는 그는 혜성처럼 등장해서 금세 유명인이 됐다. FTX가 언젠가 월가를 점령할 것이라는 그의 말이 그럴듯하게 들릴 정도였다. 그는 최소 200억 달러의 자산을 가지고 있었다. 그런데 그는 자신은 부자가 됐기 때문에 그 정도는 포기할 수 있다고 의기양양하게 이야기했다. 그는 도요타 코롤라를 탔고, 주로 그의 책상 옆에 놓인 사무실 빈백에서 잤다.

그의 이야기는 거부할 수 없었다. 그런데 문제는 그의 이야기가 진실이 아니란 것이었다. 언론과 정계, 그리고 벤처캐피털리스트와 투자은행은 하나같이 그를 자애로운 영재라고 칭송했다. 그를 디지털 시대의 워런 버핏이나 JP모건이라고 불렀다. 하지만 그는 아무도 모르게 수십억 달러에 이르는 고객들의 돈으로 나쁜 거래에 투자하고 유명인 광고를 제작하고 어느 마약 두목과 경쟁하듯 미친 듯이 섬을 사들였다.

참고로 내가 바로 이 모든 것을 만천하에 폭로한 장본인이다. 역사에 길이 남을 엄청난 사기 사건 중 하나를 꿰뚫어 보고 밝혀낸 영웅이나 다름없는 취재기자가 바로 나였다. 하지만 처음에 나 역시 다른 모든 사람처럼 감쪽같이 속았다. 나는 버니 매도프Bernie Madoff 이후로 등장한 희대의 사기꾼 옆에 앉아 있었다. 내가 앉은 자리에서는 그의 이메일, 내부 채팅방, 그리고 거래 기록이 훤히 보였다. 하지만 나는 그가 무슨 꿍꿍이인지 전혀 알 수 없었다.

"저를 정보원으로 사용하세요"라고 뱅크먼-프리드가 두꺼운 양말을 발목까지 바짝 끌어올리며 말했다. "그게 제가 이 세상에 전하고픈 가장 중요한 것 중 하나에요"라고 그가 덧붙였다.

"그거 말이 되네요"라고 나는 다정하게 고개를 끄덕이며 그에게 말했다.

내 나름대로 의심스러운 부분이 있었다. 암호화폐 세계를 조사하기 시작한 날부터 내가 본 것은 위험을 알리는 적기뿐이었다. 어째서 모든 암호화폐 기업은 악명 높은 역외 규제 피난처에 자리하고 있는 것일까? 수백억 달러의 가치를 지닌 것으로 추정되는 닥치는 대로 발행되는 이 모든 가상화폐와 관련해서 무슨 일이 일어나고 있는 것일까? 그것 위에 금융의 미래를 세우기에는 그 기반이 너무나 위태롭지 않나? 이 모든 것이 그저 사기이지 않을까?

하지만 내가 뱅크먼-프리드의 바하마 은신처를 방문했을 때, 금융 세계의 논리는 이미 무너졌다. 암호화폐가 무엇을 위한 것인지 아는 사람은 거의 없었다. 심지어 소위 전문가라는 사람들도 암호화폐를 제대로 설명하지 못했다. 그렇게 많은 암호화폐가 가치를 지니는 이유도 명확하지 않았다. 하지만 2020년부터 2022년 초반까지 비트코인Bitcoin과 도지코인Dogecoin, 솔라나Solana, 폴카도트Polkadot, 스무스러브포션Smooth Love Potion 등 요상한 이름의 코인 수백 개의 가격은 계속 올랐다. 내가 바하마에 있는 동안에도 코인 거래 규모는 무려 5,000억 달러에 달했고, 모든 코인의 시장 가치는 2조 달러를 넘어섰다.

암호화폐를 열렬히 지지하는 사람들은 자신들이 금융을 민주화하고 암호화폐를 믿는 사람들에게 막대한 부를 안겨다 줄 혁명을 선두에서 이끌고 있다고 주장했다. 가격이 천정부지로 치솟는 암호화폐의 굉음에 암호화폐에 의문을 제기하는 의심의 목소리는 묻혔다. 블록체인Blockchain, 디파이Defi, 웹3Web3, 메타버스Metaverse 등 도저히 이해할 수 없는 용어가 생겼다. 이 용어가 무엇을 의미하느냐는 요점에서 벗어난 질문이었다. 신문, TV, 그리고 소셜 미디어는 잠재적인 투자자들에게 이것들에 투자해서 엄청난 부자가 됐다는 평범한 사람들의 이야기를 마구 쏟아냈다.

암호화폐는 게임을 하는 족족 당첨되도록 조작된 거대한 슬롯머신 같았다. 전 세계의 수억 명이 유혹에 굴복하고 암호화폐라는 슬롯머신의 손잡이를 당겼다. 모두가 누군가 그렇게 해서 대박을 터트렸다고 알았다. 그렇게 점점 더 많은 사람이 암호화폐를 샀고, 암호화폐의 가격은 점점 더 올랐다.

하지만 대중은 현실 세계에서 실제로 암호화폐를 사용하겠다고 움직이지 않았다. 예를 들어서 카르다노 코인Cardano coin을 사용하겠다고 신용카드를 자르고 은행 계좌를 없애고 달러나 유로를 버린 사람은 아무도 없었다. 하지만 암호화폐 붐을 만들어낸 장사치, 광신자, 기회주의자 그리고 뻔뻔한 사기꾼은 믿을 수 없을 정도로, 상상할 수 없을 정도로, 그리고 불가능할 정도로 부자가 됐다.

뱅크먼-프리드는 무려 FTX 동료 5명이 억만장자라고 내게 말했다. 암호화폐 기업 단 한 군데에서 말이다. 합법적인 사업계획을 가지고 있는 많은 수익성 없는 스타트업 기업들은 수십 억 달러의 가치가 있었다. 바이낸스Binance라는 암호화폐 거래소의 공동 창립자인 자오창펑Zhao Changpeng은 960억 달러로 추정되는 부를 얻었다. 그 액수가 너무나 커서 암호화폐와 관련해서 망상이라고 오해할 정도의 황당무계한 이야기마저도 합리적인 이야기로 들릴 지경이었다. 암호화폐의 미친 듯한 부상을 막을 수 있는 것은 그무엇도 없는 듯했다.

물론 그 모래성이 무너지기 전까지는 그러했다. 2022년 여름부터 많은 암호화폐 기업이 사기꾼으로 드러났다. 암호화폐 거품이 터졌다. 약 2조 달러의 시장 가치가 사라졌다. 암호화폐로 막대한 부를 축적한 억만장자들이 파산했다. 수백만 명의 평범한 사람들은 암호화폐 투자로 평생 모은 돈을 잃어버렸다. 사기꾼들이 날뛰도록 내버려 뒀던 금융 당국은 마침내 법의 철퇴를 그들에게 가할 때가 됐다고 판단했다. 뱅크먼-프리드와 그와 관련된 많은 사람이 체포됐다. 그렇다고 암호화폐가 완전히 사라진 것은 아니었지만, 적어도 암호화폐를 둘러싼 열기는 한풀 꺾였다.

이것은 역사상 유례가 없는 전 세계 금융시장을 휩쓴 가장 뜨거운 금융 광기에 관한 이야기이다. 이 이야기는 암호화폐 산업의 은행으로 불렸던 테더Tether코인에 대한 조사에서 시작됐다. 취재는 맨해튼에서 시작해서 마이애미, 스위스, 이탈리아, 바하마, 엘살바도르 그리고 필리핀까지 이어지는 2년간의 대장정이었다. 이 이야기는 도박꾼부터 코드 설계자, 기획자, 그리고 억만장자까지 암호화폐 산업 곳곳에 몸담았던 수백 명의 사람과 진행한 인터뷰를 기반으로 한다. 나는 암호화폐 광기가 절정에 다다랐을 무렵에 그들의 요트와 파티장을 찾아갔고, 금융 당국이 법망을 조여올 때는

비이성적
암호화폐

그들의 은신처를 찾았다.

나는 처음부터 암호화폐에 투자하는 것은 꽤 멍청한 짓이라고 생각했다. 그런데 알고 봤더니 내가 생각했던 것보다 훨씬 더 멍청한 짓이었다. 그토록 얄팍한 계략으로 그렇게 엄청난 부가 생성된 적은 단 한 번도 없었다. 하지만 내가 충격을 받았던 것은 암호화폐의 광기 이면에 있는 지적이지 않은 사람들이었다. 그들의 부주의가 전 세계의 많은 사람을 비탄에 빠뜨렸다. 결국에 나는 캄보디아까지 갔고, 거기서 암호화폐 때문에 중국 갱단이 대규모 인신매매를 자행하는 사건까지 취재하기에 이르렀다.

2021년 11월 나는 암호화폐 거품이 곧 붕괴될 것이라는 전제하에 이 책 원고를 집필하겠다고 출판사에 소개했다. 당시는 암호화폐 투자 열풍이 거의 절정에 이른 시기였다. 그리고 나는 참사나 다름없는 후폭풍을 연대순으로 기록했다. 그로부터 3개월 뒤에 나는 뱅크먼-프리드의 바하마 사무실에 그와 함께 있으면서, 그의 곱슬곱슬한 머리 뒤에 있는 컴퓨터 화면을 쳐다보고 있었다. 나는 바로 눈앞에서 희대의 사기가 벌어지고 있다는 사실을 꿈에도 알지 못했다. 사실 그 당시에 나는 암호화폐 붐이 왜 일어났는지를 알아내지 못할까 봐 걱정하던 참이었다.

나는 거대한 암호화폐 산업이 본질적으로 피라미드 구조를 지녔을 것이라고 상당히 확신했지만, 암호화폐 거품은 그때까지도 붕괴되지 않았다. 암호화폐 산업은 여전히 건재했다. 암호화폐 투자 열풍이 내 기사 마감 기한을 지나서까지 유지될 가능성은 농후한 듯 보였다. 그게 아니라면 암호화폐의 추종 세력이 더 커져서 그 무엇도 암호화폐 열풍을 막지 못하는 지경에 이를지도 몰랐다. 나는 내 책이 어떤 식으로 결말을 맺게 될지 도저히 알 수 없었다.

몇 시간 동안 대화를 한 뒤에 나는 뱅크먼-프리드에게 조언을 구하기로 결심했다. 이것은 절반은 인터뷰 전략이었고, 절반은 진정한 도움을 요청하는 외침이었다. 나는 그가 자신이 몸담은 암호화폐 산업이 정말로 사기라고 말할 것이라고 기대하지 않았다. 하지만 나는 그가 나에게 옳은 방향을 짚어줄 수 있는지 알고 싶다. 그래서 나는 내 기사가 안고 있는 모든 딜레마를 그에게 솔직하게 털어놨다. 나는 그에게 내가 세운 가설을 들려줬다. 내 가설은 다른 암호화폐의 근간이 되는 소위 안전한 암호화폐 은행으로 여겨지는 테더코인은 사기일 가능성이 있고, 그것이 암호화폐 산업 전체를 붕괴시킬 수 있다는 것이었다.

뱅크먼-프리드는 내가 틀렸다고 말했다. 암호화폐는 사기가 아니고, 테더코인 역시 사기가 아니라고 그는 말했다. 하지만 그는 나의 의문에 전혀 기분이 상하지 않았다. 그는 내가 가진 문제가 무엇인지 완전히 이해했다고 말했다. 그러고 나서 그는 무언가를 했는데, 그 당시에 나는 그의 행동이 이상하다고 전혀 생각하

비이성적
암호화폐

지 못했다. 하지만 지금 내가 알고 있는 사실을 바탕으로 생각해 보면, 그가 은근슬쩍 자백하려고 했던 것은 아니었는지 의구심이 생긴다.

그에게 내가 세운 가설을 더 설명하려고 했는데, 뱅크먼-프리드는 고개를 끄덕이며 불쑥 끼어들었다. 그의 목소리는 한층 쾌활했다. 그는 "'세상에나, 이건 세계 최대 폰지Ponzi 사기나 다름없잖아!'라는 식으로 기사가 흘러가면 훨씬 더 흥미진진해지겠어요. 그렇죠?"라고 말했다.

그렇다. 그리고 정말 그랬다.

차례

[1]
신비로운
코인

NUMBER GO UP

"내가 바로
노스트라다무스다!"

2021년 1월 뉴욕 브루클린.

코로나 팬데믹이 한창이던 2021년 1월, 제이가 고등학교 동창들이
모여 있는 그룹 채팅방에 메시지 한 통을 올렸다. 그 메시지에는 자
신이 '멍멍이 코인'이라는 것에 몇백 달러를 투자했는데, 우리도
자기처럼 거기에 투자해야 한다는 내용이 적혀 있었다. 이어서 제
이는 "내가 아는 거라곤 이름밖에 없어. 그냥 너무 지루하잖아"라
고 메시지에 썼다.

그런데 제이는 자신이 투자한 코인의 이름도 제대로 모르고
있었다. 제이가 투자한 코인은 'Dogecoin'이라 쓰고 '도지코인'

비이성적
암호화폐

이라고 읽는 암호화폐였다. 도지코인은 그 유명한 곁눈질하는 시바견 밈을 기반으로 발행된 암호화폐였다. 한낱 개 농담에서 시작된 이 암호화폐가 어떻게 금융자산으로 변신했는지를 정확하게 이해하지 못한다고 해서 걱정할 건 없다. 실상, 도지코인을 만들어낸 장본인조차도 어떻게 된 일인지 전혀 이해하지 못했으니 말이다. 대부분의 암호화폐처럼 도지코인은 '매출'이나 '수익'을 발생시키지 않았다. 그러니 도지코인이 그 어떤 가치를 지닐 리 만무했다.

나는 제이에게 이 모든 이야기를 해줬고, 농담으로 도지코인은 재미도 없다고 말했다. 제이는 내 말을 귓등으로도 안 들었다. 그는 "나도 이게 얼마나 멍청한 짓인지 잘 알고 있어. 그래서 이게 웃긴 거야"라고 대답했다.

제이가 타락한 도박꾼은 아니었다. 그는 근사한 보스턴 교외에 수영장이 딸린 집을 갖고 있었고, 2개의 자선 위원회에서 활동하는 36세의 전문직 종사자였다. 제이는 우연히 레딧Reddit(사용자가 웹사이트에 글을 등록하면 다른 사용자가 '업' 혹은 '다운'을 선택해 투표하고, 이 순위에 따라서 글이 메인 페이지에 등록되는 소셜 뉴스 웹사이트-옮긴이)에서 도지코인에 관한 글을 읽게 됐고, 어떤 이유에선지 다른 사람들도 이 시답잖은 개 농담을 기반으로 발행된 도지코인을 살 것이라고 확신하게 됐다. 그런데 이것이 정신 나간 생각은 아니었다. 코로나19로 봉쇄조치가 내려졌던 동안에 수백만 명이 로빈후드Robin hood와 코인베이스Coinbase와 같은 주식이나 암호화폐 거래앱을 다운로드 했다. 그리고 너무나도 무료하고 돈이 절실했던 사람들은 앱에서 매수 버튼을 마구 누르기 시작했다. 게다가 이 시기에 트레이더들은 트위터와 레딧으로 모여들었다. 그들은 거기서 다 망해가는 게임스탑GameStop의 주가를 10배 이상 끌어올려 월가를 충격에 빠뜨렸고, 게임스탑이 파산할 것이라는 데 베팅했던 헤지펀드들을 파산 지경까지 몰고 갔다. 그들은 이 '재미 삼아 산다'는 허무맹랑한 정신상태로 암호화폐에 투자하기 시작했다.

도지코인이 그룹 채팅방에서 정치와 아재 개그를 대체했다. 제이는 우리에게 도지코인이 나스카 대회(미국 내 대표적인 자동차 경주 대회로 F1, 카트와 더불어 세계 3대 자동차 경주 대회로 꼽힘-옮긴이)에 참가하는 어느 레이서를 후원하고 있다는 메시지를 보냈다. 그 무렵에 나는 일론 머스크마저 도지코인에 대해서 이런저런 이야기를 하고 있다는 것을 알고 있었다. 도지코인의 가격이 1페니에서 2센트, 3센트 그리고 5센트로 오르자, 나는 슬슬 짜증이 났다. 제이는 돈을 벌고 있는데 나는 한 푼도 벌지 못하고 있기 때문이 아니었다. 그것은 도지코인에 대한 내 생각이 옳다는 것을 내가 너무나도 잘 알고 있었기 때문이었다. 솔직히 말해서 조금은 제이가 돈을 벌어서 배가 아픈 것도 있었다.

제이에게 도지코인에 투자했다는 첫 번째 메시지를 받고 며칠

이 지난 뒤에, 나는 〈드러지 리포트Drudge Report〉(미국 인터넷 뉴스사이트로, 주로 파격적인 특종을 터트려 화제가 되고 있는 인터넷신문-옮긴이)의 첫 화면에 미소 짓는 시바견을 봤다. 〈드러지 리포트〉의 첫 화면에 '레딧 광기가 도지코인 열풍을 일으키다! 도지코인의 가치가 수십억 달러에 이르르다!Reddit Frenzy Pumps Up Dogecoin! Now Worth Billions!'라는 제목의 기사가 대문짝만하게 실려 있었다. 제이는 마침내 갖고 있던 도지코인을 팔았고 수천 달러의 수익을 벌었다. 그러고 나서 그는 나를 약 올릴 속셈으로 도지코인으로 번 수익으로 간 디즈니월드에서 시간을 보내는 사진을 보내며 "처음에 버리는 셈 치고 도지코인에 단돈 10달러라도 투자하라던 내 말을 들었다면, 너도 지금쯤이면 그때보다 최소한 500달러는 더 부자가 됐을 거야"라는 메시지를 덧붙였다. 그리고 이어서 "내가 바로 노스트라다무스다!"라고 메시지에 썼다.

제이는 자신이 운이 좋았다는 사실을 인정하지 않을 것이다. 그는 오르는 도지코인 가격이 자신이 군중 심리를 빠삭하게 이해하고 있다는 증거인 양 행동했다. 나는 암호화폐의 열렬한 지지자 대부분이 제이처럼 현실과 어안이 벙벙해질 정도로 상당한 거리감을 가진 것은 아닌지 의구심이 들었다. 그들 역시 오르는 암호화폐 가격이 자신들이 천재라는 것을 증명한다는 듯이 행동했다. 그런데 점점 많은 사람이 그렇게 생각하고 행동했다.

나를 제외한 모두가 코로나 지원금이나 은퇴자금을 이용해서 암호화폐에 투자하고 있는 듯했다. 사람들이 내게 암호화폐에 투자해야 하느냐고 물을 때마다, 나는 암호화폐에 투자하는 것은 너무나 위험하다고 말했다. 하지만 그 누구도 내 조언을 듣지 않았다. 내가 거주하는 브루클린에서도 어떤 이웃은 암호화폐에 투자해서 부엌을 고칠 정도로 충분한 수익을 올렸다. 심지어 암호화폐에 투자해서 번 수익으로 집을 사서 다른 곳으로 이사를 간 이웃도 있었다.

최악인 것은 내가 이런 종류의 일에 소위 전문가란 사실이었다. 나는 월가 사기꾼과 약한 사람을 등쳐먹는 기술기업을 조사하고 보도하는 일을 했다. 그렇다고 나는 비정한 탐사보도 기자는 아니었다. 나는 그저 3명의 자녀가 있는 미니밴과 7단 자전거를 타고 다니는 서른일곱 살의 아빠였다. 심지어 나는 더블A 배터리 한 팩을 살 때도 습관처럼 온라인 후기를 읽어보는 사람이었다. 몇 달 전에 나는 브루클린의 악덕 사채업자의 사무실 밖에서 첫 번째 잠복근무를 시도했다. 그런데 나는 어이없게도 첫 잠복근무에서 실수를 저질렀다. 눈에 띄지 않으려고 얼굴에 난 모든 털을 밀었는데, 내가 잠복근무를 한 곳이 수염이 텁수룩한 하시디 유대인들이 모여 사는 동네였다. 이렇게 잠복근무에는 어설프지만, 나는 사기를 조사하고 폭로하는 기사를 꽤 잘 쓰는 기자였다. 나는 사기꾼들이 법적 허점을 어떻게 교묘하게 이용하는지를 밝혀내고, 그들의 이해하기 어려운 계약서를 낱낱이 파헤치고, 그들의 해외에 이름뿐인 껍데기 회사를 추적하는 도전을 즐겼다.

그런데 암호화폐는 내게 이와 같은 매력을 지닌 기삿거리가 아니었다. 직장에서 암호화폐 이야기가 나올 때마다 나는 그저 외면했다. 내겐 모든 것이 너무나 명백했다. 암호화폐는 뻔할 정도로 쓸모없었다. 그런데도 사람들은 어쨌든 암호화폐를 사고 있었다. 암호화폐 사기를 만천하에 밝히기 위해서 애써서 기사를 쓰는 기자는 타코벨을 깎아내리는 음식 평론가나 다름없는 듯했다.

제이와 입씨름을 한 뒤로 암호화폐에 구미가 당기기 시작했다. 나는 제이와 암호화폐를 옹호하는 다른 모든 사람에게 그들이 틀렸다는 것을 증명하고 싶어졌다. 그로부터 몇 달 뒤인 2021년 5월, 드디어 《블룸버그 비즈니스위크》 편집자가 내 책상을 지나치면서 암호화폐와 관련된 업무를 내게 제안했다. 그때 나는 암호화폐와 관련된 그 어떤 업무든지 맡을 준비가 되어 있었다.

"스테이블코인stablecoins에 대해서 뭐 아는 게 있어요?"라고 그가 내게 물었다.

솔직히 말해서 나는 스테이블코인에 대해서 아는 것이 별로 없었다. 하지만 가격이 오를 수밖에 없는 여느 암호화폐와 다르게, 그것은 코인 한 개당 1달러라는 고정된 가치를 지니고 있어서 스테이블코인이라고 불린다는 것 정도는 알고 있었다. 미화 1달러가 각각의 코인을 담보하기 때문에 그 암호화폐는 안정적이었다. 그 당시에 가장 유명한 스테이블코인은 바로 테더코인이었다.

테더는 암호화폐 세계의 중심에 있는 듯했다. 테더코인의 일일 거래량은 그 어떤 암호화폐의 일일 거래량보다 많았다. 트레이더들은 테더코인을 사용해서 재빠르게 이 거래소에서 저 거래소로 자신들의 자금을 이동시켰고, 암호화폐 세계에 발을 걸친 채로 소위 안전한 자산인 테더코인에 자신들의 투자금을 잠시 맡겼다.

나는 550억 개의 테더코인이 유통되고 있다는 사실을 알고 놀랐다. 이 유통량은 테더를 미국에서 50번째로 큰 은행으로 만들어놨다. 이것은 사람들이 테더코인을 발행하는 테더에 550억 달러를 송금하고, 그 대가로 실제로 존재하지도 않는 550억 개의 테더코인을 받았다는 의미이기도 했다. 테더는 안전한 투자상품에 550억 달러를 넣어뒀다고 주장했다. 하지만 실상, 그 누구도 그 돈이 어디에 있는지 알지 못했다.

몇 시간 뒤 구글은 테더가 엄청나게 수상하다고 밝혔다. 테더 임원 중 한 명은 성형외과 출신의 이탈리아 전자기기 수입업자였다. 그는 마이크로소프트 소프트웨어 모조품을 판매하다가 붙잡힌 전력이 있는 인물이었다.

그리고 테더 창립자 중에 아이스하키를 주제로 제작된 디즈니 TV 시리즈 〈마이티 덕The Mighty Ducks〉에 아역으로 출연했던 인물도 있었다. 내가 테더 웹사이트에서 찾은 낡은 문서에는 암호화폐 매수가 안고 있는 리스크가 목록으로 정리되어 있었다. 테더가 파산하거나 테더 자금을 소유한 불특정 은행이나 정부가 테더 자산을 몰수할 수 있다고 적혀 있었다. 그리고 리스크 목록의 가장 마지막에 '회사가 지급준비금을 갖고 도망칠 수 있다'라고 적혀 있었다. 나는 마지막 리스크를 따로 메모해뒀다.

나는 어느 국가의 금융 당국이 테더를 감독하고 있는지 알 수 없었다. 어느 팟캐스트에 출연한 테더 대리인은 테더가 영국령 버진아일랜드 금융조사국에 등록되어 있다고 말했다. 하지만 해당 기관의 국장인 에롤 조지Errol George는 자신들이 테더를 감독하지 않는다고 내게 말했다. "우리는 테더를 감독하지 않고, 한 적도 없습니다"라고 그는 말했다.

실제로 테더코인의 가치를 담보하는 것은 아무것도 없으리라 의심하는 비판가들이 많았다. 일부는 테더가 난데없이 코인을 만들어서 전체 암호화폐 시장을 지탱하고 있다고 주장했다. 그들이 옳다면, 그리고 테더코인이 담보 없는 폰지 사기에 지나지 않는다면, 그것은 역대 최대의 사기 사건 중 하나가 될 것이었다.

이것은 온라인 악플러들이 내세우는 음모론이 아니었다. 테더코인을 둘러싼 우려가 미국 정부의 최고위층에게까지 다다랐다. 몇 달 뒤 재닛 옐런Janet Yellen 재무장관이 테더에 대해 의견을 나누기 위해서 연방준비제도이사회 의장, 증권거래위원회 회장과 그 외 미국 금융 당국 수장 6명을 소집했다는 소식을, 나는 도저히 믿을 수가 없었다.

터무니없는 시점에 긴급회의가 소집됐다고 생각했다. 당시에 물가는 치솟았고, 코로나 감염자 수 폭증이 경제 회복을 위협했다. 이런 상황에서 옐런 재무장관은 〈마이티 덕〉 야역 출신이 생각해낸 디지털 화폐에 대해서 금융 당국 수장들과 이야기를 나누고자 했다. 이는 운동장에서 하던 눈싸움이 과열돼 걷잡을 수 없는 상태에 이르자, 핵전쟁을 피하려고 합동 참모 본부를 수집한 꼴이었다.

금융 당국도 테더의 수십억 달러에 이르는 돈이 어디에 있는지 알고 싶어 했다. 하지만 그들은 설령 테더가 진짜고 실제로 550억 달러라는 거액을 어딘가에 안전하게 보관하고 있다 할지라도, 테더의 덩치가 너무 커져서 미국 금융 시스템 전체를 위태롭게 만들 수 있다고 생각했다. 그들은 테더 뱅크런 사태가 발생할 수 있다고 두려워했다. 테더코인을 보유한 사람들이 테더가 정말로 수십억 달러의 자금을 잘 보관하고 있는지 걱정하기 시작하면, 그들이 자신들이 보유한 테더코인을 현금화하기 시작할 수 있었다. 그러면 테더가 자금이 바닥날 수 있다는 공포가 커질 것이고, 우려하던 뱅크런 사태가 일어날 수 있었다. 실제로 뱅크런 사태가 발생했을 때, 미리 현금화하지 않아서 아무짝에 쓸모없는 테더코인을 손에 쥐고 있는 주인공이 자신이 되기를 바라는 사람은 아무도 없을 것이다.

비이성적
암호화폐

투자상품에 돈이 묶여 있다면, 테더는 헐값에 투자상품을 급매 처분해야 할 것이다. 이렇게 되면 같은 상품에 투자한 다른 기관은 손해를 보게 된다. 2008년 미국 경제를 붕괴시켰던 금융 위기가 이런 식으로 발생했다. 당시에 어느 펀드 회사가 모든 자금을 휴지 조각에 지나지 않는 서브프라임 모기지에 꼬라박았는지를 아는 사람은 아무도 없었다. 극심한 공포가 금융 시스템을 타고 사회 전반으로 퍼졌고, 은행이나 펀드 회사를 대상으로 뱅크런 사태가 연이어 일어났다.

"공황 상태에 빠지면 모든 것이 무너지고 모두 연방정부가 자신들을 구제해주길 바랍니다"라고 옐런 재무장관이 소집한 회의에 참석했던 금융 당국 인사가 내게 말했다. "만약 암호화폐 시장이 고립된 시장이라면, 그냥 내버려 둘 수 있을지도 모릅니다. 하지만 금융 시스템에서는 시장 하나가 딸꾹질을 하면 다른 시장에 영향을 미치기 시작하죠. 이런 걱정을 하라고 돈 받는 사람들이 바로 우리입니다"라고 그는 덧붙였다.

테더는 내가 흥미롭다고 생각하는 미스터리의 일종이었다. 그리고 테더가 암호화폐 가격을 천정부지로 끌어올리는 신비로운 힘일 수도 있을 것 같았다. 테더가 사기로 드러난다면, 암호화폐 거품이 완전히 붕괴되고 모든 암호화폐의 가격이 폭락할 것이라고 생각했다. 여기에 도지코인도 포함될 것이고, 심지어 우리의 '노스트라다무스'도 내가 옳았다고 인정해야 할 터였다. 그래서 나는 테더의 자금흐름을 추적하기 시작했다.

사람들이 550억 달러라는 거액을 사실상 위험 신호를 알리는 붉은 기를 얼기설기 엮어서 만든 듯한 기업에 보냈다는 사실은 정말 믿기 어려웠다. 하지만 매일 암호화폐 거래소에서 트레이더들은 달러만큼이나 안전하다는 듯이 테더코인을 사고팔았다. 테더코인 거래는 아주 빈번하게 일어났고, 어느 날에는 테더코인 거래액이 1,000억 달러를 넘어서기도 했다. 암호화폐 시장에 사활을 건 사람들은 테더를 철석같이 믿는 것 같았다. 나는 그 이유를 알고 싶었다.

운 좋게 2021년 6월, 1만 2,000명의 암호화폐 지지자들이 사상 최대 규모의 암호화폐 콘퍼런스라고 불리는 행사에 참석하기 위해서 마이애미로 몰려들었다. 초청 연사에는 론 폴Ron Paul, 트위터 공동 창립자 잭 도시Jack Dorsey, 그리고 왜 연사 명단에 포함됐는지 이해할 수 없는 스케이트보더 토니 호크Tony Hawk가 있었다. 그러니 내가 어떻게 이 행사에 참석하지 않을 수가 있었겠는가.

비이성적
암호화폐

[2]
숫자 상승 기술

NUMBER GO UP

가격은 계속 오른다

범죄 소설가인 칼 히아슨Carl Hiaasen은 자신이 사는 플로리다를 두고 이렇게 썼다.

"미국에서 꿍꿍이가 있는 자들은 모두 오래지 않아서 이곳 플로리다에 나타났고, 그들은 여기서 포식할 기회를 얻었다." 그가 책에서 말한 꿍꿍이가 있는 자들에는 부정직한 경찰, 부패한 정치인, 그리고 마이애미에 스카이라인이 들어설 자금을 댔던 코카인 밀거래자들이었다. 내가 참석했던 암호화폐 콘퍼런스인 비트코인 2021에 참석한 많은 사람들도 그가 묘사한 인물들의 면면에 딱 들어맞았다.

행사장에 도착하기 전에 나는 암호화폐에 대해서 굉장히 회의

비이성적
암호화폐

적이었다. 그리고 내가 테더에 대해서 알게 된 사실은 그런 회의와 의구심을 해소하는 데 아무 도움이 안 됐다. 하지만 마이애미에서 나는 암호화폐의 진정한 신봉자들에게 둘러싸이게 될 것이었다. 이들은 암호화폐를 비주류 시장에서 주류 시장으로 끌어올리고 기관 투자자와 개인 투자자로부터 더 많은 자금을 끌어들이기 위해서 애쓰는 사람들이었다. 그들은 암호화폐를 지탱하는 '블록체인 기술'이 머지않아서 모든 금융거래를 이끄는 원동력이 될 것이라고 주장했다.

콘퍼런스에서는 최초 그리고 최대 암호화폐인 비트코인만이 독점적으로 다뤄질 예정이었다. 하지만 콘퍼런스는 코로나 백신이 나온 뒤로 처음으로 개최된 대규모 행사 중 하나였기 때문에, 나는 암호화폐 산업에 속한 사람이라면 누가 됐든지 행사에 참석하리라 생각했다. 나는 자신이 개발한 앱을 홍보하는 기술자들의 피칭piching(아이디어나 사업아이템 등을 투자자에게 전달하는 프레젠테이션-옮긴이)을 정중하게 듣고 나서 그들에게 테더에 대해서 아는 게 뭔지 물어볼 작정이었다.

행사가 열리고 있는 창고처럼 생긴 마나 윈우드 컨벤션 센터에 도착했을 때, 나는 뙤약볕 아래에서 수천 명이 행사장 안으로 들어가기 위해서 길게 늘어선 줄이 눈에 들어왔다. 뱀처럼 구불구불 늘어선 줄은 최소 1마일(약 1,600미터) 정도는 되어 보였다. 그 줄은 생쥐가 그려진 원색 벽화와 놀라서 툭 튀어나온 눈으로 엉

엉 울고 있는 광대 벽화를 지나서 길게 이어졌다. 참석자들은 '가난하게 잘 살아라HAVE FUN STAYING POOR'와 같은 암호화폐 슬로건이나 영어단어 'hold'의 오타에서 유래된 암호화폐를 절대 팔지 말고 보유하고 있으라는 의미로 사용되는 밈인 '존버Hodl'가 적힌 티셔츠를 입고 있었다. 일부는 자신들이 제일 좋아하는 코인을 홍보하는 티셔츠를 입었다. 더 많은 주목을 받기 위해서 경쟁이라도 하듯이 코인에는 최대한 멍청한 이름이 붙어 있었다. 콘퍼런스가 진행되는 동안에 일론 머스크가 컴로켓CumRocket이라 불리는 코인을 참조한 듯한 그림문자(물방울, 로켓, 달)를 트위터에 올렸고, 컴로켓의 가격이 4배 치솟았다.

현장 분위기는 기술 콘퍼런스보다는 축제에 더 가까웠다. 출입구 근처에서 나는 '현금은 쓰레기'라는 라벨이 붙어 있는 쓰레기통에 베네수엘라 화폐인 볼리바르가 가득찬 것을 봤다. 그리고 토니 호크가 스케이트보드 기술을 뽐낼 수 있도록 스케이트보드 경사로가 설치되어 있었다. 문 안쪽에는 몸에 비트코인 로고를 그린 모델들이 행사장을 걸어 다녔다. 그들은 암호화폐 기업, 명품 시계, 그리고 마이애미 나이트클럽을 홍보하는 부스를 지나쳤다. 그리고 행사장 안에서 거의 모두가 마스크를 끼지 않은 상태였다. 나는 분위기에 녹아들기 위해서 쓰고 있던 마스크를 벗었다. 곳곳에서 매캐한 향수 냄새가 났다. 이 냄새가 오히려 내게 안도감을 안겨줬다. 적어도 냄새를 맡을 수 있는 것을 보니, 내가 코로나에

걸리지 않았구나, 라고 생각했다.

마이애미에서 이 이상한 행사가 개최된다는 것은 결코 우연이 아니었다. 마흔두 살의 프란시스 수아레즈Francis Suarez 마이애미 시장이 첫 번째 연사였다. 그가 주황색의 거대한 비트코인 로고 'B' 앞에 설치된 무대로 걸어 나오자 테크노 음악이 울려 퍼졌다. 그는 특별한 티셔츠를 입고 있었는데, 그 티셔츠에는 '내가 어떻게 도와줄까HOW CAN I HELP'라는 문구와 함께 네온색으로 '마이애미 바이스'가 새겨져 있었다.

수아레즈 마이애미 시장은 "이곳 마이애미는 자본의 수도가 된다는 것이 무엇을 의미하는지를 정확히 이해합니다. 그것은 바로 비트코인의 수도가 되는 것입니다"라고 선언했다.

수아레즈 마이애미 시장은 시청 직원들에게 비트코인으로 급여를 지급하고, 비트코인을 벌금과 세금의 지불 수단으로 채택하고, 심지어 시가 직접 비트코인에 투자하고 싶다고 선언했다. 샘 뱅크먼-프리드의 암호화폐 거래소 FTX는 작명권을 얻기 위해서 시가 소유하는 마이애미 히트의 NBA 경기장에 무려 1억 3,500만 달러를 지불했다. 수아레즈 마이애미 시장은 그 돈을 총기 난사 반대 운동과 청소년의 하계 인턴십 프로그램을 위해 쓸 것이라고 말했다.

그는 비트코인을 의심하는 사람들을, 맑은 날에도 침수되는 거리를 지적하며 기후변화에 대응하라고 자기를 괴롭히는 마이애미에 존재하는 회의론자들과 동일시했다. 콘퍼런스가 개최된 주간 동안 거리가 침수되는 일이 생기자, 미육군 공병대는 비스케인 만에 20피트(약 6미터) 높이의 방파제를 설치할 것을 촉구하는 보고서를 발표했다. 이렇게 방파제를 설치하게 되면 마이애미 금융지구에서 바다를 내다볼 수 없게 된다. "여기 어디 물이 있나요? 저는 모르겠어요. 여기 물이 어디 있나요?"라고 수아레즈 마이애미 시장이 콘퍼런스에 참석한 군중에게 농담을 던졌다.

그의 뒤를 이은 연사들은 하나같이 비트코인에 대해서 열변을 토했고, 너무나 열정적이어서 수아레즈 마이애미 시장이 비트코인을 상당히 비관적으로 바라보는 사람처럼 보일 정도였다. 일부는 비트코인이 마스터카드와 비자를 대체하여 자유롭고 즉각적인 금융거래를 가능하게 할 것이라고 말했다. 일부는 비트코인이 은행 계좌가 없는 전 세계 수십억 명에게 금융 시스템에 접근할 수 있는 기회를 제공할 것이라고 말했다. 그들의 말을 듣고 있노라면, 비트코인으로 못할 게 없는 것처럼 느껴졌다. 무대에 선한 팟캐스터는 비트코인을 '인간이 만든 부패하지 않는 최초의 돈이자 사회기관으로 인간 역사에서 가장 중요한 발명품'이라고 칭했다.

연사 대부분이 중앙은행과 인플레이션을 반대했다. 그들은 '명목 화폐'를 혐오했다. 명목 화폐는 중앙은행이 발행하는 화폐를 뜻한다. 다시 말해서 거의 모든 현대 통화가 명목 화폐에 속한다. 그들은 명목 화폐가 인플레이션부터 영양실조까지 모든 사회 해악의 원흉이라 손가락질했고, 실물 자산이 화폐에 대해서 지급 보증을 해주던 시대로 회귀할 것을 촉구했다. (그러나 거의 모든 경제학자가 이런 형태의 금융 시스템은 금융 위기로 이어질 가능성이 크다고 믿는다.) 다만 이번에는 비트코인이 금을 대신하게 될 것이었다.

"비트코인이 틀림없이 모든 것을 바꿀 것입니다"라고 홀치기
tie-dye 염색한 티셔츠를 입고 삭발한 머리에 도를 터득한 도사처럼 긴 수염을 지닌 잭 도시가 무대 위에서 말했다.

마이애미 행사에 초청된 연사들은 비트코인이 복잡하고 혁명적인 기술, 사실상 신성한 기술처럼 이야기했다. 비트코인은 이해할 수 없다는 점이 비트코인의 고유한 장점이나 다름없었다. 비트코인 지지자들은 마침내 비트코인을 이해하게 되는 그 순간을 종교적 가르침을 깨닫는 순간에 비유했다. 숨 가쁘게 이어지는 비트코인에 대한 찬사 때문에 나는 더 혼란스러워졌다. 정확하게 비트코인이 무엇인지 또는 블록체인이 어떻게 작동하는지 더 알 수 없었다. 나는 나중에야 암호화폐가 그렇게 복잡한 기술이 아니라는 것을 알게 됐다. 적어도 그것이 중요하지 않다는 것도 이해하게 됐다.

블록체인은 데이터베이스다. 열이 2개인 스프레드시트가 있다고 생각해보자. 여기서 A열에는 사람 이름이 적혀 있고, B열에는 그들이 보유한 자산을 나타내는 숫자가 적혀 있다.

A열	B열
제크	0.647
샘 뱅크먼-프리드	1,000,000

비트코인 블록체인에서 B열에 적힌 숫자는 비트코인을 의미한다. 그리고 A열에 적힌 사람은 이름 대신에 무작위 문자 나열로 기록된다. 이게 다다. 이것이 바로 비트코인이다. 스프레드시트에 적힌 숫자가 비트코인이다. 이것 말고 다른 것은 없다. 스프레드시트 없이 비트코인은 존재하지 않는다. 도지코인 블록체인에서도 B열에 적힌 숫자가 도지코인을 의미할 것이다. 테더코인도 이와 마찬가지로 스프레드시트에 적힌 숫자에 불과하다. (엄밀히 말해서 블록체인은 소프트웨어가 이런 스프레드시트와 같은 것에 지금까지 이루어진 모든 거래를 꼼꼼히 작성한 목록이라고 할 수 있다.) 다음 장에서 이것이 무슨 말인지를 정확하고 자세하게 설명하겠다. 최대한 재미있게 설명하겠지만, 원한다면 해당 부분을 건너뛰어도 좋다. 이 정도만 알아도 당신은 비트코인과 블록체인의 전문가다.

이처럼 2개 열로 구성된 목록은 언제나 금융 시스템의 핵심이었다. 각 고객이 돈을 얼마나 가졌는지를 기록하는 것은 은행의 가장 중요한 기능이다. 나는 이것을 몇 년 전에 금융 지식을 얻기에는 적절하지 않은 TV쇼 〈새터데이 나이트 라이브〉를 보면서 알게 됐다.

이 코미디 TV쇼의 첫 코너에 살찐 은행원이 등장한다. 그는 양복 조끼를 입고 머리를 뒤로 말끔하게 넘겼다. 베토벤의 '환희의 송가'가 연주되며 그는 직원으로 가득한 강당에서 연설을 한다. 거기 모인 직원 중 한 명은 웃지 않으려고 부단히 애쓰는, 양끝이 위로 말려 올라간 콧수염이 있는 윌 페렐Will Ferrell이다. 은행원은 둥근 안경 너머로 눈을 가늘게 뜨면서 자신이 월가를 지탱하는 가장 중요한 원리를 이야기하고 있다고 말한다. "우리는 고객 목록을 작성하고, 그들 각자가 우리에게 돈을 얼마나 맡겼는지를 기록합니다"라고 그가 말한다. "우리는 이 목록을 안전한 장소에 보관할 것입니다"라고 덧붙이자, 그곳에 모인 직원들은 심각한 표정으로 고개를 끄덕인다. 은행원은 이 목록의 중요성을 재차 강조한다. 그는 "고객의 이름과 그들의 투자 액수가 적힌 이 목록을 각별히 유의해서 관리하고 있습니다. 이 목록을 잃어버리면, 그 즉시 은행은 망할 것입니다"라고 말한다. 그러고 나서 또 다른 규칙에 대해서 말한다. "제가 비서와 섹스를 하는 동안에 아내에게서 전화가 오면, 저는 이사회에 참석하고 있다고 말합니다. 그래야 아내 몰래 비서와 계속 섹스할 수 있을 테니까요."

그런데 이게 사실이라서 웃기다. 은행이 고객 이름과 그들이 맡긴 돈이 적혀 있는 목록을 잃어버린다면 정말 큰일이다. 은행이 이 목록을 잘 작성하고 보관하려고 최선을 다하겠지만, 인류 역사가 이어지는 동안에 주기적으로 닥쳐온 금융 위기는 일부 이기적이고 비서와 섹스를 일삼는 금융가에게 평생 모은 돈을 맡기지 않는 편이 더 나은 몇 가지 이유를 보여준다.

블록체인의 기술적 혁신은 고객이 서로 모여서 이 목록을 함께 관리할 수 있도록 했다는 점이다. 더는 은행원이 필요가 없다. 가령 내가 계좌에서 비트코인 1,000개를 다른 사람의 계좌로 보낼 때 비서의 몸을 만지는 은행원에게 전화할 필요가 없다. 내 컴퓨터는 비트코인 네트워크에 접속된 모든 컴퓨터에 내가 거래를 한다고 알린다. 말하자면, 비트코인을 거래하는 모든 사람에게 "이봐, 나는 비트코인 1,000개를 내 계좌에서 다른 계좌로 보낼 거야"라는 메시지를 보내는 것이다.

이런 아이디어가 어디서 나온 것일까? 비트코인, 그러니까 최초의 암호화폐는 그 유명한 투자은행 리먼브라더스가 무너진 뒤 서브프라임 모기지 사태가 최고조에 이르렀던 2008년 핼러윈에 태어났다. 사토시 나카모토Satoshi Nakamoto라는 이름으로 불리는 개인 혹은 집단이 암호 메일 목록에 메시지 하나를 게재하면서 시작됐다. 나카모토는 "순전히 P2P 기반의 전자 현금 시스템은 금융기관을 거치지 않고 온라인 결제를 직접 상대방에게 보낼 수 있게 해준다"라고 메시지에 썼다.

그 누구도 이 인물이 누구인지 몰랐다. 하지만 그의 아이디어는 자유의지론자, 기술광, 그리고 정부가 통제할 수 없는 자유 시장을 온라인 세계에 만들 방도를 찾는 사이버펑크에게 매력적이었다. 그들은 금융거래가 더도 덜도 말고 익명으로 이뤄진다는 부분을 마음에 들어 했다. 나카모토의 아이디어는 암호 기술 리스트 서브(특정 주제에 관한 내용을 다수에게 메일링할 수 있는 네트워크-옮긴이), 온라인 게시판, 그리고 잘 알려지지 않은 인터넷 시스템을 통해서 널리 퍼져 나갔다. 코드 설계자와 암호 기술 전문가는 나카모토가 오픈소스 비트코인 소프트웨어를 개발할 수 있도록 자발적으로 도왔다. 그러던 2011년 나카모토와의 통신이 갑자기 중단됐고, 오픈소스 비트코인 소프트웨어 개발에 자발적으로 동참했던 사람들이 나서서 해당 네트워크를 유지하고 관리하게 됐다. 그 이후로 나카모토에게 어떤 소식을 들은 이는 아무도 없었다.

비트코인은 나카모토가 거래 목록을 보호하기 위해서 개발한 시스템 때문에 특히 자원자의 지원에 기댔다. 그런데 문제는 누군가가 같은 비트코인을 동시에 두 번 사용하려고 시도할 수 있다는 점이었다.

이 '이중 지출 문제'를 방지하기 위해서 비트코인이 사용한 해결책은 '채굴'이었다. 채굴은 믿기 어려울 정도로 복잡하고 혼란스러운 방식이었다. 그리고 비트코인 채굴에는 전기가 과도하게 사용돼서 백악관은 비트코인 채굴이 기후변화를 늦추려는 미국의 노력에 방해가 될 것이라고 경고할 정도였다. 이는 마치 세상에서 가장 지루하고 디스토피아적인 공상과학 영화에서나 나올 법한 이야기였다.

그럼에도 이게 무엇인지 한 번 설명해보겠다. 거래 메시지가 충분하게 들어오면, 비트코인 네트워크에 연결된 채굴기라는 컴퓨터들이 메시지를 일괄처리하기 위해서 '블록'이란 것에 받은 거래 메시지 묶음을 저장한다. 그들은 내가 실제로 비트코인 1,000개를 갖고 있고 다른 누군가에게 그것을 이미 보내지 않았다는 것을 확인한다. 그러고 나서 그 블록을 공식화하여 이미 존재하는 블록으로 구성된 목록, 즉 블록체인에 삽입한다.

하지만 채굴자는 그저 해당 거래가 유효한가에 대해서 투표만 하지 않는다. 여기에는 그 표를 집계하는 시스템에 대한 신뢰가 요구된다. 그 대신에 채굴자는 무작위 숫자를 생성하기 위해서 말이 안 될 정도로 어려운 추리 게임을 풀어야 한다. 2023년부로 추리 게임을 풀어낼 확률은 1 대 75해(해는 10의 24제곱-옮긴이)였다. 추리 게임에서 승리한 채굴자는 블록을 만들어내고 원장을 업데이트할 기회를 얻게 된다. 그리고 그에 대한 보상으로 추리 게임을 푼 이후에 자동으로 느닷없이 새롭게 발행된 비트코인 6.25개를 받는다. 더 많은 채굴자가 유입되면 추리 게임의 난이도는 자동으로 올라간다.

초기에는 비트코인을 채굴하는 것 말고 그것으로 할 수 있는 것이 많지 않았다. 사람들은 가정용 컴퓨터로 비트코인을 채굴했다. 비트코인 채굴은 모형 기차나 아마추어 무선 장비처럼 괴짜의 취미 활동이었다. 비트코인의 가치는 거의 없는 것이나 다름없었다.

하지만 2011년 비트코인의 익명성을 이용한 웹사이트가 다크웹에 갑자기 등장했다. 그것은 실크로드Silk Road라는 웹사이트였고, 약물을 거래하는 이베이라고 할 수 있었다. 판매자는 마리화나, 헤로인, 엑스터시, 그리고 코카인을 실크로드에 게시했고, 비트코인을 받고 약물을 팔고, 우편으로 약물을 구매자에게 배송했다. 비트코인 50개로 환각제 100마이크로그램을 구매한 초기 실크로드 이용자는 "미래에 있는 것 같았습니다"라고 말했다.

실크로드는 비트코인이 상업적으로 사용된 첫 번째 사례였다. 약물 구매자는 다크웹에서 약물을 구매하기 전에 직접 비트코인 채굴기를 설치하지 않았다. 그들은 초보적인 거래소에서 현금으로 비트코인을 구매했다. 비트코인에 대한 수요가 형성되면서 비트코인 가격이 오르기 시작했다.

비트코인은 실크로드와 단단히 엮이게 됐다. 그리하여 실크로드를 만든 로스 울브리히트Ross Ulbricht가 2013년 10월에 체포되자, 비트코인 가격이 곤두박질쳤다. 하지만 그로부터 불과 한 달 뒤에 비트코인 가격이 이상하게 10배로 올랐고 1,000달러 선을 넘어섰다. 비트코인으로 큰돈을 번 백만장자가 뉴스에 등장하기 시작했다. 월가의 기존 금융기업들은 이 현상을 지속 불가능한 거품으로 봤다. 하지만 이것은 비트코인이 훨씬 더 많은 관심을 받는 기회가 됐다. 몇 년 뒤에 연구자들은 비트코인 가격의 급등이 가짜 트레이더들과 가격 조작의 결과라고 했지만, 이미 비트코인으로 부자가 될 수 있다는 생각이 대중의 뇌리에 깊이 박힌 때였다.

2021년 마이애미에서 비트코인 콘퍼런스가 개최될 무렵에 비트코인 한 개가 3만 9,000달러에 거래됐다. 그리고 내 계좌로 전체 비트코인 블록체인에 존재하는 비트코인을 보내려면 6,910억 달러가 필요했다.

이것은 나카모토의 천재적인 설계와 지금까지 비트코인 시스템을 구축하고 유지하는 데 자발적으로 참여한 코드 설계자의 노고에 대한 찬사였다. 하지만 이런 설계는 의도하지 않은 결과로도 이어졌다. 비트코인은 엄청난 환경 오염을 발생시켰다.

비트코인 시스템은 경제적 인센티브에 달려있다. 비트코인 거래를 확인하는 채굴자는 막대한 자금을 투자했다. 그들은 추리 게임에 참여해 비트코인을 채굴하기 위해서 컴퓨터를 구입했다. 그러므로 거짓 거래를 입력해서 비트코인의 신뢰를 훼손하는 것은 그들에게 경제적으로 합리적인 결정이 아닐 것이다. 하지만 새롭게 발행된 비트코인을 보상으로 받기 위해서, 무작위 문자열로 이뤄진 연산 문제인 추리 게임을 풀기 위해서 수많은 컴퓨터를 가동시키는 것은 경제적으로 합리적인 결정이라고 할 수 있다. 누군

비이성적
암호화폐

가가 "일주일 24시간 동안 자동차를 공회전시켜서 스도쿠를 풀어 내면 헤로인을 살 수 있다고 생각해 봐"라는 메시지를 트위터에 올린 유명한 일화가 있다.

듣기만 해도 환경에 나쁘겠다는 생각이 들 것이다. 실제로 이는 환경 오염을 일으킨다. 비트코인 가격이 오르기 시작하자, 경쟁이 치열해졌고 취미 삼아서 비트코인을 채굴하던 사람들이 경쟁에서 밀려났다. 불과 몇 년 안에 기업은 비트코인 채굴을 위한 연산 문제를 푸는 데 특화된 컴퓨터를 판매하기 시작했다. 비트코인 채굴자는 선반 가득 비트코인 채굴 전용 컴퓨터를 설치하고 가동하기 시작했다. 그러자 창고가 이런 컴퓨터가 설치된 선반으로 가득 찼다.

결국 비트코인 채굴은 환경적 재앙이 됐다. 채굴자는 값싼 전기를 얻기 위해서 전 세계를 뒤졌다. 그들이 비트코인 채굴장을 설치한 거의 모든 곳에서 현지인들이 비트코인 채굴에 반대했다. 뉴욕 나이아가라 폭포 주변에 사는 사람들은 비트코인 채굴자가 돌리는 강력한 냉각팬이 폭포의 굉음을 집어삼킬 만큼의 엄청난 소음을 발생시킨다고 토로했다. 비트코인을 채굴하기 위해서 컴퓨터를 돌릴 때 발생하는 열기를 식히기 위해서는 거대한 냉각팬이 필수였다. 정확하게 말해서 환경 보호주의로 알려지지 않은 중국마저 과도한 전력 사용 때문에 비트코인 채굴을 금지했다. (물론 텍사스는 비트코인 채굴을 환영했다.)

다른 암호화폐는 전력을 덜 쓰는 인증 시스템을 채택했지만, 비트코인은 나카모토의 채굴 시스템을 변경하길 거부했다. 그래서 비트코인 채굴에 사용되는 에너지 사용량을 줄일 방도가 없었다. 연산 문제의 난이도가 대단히 높았기 때문에 그 누구도 비트코인 시스템을 해킹할 엄두를 못 냈다. 연산 문제의 악명 높은 난이도는 전기 먹는 하마나 다름없는 비트코인 채굴 전용 컴퓨터에겐 인센티브나 다름없었다. 일부는 비트코인 채굴에 재생에너지를 사용하려고 시도했지만 2023년 비트코인 채굴에 사용되는 전력량의 약 85퍼센트가 석탄과 천연가스로 만들어낸 에너지에서 나왔다. 일부 추정치를 근거로 비트코인 채굴에 사용되는 전력량은 인구 4,600만 명의 아르헨티나가 소비하는 전력량에 맞먹었다.

이 모든 이야기가 정신 나간 소리로 들릴 것이다. 그렇다. 나도 그렇게 생각한다.

이 모든 것에 근본적인 부조리가 존재한다. 비트코인 블록체인에 기록된 숫자는 달러를 의미하지 않는다. 심지어 금융 시스템과의 내재적 연결성이 전혀 없다. 비트코인이 도지코인이나 다른 데이터베이스에 기록된 숫자보다 더 가치가 있어야 할 이유는 없다. 그런데 왜 누군가는 금전적 이득을 위해서 블록체인에 더 높은 숫자를 기록하기 위해서 그토록 많은 석탄을 태우는 것일까?

비이성적
암호화폐

처음에는 비트코인이 주류 금융 시스템의 일부가 된다면 비트코인의 가치가 오를 것이란 이론이 있다. 비트코인이 우수한 금융 기술이라면 많은 사람들이 금융거래에 비트코인을 사용하고 싶어할 것이고, 만약 많은 사람들이 비트코인을 사용하길 원한다면, 그들은 먼저 비트코인을 구매해야 할 것이다.

이런 일이 일어나지 않자, 비트코인 관계자들은 비트코인을 '디지털 황금'이라고 부르기 시작했다. 나카모토의 설계는 비트코인의 전체 공급량을 2,100만 개로 제한했다. 그들은 이 제한된 공급량이 비트코인 가격이 오를 수밖에 없는 이유라고 주장했다. 하지만 물론 무언가의 공급량이 제한적이라고 해서 그것이 가치 있는 것이 되지는 않는다. 예를 들어서 픽사는 처음에 〈토이스토리〉 VHS비디오 테이프를 겨우 2,100만 개 제작했지만, 이베이에서 3달러만 주면 원본을 구입할 수 있다.

비트코인을 믿는 사람들에게 가격 상승은 그 자체의 정당성이 되었다. 마이애미에서 열린 비트코인 콘퍼런스에서 많은 연사는 비논리적인 추론을 전개했다. 비트코인 가격이 이미 올랐기 때문에 앞으로 그 가격이 오를 것이라고 주장했다. 그들은 이러한 순환논법으로 비트코인에 대한 의혹을 불식시키고 풍요가 무한하게 흘러넘치는 미래로 나아가자고 주장했다. 결국에 이것은 '숫자는 오른다Number go up'라는 비트코인의 만트라가 됐다.

'숫자는 상승한다'라고 암호화폐 거래소인 크라켄Kraken 임원인 댄 헬드Dan Held가 비트코인 2021의 무대에서 선언했다. "숫자 상승 기술은 매우 강력한 기술이다. 여기서 숫자는 가격이다. 가격이 오를수록, 더 많은 사람이 가격을 인식하게 되고 가격이 계속 오르기를 기대하며 비트코인을 구매할 것이다"라고 그는 말했다.

내가 무슨 소리를 듣고 있는 것인지 믿을 수가 없었다. 나는 컴퓨터 과학자가 아니지만, 가격은 오른다는 개념을 그 어떤 이유에서라도 '기술'이라고 부를 수 없다는 것은 안다. 비트코인이 발명되고 13년이 흘렀다. 비트코인이 실크로드라는 웹사이트에서 처음 사용된 이후로 아이폰에 설치된 앱에서 거래되기까지 이 정도의 시간이 흘렀다. 비트코인은 앞으로 계속 부풀어 오를 금융 거품이라는 것이 비트코인을 두고 할 수 있는 최고의 주장이지 않을까?

하지만 '숫자 상승'은 일종의 광신적인 숭배 대상이 됐다. 그것은 숭배자들에게 신비롭고 보이지 않는 신을 선사하며, 사토시 나카모토가 완전히 사라지고 그의 또는 그녀의 진짜 정체가 드러나지 않도록 도왔다.

우레와 같은 박수 소리가 터져 나왔을 때, 사회자가 그날 행사의 주인공 2명을 소개하는구나, 라고 생각했다. 통로는 사람들로 발 디딜 틈이 없었다. 비트코인 팟캐스터 맥스 카이저Max Keiser가 흰색 정장을 입고 보라색 선글라스를 낀 채로 쿵쾅거리는 EDM

에 맞춰서 먼저 무대 위로 올라왔다. "그렇지! 그거야!"라고 그가 주먹을 공중으로 추켜올리며 소리쳤다. 그 순간에 댄스음악이 서서히 멈췄다. 이 행사가 개최되기 얼마 전에 일론 머스크는 환경에 대한 부정적인 영향 때문에 테슬라는 비트코인을 받지 않을 것이라고 말했다. 카이저는 자신이 기르던 개가 차에 치이는 모습을 목격한 억만장자처럼 몹시 화를 냈다. "우리는 팔지 않을 것이다! 우리는 팔지 않을 것이다! 엿 먹어라, 일론 머스크! 엿이나 처먹어라, 일론 머스크!"라고 그는 격렬히 외쳤다.

이어서 마이클 세일러Michael Saylor란 이름의 56세 임원이 무대에 올랐다. 그는 위아래로 검은색 옷을 입고 있었고 검은색 가죽 부츠를 신고 있었다. 카이저는 그를 '기가 채드giga-chad'라고 불렀다. 채드란 남성성이 넘치는 상남자를 지칭하는 인터넷 속어다. 무모한 일중매매(초단기간 내에 주가나 거래량 등의 기술적 지표에 의해 시세차익을 얻는 초단타매매 기법-옮긴이)가 남자다움으로 통하는 비트코인 콘퍼런스의 기준으로 보면, 그는 실로 진정한 상남자였다.

더 정확하게 설명하자면, 세일러는 행사장에서 가장 크게 망한 사람이었다. 그는 무대 위에서 연설하는 동안 이것에 대해서 언급하지 않았지만 그의 소프트웨어 회사인 마이크로스트레티지 MicroStrategy는 인터넷이 떠오르는 신기술로 각광 받던 시기에 닷컴버블로 인해서 거의 파산할 뻔했다. 닷컴버블이 터지기 직전인

2000년 그는 《더 뉴요커》와의 인터뷰에서 "어느 날 아침에 잠에서 깨어 거울 속 나 자신을 보며 '150억 달러를 몽땅 잃어버렸다. 150억 달러를 휴지 조각인 것처럼 화장실 변기에 넣고 물을 내려버린 사내다'라고 말하는 날이 오지 않기를 바랄 뿐입니다"라고 말했다. 인터뷰에서 그 말을 한 이후 그는 135억 달러를 잃어버렸다.

그러나 마이크로스트레티지는 살아남았고, 몇 년 동안 세일러는 서서히 대중의 관심에서 멀어졌다. 그러다가 그는 비트코인을 사들이기 시작했다. 그는 갈수록 비트코인을 더 사들였다. 비트코인 콘퍼런스가 마이애미에서 열릴 무렵에 그는 마이크로스트레티지 자금 중 20억 달러를 비트코인을 사들이는 데 사용했다.

세일러는 레이저 아이즈laser eyes(프로필 사진을 레이저 눈으로 바꿔 자신이 비트코인 투자자라는 사실을 밝히고, 비트코인의 상승을 기원하는 일종의 밈-옮긴이)를 트위터 프로필 사진으로 올렸다. 그것은 암호화폐 신봉자의 광적인 믿음을 상징하는 것이었다. 이 사진을 올린 사람은 비트코인 한 개가 10만 달러를 호가할 것이라고 믿는다는 의미였다. 세일러는 알 수 없는 비트코인 경구를 트위터에 올리기 시작했다. 예를 들면, "비트코인은 지혜의 여신을 섬기고, 지혜의 불에 땔감을 던져넣고, 모든 암호화된 에너지 벽 위에서 기하급수적으로 더 현명해지고 더 빨라지고 더 강력해지는 사이버 말벌 떼다"와 같은 말이었다. 행사장에 모인 군중의 웅성거림

비이성적
암호화폐

이 잦아들고 그가 정색한 채로 비음이 섞인 목소리로 연설을 할 때, 그의 철학은 훨씬 더 불안정하게 들렸다.

"비트코인을 식물로 생각해볼 수 있습니다"라고 세일러가 무대에서 말했다. "저는 저의 통화력, 저의 생명력을 비트코인에 주입합니다. 그리고 저는 비트코인이 앞으로 1000년을 살도록 내버려 둡니다. 1000년 동안 사는 것은 괜찮습니다. 영원히 부자로 사는 게 뭐가 잘못됐나요?"라고 그는 덧붙였다.

나는 칡처럼 자라나는 영원한 삶과 돈이 그다지 매력적이라고 여기지 않는다. 하지만 잠깐이나마 어두운 행사장에서 진정한 비트코인 신봉자들과 함께 앉아 있으니, 나는 전형적인 퇴직 계좌에 돈을 넣고 있는 내가 호구처럼 느껴졌다. 하지만 내게는 해야 할 일이 있었다. 나는 그곳에 테더를 알아내기 위해서 갔다.

마이애미 여행에 앞서서 나는 콘퍼런스 참석자 모두를 찾아봤다. 테더와 사업을 했고 테더에 대해서 뭔가를 알고 있을 만한 사람을 만나서 몇몇과 인터뷰를 진행하려고 했다. 우선 동료가 샘 뱅크먼-프리드와 잠깐 만날 수 있도록 자리를 주선해줬다. 그의 암호화폐 거래소인 FTX는 테더코인을 가장 많이 취급하는 거래소로 알려져 있었다.

나는 그와 '기업 어음'에 대해서 이야기하고 싶었다. 기업 어음은 재고나 급여와 같은 고정적인 지출을 조달하는 데 사용하도록 기업에 제공하는 단기 대출을 지칭하는 월가 용어다. 테더는 300억 달러 상당의 기업 어음을 보유하고 있다고 주장했다. 이로써 테더는 찰스 슈왑Charles Schwab 및 뱅가드Vanguard와 함께 7번째로 많은 기업 어음 보유자였다. 하지만 몇몇 동료와 나는 월가 트레이더들을 조사했는데, 그들 중 그 누구도 테더가 기업 어음 시장에 투자하고 있다고 생각하지 않았다. 기업 어음 전문가는 내게 "서로 알고 있는 사람들이 투자하는 작은 시장입니다. 새로운 진입자가 있다면, 그게 누군지 그 바닥에 있는 사람은 다 잘 알죠"라고 말했다.

일부는 테더가 기업 어음이라고 부르는 것이 실제로는 FTX와 같은 암호화폐 거래소에서 발생한 채무라고 추정했다. 그렇다면 월가에서 테더와 기업 어음 거래를 하지 않는 사람이 아무도 없다는 것이 설명된다. FTX가 테더에 "10억 달러를 지불하겠다"는 메모를 보내기만 하면, 테더는 그 메모를 받는 즉시 테더코인 10억 개를 발행해서 FTX에 보낼 수 있다. 어려울 것 없다.

우리는 사람들로 북적이는 따로 마련된 미디어룸에서 만났다. 그곳은 동물원이었다. 암호화폐를 전문적으로 다루는 웹사이트에서 나온 기자들로 가득했다. 근육질의 암호화폐 팟캐스터가 몸에 딱 붙는 검은색 티셔츠를 입고 의기양양하게 미디어룸을 걸어 다녔다. 그의 양옆에는 비슷한 차림의 근육질 도우미들이 있었다. 또 다른 남자는 인터뷰를 하는 동안에 복슬복슬한 개를 데리고 있었다.

뱅크먼-프리드는 콘퍼런스에 참석하기 위해서 FTX가 소재한 홍콩에서 왔다. 그는 마이애미 히트의 경기장 이름을 아메리칸 에어라인즈 아레나에서 FTX 아레나로 바꾸는 행사를 축하하기 위해서 그곳에 온 것이었다. 우리가 인터뷰를 위해서 서로 마주 앉았을 때, 그는 정신이 없어 보였다. 그와 겨우 몇 분 동안만 같이 있을 수 있었기 때문에, 나는 바로 테더가 그에게 차용증서를 받고 테더코인을 FTX에서 발행했을 것이라는 가설을 이야기했다. 그는 내게 그 가설은 사실이 아니라고 확언했다.

"우리는 테더에 많은 돈을 송금했습니다"라고 그가 말했다. 그는 내게 자신이 테더코인을 다시 테더로 송금하고 거래소에서 진짜 달러를 받아서 테더코인을 현금화하는 데 성공했다고도 말했다. 그런데 그가 설명한 그 과정은 다소 이상하게 들렸다.

"이 거래는 중개 은행을 통해서 3개의 다른 관할 구역을 거쳐서 진행되죠"라고 그가 말했다. "정확한 지역에 위치한 은행을 알고 있다면, 일부 중개인을 거치지 않아도 됩니다"라고 그는 덧붙였다.

내가 후속 질문을 하기 전에 그는 홍보실 직원의 재촉에 자리를 떠야 했다.

나는 셀시어스 네트워크Celsius Network를 세운 알렉스 마신스키Alex

Mashinsky와도 인터뷰를 진행했다. 나는 테더가 셀시어스 네트워크의 초기 투자자 중 하나라는 기사를 읽었다. 그래서 그가 스테이블코인에 대해서 많이 알 것이라고 생각했다. 마신스키는 콘퍼런스 곳곳에서 등장했다. 무대 위, 컨벤션 센터, 그리고 미디어룸에도 모습을 드러냈고, 그는 연이어 인터뷰를 진행했다. 우리는 창문도 없고 더 조용한 작은 방에서 만났다.

55세의 마신스키는 이스라엘에서 자라서 이스라엘 억양이 약간 묻어 있었다. 그는 키가 크고 체격이 다부졌다. 눈과 눈 사이가 좁았고 갈색 머리를 뒤로 빗어넘겨 넓은 이마가 드러났다. 그가 입고 있는 특별한 티셔츠에는 '은행을 떠나라UNBANK YOURSELF'라는 슬로건이 적혀 있었다. 진실을 캐기 위한 본격적인 질문을 하기 전에 그의 긴장을 풀어주기 위해서 나는 그에게 회사의 사업 모델을 설명해달라고 했다.

마신스키의 설명은 앞뒤가 맞지 않았다. 그는 내게 사용자들은 셀시어스 네트워크에 암호화폐를 맡기고 이자 수익을 얻을 수 있다고 했다. 이자율은 연간 18퍼센트에 달했다. 그 당시 시중 은행 대부분은 사실상 예금 이자를 거의 지급하지 않았다. 그리고 그는 셀시어스 네트워크는 낮은 이자로 대출도 한다고 했다. 다시 말해서 그의 계획은 비싸게 사서 싸게 파는 것이었다. 손해를 보기에 딱 좋은 방법처럼 들렸다. 아니면 폰지 사기일 가능성도 있었다.

비이성적
암호화폐

나는 테더로 넘어가기로 결심했다.

"사업의 일환으로 스테이블코인도 취급하나요?"라고 나는 물었다.

"우리는 스테이블코인으로 수십억 달러를 보유하고 있습니다"라고 그가 말했다.

알고 봤더니, 셀시어스 네트워크는 180억 달러의 자산을 보유하고 있었다. 나는 믿을 수가 없었다. 셀시어스 네트워크가 어린이 레모네이드 장사에도 통하지 않는 사업계획으로 대형 헤지펀드만큼의 자산을 축적했다는 것이었다.

"그게 바로 제가 생각했던 겁니다"라고 나는 최대한 무표정을 유지하려고 애쓰며 중얼거렸다.

마신스키는 무엇이 테더코인을 담보하는지에 대해서 전혀 걱정할 이유가 없다고 말했다.

"스테이블코인은 기본적으로 미국 달러의 디지털 버전입니다. 금전 거래는 없습니다"라고 그가 말했다.

하지만 그가 설명한 것은 누가 들어도 금전 거래였다. 셀시어스 네트워크에 투자한 것에 덧붙여서 테더는 10억 달러 가치가 넘는 테더코인을 셀시어스 네트워크에 빌려줬다. 그리고 마신스키는 이것을 다른 데 투자했다. 마신스키는 가치가 1달러인 테더코인 한 개를 빌릴 때마다 1.5달러 가치의 비트코인을 담보로 제시했기 때문에 안전한 거래라고 주장했다. 셀시어스 네트워크가 파산하면, 테더는 비트코인을 몰수하고 팔 수 있다. 그는 내게 테더가 이런 형태의 서비스를 다른 기업에도 제공하고 있다고 말했다.

나는 테더의 사업 모델은 1달러를 받고 테더코인을 팔고 그 돈은 은행에 맡기는 것이라고 생각했다. 마신스키는 테더가 오직 비트코인이 담보하는 암호화폐를 자신에게 빌려주는 방식으로 효과적으로 새로운 돈을 발행하고 있다고 말했다. 그것은 전혀 안전하지 않았다. 비트코인 신봉자들이 아무리 목청껏 비트코인을 지지하더라도, 숫자가 영원히 오를 것이라고 생각할 이유는 없었다.

나는 마신스키에게 셀시어스 네트워크의 전망을 지나치게 낙관적으로 바라보는 것은 아닌지 물었다. 그는 그렇지 않다고 단언했다. 그와 더 많이 이야기할수록 나는 그를 더 믿을 수 없었다. 그는 고객의 돈으로 투자하고 수익은 자신들이 갖는 전통적인 은행과 달리 셀시어스 네트워크는 수익의 대부분을 사용자에게 전달한다는 것이 핵심이라고 말했다. 마신스키는 JP모건과 같은 은행이 예금자에게 쥐꼬리만한 이자율을 제공할 수밖에 없다고 말하는 것은 정직하지 못한 행동이라고 말했다.

"누군가는 거짓말을 하고 있습니다"라고 마신스키가 말했다. "은행이 거짓말을 하고 있거나, 아니면 셀시어스 네트워크가 거짓말을 하고 있는 거죠"라고 그가 덧붙였다.

비이성적
암호화폐

나는 누가 거짓말을 하고 있는지 알고 있다고 확신했다. 그리고 거짓말을 하는 것은 JP모건이 아니었다. 나는 뉴욕으로 돌아가면 셀시어스 네트워크에 대해 좀 더 조사해야겠다고 다짐했다.

비트코인 2021에서 마주한 가장 이상한 순간은 콘퍼런스 막바지였다. 조그만 소년 같은 남성이 키득거리고 욕을 하면서 무대에 서성거렸다. 그는 엘살바도르 해변에서 보낸 몇 달에 대해 이야기하고 있었다. 그는 커다란 하얀색 후드티를 입고 있었고 야구모자를 쓰고 있었다. 그는 여름 방학 동안에 자신이 했던 엄청나게 부적절한 행동에 대해 이야기하는 고등학생처럼 보였다. 나는 이후에 그가 잭 말러스Jack Mallers라는 것을 알게 됐다. 그리고 그가 스트라이크Strike라는 비트코인 관련 기업을 이끄는 27세의 CEO라는 것도 알게 됐다.

말러스는 샌디에이고 출신의 한 서퍼가 그곳의 가난한 사람들에게 비트코인을 가르치고 있었기 때문에 엘살바도르의 해변 마을에 갔다고 설명했다. 그것은 어떻게든 그들이 가난해지는 것을 멈추도록 도울 것이었다. 그는 해변에서 그들과 어울리면서 엘살바도르 대통령의 형제에게서 트위터로 메시지를 받았다고 했다. 그로부터 오래지 않아서 엘살바도르 통화정책에 대해서도 자문해줬다.

엘살바도르 대통령 나입 부켈레Nayib Bukele의 얼굴이 말러스 뒤에 있는 커다란 화면에 뜨자, 나는 내가 무엇을 보고 있는지 믿을 수가 없었다. 녹화된 연설에서 부켈레 대통령은 엘살바도르가 비트코인을 국가 통화로 채택한다고 최초로 발표했다. 국민에게 먼저 알리기 전에, 그는 중요한 국가 정책을 플로리다 마이애미에 모인 수많은 비트코인 신봉자들에게 엘살바도르 국민 대부분이 못하는 영어로 알리며 결정했다.

그의 발표를 들은 관중은 환호했다. 말러스는 너무 흥분해서 목놓아 울기 시작했다. 처음으로 수백만 명이 주기적인 일상 거래에 비트코인을 사용하게 될 것이다. 비트코인이 경제에 동력을 제공하면, 엘살바도르 청년은 '범죄나 폭력에 기대지 않을 것'이고 엘살바도르는 '이민 문제를 경험하지 않을 것'이라고 부켈레 대통령은 말했다.

"저는 유럽에서 시작하지 않겠습니다. 저는 거기에 있을 것입니다. 우리 모두 이 언덕에서 죽읍시다. 저는 이 빌어먹을 언덕에서 죽을 겁니다"라고 말러스가 울음을 힘겹게 삼키며 말했다. "오늘 인류는 인간의 자유를 되찾는 데 엄청난 발걸음을 내디뎠습니다"라고 그는 덧붙였다.

나는 이해가 안 됐다. 커피 한 잔 마시겠다고 비트코인을 사용하는 사람이 아무도 없는 데는 이유가 있었다. 비트코인은 일상에서 사용하기에 복잡하고 비싸고 더뎠다. 가난한 엘살바도르 사람들이 저축한 돈을 암호화폐에 넣고 가격이 하락하면 무슨 일이 일어날까? 그러나 그곳에 모인 관중은 부켈레 대통령의 발표에 황홀해서 넋이 나간 상태였다. 거기 모인 사람들을 훑어봤더니, 눈물을 흘리는 사람은 말러스뿐만이 아니었다.

마이애미에서 대화했던 모두가 비트코인 맹신자는 아니었다. 테더코인을 가장 많이 사용하는 사람은 헤지펀드와 대기업의 전문 트레이더였다. 나는 그들 몇몇과도 인터뷰를 진행했다. 그들은 P2P 통화와 중개자 없이 가치를 이전하는 방식의 독창성에 대한 주장과는 달리 대부분이 무언가를 살 때 결제 수단으로 암호화폐를 사용하지 않는다고 설명했다. 그 대신에 그들은 거래소에 정기적인 돈을 보내고 있었고, 그곳에서 코인 가격에 베팅할 수 있었다.

뱅크먼-프리드의 FTX와 같은 암호화폐 거래소는 본질적으로 거대한 카지노였다. 암호화폐 초기에 미국 밖에서 대다수 암호화폐 거래소는 달러를 취급할 수 없었다. 은행이 무심코 돈세탁을 조장할 수 있다는 걱정에 암호화폐 거래소를 대상으로 계좌를 개설해주지 않았기 때문이었다. 이때 테더가 등장했다. 베팅하고 싶을 때 그들은 테더코인을 먼저 구매했다. 마치 몬테카를로 포커 게임방과 마카오 마작 게임방이 도박꾼들을 한 명의 중앙 계산원에게 보내 게임칩을 사라고 하는 것과 같았다.

초대형 트레이더들은 도지코인에 투자해서 돈을 번 제이의 배 아픈 사례처럼 무수히 많은 소규모 베팅을 가능케 해서 돈을 벌었다. 그들은 거액을 거래소에서 거래소로 옮겨야 했고, 이때 테더코인을 사용했다. 그들은 주기적으로 수억 개의 테더코인을 사고판다고 말했고, 그것이 업계 표준이라고 했다. 그렇더라도 대다수가 테더에 관해서 자신만의 음모론을 갖고 있었다. 테더가 중국 마피아가 통제한다거나, CIA가 테더코인을 사용해서 자금을 옮긴다거나, 미국 정부가 테더코인을 사용하는 범죄자를 추적하기 위해서 테더가 거대하게 성장하도록 내버려 둔다는 식이었다. 나는 그들이 테더를 신뢰하지 않는다는 것을 깨달았다. 그들은 단지 거래를 위해서 테더가 필요했고, 테더코인으로 많은 돈을 벌고 있었다. 테더코인에 회의적이어서 얻을 이득은 없었다.

"훨씬 더 불안정할 수 있지만, 저는 신경 쓰지 않습니다"라고 암호화폐 투자사인 CMS 홀딩스의 공동 창립자인 댄 마츠쥬스키 Dan Matuszewski가 말했다.

트레이더들은 내게 테더를 운영하는 사람들은 비밀스럽고 나와는 인터뷰하지 않을 것이라고 말했다. 하지만 그들은 내게 테더코인과 관련된 사람 중에서 관심 받는 것을 아주 좋아하는 사람이 한 명 있다고 귀띔해 주었다. 그가 바로 테더의 공동 창립자이자 〈마이티 덕〉 아역 출신의 사나이였다.

그의 이름은 브록 피어스Brock Pierce였고, 그의 소셜 미디어 계정을 봤을 때 그는 암호화폐로 엄청나게 많은 돈을 번 것처럼 보였다. 피어스에 대해서 알면 알수록 나는 그가 어떤 사람인지 더 궁

비이성적
암호화폐

금해졌다. 그는 모나폴리 게임머니와 비트코인과 이더리움 로고가 그려진 걸프스트림 제트기를 타고 암호화폐를 알리기 위해서 전 세계를 누볐다. 2020년에 그는 허영심으로 대통령 선거운동을 했고 가수인 에이콘Akon을 자신의 수석 전략가로 기용했다. 그는 영화 〈캐러비안 해적〉의 조니 뎁처럼 야단스러운 모자를 쓰고 조끼를 입고 팔찌를 차고 다녔고, 영화 〈찰리와 초콜릿 공장〉의 조니 뎁처럼 수수께끼 같은 말을 했다. 그의 오른쪽 어깨에는 전갈 문신이 있었다. 물론 그는 버닝맨(미국 서부 네바다주 블랙록 사막에서 열리는 연중 행사-옮긴이)에 매번 참석했다.

[3]
테더의 탄생

NUMBER GO UP

테더코인이라는
아이디어를 생각해내다

브록 피어스는 거의 모든 암호화폐 행사에 참여하는 듯했다. 하지만 나는 그 누구의 방해를 받지 않고 그와 대화할 시간을 마련하는 데 고전했다. 나는 테더 공동 창립자라면 자신의 회사가 정말로 지급준비금으로 수십억 달러를 보유하고 있는지 알 것이라고 생각했다. 적어도 그는 내게 어떤 실마리를 제공할 수 있을 것이었다. 마이애미에서 열린 비트코인 2021에 참석하는 동안에 나는 그의 비서 중 2명에게 문자 메시지를 보냈다. 그 누구도 피어스가 대면 인터뷰를 할 시간이 있는지 없는지를 말해주지 못했다. 물론 마이애미에서 열릴 다음 암호화폐 행사에서 나는 피어스가 대저택에서 파티를 개최한다는 소식을 접했다. 이번에 나는 피

비이성적
암호화폐

어스의 비서 실장에게 문자 메시지를 보냈다. 그는 내게 파티에 참석하라고 했다.

콘퍼런스에서 나는 데브Dev라는 어린 비트코인 투자자와 대화를 나눴다. 데브는 나를 피어스가 파티를 여는 대저택까지 차로 태워주겠다고 했다. 그는 육각형 선글라스를 끼고 가죽 트렌치코트를 입었다. 그의 손가락 중 하나에는 금속 싸개가 씌워져 있었다. 그것은 마치 용 발톱처럼 보였고 그런 것을 손가락에 끼고 있는 그가 엄청난 괴짜처럼 보였다. 그는 뉴욕에서 왔고 친구가 될 수 있는 사람을 만나게 돼서 기쁜 듯이 보였다.

데브의 차는 메르세데스 컨버터블이었다. 데브는 차를 몰면서 담배를 피웠고, 내게 비트코인이 겨우 1달러 하던 시절인 고등학생 때 실크로드에서 마약을 사기 위해서 비트코인에 손을 대기 시작했다고 말했다.

그는 대량으로 코카인을 주문해서 브롱크스에 있는 부모님 집으로 배송시켰다. 그는 뭔가를 과시하고 싶어서 안달이 나 있었다. 우리가 골프 코스를 빠르게 지나치자, 그는 엔진 회전 속도를 올렸고 인스타그램에 올릴 영상을 촬영했다. 나는 그에게 다크웹의 전성기는 끝났다고 생각한다고 말했다.

"아니, 그렇지 않습니다. 다크웹은 여전합니다. 마약을 하나요?"라고 데브가 말했다.

나는 마약을 하지 않는다고 말했고, 그가 마약을 하든 말든 신경 쓰지 않았다. 정지 신호에서 데브는 '투시tusi'라는 분홍색 가루가 가득한 봉지를 꺼냈다. 그리고 용 발톱 모양의 장신구로 그 가루를 떠서 코로 들이마셨다. 그는 그것이 부자들이 사용하는 코카인이라고 했다.

몇 분 뒤에 우리는 피어스의 대저택에 도착했다. 대저택에는 벽토가 발려져 있었고, 야외에는 야자나무가 심겨 있고 풀밭 위에 랜드로버가 세워져 있었다. 나는 데브와 함께 대저택 안으로 들어가고 싶었지만, 그렇게 같이 가도 괜찮은지 확신이 서지 않았다.

대저택으로 들어서자마자 내 눈앞에 펼쳐진 광경을 보고 내가 실수했다는 것을 깨달았다. 데브는 그 파티에 그 누구보다도 어울리는 사람이었다. 피어스의 모습은 보이지 않았다. 그곳은 호기심으로 가득한 파티 손님, 사기꾼, 그리고 취객으로 가득했다.

대저택은 현대적이었고 인간미 없는 가구로 꾸며져 있었다. 대리석 바닥과 은색 기기, 그리고 번쩍이는 그랜드 피아노가 있었다. 나는 피어스가 그 주에 이 대저택을 빌렸을 것이라고 생각했다. 거실에는 소셜 미디어 조작에 관한 넷플릭스 다큐멘터리에 자신의 아기와 함께 출연했던 한 여성이 있었다. 어느 헤지펀드 매니저가 전화로 전날 밤에 섹스를 했던 '매력적인 중년 여성'에 대해서 자랑을 늘어놓고 있었다.

나는 거기 모인 사람들과 어울리면서 파티를 개최한 주인공을 어떻게 아는지를 물었다. 아름다운 여성이 내게 콜롬비아 정글에서 피어스와 일주일을 함께 있었다고 했다. 거기서 피어스는 원주민들을 보호하기 위해서 땅을 구입했다. "그는 정말 대단한 일을 해요"라고 그녀가 말했다. 또 다른 남자는 내게 피어스가 푸에르토리코에 있는 오래된 육군기지에 우주선 기지를 만들고 있다고 했다. 자신을 '미래주의자'라고 소개한 아주 불쾌한 남성은 내게 피어스가 이비자에서 한숨도 자지 않고 3일 동안 즐겁게 놀았던 이야기를 들려줬다. "피어스는 상어가 아닌 자애로운 돌고래나 다름없는 사람들로 둘러싸였습니다"라고 그가 말했다. 그러고 나서 그는 자신이 산딸기 알레르기가 있으니 페이스트리 냄새를 좀 맡아달라고 내게 부탁했다.

나는 대리석 거실을 가로질러서 뒷마당으로 이어지는 유리문으로 갔다. 거기서 나는 비싼 사립학교 학생처럼 보이는 사람들이 앉아 있는 긴 테이블을 봤다. 그들은 마치 다른 파티에 참석했다가 그곳으로 넘어온 것처럼 보였다. 나는 테이블 맨 끝에 있는 의자에 앉았고 내 옆에 앉아 있는 사람들에게 내가 암호화폐에 대해서 취재한 내용을 들려줬다. 테이블 건너에 앉아 있던 남자 중한 명은 도널드 트럼프의 대선 운동에 큰돈을 기부했던 페이팔 창립자이자 투자자인 피터 틸Peter Thiel의 비서였다. 틸은 그날 행사에서 비트코인을 의심한 워런 버핏을 '소시오패스 노친네'라고 빗대며 연설했다. 그는 청중들에게 자신이 공동 설립한 벤처캐피털회사인 파운더스 펀드Founders Fund가 최근에 보유하고 있던 암호화폐의 상당량을 처분했다고는 말하지 않았다.

어느 순간, 테이블의 다른 쪽 끝에 앉아 있던 남자가 '렛츠고' 또는 '레츠고 브랜든'이라는 암호화폐에 대해서 큰 소리로 자랑을 늘어놓기 시작했다. 그것은 설명할 수 없지만 밈으로 변하면서 트럼프 지지자들 사이에서 '조 바이든 꺼져라'를 상징하는 슬로건으로 사용됐다. 그 남자는 그 자리에서 암호화폐에 관해서 자신이 세운 투자 계획은 '멍청하지만 효과가 있다'고 선언했다. 나중에 알았지만, 그는 제임스 코툴라우스James Koutoulas라는 이름의 헤지펀드 매니저였다. 한 달 전에 팟캐스터는 도널드 트럼프에게 비트코인 5,000억 개를 줬고, 그날 오후에 도널드 트럼프 주니어는 비트코인을 언급하는 듯한 수수께끼 같은 글을 트위터에 올렸다.

"그렇게 해도 되나요?"라고 누군가가 물었다.

"돈을 벌어도 됩니다. 증권거래위원회는 엿이나 먹으라죠"라고 코툴라우스는 말했다.

나는 대저택 안으로 되돌아갔다. 밤이 계속되면서, 모두가 점점 술에 취했고 나는 정말로 지루해졌다. 다큐멘터리 감독과 그의 프로듀서와 촬영기사가 대저택에 도착했다. 그들 역시 피어스를 찾고 있었다. 부엌에는 황갈색으로 피부가 탄 노인이 아무도 모르게 자신의 물병에 위스키를 옮겨 담고 있었다. 누군가는 신발이 없어졌다고 불평했다. 아이다호 보이시에서 온 의사와 비트코인 투자자는 코로나 백신과 '의료 자유'에 대해서 이야기하고 있었다. 비트코인 투자자는 자신의 이름을 밝히기를 거부했다. "진정한 갱스터는 조용히 움직이는 법"이라고 그가 날카롭게 웃으며 말했다.

미니스커트나 스팽글로 장식된 드레스를 입은 긴 생머리를 한 여자 6명이 떼를 지어서 도착했다. 그들 중 한 명은 피아노에 앉아서 노래를 불렀다. "저 여자 손에 낀 반지를 보세요"라고 누구에게나 들릴 듯 큰소리로 그 파티에 참석한 누군가가 내게 말했다. 그러고 나서 그는 그녀에게로 가서 죽어가는 새처럼 들린다고 말했다. 피어스는 자정이 지나서 모습을 드러냈지만 대저택의 많은 침실 중 하나로 금방 사라졌다. 그와 인터뷰를 하기 위해서 내가 다가갈 틈도 없었다.

몇 주 뒤, 나는 또 다른 암호화폐 행사에 참석하기 위해서 바하마에 갔다. 심각한 숙취에 시달리던 친구는 전날 밤에 뉴프로비던스 섬에서 0.5마일(약 800미터) 떨어진 곳에 정박한 슈퍼요트에서 열린 파티에 참석했다고 했다. 그녀는 이름이 기억나지 않는 암호화폐와 관련된 일을 하는 사내가 그 요트를 러시아 재벌에게서 샀다고 말했다.

그녀는 내게 자신의 인스타그램에 올린 영상 몇 개를 보여줬다. 그녀의 폰에서 나는 샤크라라는 이름의 거대한 5층 요트의 옆으로 저무는 해를 봤다. 요트 뱃머리에서 뻗어져 나온 원목 제1사장은 매우 길고 뾰족했고, 요트는 함대를 전투에 투입시킬 준비가 된 대형 선박처럼 보였다. 다음 영상에서 샤크라의 주인이 가장 높은 갑판의 난간을 오르고 있었다. 그러더니 그는 웃으면서 30피트(약 9미터) 또는 40피트(약 12미터) 아래의 바다로 뛰어들었다. 그의 오른쪽 어깨에는 전갈 문신이 있었다. 그가 바로 피어스였다.

나는 그가 그 콘퍼런스에 참석하고 있다는 것을 몰랐다. 그날 밤에 나는 피어스의 비서 중 한 명에게 문자 메시지를 보냈고 내가 그를 만나기 위해서 요트를 찾아가도 되는지 물었다. 그는 내게 어떤 항구로 오라고 했고 내가 요트까지 타고 갈 쾌속정을 그곳으로 보내주겠다고 했다. 그가 말한 항구에서 쾌속정을 기다리면서 나는 수평선에서 밝게 빛나는 요트 불빛을 볼 수 있었다. 나는 쾌속정에 올라탔고, 우리는 바다를 빠르게 가로질렀다. 피어스의 촬영기사가 요트에 있었고, 그는 소셜 미디어에 올리기 위해서 요트를 촬영했다. 요트에 점점 가까워지면서 벌집 같은 불빛이 점점 뚜렷하게 보이기 시작하자, 나는 기대에 부풀었다.

하지만 선원들은 내가 요트에 올라타도록 도운 뒤에 가장 낮은 갑판으로 나를 데려갔다. 그곳의 광경은 실망스러웠다. 나는 파티가 벌어지고 있을 거라 기대했지만, 대략 20여 명의 사람들이 바에 앉아서 조용히 술을 홀짝이고 있었다.

그들은 서로를 알지 못하는 듯 보였다. 아동 성범죄자인 제프리 엡스타인Jeffrey Epstein이 소유한 개인 섬에서 파는 가짜 기념 티셔츠를 입은 수수께끼의 벤처캐피털 펀드매니저는 요트에 탄 다른 손님이 벌이고 있는 사기 행각에 대해서 농담을 했다. 암호화폐를 홍보하는 한 남자는 '캄보디아산 코카인'을 어린 여성에게 권했다. 춤을 추던 몇몇 사람들은 내게 자신들은 철학을 공부하는 학생들이고 뱅크먼-프리드의 FTX에서 인턴을 하기 위해서 바하마에 왔다고 했다.

선원 중 한 명이 우리에게 21개 침실이 있는 미로와 같은 282피트(약 86미터)의 요트를 구경시켜 주겠다고 했다. 위층에 있는 많은 거실 중 하나에서 우리는 우연히 피어스와 마주쳤다. 그는 4~5명 앞에 서서 재미난 이야기를 하고 있었고, 그의 이야기를 듣는 사람들은 즐거워 보였다.

그는 대략 5피트 5인치(약 165센티미터) 정도로 키가 작았고 태연하게 미소 짓고 있었다. 그 미소는 그가 한때 아역 스타였다는 것을 상기시켰다. 하지만 말쑥한 리치 리치Richie Rich를 떠오르게 하는 금발이었던 그의 머리는 이제 어깨까지 내려오는 웨이브였다. 그는 잭 스패로우Jack Sparrow 코스프레 복장을 하고 있었다. 그는 속에 아무것도 입지 않고 복사뼈까지 내려오는 검은색 조끼를 입고 있었다. 그리고 갈색 깃털 2개가 꽂힌 페도라를 쓰고 있었고, 팔찌를 주렁주렁 끼고 다이아몬드 모양의 선글라스를 끼고 있었다.

내가 다가가는 동안에 그는 "스스로 최고 권력을 지닌다면 모를까, 궁극적으로 인간이 자주권을 지닌 적은 없습니다"라고 청중들에게 말하고 있었다. 그는 덧붙여 "우리의 독립을 선언하면서 자주권을 얻게 될 것입니다"라고 말했다.

나는 그에게 내 소개를 하면서 우리 둘 다 바하마에 있는 것이 재미있는 우연의 일치라고 불쑥 말했다.

그는 "우연인지 모르겠습니다. 저는 동시성을 선호합니다"라고 신경질적으로 말했다.

피어스는 내게 샤크라는 자신의 소유가 아니라고 했다. 같은 생각을 가진 암호화폐를 좋아하는 사람들이 NFT(대체 불가능한 토큰으로 일종의 일회성 암호자산이다)를 구입했고, 요트를 구입해서 함께 지내게 됐던 것이었다. 그리고 그들은 카리브해에서 마이애미 아크 바젤, 모나코 그랑프리, 그리고 칸영화제까지 요트로 여행하면서 즐거운 시간을 보냈다. 그는 그것은 '암호화폐 커뮤니티 최초의 초대형 요트 클럽'이고 암호화폐 초영웅들이 사는 물 위를 떠다니는 집이라고 설명했다.

"우리는 어벤져스입니다"라고 그는 말했다. 그리고 "샤크라는 어벤져스호죠"라고 덧붙였다.

나는 돈을 주고서라도 듣고 싶지 않은 요트 공동 사용 프레젠테이션을 들으러 왔다는 것을 깨달았다. 그곳은 오랫동안 대화를 나누기에도 좋은 환경이 아니었다. 내게 요트를 안내해주던 선원은 나를 다시 아래층으로 보냈다. 피어스와 나는 못다 한 이야기를 통화로 대신했다. 그는 내게 2013년부터 스테이블코인에 대한 꿈을 꿨다고 말하며, 처음부터 스테이블코인이 역사의 전개 과정을 바꿀 것임을 알았다고 했다.

"저는 아무것도 모르면서 마구 다트를 던지는 아마추어 기업가가 아닙니다"라고 그는 내게 말했다. 그리고 "저는 창조 조언가입니다. 저는 오직 불가능한 임무만 맡습니다"라고 덧붙였다.

그 당시에 피어스는 투자 자금이 있는 유일한 비트코인 투자자 중 한 명이었다. 그는 거의 불가능하지만 악인이 주인공인 작품에 출연하면서 돈을 벌었다. 〈마이티 덕〉 이후에 그는 거셔스Gushers 광고에 출연했다. 광고에서 그는 거셔스를 먹고 난 뒤에 바나나로 변신했다. 그리고 그는 〈퍼스트 키드〉에서 말썽꾸러기 대통령 아들로 출연했다. 하지만 그는 이내 할리우드에 흥미를 잃었다.

그가 열여섯 살이던 1996년인가 1997년에 동료 배우가 피어스를 디지털 엔터테인먼트 네트워크의 창립자에게 소개했다. 닷컴 스타트업이었던 그 기업은 십 대를 겨냥한 4~6분 영상을 스트리밍 서비스해서 TV를 한물간 기술로 만들겠다는 사업계획으로 수억 달러를 조달했다. 디지털 엔터테인먼트 네트워크의 창립자인 마크 콜린스-렉토Marc Collins-Rector는 30대 후반이었다. 그는 한때 데스로우 레코드Death Row Records의 창립자인 매리언 '슈그' 나이트Marion "Suge" Knight가 소유했던 캘리포니아 엔시노의 호화로운 대저택에서 살았다. 그와 그의 아주 어린 남자친구 채드Chad는 각자 페라리를 몰고 다녔다. 두 사람이 만났을 때 채드는 겨우 십 대였다.

디지털 엔터테인먼트 네트워크의 사업계획에는 심각한 문제가 있었다. 우선 당시에 널리 사용됐던 전화선과 모뎀을 통한 인터넷 접속 방식이 영상을 실시간으로 제공하기에는 느렸다. 하지만 콜린스-렉토에게 이 사업의 진짜 매력은 잘생긴 십 대 소년들로 둘러싸인다는 점이었던 것 같았다. 그는 피어스를 곧장 마음에 들어 했다. 당시 여전히 십 대였던 피어스는 디지털 엔터테인먼트 네트워크의 상무가 됐다. 그가 받은 연봉은 겨우 25만 달러였다. 피어스에게 〈채드의 세상〉이라는 웹 쇼를 제작하는 업무가 주어졌다. 그 쇼에는 미래에 〈아메리칸 파이〉에 출연하게 되는 숀 윌리엄 스코트Seann William Scott가 등장했다. 그 쇼는 채드라는 어린 소년을 자기 집에 들이는 부유한 늙은이에 관한 것이었다. 그것은 1980년대 시트콤 '실버 스푼의 소아성애 동성애자 버전'이었다고 한 시청자가 〈라다〉 잡지와의 인터뷰에서 말했다.

여기서 이야기는 암울해진다. 연이은 소송, 뉴스 보도 그리고 연방 범죄 조사에 따르면, 콜린스-렉토는 바로 그 대저택에서 파티를 열었고, 십 대 청소년들은 그 파티에서 마약을 하고 술을 마셨으며 늙은 남자와 성관계를 강요받았다. 어떤 경우에는 강간까지 당했다. 그 파티에 참석했던 17세의 소년은 "저는 파티에 참석한 손님에게 주는 작은 선물인 것처럼 여기저기 돌아다녔습니다"

라고 당시를 회상했다.

첫 번째 소송이 1999년에 있었다. 그 이듬해에 콜린스-렉토는 사립 탐정의 조언으로 링컨 타운카 2대를 가득 채울 정도의 루이 뷔통 여행 가방을 실은 개인 전용기를 타고 로스앤젤레스로 도망쳤다. 그의 남자친구와 피어스도 그를 따랐다. 그들은 공중에서 행선지를 스페인으로 가기로 결정했고, 마침내 휴양지 마르베야에 정착했다.

당국은 그로부터 2년 뒤 그들을 체포했다. 콜린스-렉토는 결국 미국으로 추방됐다. 미국에서 그는 성관계를 목적으로 청소년을 해외로 빼돌린 혐의로 유죄를 받았다. 피어스는 스페인 감옥에서 한 달 정도 지낸 뒤 혐의 없이 풀려났다.

피어스는 내게 콜린스-렉토는 '섬뜩하리만치 기이한' 사람이었지만, 피해자라고 주장하는 사람 중 일부는 그에게서 돈을 뜯어내기 위해서 성폭행을 당했다는 거짓말을 꾸며냈다고 말했다. 그는 대저택에서 자신이 봤던 파티는 그저 지루했다고 말했다. "그 무엇도 사실이 아닙니다. 적어도 저와 관련해서는 진실이 아니에요. 저는 심지어 동성애자도 아니에요"라고 피어스가 한 번 더 강조했다.

마르베야에 숨어지내면서 피어스는 〈에버퀘스트〉라는 컴퓨터 게임을 하며 많은 시간을 보냈다. 이 게임은 일종의 〈던전앤드래곤〉의 새로운 버전이었다. 대본을 읽으면서 혼자서 미션을 수행하는 대신에, 〈에버퀘스트〉 게이머들은 마법사, 드루이드교도, 그리고 도둑이 팀을 이뤄서 지하 감옥을 탐험하고 괴물과 맞서 싸웠다. 승리할 때마다 가상의 황금이나 검이나 전투용 도끼 같은 희귀한 게임 아이템이 보상으로 주어졌다.

피어스는 게임에 완전히 매료됐다. 그는 더 많은 전리품을 획득하기 위해서 한 번에 6대의 컴퓨터를 이용해 어둠의 요정 마법사 아스렉스가 되어서 24시간 내내 게임을 했다. 하지만 그 끝없는 여정에 중독된 것은 피어스만이 아니었다. 게이머들은 게임에서 너무나 이기고 싶어서 게임 아이템을 사고파는 실제 시장을 형성하기까지 했다. 그들은 가상의 황금을 손에 넣기 위해서 몇 시간 동안 괴물을 없앨 필요가 없었다. 그 대신에 최고의 게임 아이템을 원하는 사람은 누구든지 이베이에서 필요한 아이템을 구입할 수 있었고, 게임 속 운반원이 이베이에서 구입한 게임 아이템을 그들에게 전달했다.

일부 게이머들에게, 특히 가난한 국가에서 게임을 하는 사람들에게 이것은 취업의 기회였다. 그들은 하루종일 게임을 하면서 괴물을 없애고, 가상의 황금을 얻고, 그것을 지름길을 원하는 부유한 국가의 게이머들에게 진짜 돈을 받고 팔았다. 비디오게임 노동착취 현장이 생겨났고, 거기서 노동자들은 24시간 마우스를 클릭했다. 이러한 가상 농노는 '금 농사꾼'으로 불리게 됐다. 중국 난징의 금 농장을 찾은 취재기자는 그곳에서 셔츠를 입지 않고 줄담배를 피우면서 게임을 하는 서른 살의 중국 남성을 만났다. 그는 형광등 불빛 아래 작은 사무실에 앉아서 24시간 동안 밤새 도록 게임을 하면서 가상의 황금을 캤다. 그의 게임 캐릭터는 지 팡이를 휘두르는 수도승이었고, 한 시간에 30센트를 받고 마법사 를 죽였다.

2001년 피어스는 가상 아이템 중개소인 IGEInternet Gaming Entertainment, 즉 인터넷 게이밍 엔터테인먼트를 시작했다. 다른 게이머들은 희 귀 게임 아이템을 구입하는 것을 속임수라고 여겼고, 게임 개발자 는 희귀 게임 아이템을 사고파는 회색시장을 폐쇄하려고 이런저 런 시도를 했지만 그들의 시도는 효과적이지 않았다. 회색시장은 계속 성장했다. 몇 년 안에 45만 명이 〈에버퀘스트〉를 했고, 수백 만 명 이상이 〈월드 오브 워크래프트〉라는 비슷한 게임을 했다. 그리고 추정치 기준으로 가상 게임 아이템을 사고파는 시장은 연 간 20억 달러의 매출을 올리는 사업이었다.

피어스는 중국의 금 농사꾼의 노동력을 가까이서 활용하기 위 해서 상하이에 IGE 사무실을 열었다. 그는 당시에 자신의 공급망 에 무려 40만 명의 금 농사꾼을 보유하고 있었다고 말했다. 2005년 IGE는 매월 500만 달러 이상을 벌어들였다. 그해 골드만삭스 출 신의 은행원이자 미래에 도널드 트럼프의 법률 고문이 되는 스티 브 배넌Steve Bannon이 피어스의 가상 황금 기업을 상장하기 위해서 영입됐다. 배넌은 골드만삭스와 투자펀드로부터 6,000만 달러의 자금을 확보했다. 피어스는 2,000만 달러의 순수익을 올리고 자리에서 물러났다. 배넌이 회사를 넘겨받았지만, IGE는 게임 개발사가 더 효과적으로 가상 아이템을 판매하는 행위를 단속하면서 망했다.

배넌은 자신의 사업 모델에 반대했던 게이머들이 온라인으로 모여서 대기업에 압박을 가해 입찰하도록 만드는 방식에 매료되었다. 그는 이후 여기서 얻은 통찰을 도널드 트럼프와 공유했다.

"이놈들, 정처 없이 떠도는 백인 남성들은 괴물 같은 힘을 갖고 있었습니다"라고 배넌이 말했다.

피어스는 다른 교훈도 얻었다. 가상화폐 세계는 실제로 많은 돈을 벌 최고의 방법이었다. 그리고 〈에버퀘스트〉 황금에서 비트코인으로 옮기는 것은 그렇게 어려운 일도 아니었다.

2013년까지 피어스는 최초의 비트코인 벤처캐피털 펀드 중 하나를 운영했다. 하지만 비트코인으로 할 수 있는 일은 여전히 많지 않았고 암호화폐는 대체로 괴짜와 취미 생활의 영역으로 남아 있었다.

그런데 그 시기에 '다코인민스터dacoinminster'라고 불리는 한 남성이 대중 게시판인 비트코인토크에 제안서를 게시했다. 그것은 테더를 탄생시키고 3조 달러의 암호화폐 거품을 형성할 아이디어였다. 그는 자신이 제안한 아이디어를 '마스터코인MasterCoin'이라 불렀다.

다코인민스터의 진짜 이름은 J.R. 윌렛J.R. Willett이었다. 그는 워싱턴 시애틀 외곽에 위치한 캘린더앱 개발회사에서 소프트웨어 개발자로 일하는 33세의 청년이었다. 그가 게시판에 중대한 게시글을 올리고 10년이 흐른 뒤에 나는 그와 전화 통화를 할 기회를 얻었다. 그는 여전히 그 회사에서 일하고 있었고, 그 영광스러운 순간을 떠올리며 행복해했다.

윌렛은 2012년 1월에 자신의 아이디어를 설명하는 첫 제안서를 게시판에 올렸다. 그는 그것을 '제2의 비트코인 백서'라고 불렀다. 그 당시에 윌렛은 취미 생활로 비트코인에 투자하고 있었고, 그의 아내는 이것이 마음에 들지 않았다. 하지만 그는 더 진화된 디지털 화폐를 만들어낸다는 아이디어에 집착했다. 그것은 단순히 암호화폐를 여기저기 옮기는 것뿐만 아니라 여러 가지로 활용될 수 있는 디지털 화폐였다. 마스터코인이란 개념은 설명하기 어렵지만, 기본적으로 비트코인 거래 데이터에 포함된 기밀 메시지를 해독했고, 이것은 새로운 암호화폐를 의미하기도 했다. 2개의 열로 이뤄진 비트코인 스프레드시트를 다시 생각해보자. 마스터코인은 본질적으로 더 많은 열을 스프레드시트에 추가하는 방법이었다. 각각의 열은 다른 암호화폐의 소유권이 어떻게 바뀌는지를 추적했다.

윌렛은 자신이 마스터코인 시스템을 개발하면 다른 사람들이 그 시스템을 활용할 방안을 다양하게 찾아낼 것으로 생각했다. 예를 들면 그 암호화폐로 재산권, 주식 보유량, 금융 파생상품, 그리고 심지어 진짜 돈의 흐름을 추적하는 것이었다. 이것은 독창적인 아이디어는 아니었다. 그는 내게 게시판에서 사람들이 암호화폐에 대해서 논의한 내용을 많이 읽었다고 했다. 윌렛은 그 읽은 내용을 실제로 아이디어로 만들고 행동으로 옮긴 첫 번째 인물이었다.

월렛의 마스터코인 백서는 미국 달러가 담보하는 암호화폐를 만드는 데 마스터코인 시스템을 사용할 수 있다고 제안했다. 그는 그 백서 이후에 테더가 사용할 사업계획을 거의 모두 자세하게 기록했다. 그리고 심지어 범죄자들이 스테이블코인을 매력적으로 여기리라는 것도 정확하게 예상했다.

"지금 비트코인이 돈세탁에 사용된다는 오명을 안고 있다. 이를 생각해보면 블록체인에 'USD코인'을 보관할 수 있을 때까지 기다리면 그만이다." "(우리처럼) 범죄자들도 불안정한 화폐보다 안정적인 화폐를 사용하길 선호할 것이다."라고 월렛은 2012년 백서에 썼다.

월렛은 마스터코인 프로젝트를 위해서 혁명적인 방법으로 자금을 조달했다. 실용적이지 않은 마스터코인이었지만, 그는 마스터코인을 팔아서 대략 50만 달러를 조달했다. 사용자들은 월렛이 마스터코인을 완벽하게 개발하여 그 암호화폐의 가치가 오르기를 기대하며 투자했다. 윌렛은 쉽게 새로운 암호화폐를 만들어내는 방법을 고안해냈고 수백만 달러의 자금을 조달하기 위해서 암호화폐를 사용하는 새로운 방법을 개척해냈다. 이것은 이후에 '암호화폐 공개'로 알려지게 됐고, 전체 암호화폐 업계가 이 방식으로 자금을 조달하게 됐다.

윌렛의 계획은 혁신적이었지만 불법이었다. 그의 행위는 미국 증권거래위원회가 '미등록 증권 발행'이라고 부르는 불법 행위의 전형이었다. 이것은 윌렛이 일반적인 안전장치 없이 투자 기회를 팔았다는 의미였다. 윌렛은 내게 미국 증권거래위원회가 자신이 무슨 생각을 하는지 알았다면 아마도 자신에게 수십만 달러의 벌금을 물렸을 거라고 말했다. 하지만 미국 증권거래위원회는 비트코인 게시판을 확인하지 않았고, 이것이 윌렛에게는 행운이었다.

"어떤 일이 일어날지를 알았다면 금융 당국은 저를 끔찍한 본보기로 삼았을 수 있어요. 하지만 금융 당국으로부터 그 어떤 연락도 없었습니다"라고 윌렛은 웃으면서 말했다.

IGE를 매각하고 수백만 달러를 벌어 자금이 두둑했던 피어스는 마스터코인에 투자했다. 그는 마스터코인을 홍보하기 시작했고 자신이 마스터코인의 새로운 활용법을 찾는 프로그래머들에게 개발 자금을 조달하겠다고 선언했다. 피어스는 내게 마스터코인을 기반으로 스테이블코인을 만든 것은 자신의 아이디어였다고 했다.

"저 스스로 테더코인이라는 아이디어를 생각해냈습니다. 그러니까 신의 의지였던 것 같아요"라고 피어스가 말했다.

피어스는 마스터코인을 연구하던 크레이스 셀러스Craig Sellars라는 이름의 프로그래머와 만났다. 리브 콜린스Reeve Collins라는 이름의 친구가 그들이 세울 기업의 CEO가 되는 데 동의했다. 그는 귀찮게 윈도우 브라우저를 닫으면 화면에 뜨는 인터넷 광고창인 팝언더 인터넷 광고를 개발해낸 인물이었다. 그들은 처음에는 리얼코인 프로젝트라고 명명하고 일을 진행했다. 역외 비트코인 거래소인 비트파이넥스의 임원인 필 포터Phil Potter도 그들과 비슷한 생각을 하고 있었다. 그들은 함께 팀을 이뤘고 포터가 생각했던 암호화폐의 이름인 '테더'를 공식적으로 사용하기로 했다. (포터는 내게 실제로 자신이 이런 아이디어를 갖고 셀러스에게 처음 접근했던 사람이라고 했다. "분명히 피어스는 자신이 모든 계획이 적혀 있는 석판을 들고 시나이산에서 내려왔다고 말했을 겁니다"라고 포터가 말했다.)

캘리포니아 산타모니카에 있는 방갈로에서 일하면서 셀러스는 계좌를 추적하고 거래를 처리하는 데 필요한 코드를 작성했다. 프로그램은 단순했다. 테더가 거래하는 은행에 1,000달러를 송금하면, 테더는 블록체인을 업데이트해서 스프레드시트에 그 거래 내용과 테더코인 1,000개를 기록한다. 그러고 나면 테더코인은 다른 암호화폐와 마찬가지로 익명으로 거래될 수 있었다. 월렛의 마스터코인 프로토콜을 사용해 그들은 데이터를 해독하고 비트코인 블록체인에 기록할 수 있었다.

그들은 스테이블코인 사업을 세콰이어캐피털Sequoia Capital, 골드만삭스 그리고 암호화폐 투자자들에게 피칭했다. 그러나 그 누구도 그들의 사업을 흥미롭게 생각하지 않았다.

"모두가 이 사업을 얼마나 멍청하다고 생각했는지 상상도 못할 겁니다"라고 콜린스가 내게 말했다.

문제는 다른 암호화폐처럼 테더가 은행권과 관련된 거의 모든 법을 어겼다는 것이었다. 은행은 계좌를 개설한 모든 사람의 돈이 어디로 보내지는지를 기록한다. 법집행기관은 이를 통해 범죄자의 금융 거래를 추적할 수 있다. 반면 테더는 자신들에게서 직접 테더코인을 구입한 사람들의 신분을 확인하지만, 일단 세상 밖으로 나오면 코드 하나 보내는 것만으로 익명 거래가 가능하다. 마약왕은 자신의 전자 지갑에 수백만 개의 테더코인을 보유하고 아무도 모르게 테러리스트에게 보낼 수 있었다.

이와 비슷한 아이디어를 생각해낸 사람들은 모두 체포됐다. 론 폴Ron Paul의 얼굴이 찍힌 암호화폐를 만들어낸 하와이 마리화나 운동가는 사기 혐의로 체포됐고, 전자 황금이라 불리는 온라인 화폐를 만들어낸 사람은 돈세탁 혐의로 구속됐다.

그리고 2013년 5월 피어스와 그의 동료들이 테더의 사업계획을 투자자들에게 피칭하고 있을 때, 스테이블코인의 프로토타입인 리버티 리저브Liberty Reserve를 만들어낸 사람이 체포됐다. 리버티 리저브 사용자들은 이메일 주소만으로 돈을 주고받을 수 있었다. 검찰은 익명성이 보장된 온라인 화폐는 사기꾼, 신용카드 절도범, 해커, 그리고 기타 범죄자에게 유용한 범죄 수단이 된다고 말했다. 리버티 리저브는 브루클린에 살고 있는 아서 부도프스키Arthur Budovsky라는 이름의 남성이 만들었다. 그는 미국 관할권에서 벗어나기 위해서 시민권을 포기하고 코스타리카로 이주했지만, 이조차도 효과가 없었다.

리버티 리저브는 암호화폐는 아니었다. 각각의 사용자가 자금을 얼마나 보유하고 있는지가 기록된 데이터베이스는 부도프스키의 서버에 보관됐다. 하지만 기능적으로 리버티 리저브는 테더와 아주 비슷했다. 테더 사용자들처럼, 리버티 리저브 사용자 대다수가 실제로 제3자에게서 해당 화폐를 구입했다. 이를 근거로 부도프스키는 사람들이 이것으로 무엇을 하든지 자신과는 아무 상관이 없다는 뜻이라고 주장했다. 하지만 결국 그는 돈세탁 혐의에 대해서 유죄 판결을 받고 징역 20년 형을 선고받았다.

"미국은 머지않아 테더의 뒤를 쫓을 겁니다. 그들이 그저 딱할 뿐입니다"라며 부도프스키가 플로리다 감옥에서 내게 편지를 썼다.

내가 피어스와 전화 통화를 했을 때, 나는 그에게 '진짜 돈이 테더 코인을 정말로 담보하는가?'라는 핵심 질문을 던졌다. 그는 그렇다고

비이성적
암호화폐

내게 확언했다. 그는 테더는 세계 준비통화로서 달러의 지위를 보존하고 있다고 말했다. "만약 테더가 없었다면, 미국은 일찌감치 무너졌을 것입니다. 여러모로 테더는 미국의 희망입니다"라고 그가 말했다.

하지만 대화를 계속하면서 피어스가 테더의 자금 위치에 대해 알려줄 정보가 거의 없다는 것을 깨달았다. 나의 집중력은 흐트러지기 시작했다. 〈마이티 덕〉에서 어린 피어스는 시시한 하키 경기에서 중요한 페널티 샷을 놓친다. 그리고 그가 아역을 맡았던 등장인물은 성인이 되어서도 그때의 실패로 괴로워한다. 나는 피어스에게 거대한 폰지 사기일지도 모르는 이 일과 관련이 있느냐고 물었다. 내가 아는 한 피어스는 내가 하는 일에 대해서 아무것도 몰랐지만, 그는 내가 가망 없는 저널리스트이고 테더를 취재하는 이 일이 기자로서 나의 경력 혹은 나의 영혼을 구할 마지막 기회인 것처럼 이야기하기 시작했다.

"여기서 실수를 한다면, 그걸로 당신은 끝이에요. 하늘에 맡기는 수밖에 없죠. 이것은 당신이 영원히 구원받을 마지막 기회입니다"라고 그가 말했다.

하지만 피어스는 내가 구원받도록 돕지 않았다. 그는 내게 자신은 테더를 시작하기 대략 1년 전인 2015년에 테더를 사실상 포기했다고 말했다. 테더코인을 사용하는 사람은 아무도 없었고, 금융 당국이 테더코인을 못마땅하게 여길 가능성이 있었다. 미국 증권거래위원회 소송이나 감옥행이 그가 자신의 운명에 닿지 못하도록 방해하고 있었다.

"저는 이 일로 돈을 번다면, 이 나라를 위해서 제가 해야만 하는 일을 할 수 없을 거라고 생각했습니다"라고 피어스가 말했다.

피어스의 합작투자 파트너였던 비트파이넥스는 테더 프로젝트를 추진하는 데 관심이 있었다. 포터와 그의 비트파이넥스 동료들은 거래소가 이미 회색 지대에서 운영되고 있었기 때문에 테더의 합법성에 대해서 덜 걱정했다. 당시에는 암호화폐 거래를 촉진하는 것이 합법인지가 명확하지 않았다. 이런 이유로 비트파이넥스는 은행 계좌를 개설하는 데 애를 먹었다. 하지만 비트파이넥스가 달러 대신에 테더코인을 사용한다면, 은행 계좌를 개설할 필요가 없어졌다.

포터는 자신의 상사에게 자신의 생각을 설명했다. 포터의 상사는 성형외과 의사 출신의 이탈리아인인 지안카를로 데바시니 Giancarlo Devasini였다. 데바시니와 그의 파트너들은 이미 테더 지분의 40퍼센트를 보유하고 있었고, 그들은 몇십만 달러를 주고 나머지 지분을 피어스 집단으로부터 인수했다. 피어스는 내게 자기 지분을 공짜로 넘겨줬다고 말했다.

테더의 탄생과 관련된 대부분의 사람들과 인터뷰를 한 뒤에, 나는 그들이 내가 찾고 있는 해답을 갖고 있지 않다는 것을 깨달았다. 모두가 비슷한 소리를 했다. 자신들이 암호화폐 역사상 가장 성공한 기업 중 하나를 탄생시킬 아이디어를 생각해낸 주인공이라고 했다. 하지만 그들은 그 아이디어를 기반으로 탄생한 기업이 무엇을 하든 간에 자신들에게는 아무 책임이 없다고 했다. 이보다 더 중요한 것은 그들은 테더가 보유하고 있다고 주장하는 돈이 진짜로 존재하는지 알지 못했다.

데바시니가 그나마 내가 원하는 정보를 지닌 인물인 듯했다. 서류상 그는 테더의 최고재무책임자였다. 테더와 관련하여 내가 인터뷰했던 모두 사람들이 데바시니가 테더의 실세라고 했다. 테더에는 직원이 거의 없어서 테더코인을 사거나 팔려면 데바시니에게 문자 메시지를 보내야 했다. 이것이 그들이 내게 말해줄 수 있는 이 이탈리아인에 대한 전부였다.

피어스는 "그는 위대한 사람입니다. 그는 개척자죠. 암호화폐 산업을 키우기 위해서 개인적, 재정적으로 큰 위험을 무릅쓴 사람"이라고 설명했다.

이 '위대한 남자'의 삶은 알려진 바가 거의 없었다. 그는 57세였고, 암호화폐와 관련된 일을 하는 사람들의 연령대를 기준으로 보면 그는 고대인이나 다름없었다. 그의 과거에 대해서 내가 발견할 수 있었던 것은 실패한 성형외과 의사 경력, 소프트웨어 위조 혐의 등으로 나의 머릿속에 경고음이 울렸다. 금융계의 수상한 사람들을 수년 동안 조사하면서 '사기꾼은 제 버릇 개 못 준다'라는 내 나름의 법칙을 세웠다. 누군가 과거에 정직하지 못한 일을 했다는 증거가 발견되면, 그 사람의 현재 행보가 사기 행각으로 드러날 가능성이 컸다. 이제 데바시니라는 이 인물을 집중적으로 조사할 때였다.

[4]
돈에 매료된
성형외과 의사

NUMBER GO UP

"나는 은행이 되고 싶었다"

　나는 지안카를로 데바시니가 어떤 삶을 살았는지 이해하기 위해서 실마리를 찾기 시작했다. 그 당시에 온라인에서는 그에 관해서 얻을 수 있는 정보가 거의 없었다. 하지만 내가 얻은 정보만으로도 브록 피어스처럼 데바시니가 길을 돌고 돌아서 암호화폐 세계의 정점에 오르게 됐다는 사실을 알게 됐다.

　나는 그가 '델리치아'란 음식 배달 서비스를 홍보하기 위해서 2009년에 제작한 영상을 봤다. 거기에서 그는 헐렁한 흰 셔츠를 입고 발코니에서 리조토를 만들고 있었다. 거대한 정원 요정 석상이 그의 옆에 놓여 있었다. 그 석상이 거기에 놓여 있는 이유는 알 수 없었다.

비이성적
암호화폐

나는 온라인에서 테더 사장이라는 사람의 사진을 찾았다. 그 사진은 흥미로웠다. 그것은 2014년 밀라노미술관에서 열릴 전시회를 위해서 촬영된 사진이었다. 그 사진 속에 데바시니가 거울 앞에 서 있었다. 얼굴 절반이 면도 크림으로 덮여 있었고, 거울에 비친 사람이 누군지 모르겠다는 표정으로 그는 거울에 비친 자신의 눈을 바라보고 있었다.

그 쇼는 전환점에 관한 것이었고, 이어진 인터뷰에서 데바시니는 성형외과 의사를 그만두었던 1992년이 자신의 전환점이 되었다고 했다. 그는 가슴 축소술을 원했던 소녀의 수술을 포기하도록 설득하지 못한 자신에게 크게 실망했었다고 말했다. ("그녀의 가슴은 아름답게 어울렸습니다"라고 그가 말했다.) 그리고 다른 성형외과 의사들이 환자의 몸을 '해변에 아름다운 별장을 사기 위해서 필요한 대출 담보물이나 새로 산 포르셰의 첫 할부금을 낼 돈'으로 보는 데 경악했다고 말했다.

"제가 하는 모든 일이 사기, 변덕의 착취 같았어요"라고 그가 말했다.

데바시니는 그 인터뷰에서 성형외과 병원에 있는 그 누구에게도 병원을 관둔다는 사실을 알리지 않은 채 상사의 전화도 무시하고 무작정 중국으로 떠났다. 솔직히 이 점이 이상하게 느껴진 나는 그가 병원에서 갑자기 자취를 감췄을 때 그의 상사였을 것으로 추정되는 의사를 찾아 연락을 했다. 하지만 그는 내 전화나 문자 메시지에 회신해주지 않았다.

나는 이탈리아에서 그의 행보를 추적해보기로 결심했다. 이탈리아 조사원의 도움으로 나는 데바시니에 대해서 뭔가 석연치 않은 부분을 확인할 계획을 세웠고, 마침내 밀라노행 비행기를 예매했다.

그가 예전에 다녔던 성형외과 병원은 빌라 레티지아였다. 그것은 500년 된 기독교 바실리카에서 이어지는 모퉁이 좁은 길 위에 세워진 신고전주의적 건물이었다. 병원 웹사이트에는 코 성형부터 쉽게 말해서 '음낭을 들어 올리는 수술'인 음낭성형까지 병원에서 집도하는 성형 수술의 종류가 길게 적혀 있었다.

로비에는 검은색 가죽 반바지를 입고 힐을 신은 직원 2명이 대기실에서 수술을 기다리는 여자들 사이를 걸어 다녔다. 대기실에 앉아 있는 여자들의 얼굴이 너무나 팽팽해서 그들의 나이를 가늠하기 어려웠다. 나는 접수원에게 90년대 초반에 이 병원에서 일했던 사람과 이야기를 나누고 싶다고 말했다. 그러자 아주 짧은 보브 머리를 한 남자가 뒤쪽 사무실에서 나왔다. 그는 기자가 찾아왔다는 소리에 화가 난 듯이 보였다. "지금 바빠요"라고 그가 내게 말했다. 나는 메모를 남겨두고 왔지만, 그로부터 회신은 없었다.

그 병원에서 데바시니에 대해서 더 얻을 수 있는 것은 없었다. 하지만 나의 조사원, 그리고 내가 이후에 고용한 보조 이탈리아

기자는 마침내 데바시니의 행적을 조금 자세하게 찾아낼 수 있었다. 그의 졸업 앨범, 대학교 성적표, 그리고 그와 함께 학교를 다녔던 동창들과 그와 함께 일했던 이전 동료들의 연락처를 찾았다. 그들이 데바시니에 대해서 찾아낸 정보는 다음과 같았다.

데바시니는 1964년 포강 근처에 위치한 토리노에서 태어났고 그곳에서 동쪽으로 대략 40마일(약 64킬로미터) 떨어진 작은 마을인 카살레몬페라토에서 자랐다. 그의 아버지도 의사였다. 같은 반 친구는 그가 '대담했고 미지의 영역에 도전하는 것을 두려워하지 않았다'고 기억했다. 그는 밀라노 대학교에서 의사가 되기 위해서 공부했고, 거기서 1989년에 피부 이식 기법에 대한 논문을 썼다. 성형외과 의사로 잠깐 일한 뒤에 그는 중국으로 이주했다. 그가 왜 중국으로 갔는지는 아무도 몰랐다. 그 이후에 그는 밀라노로 돌아왔고 전자 산업에 발을 들였고, 아시아에서 전자 부품을 수입하고 이탈리아에서 랩톱을 팔았다.

"그는 크게 성공하길 원했던 사내였습니다"라고 랩톱을 수입하기 위해서 데바시니와 손을 잡았던 비토리오 비앙키^{Vittorio Bianchi}가 말했다.

위조 사건은 1995년에 터졌다. 데바시니가 가짜 마이크로소프트 제품을 팔고 있다고 의심한 누군가의 제보로 이탈리아 전역에서 경찰이 컴퓨터 가게와 소프트웨어와 하드웨어 유통업자들의 사무실을 급습했다. 경찰은 위조 플로피 디스크 15만 2,000개를 유통하는 조직을 검거했다고 발표했다. 대부분 MS-DOS 6.2, 윈도우 3.11, 그리고 엑셀이었다. 조직 두목은 스물여섯 살이었고 훔친 자동차 부품을 거래한 이력이 있었다.

데바시니는 위조 제품을 다른 기업에 판매한 혐의로 체포됐다. 형사 고발을 당하게 된 그는 합의금으로 약 6만 5,000달러 상당인 1억 리라를 마이크로소프트에 지불해야 했다. (그는 수사에 협조하기로 했고, 테더는 데바시니가 해당 소프트웨어에 라이선스가 없는지 몰랐다고 말했다.) 이 사건 이후 데바시니는 줄곧 값싼 전자기기로 돈을 벌 새로운 방법을 찾았다. 그는 RAM 제조회사로부터 저급 메모리 모듈을 수입하는 회사를 차렸고, 상품의 성능을 시험하고 분류한 뒤에 판매했다. 그 업계에서 그는 이 사업으로 크게 성공했다. 그는 밀라노 외곽에 공장을 세웠고, 2000년대 CD와 DVD를 생산했다. 공장 노동자들은 데바시니를 좋은 사장으로 기억했다.

데바시니의 고향인 카살레몬페라토에는 시멘트 공장이 많기로 유명했다. 어느 순간 데바시니는 이탈리아의 최대 시멘트 제조기업 중 하나인 버지유니셈Buzzi Unicem을 소유한 가문의 여성과 결혼했다. 그녀는 건축가였고, 이탈리아 국경과 가까운 모나코 외곽의 프렌치 리비에라에 두 사람을 위한 현대식 저택을 설계했다. 사진을 보면, 저택 옥상에는 고급 수영장이 있고 지중해가 내려다보인다. 목적지에 도착한 남자를 위한 장소처럼 보였다.

하지만 데바시니의 사업 파트너였던 마르코 푹사Marco Fuxa의 RAM사업이 2000년 후반 컴퓨터 제조업에 통합 바람이 불면서 쇠락했다. 더욱이 중국 기업들이 데바시니보다 저가로 CD와 DVD를 판매하기 시작하면서 그의 작은 공장에서는 수익이 나지 않았다.

이것은 비트파이넥스 웹사이트에서 내가 읽었던 글과 전혀 일치하지 않았다. 거기에는 데바시니가 운영하던 기업들이 매년 1억 유로가 넘는 매출을 올렸고, 2008년 금융 위기가 닥치기 직전에 모든 사업체를 팔았다고 적혀 있었다. 하지만 이탈리아의 법인 기록에 따르면, 그가 운영했던 기업들은 2007년에 겨우 1,200만 유로의 매출을 기록했다. 일부는 심지어 파산 신청을 했다. 그리고 내가 이야기했던 전 직원 중에서 데바시니가 운영하던 기업을 팔았다고 기억하고 있는 사람은 없었다.

그들은 내게 2008년 데바시니의 공장에 불이 나서 생산 설비가 죄다 타버렸다고 말했다. 푹사는 현지에서 전력을 충분히 공급받을 수 없어서 데바시니가 설치한 디젤 발전기로 인해 불이 났다고 말했다. "말하자면 그는 공장 뒷마당에 발전소를 지었고, 그것은 연기 속으로 사라졌죠"라고 푹사가 내게 말했다. 하지만 수익이 나지 않는 공장이 알 수 없는 화재로 전소해버렸다는 이야기를 듣고 나의 머릿속에 아득하게 경고음이 울렸다.

그 시기에 데바시니는 다른 사업에도 도전했지만, 그것들이 어느 정도 궤도에 올랐는지는 알 수 없었다. 2008년 영화〈구금된 젊음 할롯Young Harlots: In Detention〉의 특별 보너스 장면을 알리는 언론 보도에 따르면, 그는 이탈리아에서 온라인 쇼핑몰을 시작했고 성인용 DVD의 복사 방지 기술을 라이선스했다. 2007년 도시바는 DVD 서식 명세에 대한 특허침해로 데바시니가 소유한 기업 하나를 상대로 소송을 걸었다. 테더는 이 소송을 '쓸모없는 일'이라고 불렀고 도시바가 그 소송으로 얻은 것은 아무것도 없었다고 말했다.

데바시니가 운영한 기업 중 하나로 퍼페추얼 액션그룹Perpetual Action Group이 있었다. 2010년 퍼페추얼 액션그룹은 트레이드루프 Tradeloop라는 온라인 마켓플레이스에서 상품 판매를 금지당했다. 구매자가 2,000달러 상당의 메모리 칩을 주문했는데 커다란 나무 토막 하나 들어 있는 상자를 받았다고 항의했기 때문이었다. 구매자가 소송을 걸겠다고 협박하자, "당신이 바라는 대로 법정에서 봅시다"라고 데바시니가 구매자에게 글을 남겼다. "내 변호사들은 이 세상이 당신 같은 바보천치로 가득하기를 바라며 한밑천 잡게 됐다고 싱글벙글 웃을 거야"라고 데바시니는 썼다. 이런 사건이 있었다는 것을 알고 나는 테더 고객이 테더코인을 상환해달라고 주장하면 테더가 그들에게 무엇을 보낼지 궁금하지 않을 수 없었다.

내가 퍼페추얼 액션그룹에 대해서 계속 조사하던 무렵에 자신도 그 기업을 조사하고 있다는 메시지를 어느 사립 탐정에게서 받았다. 그는 내게 퍼페추얼 액션그룹이 세금 사기에 연루된 사람과 사업을 했다고 기록된 스페인 법원 서류를 보냈다. 나는 그 사실이 아주 흥미로웠고 런던에서 그와 만나기로 했다. "피카딜리 라인을 타고 콕포스터까지 오세요. 블룸스버리의 로드 존 러셀에서 만납시다"라고 그가 내게 말했다. 하지만 우리가 만났을 때, 그 사립 탐정은 데바시니가 세금 사기에 연루됐다는 그 어떤 증거도 제시하지 못했다. 나는 그가 돌파구를 마련해줄 사람이길 바라고 있었다. "이것은 정말 일종의 우로보로스(그리스 신화에 나오는 괴수로 자신의 꼬리를 물고 있는 용 혹은 뱀의 형상을 한 생물-옮긴이)입니다"라고 그는 말했다. 퍼페추얼 액션그룹은 성형외과 병원처럼 막다른 골목이었다.

데바시니의 과거와 세계관을 들여다볼 수 있는 가장 흥미로운 기회는 내가 밀라노에 있을 때 우연히 나왔다. 추적할 단서가 없어지자, 나는 아침에 카페에서 인터넷으로 데바시니를 검색했는데, 이탈리아 네트워크를 사용했기 때문인지 새로운 정보를 찾아냈다.

데바시니의 이름이 일 블로그 델레 스텔레Il Blog delle Stelle라 불리는 이탈리아 정치 웹사이트의 게시판에 등장했다. 그것은 2009년 인터넷 대가인 장로베르토 카살레지오Gianroberto Casaleggio와 코미디언 베페 그릴로Beppe Grillo가 창단한 반체제 정당인 오성운동five star movement의 공식 웹사이트였다. 2012년 1월에 게시된 글에 자기 이름을 이탈리아어로 '지안카를로 데바시니'라고 쓴 댓글 작성자가 "우리 모두 힘을 합치면 상황이 바뀔 수 있습니다. 힘내세요 베페, 절대 포기하지 마세요!"라는 글을 남겼다. 그리고 그는 자신의 개인 블로그 링크도 함께 남겼다.

나는 링크를 클릭했지만, 열린 페이지에는 데바시니의 이름이 없었다. 하지만 몇 분 동안 화면 스크롤을 내리자, 그 블로그는 데바시니의 것임을 확신할 수 있었다. 무엇보다도 댓글 작성자가 자신의 생일에 대해서 글을 게시했는데, 내가 아는 데바시니의 생일과 일치했다.

블로그에는 선정적인 사진이 올려져 있었다. 밴 창문 밖으로 여자의 맨다리가 나와 있었고, 그녀의 발목에는 여자 팬티가 걸려 있었다. 거기에 라틴어로 '에칫 옴네스 에고 논Etsi Omnes Ego Non'이라고 쓰여 있었다. 대충 번역하면 '설령 다른 모두가 그렇더라도 나는 아니할 것이다'라는 뜻으로, 히틀러 암살 음모에 가담했던 나치 장교가 말한 것으로 유명했다. 데바시니는 자신을 미쳐 버린 이 세상에서 외로운 영웅이라고 생각하는 것 같았다. 하지만 이 영웅도 밴에서 섹스를 후딱 하고 싶어 하는 인물이었다.

그는 공장 화재 이후 곧바로 블로그를 시작한 듯했다. 그 시기에 그와 그의 아내는 이혼했다. 그의 나이 마흔네 살이었다. 그의 글을 기준으로 판단하면, 그는 지루해했고 외로웠으며 비참했다.

그리고 욕정에 휩싸여 있었다. '나 자신에게 중독되다'란 제목의 첫 번째 게시글에서 데바시니는 자신을 흔치 않은 천재로 그렸다. 작가는 다른 사람들과 시간을 보내기 위해 거의 마음을 잡지 못하는데, 그들은 다른 사람들을 금붕어와 비교했고, 그들의 정신은 TV, 페이스북, 그리고 셀카로 연결해 혼란스러워했다. 작가는 특히 여자들을 업신여기면서 '동물상'이라고 불렀다. 그는 여자들을 얄팍하고 간교한 성적 대상으로 묘사했다. 그리고 자신은 여자들의 영혼을 꿰뚫어 보기 때문에 여자들이 자신에게 끌린다고 적었다. 마치 온 세상이 그만이 알 수 있는 사기인 듯했다.

"지능은 정직보다 더 희귀한 덕목이다"라고 데바시니는 썼다. 또 다른 장소에서 그는 "이 단순한 계산을 해낼 수 있는 사람이 없다는 것이 가능한가? 내가 천재인가, 아니면 다른 모두가 무차별적으로 당신의 지능을 모욕하고 있는 것인가"라고 물었다.

데바시니는 자전거를 타고 오랫동안 어떤 일이 있었는지 생각하며 밀라노를 돌아다녔다고 썼다. 그는 다소 어울리지 않게 인플레이션과 은행에 대한 자신의 증오에 관해서도 이야기했다.

데바시니는 "요즘에 은행은 의미가 없다"고 썼다. "은행은 돈이 없고 돈이 없는 은행은 가솔린 없는 차, 유방 없는 여자와 같다. 아무짝에도 쓸모가 없고 심지어 성가신 존재다"라고 덧붙였다.

데바시니는 월급쟁이를 무시하는 글을 썼고, 자신처럼 위험을 감수하는 것을 두려워하지 않고 행동하는 남자들을 칭찬하는 글도 썼다. 이것은 기업가가 지니는 당연한 태도인 것 같았다. 하지만 그가 쓴 버니 매도프에게까지 존경을 표하는 글을 보고 나는 깜짝 놀랐다.

2008년 매도프가 수십 년의 폰지 사기로 체포된 일주일 뒤 데바시니는 이탈리아 국채의 2.5퍼센트에 맞먹는 금액을 사기 친 매도프에 대해서 찬사의 글을 썼다. 제목은 '그래서 뭐'였다. 나는 그 글을 읽으면서 경악을 금치 못했다. 마치 그가 대단한 깨달음을 얻은 것 같았다. 그 글은 거의 시나 다름없었다.

어떻게 이것이 가능한가? 나 스스로에게 묻노라.

단 한 명이 그렇게 거대한 사기를 저지를 수 있단 말인가?

그는 스스로 그 모든 편지를 뜯어봤을까?

그가 자신의 회사에서 그 지위에 접근할 수 있는 유일한 사람이었을까?

그가 화해하고, 문서와 보고서를 쓰고 고객과 분석가에게 전달한 사람이었을까? 그리고 직원들은 아무것도 알아채지 못했을까?

그들은 온종일 무엇을 했을까?

그들은 페이스북으로 채팅을 하고 있었나?

그리고 나는 규제 당국에 대해서 데바시니가 쓴 글을 읽었다.

비이성적
암호화폐

증권거래위원회 관리자들, 그들은 헤지펀드가 거대해지는 것을
관리하지 않고 도대체 무엇을 하고 있었나?
테트리스 게임을 하고 있었나?
원자로에 불이 붙었는 줄도 모르고 호머 심슨처럼 책상 위에
발을 올리고 잠이나 자고 있었나?

데바시니가 알게 된 것은 무엇이었을까? 내가 보기에 그는 매도
프가 그렇게 오랫동안 규제 당국에게 붙잡히지 않고 사기를 칠
수 있었는지가 궁금했던 것 같았다. 그리고 그는 이 궁금증에 대
한 자신만의 해답을 찾은 듯했다. 그것은 그렇게 어려운 일이 아
니었다. 그 누구도 눈치채지 못했다. 그들은 모두 바보였던 것이
었다.

데바시니는 금융에 매료됐다. 2011년 12월 '협잡'이란 제목의
글에서 그는 이탈리아 은행이 수십억 달러의 저금리 자금을 이용
할 수 있었던 방법을 설명했다. 그들은 그 자금으로 여기저기서
도박을 하거나 위험이 없는 이윤을 얻기 위해서 이율이 높은 국
채를 사들일 수 있었다.

내가 자랄 때, 나는 우주비행사나 축구선수가 되고 싶지 않았다.
내가 자랄 때, 나는 은행이 되고 싶었다!
어제 이탈리아 은행이 유럽중앙은행에서 1,160억 유로를 빌렸다.

그들은 그 돈으로 자신들이 하고 싶은 것을 할 수 있을 것이다.

가져라, 이 모든 돈을 가져라.

그리고 즉석 복권, 이탈리아 로또를 사거나 이웃 동네에서 슬롯머신으로 게임을 해라.

걱정할 것 없다, 애야.

네가 다시 오면, 내가 돈을 더 줄 테니까.

이제 모든 것은 너무나도 자명했다. 데바시니는 테더로 암호화폐의 중앙은행을 만든 것이었다. 그리고 이제 추정컨대 테더 사용자들은 그에게 수백억 달러를 건넸다. 나는 테더가 그 많은 돈으로 무엇을 하고 있는지 도저히 알 수 없었다.

다른 글에서 데바시니는 자신을 행동으로 옮길 좋은 때를 기다리는 사람이라고 설명했다. "나는 더 나아갈 수 있다고 느꼈다. 이게 전부는 분명히 아닐 것이다." "우리는 삶이 우리에게서 서서히 사라지고 있다는 사실을 모른 채, 똑같은 일을 하면서 평생을 살 수 있고, 수천 번 수만 번 같은 하루를 살 수 있다. 그러다가 어느 날 모든 것이 변한다"라고 데바시니는 썼다.

2012년 바로 행동할 순간이 왔다. 데바시니가 비트코인에 관한 글을 읽은 때였다.

비이성적
암호화폐

[5]

어마어마한
부자의 탄생

NUMBER GO UP

"당신 빼고 모두
부자가 되고 있다"

"구글에 '비트코인'을 검색하기만 하면 놀라운 세상을 발견할 수 있다"고 2012년 12월 데바시니가 썼다. "나는 몇 달 전에 우연히 비트코인이란 것을 알게 됐고, 이게 내 삶을 바꿨다"라고 그는 덧붙였다. 미래에 테더를 이끌게 되는 데바시니는 비트코인에 열광했다. 너무나 열광한 나머지 그는 이탈리아 정치 블로그의 게시판을 야단스러울 만치 비트코인에 대한 글로 도배했다. 그는 비트코인이 자신이 증오하는 은행을 없앨 것이고, 비트코인의 가치는 공급량이 한정되어 있어서 오를 것이라고 썼다.

그에게는 폐업한 공장에서 만든 CD와 DVD 재고가 2,000만 장이 있었다. 이제 그는 그것들로 비트코인을 구입할 계획이었다.

비이성적
암호화폐

그는 비트코인토크 포럼에 CD와 DVD 한 장과 비트코인 0.01개와 교환하겠다는 글을 올렸다. 당시 CD와 DVD 가격은 장당 대략 10센트였다. 그의 이전 동업자였던 마르코 푹사는 데바시니가 CD와 DVD 재고를 모두 팔았다고 했다. 이게 사실이라면, 그리고 그가 비트코인을 계속 보유했다면, 그가 보유한 비트코인의 가치는 이후 30억 달러 이상으로 치솟았을 것이다.

"이렇게 그는 돈을 벌었다"라고 푹사가 말했다.

비슷한 시기에 데바시니는 비트파이넥스에 투자했다. 비트파이넥스는 사람들이 진짜 돈으로 비트코인을 거래할 수 있는 많은 웹사이트 중 하나였다. 비트파이넥스의 창립자는 젊은 프랑스인이었다. 그는 열여섯 살인지 열일곱 살된 누군가가 만든 비트코니카Bitcoinica라는 암호화폐 거래소에서 코드를 복사해 자신의 암호화폐 거래소를 만들었다. 데바시니는 얼마 지나지 않아서 사실상 비트파이넥스의 사장이 됐다. 비트코인토크에서 그는 암호화폐 거래소에 대해서 불평하는 글을 올리는 고객들을 모욕했다. "아무 생각 없이 입에서 화염을 뿜어대는 거냐? 아니면 뇌의 전원을 켜는 것을 잊어먹은 거냐?"라고 그는 2014년 2월에 어느 불만을 토로하는 고객에게 물었다. "투명성이란 말도 안 되는 근거 없는 수상이 틀렸음을 증명하는 데 시간을 쓴다는 의미가 아니다"라고 그는 또 다른 고객에게 댓글을 달았다.

다른 암호화폐 거래소와 비교해서, 비트파이넥스는 믿을 만했다. 그렇다고 그것이 그렇게 특별하지는 않았다. 비트코인 거래소는 기본적으로 한 가지 역할을 한다. 사용자가 보낸 현금과 암호화폐를 안전하게 보관하는 것이다. 그러나 암호화폐 산업이 등장한 이후 암호화폐 거래소는 이 역할을 제대로 수행하지 못했다.

첫 번째 대형 암호화폐 거래소는 마운트곡스Mt. Gox였다. 마운트곡스는 〈매직: 더 개더링〉이라는 카드 게임의 카드를 거래하기 위해서 개설된 웹사이트를 암호화폐 거래소로 바꾼 것이었다. (마운트곡스는 〈매직: 더 개더링〉 온라인 거래소를 상징한다.) 원래 게임 카드를 거래하려고 만든 웹사이트가 수십억 달러를 보관하기에는 당연히 적절하지 않았다. 마운트곡스의 보안은 상당히 취약했고 기록은 엉망이었다. 그래서 해커들은 사용자가 비트코인을 맡기자마자 훔쳐 갈 수 있었다. 마운트곡스는 2014년에 파산했고, 현존하는 모든 비트코인의 7퍼센트를 잃어버렸다고 자백했다. 또다른 초기 암호화폐 거래소였던 BTC-e는 정부가 창립자를 마약 밀매와 기타 범죄를 위한 돈세탁 혐의로 기소하면서 문을 닫았다. 이외에도 창업자가 의문의 죽음을 겪은 후 사기임이 밝혀진 쿼드리가CX QuadrigaCX라는 암호화폐 거래소도 있었다. 한 집계에 따르면 400개 이상의 암호화폐 거래소가 실패했다. 거의 절반이 왜 폐업했는지 이유를 알 수 없었다. 그냥 사라져버렸다.

이와 같은 경쟁에서 비트파이넥스는 그저 생존하는 것만으로도 승리였다. 2016년 비트파이넥스는 세계에서 가장 큰 암호화폐

비이성적
암호화폐

거래소 중 하나가 됐다. 그해 필연적으로 해커들은 비트파이넥스를 찾았다. 정체를 알 수 없는 사람들이 비트파이넥스 서버에 침입했고 비트코인 11만 9,754개를 훔쳐 갔다. 비트파이넥스의 비트코인 보유량의 절반이 넘는 규모였다.

누구의 소행인지 아무도 알지 못했다. 이 손실로 비트파이넥스는 파산하는 게 당연했다. 모든 사용자가 한꺼번에 자신의 비트코인을 되돌려달라고 요청했다면, 비트파이넥스는 그들 모두에게 되돌려줄 비트코인이 없었다. 금융산업의 전통적인 법칙에 따라서 비트파이넥스는 파산을 선언해야 했다.

하지만 파산을 선언하는 대신에 비트파이넥스는 (비트코인을 단 하나도 잃어버리지 않은 고객까지 포함해서) 모든 고객의 잔액을 36퍼센트 줄였고, 손실을 메꾸기 위해서 차용증서를 발행했다. 그러고 나서 비트파이넥스는 엄청난 행운을 얻었다. 바로 암호화폐 붐이 일어난 것이었다. 거래량이 너무나 증가해서 8개월 만에 비트파이넥스는 모든 고객에게 비트코인이든 현금이든 되돌려줄 수 있을 만큼 충분한 비트코인과 현금을 확보했다. 이런 신의 한 수로 비트파이넥스는 고객의 충성심을 얻었다. 그리고 이후 몇 년간 데바시니의 행보를 놓고 봤을 때, 그는 교훈 하나를 얻었던 것 같다. 규칙을 변칙 적용해도 법망을 빠져나갈 수 있다는 사실을 말이다.

비트파이넥스는 암호화폐 붐이 일면서 자금을 빠르게 회복할 수 있었다. 첫 번째 암호화폐 거품은 2017년부터 2018년까지 지속됐다. 수백 개의 새로운 암호화폐가 등장했고, 비트파이넥스와 다른 암호화폐 거래소에서 엄청난 양의 거래가 이루어지면서 테더에 대한 수요가 증가했다.

이러한 새로운 암호화폐는 윌렛과 마스터코인처럼 앱 개발에 필요한 자금을 조달하려는 스타트업이 판매했다. 이 스타트업 창립자들은 앱이 만들어지면 암호화폐가 유용할 것이라고 약속했다. 〈머니 스터프Money Stuff〉 칼럼니스트 맷 레빈Matt Levine의 말을 빌리자면, 이것은 마치 라이트 형제가 비행기 발명에 필요한 자금을 조달하기 위해서 항공 마일리지를 파는 것과 같았다. 이더리움이라 불리는 새롭게 프로그램된 블록체인이 이 프로세스를 수월하게 만들었다. 이런 암호화폐 판매방식을 '가상화폐 공개Initial Coin Offering, ICO'라고 불렀다. 2017년 스타트업은 가상화폐 공개로 65억 달러를 조달했다. 모두가 넥스트 비트코인의 한 조각이라도 갖기를 원했다.

광고 효과는 엄청났고, 누구나 새로운 암호화폐를 발행한다는 백서를 공개하고 수백만 달러의 자금을 조달할 수 있을 것만 같았다. 테더의 공동 창립자인 브록 피어스는 EOS라는 암호화폐를 홍보했다. 이것은 '상업용 분산 애플리케이션을 지원하기 위해 설계된 최초의 블록체인 운영체제'로 소개됐다. EOS는 무려 40억

비이성적
암호화폐

달러의 자금을 조달했다. 물론, 이는 사실이다.

피어스는 당시 인터뷰에서 "저는 돈에 관심 없어요. 돈이 필요하다면, 그냥 암호화폐를 발행하면 됩니다"라고 말했다.

신문에는 암호화폐로 부자가 된 사람들에 관한 이야기로 가득했다. 인스타그램에서 암호화폐를 거래하는 사람들은 암호화폐로 번 돈으로 구매한 롤렉스와 람보르기니를 자랑했다. 2018년 1월 《뉴욕타임스》1면에는 "당신 빼고 모두가 말이 안 될 정도로 부자가 되고 있다"라는 제목의 기사가 실렸다.

가상화폐 공개로 자금을 조달한 스타트업들은 블록체인이 출처를 추적하고 검증할 수 있도록 함으로써 상거래에 혁명을 일으킬 것이라고 약속했다. IBM과 마이크로소프트처럼 대기업도 다이아몬드, 배추, 선적 컨테이너, 개인 인증, 심지어 실제 부동산까지 사실상 모든 것을 블록체인에 기록하고 보관할 것이라고 말하기 시작했다. 블록체인에 기반한 가상화폐 공개가 암호화폐가 기다려온 실질적인 이유인 듯 보였다. 하지만 여기에는 문제가 하나 있었다. 그 무엇도 테스트 단계를 넘어선 적이 없었다. 그 누구도 테스트 단계를 넘어서 블록체인에 기반한 가상화폐 공개 프로세스를 발전시키려고 애쓰지 않았다. 대부분의 가상화폐 공개는 사기였다. 그리고 이것은 실제로 혁신적인 사기 행각도 아니었다. 가상화폐 공개는 주식시장에서 오랫동안 자행되어 온 사기 행각을 더 쉽게 실행할 수 있게 만들었다. 즉 헐값에 매입한 주식을 허위 정보로 폭등시킨 뒤에 팔아치우는 것이었다.

이것은 이렇게 진행된다. 주식을 싸게 사서 비싸게 팔아치우는 회사를 하나 만든 후, 1800년대 철도와 자전거라든지 아니면 한 세기 후 닷컴 회사든지 명목적으로 꽤 잘나가는 사업에 투자한다. 그 사업과 관련해서 온갖 유행어가 난무한다면 사업계획은 중요 하지 않다. 역사적으로 첫 번째 주식 사기 중 하나인 남해회사의 설립자가 1720년경 동료에게 말했듯이 말이다. "혼란스러울수록 더 좋다. 다시 말해서 사람들은 자신들이 무엇을 하는지 몰라야 한다. 그래야 우리의 조치에 더 적극적으로 참여하고 싶어 안달 날 것이다."

주식이나 암호화폐는 저가에 내부자에게 유통된다. 그 내부자 는 고가에 주식이나 암호화폐를 거래해서 수요가 있는 것처럼 보 이게 만든다. 오르는 주가와 함께 공격적으로 주식에 투자하라는 설득이 새로운 투자자를 끌어들인다. 그렇게 그 주식을 매입한 사 람 중 일부는 속아 넘어가기 쉽다. 하지만 대부분은 자신이 이 게 임이 어떻게 돌아가는지 이해한다고 생각한다. 당연히 일찍 사서 흐름을 타다가 가격이 고점을 찍으면 떨어지기 전에 판다.

시인 알렉산더 포프Alexander Pope는 남해회사의 투자자였다. 그 는 1720년 편지로 자신의 증권 중개인에게 다음과 같이 설명했 다. "그저 부가 우리를 따르도록 하라. 그러면 이 세상은 틀림없이

비이성적
암호화폐

우리의 신중함에 감탄할 것이다. 우리가 실패하면, 그 작은 사고는 우리끼리만 알도록 하자. 하지만 (희망과 황금산의 시대에) 모험하지 않는 것은 수치스러운 일이다."

월가 펀드매니저 출신의 암호화폐 투자자인 마이크 노보그라츠Mike Novogratz는 이보다 쉽게 설명했다. "이것은 우리 생애 가장 큰 거품이 될 것이다. 이 거품에 올라타면 엄청난 돈을 벌 수 있고, 우리는 그렇게 할 계획이다."

주식을 헐값에 사서 고가에 파는 행위는 어음 할인중개인이 어리숙한 투자자들을 주식시장으로 데려오던 1980년대와 1990년에 특히 자주 일어났다. 이 시기에 영화 〈더 울프 오브 월 스트리트〉에 나오는 장면처럼, 주식을 싸게 사서 거짓된 정보로 가격을 올린 뒤에 비싸게 파는 행위로 인해 발생한 금전적 손실이 연간 무려 20억 달러에 이르렀다.

물론 20억 달러는 이 사기 행각을 벌인 사람에게는 이익이었다. 이 사기 행각으로 벌어들이는 수익이 엄청나서 마피아도 금융 시장으로 비집고 들어갔다. 폭력배들은 증권 중개인에게 현금이 가득 든 돈 봉투를 뇌물로 줬고 가치 없는 기업의 주식을 은퇴자들에게 팔게 시켰다. 뉴욕의 멋진 금융가는 청산의 장이 됐다. 특히 폭력적인 사건 하나로, 일부 조직폭력배들과 결탁한 증권 중개인들이 다른 증권 중개인을 구타하고 뉴욕증권거래소 건너편 건물의 9층 창문에 매달았다.

하지만 주식 사기를 저지르려면 해야 하는 일이 많다. 퇴락한 변호사, 증권 중개인, 그리고 제공된 모든 정보가 거짓이라도 수많은 증권을 발행하기 위해서는 서류작업을 할 은행이 필요하다. 그런데 이것은 금융 사기꾼을 체포하는 단서가 되는 서류 흔적을 남긴다.

그러나 암호화폐에는 이런 것이 전혀 필요 없다. 기본적으로 프로그램만 살짝 바꾸면 그만이다. 온라인에서 고용된 프리랜서들이 제공하는 기본적인 프로그래밍과 소셜 미디어 인플루언서들이 제공하는 게시물만 있으면 된다.

2017년 9월 가상화폐 공개 붐이 절정이던 시기에 복싱선수인 플로이드 메이웨더 주니어Floyd Mayweather Jr.가 트위터에 암호화폐 용어를 알지 못하는 사람이라면 해독할 수 없는 글을 올렸다. 23개의 번쩍이는 챔피언 벨트와 함께 찍은 자신의 사진 위에 그는 "센트라CTR의 가상화폐 공개가 몇 시간 뒤에 시작된다. 그들이 팔기 전에 사라. 나는 이미 샀다"라는 글을 게시했다.

메이웨더는 자신이 센트라라는 새로운 코인을 구입했으니 자신의 770만 트위터 팔로우에게 센트라를 구입하라고 제안하고 있었다. 센트라는 어떤 암호화폐 직불카드와 연관된 것으로 알려져 있었지만, 메이웨더는 굳이 그 부분까지 설명하지 않았다.

메이웨더의 도움으로 센트라는 약 2,500만 달러를 조달하는 데 성공했다. 하지만 가상화폐 공개로 자금을 조달하는 대부분의 기업처럼 센트라도 완전 사기였다. 센트라는 암호화폐 직불카드뿐만 아니라 그 어떤 연관 서비스도 시작하지 않았다. 심지어 웹사이트에 나오는 CEO도 존재하지 않는 인물이었다. 웹사이트에는 스톡 사진이 CEO라고 올려져 있었다. 센트라 창립자들이 메이웨더에게 10만 달러를 주고 센트라 홍보를 의뢰했던 것으로 밝혀졌다. 센트라 창립자에는 마이애미에서 이국적인 자동차 렌트 사업을 하며 외국 마리화나를 피우고 아편에 찌든 26세의 남성도 있었다.

이런 식의 사업은 절대로 합법적이지 않았다. 하지만 대부분의 경우에 이런 사업에 가담하는 사람들은 당국이 무슨 일이 벌어지는지를 밝혀내는 데만 몇 년이 걸릴 거라는 것을 알았다. 이후 어느 연구진은 가상화폐 공개의 80퍼센트가 사기라고 추정했다.

가상화폐 공개와 새로운 암호화폐 발행은 2018년 암호화폐 붐이 사그라들 때까지 상당한 거래가 이뤄졌다는 의미였다. 암호화폐를 둘러싼 광기는 초대형 암호화폐 기업이 탄생하는 씨앗이 됐다. 샘 뱅크먼-프리드는 이 시기에 비트코인 가격 차이를 이용하는 트레이더로 인생에서 처음으로 크게 성공했다.

데바시니에게 가상화폐 공개 열풍은 자신의 암호화폐 거래소인 비트파이넥스와 스테이블코인을 발행하는 테더에게 유용했다.

그 시기에 데바시니는 테더를 완전히 인수했다.

비트파이넥스에서 거래가 많다는 것은 거래 수수료가 많다는 의미였다. 비트파이넥스는 2007년 거래 수수료로 무려 3억 2,600만 달러의 수익을 올렸다. 이로써 데바시니가 보유한 비트파이넥스의 주식 가치는 1억 달러를 넘어섰다.

처음에는 비트파이넥스에서만 테더코인으로 거래할 수 있었다. 이것은 테더코인의 유용성을 제한했다. 하지만 성장하는 또 다른 암호화폐 거래소인 폴로닉스Poloniex가 테더코인을 취급하기 시작했다. 트레이더들은 가격 차이를 이용하기 위해서 테더코인으로 자금을 비트파이넥스와 폴로닉스로 번갈아 옮겼다. 이것은 테더가 더 많은 테더코인을 발행해야 한다는 의미였다. 2017년 3월에 테더코인으로 5,000만 달러가 넘는 자금이 유통됐다. 그해 말에는 그 규모가 10억 달러에 이르렀다.

하지만 비트파이넥스와 테더는 유입되는 자금을 모두 관리하기가 어려웠다. 문제는 은행들이 암호화폐 기업을 고객으로 원하지 않는다는 데 있었다. 그것이 불법이라서라기보다는 그저 위험하다고 여겼다. 암호화폐 거래소가 돈세탁을 하다가 적발되면, 거래 은행 역시 곤란한 상황에 처할 수 있었다.

테더가 이런 문제의 해결책으로 여겨졌다. 비트파이넥스가 처음 테더를 인수했을 때, 비트파이넥스의 최고전략책임자였던 필 포터Phill Porter는 자신의 상사인 데바시니에게 은행은 스테이블코인

비이성적
암호화폐

기업과 일하는 데 조금 더 적극적일 것이라고 설명했다. 그의 생각에 설득된 데바시니는 피어스에게서 테더 주식을 매입하여 이 프로젝트를 실행에 옮겼다. 하지만 포터의 생각이 틀린 것으로 드러났다. 대부분의 은행은 테더와 그 어떤 거래도 하고 싶어 하지 않았다.

2017년 초반 비트파이넥스는 대만의 여러 은행에 자금을 보관하고 있었다. 하지만 국제 금융 시스템이 움직이는 방식에 따르면 거래소를 운영하려면 다른 은행의 협조가 필요했다. 비트파이넥스가 거래하던 대만 은행들에게는 제휴 은행이 있었다. 그들은 제휴 은행을 통해서 대만에서 다른 나라에 있는 고객에게 돈을 송금했다.

하지만 제휴 은행들은 암호화폐를 달가워하지 않았다. 하나씩 비트파이넥스와 테더와의 금융거래를 중단했다. 마지막까지 남아 있던 웰스파고도 2017년에 거래를 중단했다. 그러자 비트파이넥스와 테더가 거래하던 대만 은행들이 두 기업의 계좌를 폐쇄했다.

이것은 비트파이넥스의 자금이 대만에 묶여 있다는 뜻이었다. 비트파이넥스는 말 그대로 대만에 있는 자금을 해외로 송금할 수 없었다. 데바시니와 그의 동료들은 자금을 대만에서 들여와야 했다. 너무나 절박한 나머지 그들은 제트기를 임대해서 현금 뭉치를 싣고 대만을 떠났다. 그들은 웰스파고를 고소하려 했지만, 소송은 금방 취하됐다.

그런데 미국 어딘가에 살던 30대 초반의 IT 전문가가 소송 일람표를 확인하다가 비트파이넥스가 웰스파고를 고소했다가 소송이 취하됐다는 사실을 알게 됐다. 그는 자신이 무슨 글을 읽고 있는지 도저히 믿을 수가 없었다. 그 소송에서 테더는 은행 시스템에 접근할 수 없다고 스스로 인정하고 있었다. 가장 이상한 부분은 그 소송이 제기된 이후에도 테더가 계속 테더코인을 발행하고 있다는 것이었다. 테더는 그해 여름에 2억 개의 새로운 테더코인을 발행했다. 그런데 과연 제대로 된 은행 계좌가 없는 테더에 2억 개의 테더코인에 상응하는 2억 달러의 돈을 보낸 사람이 있을까?

그 남자는 '비트파이넥스드'라는 가명으로 트위터, 미디엄, 그리고 기타 소셜 미디어에 가입했다. 그리고 그가 올린 글은 데바시니에게 큰 문제를 일으켰고, 이로써 테더에 엄청난 악플러가 생기게 됐다.

비이성적
암호화폐

[6]
쥐와 고양이
전술

NUMBER GO UP

비트코인을 사서
비트코인 가격을 올린다

비트파이넥스드는 테더가 새롭게 얻은 익명의 비평가였다. 그는 테더가 웰스파고를 상대로 낸 소송을 철저히 조사했다. 그러면서 그에게 현금이 테더코인을 담보하지 않는다는 강한 확신이 생겼다. 그는 장황하게 질문 세례를 퍼부었다. 테더는 어디에 자금을 보관하고 있는가? 왜 테더는 감사를 받은 재무제표를 단 한 번도 공개하지 않았는가? 그는 테더코인을 창립자가 돈세탁 혐의로 구속된 암호화폐의 원형인 리버티 리저브에 비교했다.

"은행에 개설된 계좌가 없다. 그렇다면 테더가 어떻게 자금을 관리한다는 건가? 전부 헛소리다"라고 그는 2017년 5월 트위터

비이성적
암호화폐

에 올렸다.

4년 뒤 내가 《비즈니스위크》에서의 취재 제안으로 테더를 조사하기 시작했을 때도 비트파이넥스드는 여전히 하루에 여러 번 테더에 관한 글을 올리고 있었다. 그의 글은 음모론 같았지만 핵심을 찔렀다. 암호화폐 산업에 발을 담근 모두가 나와의 대화에서 그의 게시글을 언급했다. 테더 옹호자들은 테더에 대해서 부정적인 뉴스를 만들어낸다며 그를 비난했다. 나는 그가 쓴 글이 소송과 주류 언론의 보도에서 다룬 내용과 일치하는 구석이 있다고 생각했다. 그는 테더에 대해서 많은 것을 알고 있는 듯했다. 그래서 나는 그가 테더에서 일하고 있는 것은 아닌지 궁금하기까지 했다. 아니면 그가 테더에 대해서 불만이 가득한 정부 조사관은 아닐까 생각했다. 나는 그와 만나고 싶었다. 그 만남에는 그의 정체를 공개하지 않는다는 조건이 붙었다.

그는 마이애미 해변의 비스케인 만에 있는 아파트 단지 외곽에서 만나자고 내게 말했다. 나는 야외 테이블에 앉아서 트위터를 보면서 그를 기다렸다. 내가 이제 막 만나게 될 사람에 대해서 이야기하는 듯한 글이 눈에 들어왔다. "아침에 일어나서 양치질을 하고 커피를 마신 뒤에 16시간 동안 온라인에서 스테이블코인에 대해서 분노를 쏟아내는 글을 쓴다고 상상해봐라"라고 암호화폐 인플루언서가 트위터에 글을 올렸다. 나는 그 글을 읽고 혼자 웃었다. 그러고 나서 나는 내가 쉽게 웃음거리가 될 수 있다는 것을 깨달았다.

미친 듯한 미소를 머금은 남자가 내게 다가왔다. 그는 조금 전에 먹은 듯한 타코에서 떨어진 기름이 묻은 밝은 파란색 폴로 셔츠를 입고 있었다. 그는 아주 짧게 자른 머리를 하고 있었다. 그리고 얼굴에는 긴 털이 이상한 각도로 뾰족하게 한두 개 난 듬성듬성 자란 염소수염이 있었다. 빨간색과 검은색이 섞인 스니커즈를 신고 리바이스 배기팬츠를 입은 그는 잘 알려지지 않은 스파이처럼 보이지는 않았다. 그는 부모님 집의 지하실에서 몇 주 동안 게임을 하다가 최근에 외출을 한 사람에 더 가까워 보였다. 그는 내게 자신을 앤드루라고 부르라고 했다. 우리는 아파트 단지의 수영장 쪽으로 함께 걸어갔다. 거기서 우리는 만이 내려다 보이는 비치 의자에 앉았다.

"저는 그게 역사상 최대 금융 사기라고 정말로 믿어요"라고 그가 말했다. "제가 터무니없는 거짓말을 한다고 생각하세요. 당신 나름대로 조사를 해보세요. 그러나 그들이 지금 거짓말을 하고 있지 않다고 판단할 근거는 그 어디에도 없을 겁니다"라고 그가 덧붙였다.

'앤드루'는 관심사가 같은 사람을 만난다는 사실에 상당히 신나 보였다. 그런데 그가 내게 불에 휩싸인 비트파이넥스 로고가 그려진 라펠 핀을 췄을 때 나는 그와의 대화가 불편해졌다. 그는 내게 테더 옹호자들에게 살해 위협을 받을 수 있어서 정체를 밝

비이성적
암호화폐

히고 싶지 않다고 말했다. 흥분하자 그의 목소리가 더 높이 올라갔다.

"제가 완전히 틀렸다면, 그들은 왜 제가 틀렸다고 증명하지 않을까요? 모두가 저를 미쳤다고 해요. 당신도 의구심이 생길 겁니다. 하지만 이것은 전혀 말이 되지 않아요"라고 그가 말했다. 그의 목소리는 점점 올라갔고 꽥꽥 소리를 지르는 것 같았다.

앤드루는 만을 가로지르는 쾌속정을 응시했다. 그는 자신이 비슷한 일을 해봤기 때문에 테더가 사기라는 것을 알 수 있다고 말했다. 멀티플레이어 컴퓨터 게임에서 그는 무제한으로 돈을 찍어내는 방법을 찾아냈고, 자신이 원하는 게임 무기와 다른 아이템을 살 수 있었다. 그는 그걸로 진짜 돈을 벌지는 않았다고 했다. 그리고 소위 '선량한' 해커로 그 게임 회사를 위해서 일하기까지 했다고 말했다.

"저는 돈을 찍어내는 것이 자산 가격에 어떻게 영향을 미치는지 압니다. 암호화폐 산업에서 똑같은 일이 벌어지고 있는 것을 봤을 때, 저는 거기서 무슨 일이 벌어지고 있는지 알 것 같았어요"라고 그가 말했다.

앤드루는 내게 카툰 〈덕테일즈〉의 1989년 에피소드가 테더 사기를 설명해준다고 말했다. 그 에피소드에서 닭 캐릭터는 이 세상의 모든 물건을 복제할 수 있는 장치를 발명해낸다. 오리 새끼들은 동전을 복제하기 시작했고, 그래서 자신들이 원하는 것은 무엇이든 살 수 있었다. 그리고 결국 덕버그에 초인플레이션이 발생하고, 극단적인 초인플레이션으로 인해서 롤리팝 한 개의 가격이 무려 5,000달러가 된다. "오 맙소사. 복제한 돈을 사용하고 있었다는 소린 하지 마세요"라고 스크루지 맥덕이 무슨 일이 벌어지고 있었는지 알아차렸을 때 스코틀랜드 억양으로 말한다.

오리 새끼들처럼 테더는 그 무엇도 가치를 담보하지 않는 돈을 점점 더 많이 찍어냈고 그것으로 비트코인을 사서 비트코인 가격을 올렸다고 앤드루는 말했다. 테더는 테더코인을 발행해서 사실상 누구에게나 돈을 빌릴 수 있었고, 그것을 '미수금'이라고 불렀다고 그가 허공에 대고 손가락으로 따옴표를 그리면서 말했다. 아니면 효과적으로 장부를 정리하기 위해서 데바시니가 스스로 새로운 테더코인을 발행해 거래소로 보내고, 이 가짜 돈으로 비트코인을 샀을 수도 있다고 했다.

"테더코인 10억 개를 발행하고, 10억 달러 상당의 비트코인을 구입하는 겁니다. 그럼 테더코인은 달러의 담보를 받게 됩니다"라고 그가 말했다.

거기서부터 나는 앤드루가 무슨 소리를 하는지 이해하지 못했다. 나는 이 만남에서 새로운 실마리를 얻기를 바라고 있었다. 오리를 의인화한 만화에서 가져온 비유나 들으려고 그를 만났던 것은 아니었다. 앤드루는 내게 비트파이넥스가 개인 소유가 아님을 폭로하는 것이 자신의 임무라고 말했다. 진짜 그런 듯했다. 그

비이성적
암호화폐

는 영화 〈다이하드〉 속편에서 어머니 집의 지하실에서 '워록'이라는 이름의 지저분한 해커를 연기했던 케빈 스미스Kevin Smith의 역할을 자기가 연기하는 상상을 한다고 말했다. "그게 비트파이넥스의 입장에서 좀 더 굴욕적일 것이라고 생각해요"라고 그가 덧붙였다.

그런 정보를 얻게 된 출처나 증거가 무엇이냐고 물었을 때, 앤드루는 내게 새롭게 제시할 만한 게 없었다. 나는 바로 이 부분이 내가 직접 나서야 하는 부분이라고 생각했다.

테더가 보유하고 있다고 주장하는 자본을 진짜 갖고 있는지 아는 사람이 있다면, 그들은 바로 테더가 거래하는 은행일 것이다. 나는 비트파이넥스가 거래했던 대만 은행들에 연락해봤다. 하지만 그 누구도 내게 회신해주지 않았다.

대만 은행들이 거래를 끊은 뒤 데바시니와 그의 동료들은 비트파이넥스와 테더와 금융 거래하는 데 좀 더 우호적인 은행을 찾고자 온 세상을 샅샅이 뒤졌다는 글을 어디선가 읽었다. 마침내 그들은 그런 은행을 한 곳 찾아냈다. 노블 뱅크 인터내셔널Noble Bank International이라는 푸에르토리코에 있는 스타트업이었다.

나는 노블 뱅크 인터내셔널 창립자 존 베츠John Betts에게 연락했다. 2021년 6월 우리는 맨해튼에서 만났다. 키가 훤칠한 남아프리카 사람인 그는 한때 골드만삭스에서 일했다는 사실에 자기 확신으로 가득했다. 그 당시 노블 뱅크 인터내셔널은 실패했고, 그는 화가 나 있었다. 그는 전자담배를 벅벅 피워대며 워싱턴 스퀘어 파크를 한 바퀴 돌아서 걸어왔다. 그는 비트파이넥스와 테더가 그의 가장 큰 고객이었지만, 지금은 내게 그들을 신뢰하지 말라고 경고했다.

"보유 자산에 관하여 투명하지 않은 태도를 취하고 규제와 투명성을 거부하는 금융기관은 무조건 의심해야 합니다"라고 그는 말했다.

베츠는 노블 뱅크 인터내셔널은 정확하게 은행이 아니라고 설명했다. 그것은 느슨한 푸에르토리코 법에 따라서 설립된 '국제금융기관'이었다. 그는 암호화폐를 다루는 주요 헤지펀드사와 여타 기업을 대상으로 금융 계좌를 개설해줄 계획이었다. 그렇게 해주면 그들은 노블 뱅크 인터내셔널 외부로 자금을 송금하지 않고도, 쉽게 자기들끼리 자금을 주고받을 수 있었다.

베츠는 내게 테더가 자신과 거래했을 때, 테더코인 한 개의 가치를 실제 미국 1달러로 담보했다고 말했다. 하지만 이 관계는 불과 1년 만인 2018년 험악하게 끝을 맺었다. 베츠는 데바시니가 지급준비금을 위험에 노출시키고 있다고 의심했다.

문제는 데바시니가 테더의 지급준비금으로 돈을 벌고 싶어 했다는 것이었다고 베츠는 말했다. 그 당시에 테더는 노블 뱅크 인터내셔널에 대략 10억 달러를 예치하고 있었다. 모든 돈은 그곳에 보관되어 있었지만 수익은 없었다. 데바시니는 그 돈으로 이자 수익을 얻을 수 있는 채권을 구입하겠다고 제안했다. 예컨대 그가 그 돈을 연이율 3퍼센트의 회사채에 투자한다면, 이자 수익이 연간 3,000만 달러에 이른다.

베츠는 데바시니의 제안을 거절했다. 테더 웹사이트에는 모든 테더코인이 전통적인 통화로 온전히 담보 받는다고 적혀 있었다. 테더코인을 담보하는 돈을 회사채에 투자한다는 것은 그 약속을 어기는 셈이 되었다. 또한 채권이 상대적으로 안전한 투자상품이지만 자칫 잘못된다면, 테더코인의 담보율이 떨어지고 테더는 뱅크런에 취약한 상태가 될 수도 있었다.

베츠가 거절하자, 데바시니는 그를 도둑놈이라고 비난했다. 베츠는 데바시니에게 대중을 안심시키기 위해서 회계법인을 고용해서 전면 감사를 받을 것을 요구했다. 그러나 데바시니는 비평가들을 대응하기 위해 그렇게까지 할 필요는 없다고 잘라 말했다.

"데바시니는 수익률이 더 높기를 바랐어요. 저는 거듭해서 인내심을 갖고 회계 감사를 진행하라고 애원했습니다"라고 베츠가 말했다.

논쟁은 너무나 치열해졌고, 결국 데바시니는 노블 뱅크 인터내셔널에서 모든 자금을 인출했다. 그러나 데바시니를 곁에서 돕던 포터는 '국제 금융기관'에 자금을 계속 예치하고 싶었다. 그래서 데바시니와 그의 다른 동업자들은 3억 달러를 주고 포터를 내쫓았다. 포터는 그 돈을 테더코인이 아닌 미국 달러로 받았다.

2018년 6월 베츠는 건강과 가족 문제로 노블 뱅크 인터내셔널의 CEO 자리에서 물러났다. 데바시니는 고집대로 모든 자금을 노블 뱅크 인터내셔널에서 인출했고, 그 이후에 오래지 않아서 노블 뱅크 인터내셔널은 파산했다. 베츠는 내게 테더가 노블 뱅크 인터내셔널에서 모든 돈을 찾아간 뒤에 데바시니는 자신이 원하는 곳에 그 돈을 투자할 수 있게 됐다고 말했다. 그는 데바시니가 그 돈을 어디에 투자했고 뭘 했는지 모른다고 했다. 하지만 분명 현금으로 보유하고 있는 것보다 더 위험한 행위였다고 말했다. 테더는 그 돈을 아무 데나 투자할 수 있었다.

"테더코인은 스테이블코인이 아니에요. 그것은 위험이 높은 역외 헤지펀드입니다." "테더와 거래하는 금융회사조차도 테더의 보유 자산이 어느 정도인지 또는 그게 정말 존재하는지 모릅니다"라고 그가 말했다.

나는 베츠가 테더를 비난할 나름의 동기가 충분히 있다는 사실을 알게 됐다. 그는 데바시니 때문에 자신의 사업이 실패했다며 그를 비난했다. 말하자면 데바시니 때문에 이 남아프리카 사람의 경력이 정상 궤도에서 이탈해버렸다. 하지만 베츠가 하는 말은 직관적으로 일리가 있었다. 테더의 사업 모델에서 이해가 충돌했다. 투자 수익은 데바시니와 테더의 다른 주주들에게로 돌아가지만, 손해는 테더코인을 보유한 사람들에게로 돌아갈 것이었다. 그리고 테더가 투자에 실패해서 돈을 잃으면, 그 사실을 공개하고 뱅크런의 위험을 무릅쓰기보다는 은폐를 시도할 가능성이 컸다.

은행도 이 같은 갈등에 직면해 있다. 그들은 고객들의 예치금을 투자해서 수익을 얻지만 은행 예치금은 보험으로 보호를 받는다. 또한 금융 당국이 은행의 행태를 계속 관리감독한다. 내가 아는 바로는 테더를 예의주시하는 정부 관계자는 한두 명에 불과했다. 그들은 뉴욕 검찰총장실의 투자보호국에 소속된 변호사들이었다. 그중 한 명이 존 카스틸리오네John Castiglione였다.

[7]

뱅크런 대신 긴급 구제

NUMBER GO UP

"아슬아슬한 살얼음판을
걷다"

투자보호국은 뉴욕 금융지구 사옥에 있었다. 전 검찰총장 엘리엇 스피처Elliot Spitzer가 이끄는 투자보호국은 월가 투자은행가들의 두려움을 샀지만, 그 이후 몇 년 동안 규모가 점점 줄어들었다. 금융시장을 분석하는 데 필요한 과학자와 경제학자를 거의 고용하지 않았고, 암호화폐 전문가도 없었다.

2017년 당시 38세의 존 카스틸리오네와 동료 브라이언 화이트허스트Brian Whitehurst는 암호화폐 시장을 조사하는 업무를 맡게 됐다. 그 누구도 암호화폐 산업에 대한 전문적인 지식이 없는 현실을 감안하면, 그것은 작은 팀이 맡기에는 규모가 큰 업무였다.

카스틸리오네는 변호사 2,100명이 근무하는 주로 대기업을 변호하던 대형 로펌인 레이텀앤왓킨스Latham & Watkins에서 일하다가, 2014년 검찰총장실에 합류했다. 대형 로펌에서 검찰총장실로 이직하면서 급여가 상당히 많이 깎였다. 검찰총장실에서 그는 대략 8만 달러를 받았는데, 이것은 레이텀앤왓킨스에서 1년 차 신입 변호사가 받는 급여의 절반이 채 안 되는 액수였다. 하지만 그는 항상 정부 기관에서 일하고 싶었다.

검찰총장실에서 그가 처음 맡았던 업무가 다크풀dark pool을 조사하는 것이었다. 다크풀은 월가 투자은행들이 비공개로 주식을 거래하는 시장이었다. 다크풀은 뮤추얼펀드와 같은 기관투자자들이 대형 주문을 비밀리에 진행하는 방식으로 알려져 있었다. 그래서 공개주문시장에서 활동하는 투자자들은 가령 피델리티가 10억 달러 상당의 애플 주식을 사들인 다음 그들보다 앞서 주가 인상을 주도하는지 알 수 없었다. 하지만 카스틸리오네와 그의 동료들은 많은 다크풀 운영자들이 약탈적 트레이더들에게 특혜를 제공한 정황을 포착했다. 이 사건들로 인해 약 2억 달러의 벌금이 부과되었다.

카스틸리오네와 그의 동료들은 철저하게 관리감독을 받는 월가 은행들이 이 정도로 불법을 자행한다면, 암호화폐 시장에서 벌어지는 일은 이보다 더 심각한 일일 것이라고 생각했다. 2018년 4월 검찰총장실은 초대형 암호화폐 거래소 13곳에 간단한 34개의 문항으로 구성된 조사서를 보냈다. 회사는 누가 소유하는지,

주문을 어떻게 처리하는지, 거래를 어떻게 관리감독하는지, 고객의 자금을 어떻게 보호하는지 등 상대적으로 기본적인 정보를 묻는 문항들이었다.

카스틸리오네는 암호화폐 거래소에 보낸 서한에서 "여느 새롭게 부상하는 시장처럼, 가상화폐 시장에서도 합법적인 시장 활동이나 혁신을 저해하지 않고 사기 행각과 기타 남용을 방지하고, 시장 건전성을 지키고 개인 투자자를 보호해야 한다"라고 썼다.

암호화폐 업계는 그의 서한에 분노했다. 암호화폐 거래소 4곳이 서면조사에 전혀 응하지 않았고, 일부는 의심스러운 활동을 감시할 책임이 자신들에게 없다고 말했다. 카스틸리오네와 화이트허스트는 테더를 소유한 그룹이 동일하게 소유하는 암호화폐 거래소인 비트파이넥스에 집중하기로 결심했다. 위험 신호가 가장 많은 곳이 바로 그곳이었다. 비트파이넥스는 뉴욕에서 활동하지 않는다고 말했지만, 비트파이넥스의 고위 임원 중 한 명인 최고전략책임자인 포터가 뉴욕에 살고 있었다. 카스틸리오네는 뉴욕의 몇몇 무역회사에 소환장을 보냈고, 그들은 비트파이넥스를 사용했다고 그에게 알렸다.

비트파이넥스 소유자가 그 암호화폐 거래소가 취급하는 테더코인을 관리한다는 것이 카스틸리오네에게는 특히 이상했다. 그는 테더코인이 비트파이넥스에서 거래소의 가격, 심지어 비트코인의 가격을 조작하는 데 사용되는 것은 아닌지 궁금했다. (그해 6월 존

비이성적
암호화폐

그리핀John Griffin 금융학과 교수가 '비트코인은 정말로 테더코인과 묶여 있지 않을까?'라는 제목의 논문을 발표했다. 이 논문에서 그는 누군가가 비트코인의 가격을 지탱하기 위해서 무담보 테더코인을 발행하고 있다고 주장했다.) 카스틸리오네와 화이트허스트는 테더와 비트파이넥스에 공식적으로 소환장을 보냈다. 카스틸리오네는 그 당시 알지 못했지만, 테더와 비트파이넥스는 그때 생존 위기를 한창 겪고 있었다.

창립 초기부터 비트파이넥스와 테더는 은행들과 문제가 있었다. 비트파이넥스는 은행을 통하지 않고 불안전한 방식으로 자금을 옮겼다. 포터는 이 사실을 2017년 트레이더들과의 온라인 채팅에서 상당 부분 인정했다.

"우리는 은행들과 크고 작은 문제가 있었습니다. 우리는 항상 돈을 옮기기 위해서 은행을 우회하거나 설득해야 했죠. 새로운 계좌를 개설하는 것과 같은 종류의 문제였습니다. 아니면 은행이 아닌 다른 금융기관을 이용했습니다. 비트코인 업계에 발을 담그고 있는 모두가 이용할 수밖에 없는 '병 주고 약 주기' 식의 속임수가 상당히 많았습니다"라고 그가 말했다.

위기는 이러한 병 주고 약 주기 식의 속임수 중 하나에서 초래됐다. 비트파이넥스는 파나마 소재 송금 서비스업체인 크립토캐피털Crypto Capital을 통해서 자금을 이동시키고 일부 현금을 보유했다. 놀랍게도 이것은 들리는 것보다 훨씬 더 위태로운 방식이었다. 크립토캐피털은 자사 웹사이트에서 '명목화폐로 전 세계 모든 암호화폐 거래소로 즉각적으로 자금을 예치하고 인출할 수 있다'고 홍보했다. 하지만 크립토캐피털에는 그 어떤 전문 기술도 없었다. 크립토캐피털이 제공하는 송금 서비스는 근본적으로 돈세탁이었다.

크립토캐피털은 가짜 회사명으로 은행 계좌를 개설했다. 그들은 은행들에게 부동산 투자와 같은 정상적인 금융거래에 그 계좌를 사용할 것이라고 말했다. 그렇게 은행 계좌를 개설하면, 크립토캐피털은 비트파이넥스와 같은 기업들이 그 은행 계좌를 사용해서 고객의 자금을 송금할 수 있게 했다. (비트파이넥스는 나중에 모든 것을 신뢰해도 된다는 크립토캐피털의 확언을 믿었다고 주장했다.) 크라켄, 쿼드리가CX, 바이낸스 같은 다른 암호화폐 거래소들도 크립토캐피털의 서비스를 이용했다. 2017년 크립토캐피털은 매달 1억 달러가 넘는 금융거래를 처리했다.

2018년 여름, 비트파이넥스는 크립토캐피털 계좌에 거의 10억 달러를 예치했다. 하지만 어느 날 크립토캐피털은 비트파이넥스 고객들의 인출 서비스를 중단했다. 비트파이넥스와 테더를 이끄는 데바시니는 크립토캐피털 CEO인 오즈 요세프Oz Yosef에게 절박함이 묻어나는 일련의 편지를 써서 보냈다. 그는 이스라엘 사람이었다.

"막대한 자금이 빠져나가고 있고 일부 자금을 송금하지 못한다면 이 상황을 더 이상 견딜 수 없다. 정상적인 상황이라면 당신에게 편지를 보내지 않았을 것이다(지금까지 단 한 번도 이런 편지를 당신에게 보낸 적이 없다). 하지만 이것은 특이한 상황이고 당신의 도움이 필요하다"고 데바시니는 2018년 8월 요세프에게 편지를 보냈다

요세프는 부패, 금융거래법 준수, 세금 문제, 오류, 담당자 휴가 등 데바시니에게 수많은 핑계를 댔다. 투자자들이 자금 인출 지연이 단순한 기술 문제가 아니라는 것을 알면 뱅크런이 일어날 수 있는 위험한 상황이었다.

상황은 갈수록 악화됐다. 많은 비트파이넥스 고객들이 몇 주 동안 돈이 인출되기만을 기다렸다. 그러다가 10월 비트파이넥스가 지급 불능상태에 빠졌다는 소문이 돌기 시작했다. 비트파이넥스는 노블 뱅크 인터내셔널과의 관계를 공식적으로 인정한 적이 없었다. 하지만 그달에 비트파이넥스와 노블 뱅크 인터내셔널이 거래 관계를 끝냈다는 보도가 터졌다. 10월 7일 비트파이넥스는 웹사이트에 노블 뱅크 인터내셔널을 알지 못한다는 내용의 글을 올렸다. 그러나 오해의 소지가 있는 단어들이 그 글에 포함되어 있었다. "노블 뱅크 인터내셔널의 언급과 함께 현재 시중에 떠도는 이야기와 주장은 비트파이넥스의 운영, 생존 가능성이나 지불 능력에 그 어떤 영향을 주지 않는다." 그리고 나서 일주일 뒤 비트파이넥스는 인출 서비스에 어떤 문제가 있다는 주장을 부인했

다. "모든 암호화폐와 명목통화 인출 서비스는 아무 장애 없이 평상시와 같이 이뤄지고 있다."

이는 사실이 아니었다. 같은 날에 데바시니는 요세프에게 "꽤 오랫동안 이야기해왔다. 오랫동안 너무나 많은 인출 요청이 처리되지 않고 있다. 크립토캐피털에서 돈을 인출할 방도가 있나? 제발 도와달라"고 편지를 써서 보냈다.

요세프는 은행들이 크립토캐피털의 은행 계좌를 아무 이유 없이 폐쇄했다고 변명했지만, 데바시니는 더 이상의 변명은 사양한다고 말했다.

"고객들에게 정확하게 대답해줘야 한다. 이 문제를 더 이상 미룰 수 없다. 이 상황이 모두에게, 전체 암호화폐 커뮤니티에 극도로 위험할 수 있다는 것을 이해하길 바란다. 우리가 신속하게 움직이지 않으면 BTC(비트코인)은 1,000달러 이하로 곤두박질칠 수 있다"고 데바시니는 편지에 썼다.

데바시니가 속수무책으로 보였던 것은 크립토캐피털이 비트파이넥스 고객의 자금 인출을 제대로 처리하지 않는다면 비트파이넥스와 테더를 상대로 뱅크런이 일어나는 것뿐만 아니라 전체 암호화폐 시장이 추락할 수 있다는 것이었다.

그로부터 3일 뒤, 데바시니는 요세프에게 또 편지를 보냈다. "너무 많은 돈이 크립토캐피털에 묶여 있고 우리는 지금 아주 아슬아슬한 살얼음판을 걷는 셈이다." 그리고 11월에 크립토캐피털

비이성적
암호화폐

이 여전히 돈을 인출해주지 않자, 데바시니는 좌절감과 불만을 그 대로 표출했다. "장난은 그만두고 무슨 일이 일어나고 있는지를 내게 솔직히 말해달라. 나는 당신의 적이 아니다. 나는 당신을 돕고자 한다. 그리고 지금까지 인내심을 갖고 기다렸다. 이제 헛소리는 집어치우고 무슨 일인지 솔직하게 말해라."

사실 크립토캐피털은 폴란드 은행 계좌에 대부분의 자금을 보관하고 있었다. 폴란드 당국이 크립토캐피털의 속임수를 알아차리고 폴란드에 개설된 크립토캐피털의 은행 계좌를 모두 몰수했던 것이다. 요세프는 이스라엘로 도망갔지만, 이후 미국 당국에 사기 혐의로 고소당했다. 크립토캐피털과 관련 있는 또 다른 사람이 2019년 폴란드에서 체포됐다. 폴란드 검찰은 크립토캐피털이 마약 카르텔의 자금도 세탁했다고 주장했다.

2019년 2월, 테더 변호인단이 검찰총장실을 방문했다. 이런 종류의 수사에서 일어나는 일반적인 일이었다. 카스틸리오네, 화이트허스트, 그리고 그들의 동료가 회의실에서 비트파이넥스와 테더측 변호사 2명과 만났다. 또 다른 변호사는 스피커폰으로 회의에 참여했다.

카스틸리오네와 그의 동료들은 사람들이 진짜 달러로 모든 테더코인을 구입한 증거를 요청했다. 변호인단은 모욕을 당했다는 듯이 반응했다. 하지만 옥신각신한 뒤에 변호인단 중 한 명이 어떤 '사건'이 있었다고 인정했다. 그들은 그게 무슨 사건이었는지 솔직하게 털어놓지는 않았다. 비트파이넥스는 크립토캐피털에 8억 5,000만 달러 이상을 맡겼고, 크립토캐피털의 송금 서비스에 '문제가 있었다'고 그는 말했다. 비트파이넥스는 테더의 지급준비금을 유용해서 구멍을 메웠다.

"미안하지만, 다시 말해주겠습니까?"라고 카스틸리오네가 물었다. 카스틸리오네는 그가 하는 말을 믿을 수가 없었다. '문제가 있었다'라는 말은 '불가능했다'를 완곡하게 돌려서 표현한 것처럼 들렸다. 그리고 크립토캐피털의 송금 서비스가 불가능했다는 것은 비트파이넥스가 지급불능 상태였다는 것이고 붕괴 직전이었다는 의미였다. 월가의 증권거래소에서 이런 일이 생겼다면, 그들은 그 사실을 공개하고 폐업했어야 했다. 그런데 비트파이넥스는 그 상황을 고객에게조차 알릴 계획이 없었던 것처럼 들렸다. 카스틸리오네는 비트파이넥스와 테더의 변호인단에게 자리를 좀 비켜달라고 했다. 그들이 회의실을 나간 뒤, 카스틸리오네와 그의 동료들은 자기들끼리 조용히 상의했다.

"제가 무슨 소리를 들은 건지 믿을 수가 없습니다." 카스틸리오네가 동료들에게 말했다. "저들이 지금 8억 5,000만 달러에 달하는 투자금이 그냥 사라졌다고 이야기한 겁니까? 그리고 그 구멍을 테더의 지급준비금으로 메웠다는 겁니까?"라고 카스틸리오네가 되물었다. 그의 말이 끝나자마자, 회의실의 스피커폰에서 누

비이성적
암호화폐

군가의 목소리가 들려왔다. 스피커폰으로 회의에 참여했던 비트파이넥스와 테더의 변호인단 중 한 명이 카스틸리오네에게 스피커폰을 무음으로 해놓지 않았다고 일러줬다.

그 회의는 결론을 내리지 못한 채로 끝이 났다. 그로부터 몇 주일 동안 카스틸리오네는 계속 테더를 조사했다. 그는 자신이 음모론자라고 생각하고 싶지 않았다. 하지만 비트파이넥스와 테더의 변호인단은 너무 애매하게 말했고, 비트파이넥스와 테더가 무슨 짓이든 저지를 수 있었을 것만 같았다. 테더는 "모든 테더코인은 1대 1 비율의 지급준비금으로 보유하고 있는 명목화폐가 담보하고 있다. 그래서 테더코인 1개는 미국 1달러와 동일하다"라고 웹사이트에서 사용자에게 보증하고 있었다. 하지만 그 회의 이후에 테더 웹사이트에 게재된 글이 조금 바뀌었다. "모든 테더코인은 전통적인 통화 및 현금등가물을 포함하는 당사의 지급준비금으로 100퍼센트 지원되며, 때때로 테더가 제3자에게 대출한 다른 자산 및 채권을 포함할 수 있으며, 이는 계열사를 포함할 수 있다." 즉 테더의 지급준비금은 원하는 것은 무엇이든 될 수 있었다.

처음에 비트파이넥스 변호인단은 테더의 자금을 빌려주는 거래는 보류 중일뿐이라고 말했다. 하지만 몇 주 동안 서신을 주고받은 후 변호인단은 카스틸리오네에게 거래가 완료됐다고 알려줬다. 그리고 그 거래는 이해의 충돌 없이 협의가 이뤄진 공정한 거래였다고 카스틸리오네에게 장담했다. 그들은 테더에서 비트파이넥스로 9억 달러가 신용 거래를 통해서 송금됐다는 내용이 담긴 문서를 카스틸리오네에게 보냈다. 테더를 대신해서 지안카를로 데바시니가 계약서에 서명했고, 비트파이넥스를 대신해서 지안카를로 데바시니가 서명했다.

2019년 4월, 검찰총장은 지금까지 조사한 내용을 갖고 맨해튼 주법원으로 갔다. 그는 비트파이넥스와 테더가 더 이상의 송금 거래를 하지 못하도록 법원 명령을 받을 생각이었다. "테더를 소유하고 운영하는 비트파이넥스 임원진은 테더의 현금성 지급준비금에서 수억 달러를 가져갔고, 그 돈으로 비트파이넥스의 거래 플랫폼 운영에 사용했다"고 검찰총장실 변호사가 썼다.

그 혐의는 유죄일 가능성이 컸다. 하지만 놀랍게도 아무 일도 일어나지 않았다. 이 폭로로 인해서 테더에 대한 뱅크런은 일어나지 않았다. 테더의 가격은 잠시 97센트로 떨어졌지만 금세 회복했다. "시장은 신경 쓰지 않습니다. 이 시장은 엄청난 고통에 대한 내성을 지니고 있습니다"라고 암호화폐 트레이더가 기자에게 말했다.

뱅크런 대신 긴급 구제가 이어졌다. 비트파이넥스는 대출을 상환하기 위해서 라틴어로 '단 하나뿐인 사자for one, but a lion'를 뜻하는 '우누스 세드 레오UNUS SED LEO'라는 암호화폐를 팔아서 10억 달러를 조달했다. 비트파이넥스는 미래 암호화폐 거래를 통해서 발생한 수익으로 대출을 상환할 것이라고 약속했다. 우누스 세드

비이성적
암호화폐

레오의 구매자 중 테더 공동 창립자인 브록 피어스가 가상화폐 공개를 했던 EOS도 있었다. 그리고 샘 뱅크먼-프라이드의 헤지 펀드인 알라메다리서치도 우누스 세드 레오를 구매했다. 근본적으로, 데바시니는 크립토캐피털 때문에 손실된 돈을 대체하고자 스스로 직접 화폐를 발행해 암호화폐 업계의 큰손들에게 팔았다.

2021년 2월 테더는 잘못을 인정하지 않고 1,850만 달러의 합의금을 내고 뉴욕 소송에 합의했다. "비트파이넥스와 테더는 자신들의 사업과 수익을 지키기 위해서 막대한 재정 손실을 무모하고 불법적으로 은폐했다"고 레티티아 제임스Letitia James 뉴욕주 검찰총장이 그 당시 성명서를 통해서 발표했다. "미국 달러가 항상 테더코인을 담보한다는 테더의 주장은 거짓이었다"고 그녀는 덧붙였다. 그런데 테더 지지자들은 이 성명서를 테더에 대한 지지 발언으로 받아들였다. 과연 테더가 정말로 엄청난 사기라면 뉴욕주 검찰총장이 테더와 합의했을까? 하지만 아무도 몰랐지만, 뉴욕주 검찰총장실은 더 이상 소송을 끌고 갈 방도가 없었다. 미국 고객들을 상대로 더 이상 거래하지 않겠다고 했기 때문에, 비트파이넥스와 테더가 정말로 뉴욕주의 관할 대상인지 명확하지 않았다.

카스틸리오네와 화이트허스트는 다른 규제기관에 테더와 비트파이넥스를 예의주시하라고 경고하려고 했다. 데바시니는 테더의 지급준비금을 회사 비자금으로 사용했다는 것을 만천하에 공개한 것이나 다름없었다. 하지만 증권거래위원회는 테더와 비트파이넥스에 관심이 없는 듯했다. 증권거래위원회는 여전히 가상화폐 공개가 갑작스럽게 유행하면서 가상화폐를 싸게 사서 가격을 올린 뒤에 비싸게 되파는 사기 행각을 조사하느라 바빴다. 카스틸리오네는 테더와 비트파이넥스 건으로 법무부 소속 검찰들과 짧게 통화한 것이 전부였다. (선물거래위원회는 2021년 10월 뉴욕주 검찰총장실이 진행했던 테더와 비트파이넥스 조사를 바탕으로 테더에 4,250만 달러의 벌금을 부과했다.)

뉴욕주와의 합의를 위해서 테더는 분기별로 보유 자산 현황이 자세하게 기록된 보고서를 공개해야 했고, 뉴욕주 검찰총장실에는 훨씬 더 자세한 보유 자산 현황 보고서를 제출해야 했다. 카스틸리오네는 자신들의 행동에 영향을 받아서 테더와 비트파이넥스를 좀 더 자세히 조사하기를 바랐지만 그 어느 규제기관도 그렇게 면밀히 들여다보지 않았다.

비트코인이 세상에 나온 지 10여 년이 훌쩍 지났다. 암호화폐는 아주 흔해졌다. 2020년 암호화폐 거래가 코로나 팬데믹으로 인해서 대유행하면서, 테더는 170억 개의 테더코인을 판매하며 폭발적으로 성장했다. 그 이듬해 테더는 570억 개의 테더코인을 판매했다. 하지만 규제 당국은 테더나 암호화폐 업계에 대해서 어떤 조치를 취해야 할지 여전히 갈피를 잡지 못했다. 암호화폐는 미친 듯이 성장하고 있었고, 누구도 그 어떤 안전 조치를 취할 생각을 하지 못했다.

비이성적
암호화폐

[8]
690억 달러
암호화폐 미스터리

NUMBER GO UP

그 이름은 찰로핀,
"꿍꿍이나 음모는 없어요"

2021년 여름, 테더와 일하고 있다는 사실을 기꺼이 밝힌 유일한 금융기관이 있었다. 바로 바하마에 있는 델텍 뱅크 앤 트러스트Deltec Bank & Trust였다. 지안카를로 데바시니는 존 베츠와 불화를 겪은 뒤에 테더 자금을 푸에르토리코의 노블 뱅크 인터내셔널에서 델텍 뱅크 앤 트러스트로 옮겼다. 나는 델텍 뱅크 앤 트러스터 회장에게 이메일을 보냈다. 그의 이름은 장 찰로핀Jean Chalopin이었다. 그는 나의 인터뷰 요청을 받아들였다. 나는 그에게 직접 만나서 인터뷰를 진행하고 싶다고 했고 나소행 비행기를 예약했다.

우리는 7월에 델텍 뱅크 앤 트러스트 사무실에서 만났다. 사무실은 바하마 수도에 있었고 야자나무로 둘러싸인 6층 건물의

비이성적
암호화폐

제일 꼭대기 층에 있었다. 델텍 뱅크 앤 트러스트의 회장이 되기 전에 찰로핀은 TV애니메이션 〈형사 가제트〉를 공동 제작했고, 사무실 문에 매달려 있는 1980년대 트렌치코트를 입은 로봇 경찰을 그렸다. 모델 출신인 찰로핀의 아내와 작곡가인 딸에 관한 글이 실린 잡지가 선반에 전시되어 있었다. 71세의 찰로핀은 덥수룩한 빨간 머리를 하고 테가 없는 둥근 안경을 끼고 있었다. 자리에 앉자, 그는 금융 사기에 관한 책인《잘못된 믿음Misplaced Trust》을 선반에서 꺼냈다. "사람들은 돈을 위해서 어리석은 짓을 저지르죠"라고 그는 이해할 수 없는 말을 했다.

그는 직접 자신이 마실 차 한 잔을 준비하며 내게 말했다. 자신의 첫 번째 애니메이션 스튜디오인 DIC엔터테인먼트를 팔고 1987년에 바하마로 왔고 DIC엔터테인먼트를 매각한 덕분에 부자가 됐다고 했다. 그는 파리 외곽에 성 하나와 바하마에 분홍색의 콜로니얼 양식의 대저택을 구입했다. 그의 바하마 대저택은 2016년 영화 〈카지노 로얄〉에서 악당의 집으로 사용됐다. 찰로핀은 제임스 본드 영화에 직접 출연해도 될 것 같은 사람이었다.

그는 내게 자신은 6개 국어를 하는데, 4개 국어는 실력이 그저 그렇지만 2개 국어는 상당히 잘하는 편이라고 했다. 개인 제트기를 직접 조정했으며, 비록 실패했지만 그는 과거에 파리에서 초현대적인 오락실과 중국의 만리장성 근처에서 명나라 테마파크를 운영했었다. 그는 1980년대 초반 델텍 뱅크 앤 트러스트의 고객이 됐고, 회사 창립자였던 노년의 클라렌스 도피노 주니어Clarence Dauphinot, Jr와 친구가 됐다.

대체로 영화에서 바하마 은행들은 돈세탁을 하는 범죄자들의 천국으로 그려진다. "영화에선 현금 가방을 들고 비행기를 타고 바하마로 오는 인물이 꼭 등장하죠"라고 찰로핀은 불평했다. 그는 내게 그것은 낡은 고정관념에 불과하다고 말하며, 델텍 뱅크 앤 트러스트의 장점은 비밀 유지가 아니라 고객 서비스라고 했다.

1995년 도피노가 사망한 뒤에, 한때 남미의 투자은행 업계를 쥐락펴락했던 델텍 뱅크 앤 트러스트는 소규모 자사관리회사로 쪼그라들었다. 이 시기에 찰로핀은 이 회사에 투자했고, 마침내 최대 주주가 됐다. 그는 바이오테크, 유전자 편집, 그리고 인공지능 등 새로운 산업군에서 고객을 유치하기로 결심했다. 규모가 너무 작아서 대형 은행들이 직접적으로 관심을 가지지 않는 산업영역이었다. 그리고 그가 주목한 또 다른 분야가 암호화폐였다. 그는 다른 은행들이 암호화폐 산업에 투자하지 않으려고 하는 것은 잘못된 선택이라고 했다.

그는 "다른 은행들은 암호화폐는 '매우 위험하니까 건들지 마'라고 생각하는 것 같아요. 조금만 깊이 살펴보면, 실제로는 그렇지 않다는 것을 알게 됩니다"라고 말했다.

찰로핀은 비트코인으로 부자가 된 고객으로부터 2017년 테더와 데바시니를 소개받았다고 했다. 데바시니는 찰로핀에게 리조

비이성적
암호화폐

토를 직접 만들어서 점심으로 대접했다. 데바시니는 솔직 담백한 성격으로 찰로핀에게 깊은 인상을 남겼다. 데바시니가 찰로핀의 어머니와 같은 이탈리아 마을에서 성장했다는 것을 알게 되자, 두 사람은 서로를 사촌이란 의미의 이탈리아어인 '꾸지노cugino'라고 부르기 시작했다. 데바시니는 찰로핀의 바하마 대저택 옆에 있는 집을 구입했다. 두 사람은 함께 두 집 사이에 있는 부둣가를 매입해서 나눠 가졌다. 찰로핀은 내게 테더는 부당하게 비난을 받았다고 말했다. "꿍꿍이나 음모는 없어요. 테더는 엔론이나 매도프가 아닙니다. 문제가 있으면 테더는 훌륭하게 문제를 해결해냅니다."

찰로핀은 2018년 11월 테더를 고객으로 받아들이기 전 몇 달 동안 테더를 조사했다고 말했다. 그러고 나서 그는 테더 자산을 보증한다는 문서에 서명했다. 그는 사람들이 현금이 테더코인을 담보하지 않는다고 주장하며 비판할 때 놀랐다고 말했다. "솔직하게 말해서 당시에 가장 큰 문제는 '돈이 존재하지 않는다'였습니다. 하지만 우리는 그 돈이 실제로 존재한다는 것을 알았습니다! 그 돈은 바로 여기에 있었습니다."

나는 찰로핀에게 테더의 자산이 지금 완전히 안전하다고 확신하느냐고 물었다. 그는 웃으며 그것은 어려운 문제라고 말했다. 그는 테더를 위해서 현금과 극도로 위험이 낮은 채권만을 보관하고 있었다. 하지만 최근에 테더는 자금을 처리하기 위해서 다른 은행들과 거래하기 시작했다. 테더 자산의 25퍼센트 정도, 대략

150억 달러만이 델텍 뱅크 앤 트러스트에 보관되어 있었다. "제가 모르는 것에 대해서 말해줄 수 없습니다. 저는 델텍 뱅크 앤 트러스트가 맡은 것만 관리할 수 있어요"라고 그가 말했다.

찰로핀을 인터뷰하고 나서 한 달 뒤인 2021년 8월, 나는 마침내 기회를 잡았다. 끈질기게 회유한 끝에 정보원이 내게 테더의 상당한 지급준비금이 어떻게 관리되고 있는지가 자세히 기록된 문서를 보내왔다. 나의 정보원은 내게 문서의 출처를 절대 밝히지 않고 거기에 담긴 세부 내용을 공개하지 않겠다고 약속하도록 했다. 그 문서에는 테더가 진행한 수백 건의 투자가 목록으로 정리되어 있었다. 대부분이 꽤나 일반적으로 단기 채권에 투자됐다. 하지만 헤지펀드와 구리, 옥수수와 밀의 가격에 소규모 투자하는 등 이상한 투자 내용도 있었다.

중국 대기업들에 수십억 달러를 단기로 빌려준 내역도 있었는데, 내게는 이것이 가장 위험해 보였다. 미국의 단기금융시장은 중국 채권 매입을 피했다. 투자자들은 중국의 불투명한 금융 시스템이 위험하다고 판단했고, 당시 중국의 부동산 시장이 위험한 거품이 끼어 있다고 추측했기 때문이다. 테더의 투자 포트폴리오는 상해 푸동 발전은행처럼 중국 정부와 연계된 기업들과 시마오그룹과 같은 부동산 개발회사들이 발행한 채권이 포함된 것 같았다.

그 문서로 테더가 지급준비금을 어디에 투자하고 있고, 얼마의 손실을 보고 있는지를 종합적으로 알 수는 없었다. 하지만 분명히 테더의 투자 포트폴리오는 테더가 공개적으로 주장했던 것보다 훨씬 더 이상했다.

나는 그때까지 테더가 연방 조사를 받고 있다는 것을 알고 있었지만 그 조사는 테더가 지급준비금으로 투자해서 발생한 손실액과는 관련이 없었다. 미국 검찰은 크립토캐피털과 테더의 관계, 그리고 테더 임원진이 초기에 은행 계좌를 개설하기 위해서 시중 은행들에게 거짓말을 한 사실이 있는지를 조사하고 있었다. 나는 검찰이 데바시니를 소환해서 조사할 계획이란 소식을 들었다. 이 것은 들리는 것만큼 끔찍한 소식은 아니었다. 경험상 많은 조사가 그 어떤 결과에 이르지 못하고 끝난다는 것을 나는 알고 있었다. 그리고 혐의가 있더라도 기업들은 벌금을 내고 합의를 했다. 나는 미국이 테더를 고소하거나 그로 인해서 뱅크런이 일어난다면 암호화폐 지지자들이 테더 곁을 끝까지 지킬지가 궁금했다.

《비즈니스위크》에 테더의 자금 흐름을 추적한 보도기사를 실을 마감일이 가까워지고 있었다. 그래서 나는 테더에 질문지를 보냈다. 데바시니는 불같이 화를 냈다. 그는 그 당시에 자신의 오래된 예명인 'urwhatuknow('내가 아는 것이 너다'란 의미로 'You are what you know'라고 읽음—옮긴이)'로 트위터 계정을 개설했다. 그는 아직 나오지도 않은 내 보도기사를 맹렬히 비난했다. 그는 싫어하는 보도기사에 암호화폐 커뮤니티가 주로 사용하는 '공포fear, 불확실성uncertainty, 그리고 의심doubt'의 줄임말인 'FUD'를 사용했다.

"금융권의 노예로 죽어가는 또 다른 잡지가 몇 푼 벌고 며칠 멸종을 늦추기 위해서 테더에 관해서 FUD를 만들어내려고 시도하고 있다"라고 그는 트위터에 글을 게시했다.

테더 변호인 스튜어트 호그너Stuart Hoegner는 내게 조금 더 할 말이 있었다. 화상 채팅에서 그는 테더를 비판하는 사람들을 테더를 파괴하는 임무를 부여받은 '지하디스트Jihadists(이슬람교도의 성전에 참여한 사람-옮긴이)'라고 불렀고, 시장을 조작하는 그들의 주장은 터무니없다고 말했다. 그리고 이메일로 그는 나의 보도기사가 테더와 아무 관계 없거나 테더가 어떻게 사업을 운영하는지를 직접적으로 알지 못하는 불만이 가득한 개개인들의 빈정거리는 말과 잘못된 정보의 집합체 그 이상도 그 이하도 아니라고 말했다.

"우리는 지급준비금을 보호하고 안전하게 투자하기 위해서 분명하고 종합적이고 정교하게 설계된 위험 관리 시스템을 보유하고 있습니다"라고 그가 말했다. 그리고 자신의 돈을 되돌려 달라고 요청해서 돈을 되돌려 받지 못한 고객은 단 한 명도 없다고 덧붙였다.

호그너는 케이맨제도에 있는 회계법인이 작성한 재무제표를 테더코인이 완전히 담보된다는 증거로 제시했다. 하지만 테더가 지급준비금을 어디에 보관하고 있느냐는 물음에 호그너는 답하길 거부했다. 그리고 단 하루 만에 지불해야 하는 자금을 감당하고 남을 정도로 충분한 현금을 테더가 보유하고 있느냐는 질문에도 그 어떤 확신을 주지 않았다. 뱅크런은 24시간 이상 지속될 수 있다.

그해 10월 《비즈니스위크》는 '690억 달러 암호화폐 미스터리'라는 제목으로 내가 조사한 내용을 정리한 보도기사를 발표했다. (그 시기에 테더가 발행한 테더코인이 690억 개였다.) 그 보도기사에서 나는 테더 창립자들의 이상한 배경과 회사 자금에 대한 오해를 살 만한 발언을 했던 내역을 설명했다. 하지만 나는 이 미스터리를 실제로 해결하지 못했다.

사람들은 자신들이 믿고 싶은 대로 그 보도기사를 읽었다. 암호화폐 지지자들에게 그 보도기사는 테더가 실제로 적어도 어느 정도 자금이 있다고 알려주고 있었고, 이것은 그들에게 긍정적인 이야기였다. 암호화폐에 회의적인 사람들에게는 테더가 중국 어음에 투자한다는 정보가 뭔가 굉장히 잘못됐다는 신호였다. 나는 테더의 재무기록을 어떻게 해석해야 할지 알 수 없었지만 테더의 보유 자산을 깊이 조사하려고 노력했다. 대다수 대출이 실제 기업들에게 제공된 합법적인 대출로 보였다. 하지만 나는 다른 것들은 전혀 그 정당성을 확인할 수 없었다. 중국 기업 대출에 대한 데이터가 형편없다는 사실을 고려하면 이는 놀라운 일도 아니었다. 테더의 비리를 밝히는 명백한 증거라기보다는, 그 기록들은 또 다른 결정적이지 않은 단서처럼 느껴졌다.

월가에서 내 보도기사는 헤지펀드의 주목을 받았다. 특히 공매도 세력들이 내 보도기사에 주목했다. 그들은 불안한 기업이 파산할 것이라는 데 베팅하고, 실제로 그 기업이 파산하기를 기다려서 돈을 버는 펀드였다. 일부는 의도적으로 기업의 부정행위를 공개해서 이 시기를 앞당기기도 한다.

공매도에 특화된 대형 펀드에 소속된 여러 애널리스트들이 내게 테더가 도산하는 데 베팅했거나 베팅할지 고려하고 있다고 했다. 그들에게 테더는 매력적인 투자대상이었다. 테더코인의 가격이 1달러를 넘어설 위험이 없었기 때문에, 그들은 손해를 보지 않을 것이었다. 하지만 테더코인의 가격이 폭락할 가능성은 적어도 분명히 존재했다.

"테더가 사기꾼이라는 데 막대한 돈을 걸겠어요"라고 바이스로이 리서치Viceroy Research 공동 창립자 프레이저 퍼링Fraser Perring이 내게 말했다. "여기서 최악의 경우는 제가 단 한 푼도 손해를 보지 않을 수 있다는 거죠. 저는 이미 부자예요. 하지만 테더가 무너지면 저는 더럽게 부자가 될 것입니다"라고 그가 덧붙였다.

테더가 망하기 위해서 그것의 사업 모델이 완전히 사기일 필요는 없었다. 예를 들어, 테더가 700억 개의 코인을 지원하기 위해서

비이성적
암호화폐

600억 달러의 자산이 확보되면 고객들은 앞다퉈서 보유한 테더 코인을 현금으로 바꾸려고 할 것이다. 테더코인 600억 개가 현금화되면, 나머지는 가치가 없어질 것이다. 이렇게 되면 테더의 파산에 베팅한 공매도 세력은 돈을 벌게 된다. 예금자 보험이 생기기 전에 이와 같은 뱅크런이 흔히 발생했다. 일부 비판가들은 테더를 1800년대 미국 개척지에 우후죽순으로 생겨난 은행들에 비유했다. 그 당시에 생겨난 은행들은 모두 파산했다.

미국 정부는 당시 지폐를 발행하지 않았다. 오직 금화와 은화만이 사용됐다. 왜냐하면 미국 정부를 이끌던 지도층은 인플레이션을 두려워했기 때문이었다. 존 애덤스John Adams 대통령은 인플레이션을 '연이어서 흉악한 범죄를 저지르는 무한한 절도범'이라고 불렀다. 이는 통화 부족으로 이어졌지만 해결책은 있었다. 주정부들은 은행들의 요구가 있으면 미국 코인으로 교환할 수 있는 은행권을 발행할 수 있도록 했다.

그러나 모든 은행권을 교환할 정도로 충분한 주조화폐를 보유하고 있는 은행은 거의 없었다. 하지만 단순하게 은행들은 원하는 만큼 은행권을 찍어냈고, 부동산과 같은 실물 자산을 매입하는 데 사용했다. 은행권이 주조화폐로 교환되지 않고 시중에서 계속해서 유통된다면, 은행들은 이런 식으로 실물 자산을 늘려갈 수 있었다. 그들은 '살쾡이 은행wildcat banking'이라고 불리게 됐다. 사람들이 은행권을 주조화폐로 바꾸러 오기 어렵게 야생동물들이 돌아다니는 외진 지역에 지점을 열었기 때문이었다.

이러한 살쾡이 은행들은 조사관이 지점을 방문하는 날에 맞춰서 어딘가에서 지급준비금을 빌렸다. 금을 실은 마차가 조사관보다 지점에 먼저 도착하기 위해서 급히 서두르거나, 아니면 감사가 진행되는 동안에 뒷문으로 금화를 옮겼다. 미시간에 있었던 은행 하나는 상자를 못과 유리로 가득 채우고 조사관을 속이기 위해서 은화로 덮었지만 조사관이 이런 눈속임에 속아 넘어가지 않았던 예도 있다.

"오직 부자가 되기를 바라고 돈을 벌 수 있다면 모든 것을 걸 준비가 된 부도덕한 투자자, 투기꾼에게 엄청난 유혹이다"라고 당시 미시간 은행 심사위원이었던 앨피어스 펠치Alpheus Felch가 글로 남겼다.

남북전쟁 초기 에이브러햄 링컨 대통령이 연방 지폐를 발행하고 다른 통화에 엄청난 세금을 부과하면서 살쾡이 은행의 시대는 저물었다. 한때 국경에 위치한 도시들의 경제 성장을 이끌었던 살쾡이 은행이 발행한 지폐는 사용하지 않게 됐다. 가지고 놀라고 아이들에게 은행권을 주는 사람도 있었고, 농촌지역에서는 벽지로 사용되기도 했다.

살쾡이 은행과 테더 같은 암호화폐 기업의 유사점이 쉽게 발견됐다. 공돈을 찍어내는 기계를 갖고 있다고 상상해보자. 여기서 몇백만 달러를 추가로 발행하지 않을 수 있는 자기 절제력을 지닌

비이성적
암호화폐

사람이 과연 있을까? 테더 임원진은 공돈을 찍어낼 힘이 있었다.

소문만으로도 치명적인 뱅크런이 일어날 수 있다. 1973년 일본 고등학생이 현지 신용조합에 대해서 무심결에 했던 한 마디가 일본 경제를 뒤흔든 공황으로 이어진 소문의 시작이었다. 최근에는 2023년 3월, 캘리포니아의 실리콘밸리뱅크Silicon Valley Bank가 파산했다. 투자 포트폴리오에 대한 우려가 유명 팟캐스트에 의해서 증폭되었고, 대체로 스타트업 임원들로 구성된 은행 고객들이 기겁하며 뱅크런이 발생했다. 대다수 공매도 세력은 테더가 아직 뱅크런을 경험하지 않았다는 사실이 놀랍다고 말했다.

내가 만났던 '비트파이넥스드'라는 예명을 사용했던 음모론자인 '앤드루'보다 테더의 상황에 대해서 훨씬 더 잘 아는 애널리스트는 없는 것 같았다. 한 헤지펀드 트레이더는 내게 TV 인터뷰에서 테더 임원진의 보디랭귀지를 해석하기 위해서 CIA 출신 분석가를 고용했다고 했다. 나는 이런 분석 기술의 가치에 대해서 회의적이다. 또 다른 헤지펀드 트레이더는 나에게 테더의 현황과 데바시니의 과거는 아무 상관 없다는 말을 하기 위해서, 내가 휴가를 즐기고 있던 뉴욕주 북부까지 검은색 SUV를 타고 3시간을 달려서 나를 만나러 왔다.

한 공매도 투자자는 테더를 조사하기 위해서 더 직접적인 방법을 시도했다. 2021년 10월, 힌덴버그리서치Hindenburg Research는 테더의 담보 현황에 대해서 자세한 정보를 제공하는 사람에게 100만 달러를 지급하겠다고 선언했다. "테더가 보유 자산 현황을 대중에게 완전히 그리고 철저하게 숨기고 있다는 느낌이 강하게 든다. 신원을 밝히지 않는다는 조건으로, 테더의 지급준비금에 대한 자세한 정보를 독점적으로 제공할 수 있는 사람에게 100만 달러의 포상금을 지급하겠다"고 힌덴버그리서치 창립자인 네이트 앤더슨Nate Anderson이 글로 썼다.

나는 거의 10년 동안 앤더슨과 알고 지냈다. 우리가 만났을 때, 그는 조사 기관에서 하위직 애널리스트로 일하고 있었다. 카페에서 그는 내게 플래티넘 파트너스Platinum Partners라고 불리는 헤지펀드에 대한 자료를 줬다. 나는 폭로 기사를 작성했고, 그는 증권거래위원회에 보고서를 제출했고, 플래티넘 파트너스는 이후에 폐업했다. 그 이후로 앤더슨은 힌덴버그리서치를 시작했고 월가에서 공매도로 이름을 알리게 됐다. 그는 우선 니콜라Nikola라는 200억 달러의 가치를 지닌 전기트럭 회사를 쓰러뜨렸다. 니콜라는 언덕에서 모형 트럭을 굴린 뒤 자체 동력으로 주행하는 것처럼 위장한 동영상을 제작했다. 앤더슨은 서른일곱 살이었고, 나보다 몇 개월 먼저 태어났다. 나는 그에게 질투심을 느꼈다. 하지만 앤더슨은 도지코인으로 돈을 번 제이처럼 즐거워하는 자신을 찍은 사진으로 나를 약 올리지는 않았다. 그는 그렇게 할 필요가 없었다. 나는 《뉴욕타임스》와 《월스트리트 저널》에서 밝게 빛나는 그의 모습이 찍힌 사진을 봤다.

나는 처음에 앤더슨이 돈을 물 쓰듯 쓰고 다녀서 짜증이 났다. 나는 도움을 얻기 위해서 사람들을 만나서 설득했고 그 미스터리를 풀기 위해서 몇 달을 매달렸다. 여느 주류 취재기자처럼 나는 정보를 돈으로 사지 않는다. 앤더슨에게 정보를 팔면 100만 달러를 벌 수 있는데, 누가 내게 공짜로 그 정보를 제공하겠는가? 그러다가 나에게 앤더슨이 찾고 있는 정보가 있다는 사실이 내 머리를 스쳤다. 나는 그와 만나기로 했다.

11월, 우리는 센트럴파크 입구에 있는 핫도그 노점 앞에서 만났다. 앤더슨은 후드티를 입고 나타났다. 우리는 공원을 걸으면서 야구를 하는 아이들, 사진을 찍는 관광객 그리고 스틸 드럼 밴드를 지나쳤다. 앤더슨은 테더의 보유 자산에 대한 자세한 문서로 무엇을 할 것인지를 내게 말했다. 앤더슨은 포상금을 걸었지만, 지금까지 쓸 만한 정보를 얻지 못했다고 말했다. 나는 그에게 내가 도움이 될 수 있을지도 모른다고 말했다. 자세한 이야기는 하지 않고, 나는 내가 갖고 있는 자료에 관해 설명했다.

"지금까지 이야기만 듣고도 제게 100만 달러를 줄 겁니까?"라고 나는 물었다.

"물론이죠"라고 앤더슨이 답했다.

"100만 달러를 갖고 있어요?"라고 내가 다시 물었다.

"지금은 없어요"라고 그가 대답했다. 하지만 은행에 100만 달러보다 훨씬 더 많은 돈이 있다고 장담했다.

그는 진심이었다. 나는 내 주머니에 있는 아이폰에 저장된 파일 몇 개를 주는 대가로 그가 내 연봉의 몇 배에 달하는 돈을 줄지도 모른다는 생각에 흥분되지 않을 수 없었다. 하지만 나는 나의 정보원에게 그 문서를 그 누구와도 공유하지 않겠다고 약속했다. 나는 앤더슨에게 포상금을 받고 그 문서를 넘겨주는 것은 부도덕한 행위가 된다고 말했다.

"부도덕하지 않습니다"라고 앤더슨이 말했다.

"당신에겐 아니지만 저에겐 부도덕한 행위입니다. 제 정보원은 그 문건을 나중에 팔아서 돈을 벌라고 제게 넘긴 것이 아닙니다"라고 나는 말했다.

해고됐다고 말했을 때, 앤더슨은 내게 일자리를 제안했다. 문서를 해석하기가 어렵다고 했을 때, 앤더슨은 자기가 데리고 있는 전문가들이 문서를 해독해줄 거라고 했다. 그렇게 많은 돈을 지불하고 왜 그 정보를 얻으려고 하느냐고 물었을 때, 그는 정보로 얻게 될 대가가 100만 달러보다 훨씬 더 크기 때문이라고 했다.

그는 테더가 무너진다는 것에 베팅할 계획은 아니었다. 대신 그는 정부에 테더의 사기 행각을 고발하는 내부 문건을 제출하고 싶어 했다. 정부는 내부고발자에게 벌금의 30퍼센트를 포상금으로 지급하고 있었다. 앤더슨은 이 제도를 이용할 생각이었다. 니콜라는 벌금으로 1억 2,500만 달러를 냈다. 그러면 앤더슨이 니콜

비이성적
암호화폐

라의 비리를 고발하고 3,750만 달러를 포상금으로 받게 될 것이
다. 정부가 지급준비금에 대해서 거짓말을 한 테더에게 벌금을 부
과한다면, 그 액수는 니콜라에 부과된 벌금 액수를 쉽게 넘어설
수 있었다. 앤더슨은 자신의 몫을 나눠 갖자고 말했다. 나는 머릿
속으로 계산기를 빠르게 두드려 봤다. 앤더슨의 제안을 받아들이
면 1,000만 달러 이상이 내 몫이 될 것이라는 사실을 깨달았다.

나는 효율적 이타주의에 대한 글을 읽고 있었다. 효율적 이타
주의는 샘 뱅크먼-프리드가 속한 자선 운동이고, 나는 그것의 논
리에 끌리는 나 자신을 발견했다. 그 돈을 원하지 않는다면, 나는
그 돈을 자선단체에 기부할 수 있었다. 명분이 옳다는 전제로
1,000만 달러로 수천 명의 목숨을 구할 수 있었다. 그렇다면 그
돈을 거부하는 것이 훨씬 더 부도덕한 행위이지 않을까?

그런데 자전거를 타고 앤더슨을 만나러 가는 길에 나는 드라
마 〈빌리언즈〉 촬영으로 주차할 수 없다는 '주차금지' 표지판을
봤다. 〈빌리언즈〉에 등장하는 보비 엑셀로드Bobby Axelrod라는 인물
은 부도덕한 헤지펀드 매니저다. 그는 "먹고살 돈이 있으면, 싫은
건 싫다고 말하면서 살아야 하는 것 아닙니까!"라고 말한다. 나는
이 대사를 뱉을 당시 그가 느끼는 감정에 동의했다. 하지만 싫은
건 싫다고 말하는 데 굳이 먹고살 돈이 필요한 것은 아닐지도 모
른다. 무언가가 옳다고 느낀다면, 싫은 건 싫다고 말할 수 있을 것
이다. 누군가가 준다고 해서 1,000만 달러를 받을 필요는 없다. 이

것이 멍청한 짓이라고 생각한다면 도지코인에 투자할 필요가 없는 것과 같다. 독기가 욕심을 이겼다. 나는 앤더슨에게 어떤 것은 돈보다 더 중요하다고 말했다.

"이 책은 '제이는 틀리고 제크는 옳다: 암호화폐 이야기'라고 불리게 될 것입니다. 작가라면 어떤 식으로든 자신의 명성이 훼손되길 원치 않을 것입니다. 그렇지 않나요? 작가라면 어떤 속셈으로 글을 쓰지 않습니다"라고 나는 말했다.

집으로 되돌아왔을 때, 앤더슨은 내게 "오늘 우리의 대화는 세계 금융 시스템에 대한 잠재적 위험이 될 가능성이 있었습니다"라고 문자 메시지를 보냈다. 그가 다소 극적으로 말하기는 했지만 완전히 틀린 것은 아니었다. 우리가 만나고 며칠 뒤 2021년 11월 8일 비트코인의 가격이 사상 최고치인 6만 8,000달러를 기록했고, 모든 암호화폐의 전체 가치가 3조 달러에 육박했다. 과연 이렇게 큰 산업이 테더코인 위에 세워질 수 있을까?

내가 지금까지 테더에 대해서 알게 된 것은 결정적인 것은 아니었지만 완전히 개략적인 상태였다. 나는 매일 사람들이 완벽하게 안정적인 미국 달러를, 그것도 수백만 달러를 〈형사 가제트〉 제작자의 바하마 은행으로 보내고, 그 대가로 〈마이티 덕〉 아역 출신이 만들고 미국 범죄 수사의 표적인 임원진이 운영하는 기업이 발행한 디지털 화폐를 받는다는 사실을 도저히 믿을 수

비이성적
암호화폐

없었다. 그렇다고 내가 입수한 문건에 답이 들어 있을 것이라고 나는 생각하지 않았다. 나는 소위 계략이 실제로 어떻게 진행되는지에 관하여 직접적인 지식을 지닌 사람들에게서 얻은 정보를 바탕으로 나만의 최고의 가설을 세웠다.

테더를 조사하면서 만났던 많은 이들 중에서, 테더에 대한 정보의 원천이자 《블룸버그》의 잠재적인 주제로 보이는 한 명으로 샘 뱅크먼-프리드가 눈에 띄었다. 마이애미에서 잠시 만난 이후 몇 달 동안, 그는 암호화폐 세계에서 유명 인사가 됐다. 11월 10일에 나는 암호화폐 전문지 〈프로토스〉에서 뱅크먼-프리드의 헤지펀드, 알라메다리서치가 2021년 테더코인 317억 개를 받았다는 기사를 읽었다. 이것은 뱅크먼-프리드가 테더에 317억 달러를 맡겼을 것이란 뜻이기도 했다. 뱅크먼-프리드는 마이애미에서 내게 테더와 자신은 서로에게 도움이 되는 관계를 맺고 있다고 이미 말했었다. 나는 테더의 초대형 고객 중 한 명인 그가 테더에 대해서 더 많은 것을 알고 있어야 한다고 생각했다. 나는 그를 더 취재 조사하기 위한 승인을 얻기 위해서 《블룸버그》 편집자에게 그의 신상을 설명했다.

샘 뱅크먼-프리드의 이야기는 거부할 수 없었다. 그는 스물아홉 살에 불과했고, 벤처캐피털리스트들은 250억 달러의 가치를 지녔다는 평가를 받은 설립된 지 2년 6개월 밖에 안 된 그의 암호화폐 거래소 FTX에 투자했다. 사람들은 그를 금융업계의 페이스북 창립자 마크 저커버그라고 불렀다.

나는 FTX가 소셜 미디어에 맞먹는 혁신이라고 생각하지 않았다. 그저 아무 코인으로 도박을 하는 카지노 같았다. 여느 암호화폐 거래소와 다를 바가 없었다. 나에게 뱅크먼-프리드의 이야기에서 가장 흥미로운 부분은 그의 동기였다.

뱅크먼-프리드는 어렸을 때 세상에 가장 이로운 일을 하는 데 자신의 인생을 바치기로 결심했다. 십 대 시절, 그는 동물보호 운동가가 되고 싶었다. 대학교에 들어가서 그는 자신이 선을 행할 수 있는 최고의 방법은 가능한 돈을 많이 벌어서 사람들에게 나눠주는 것이라고 결심했다. 그후 10년도 채 안 돼서 그는 세계에서 가장 부유하고 영향력 있는 사람 중 한 명이 됐다.

하지만 그가 지금까지 기부한 돈은 유명인 광고, 마케팅, 그리고 워싱턴 DC에서 로비활동에 쓰는 돈보다 적었다. 그는 대학 철학 세미나에서 나오는 사고 실험을 현실에서 하고 있는 것 같았다. 세상을 구하고 싶은 사람은 우선 돈과 권력을 많이 모아야 할까, 아니면 그 과정에서의 추구가 그를 타락시킬까?

《블룸버그》편집자는 그에 대한 후속 취재를 허락했다. 그리고 운이 좋게도 뱅크먼-프리드는 최근 홍콩에서 바하마로 이주를 했다. 뉴욕에서 바하마까지는 비행기로 3시간 걸렸다. 그의 홍보 담당자가 FTX 나소 사무실에서의 인터뷰 일정을 선뜻 잡아줬다.

162

비이성적
암호화폐

[9]

암호화폐
해적단

NUMBER GO UP

샘 뱅크먼-프리드, 새로운 세대의 금융 마법사가 탄생되다

샘 뱅크먼-프리드가 암호화폐 거래소를 바하마로 옮기기 오래 전부터 바하마는 모사꾼, 밀매업자, 그리고 해적의 천국이었다. 1696년 해적 헨리 에이버리Henry Avery는 훔친 전함을 타고 나소 항구로 왔다. 영국 왕이 그를 쫓고 있었다. 그로부터 20년 뒤 바하마는 해적들이 지배하는 범죄 국가가 됐다. 바하마를 지배하던 해적 중에 검은 수염으로 알려진 에드워드 대치Edward Thatch가 있었다. 그는 바하마를 근거지로 활용해서 주변 선박 항로를 공략했다. 해적들은 주 광장 옆에 있는 요새에서 영국 국기를 끌어내리고 검은 바탕에 하얀 해골이 그려진 깃발을 올렸다. 그들은 그것을 '죽음의 머리'라고 불렀다.

바하마는 아이티 서쪽 끝에서 마이애미로부터 110마일(약 177킬로미터) 떨어진 곳까지 길게 이어진 700여 개의 섬으로 이뤄진 군도다. 미국 독립 혁명에서 달아난 영국 충성파, 남북전쟁 때 남부연합군, 그리고 금주법 시대의 주류 밀매자들이 몸을 숨기기에 편리한 곳이었다. 이곳에서 막대한 부를 일군 백인들이 섬을 장악했고, 분리를 강행하고 봉건 영주처럼 분리된 섬을 통치했다. 그들은 비공식적으로 '베이 스트리트 보이즈Bay Street Boys'로 불리게 됐다.

금주법 시대가 끝났을 때, 이 베이 스트리트 보이즈는 미국인들이 소득세를 회피하도록 돕기 시작했다. 바하마의 변호사들은 미국 탈세자들을 위해서 허위로 '개인 지주 회사'를 많이 설립했다. 1층부터 지붕까지 명패로 뒤덮인 사무실 건물이 있을 정도였다. 피텔 카스트로의 혁명 이후 마피아가 쿠바를 버리고 떠났을 때, 베이 스트리트 보이즈는 갱 단원이었던 마이어 랜스키Meyer Lansky가 바하마에 카지노를 세우도록 도왔다. 랜스키는 바하마의 재무장관에게 뇌물을 건네며 현지 법인이 서로 금융 정보를 공유하지 못하도록 하는 새로운 법을 제정하도록 부추겼다. 범죄 수사 당국과도 해당 정보를 공유하지 못하게 하는 조항이 이 법에 포함되어 있었다. 이로써 바하마는 돈세탁 범죄자들에게 더 매력적인 나라가 됐다.

1960년대까지 바하마 베이가에는 은행이 바와 식당보다 압도적으로 많았고, 은행은 고리대금업자, 마약 밀매업자, 그리고 탈세자에게 금융 서비스를 제공했다. 《라이프》 매거진은 바하마를 '수익성이 좋은 국제 범죄의 중심지'라고 불렀다. 바하마 베이가에서 활동하는 일부 사기꾼들은 가짜 보험이나 가짜 법인의 주식을 미국인들에게 우편으로 팔았다. 바하마의 가짜 예금 증서를 담보로 미국 은행에서 진짜 돈을 빌리는 사람들도 있었다. 식민지 시대의 영국 관료가 쓴 글에 따르면, 바하마는 "온갖 종류의 금융계 기재들을 끌어들였고, 그들이 하는 활동 중에서 일부는 공공의 이익을 위해서 통제되어야 했다."

미국의 사기 수사를 피하기 위해서 카리브해로 도망친 월가의 악명 높은 사기꾼이 운영하는 은행이 바하마에 있었다. 그리고 CIA가 쿠바를 대상으로 진행하는 비밀 작전에 필요한 자금을 전달하는 바하마 은행도 있었다. 파블로 에스코바르Pablo Escobar와 손잡은 과대망상적인 신 나치주의자였던 마약 밀매업자는 직접 섬을 하나 매입했고 더러운 일을 해서 번 현금을 현지 은행에 예치했다. 그와 거래하는 바하마 은행들은 현금을 집계하는 데 1퍼센트의 요금을 그에게 부과했다.

1967년 흑인 총리였던 린든 핀들링Lynden Pindling은 베이 스트리트 보이즈를 권력 집단에서 내쫓았다. 그가 집권하는 시기에도 부정부패는 이어졌고, 바하마에서 '범죄와 탈세에서 발생한 자금 흐름'이 연간 200억 달러에 이른다는 연구가 1979년에 발표됐다.

그러나 지난 20년 동안 미국과 유럽이 압박의 압박으로, 결국 바하마는 마지못해서 정보 공유 조약에 서명하는 등 돈세탁 금지법을 강화했다. 이것은 바하마 경제에 좋은 소식은 아니었다. 바하마 은행에 예치된 자금이 줄어들기 시작했다. 그러다가 새로운 기회가 암호화폐의 형태로 나타났다. 2020년 바하마 입법부는 '디지털 자산 및 등록 거래소 법안'을 통과시켰다. 이 법안은 암호화폐를 합법적인 회색 지대에서 전통적인 금융기관과 동등한 자격을 지닌 기관에 예치할 수 있도록 허용한 세계 최초의 법안이었다. 바하마는 새로운 세대의 '금융 마법사'를 받아들일 준비가 되어 있었다.

2021년 가을 홍콩에서 바하마로 암호화폐 거래소를 이전한 샘 뱅크먼-프리드가 처음 등장했다. FTX는 바하마에 6,000만 달러를 들여서 수천 명이 근무할 공간과 방문객이 머물 비즈니스 호텔로 구성된 본사 건물을 세울 계획이었다. 장소는 웨스트 베이 스트리트에 있는 바다가 보이는 땅이었다.

2021년 10월, 필립 데이비스Philip Davis 현 바하마 총리는 FTX의 이전을 축하하는 행사에서 "바하마는 현재 세계에서 가장 강력한 디지털 자산 입법 체계를 갖춘 국가 중 하나로 인정받고 있다. FTX가 바하마로 오는 것은 우리가 올바른 방향으로 향하고 있다는 증거다"라고 말했다.

2022년 2월, 나는 바하마에 도착했다. 바하마 총리가 해당 연설을 하고 난 4개월 뒤였다. 나는 엘엘빈 백팩을 매고 나소 공항에서 택시를 탔다. 택시 운전사는 그런 나를 곧장 암호화폐 때문에 바하마에 온 사람이라고 생각했는지 "FTX로 가면 되나요?"라고 내게 물었다. 그는 신사옥이 지어지는 동안 FTX가 잠시 머무는 복합 상업 지구로 나를 데려다 줬다.

뱅크먼-프리드는 공항에서 멀지 않은 주차장에 지어진 빨간 지붕의 1층짜리 건물들 중 하나에서 일했다. 프로펠러 비행기가 주기적으로 머리 위를 날았다. 건물 안에는 수십 명의 코드 설계자와 영업직원이 모니터가 잔뜩 설치된 긴 책상에서 옹기종기 모여서 일을 했다. 개인 사무 공간은 메모장에 이름을 적어서 표시해 두었고, 모두 돈을 버느라 너무 바빠서 짐도 제대로 못 푼 것 같았다. 벽에는 압정으로 고정된 해골 깃발 이외에는 아무것도 없었다.

내가 탕비실에서 뱅크먼-프리드의 동료와 수다를 떨고 있을 때, 기다리던 억만장자가 등장했다. 그는 신발을 신지 않고 발목까지 오는 흰색 양말을 신고 있었다. 그리고 파란색 반바지와 회색의 FTX 티셔츠를 입고 있었다. 그는 전자레인지에 돌려서 먹을 수 있는 병아리콩 코르마를 집어 들었다. 도시락 뚜껑을 열고 데우지 않아서 차가운 병아리콩 코르마 한 숟가락을 입에 털어 넣었다. 동료는 뱅크먼-프리드에게 인터뷰를 하러 온 기자라고 나를 소개했다. "아, 그렇군요"라고 그가 말했다. 그는 너무나 관심이 없어 보였다. 그래서 내가 인터뷰를 하러 온다는 사실을 알고 있는 건지 확신할 수 없었다. 그의 동료는 내가 다음 날 그의 모든 일정을 동행할 것이라고 그에게 말했다.

다음 날 아침 나는 뱅크먼-프리드가 뉴욕경제클럽에서 하는 화상 연설 시간에 맞춰서 사무실로 갔다. 115년 된 뉴욕경제클럽은 아마존의 제프 베이조스Jeff Bezos와 JP모건의 제이미 다이먼Jamie Dimon뿐만 아니라 각국의 국왕, 총리, 그리고 대통령을 연사로 초청해왔다. 그곳에서 중앙은행 관계자들이 한 발언이 시장을 움직였다. 이제 29세 암호화폐 소년왕의 차례였다.

뱅크먼-프리드는 게임의자에 비스듬하게 기대어 앉아서 줌으로 이야기했다. 나는 그의 뒤에 의자를 놓고 앉았고 그의 어깨너머로 화면을 봤다. 그가 이토록 위엄 있는 집단에 합류할 정도로 인상적인 인물이라면, 그 인상적인 모습이 아직 보이지 않았다. 그는 미국이 암호화폐 산업을 어떻게 규제하고 관리해야 한다고 생각하느냐에 대한 여러 질문에 대답했다. 그러면서 그는 〈스토리북 브롤〉이라는 판타지 카드 게임을 꺼내 들었다. 그리고 그 게임에서 자신은 '피터 팬'을 맡기로 선택했고 '펑키 캥커루'를 맡은 사람과 싸울 준비가 됐다고 말했다.

"미국에서 크게 성장하리라 기대합니다"라고 뱅크먼-프리드가 자신의 동화 기사단 중 한 명에게 마법을 걸면서 말했다.

뱅크먼-프리드는 오래전부터 여러 기관에 모습을 드러냈기 때문에, 그렇게 참신한 출연자는 아니었다. 그는 12월 이후로 미국 의회 앞에 증인으로 두 차례 소환됐다. 그리고 그날 아침 일찍 그는 미국 공영 라디오에도 출연했다. 그가 익숙한 내용들로 대화를 이어가고 있을 때, 나는 자연스럽게 그의 사무실로 관심이 갔다. 그의 사무실은 그곳에서 거의 생활하다시피 하는 누군가가 버린 쓰레기로 가득했다. 그의 책상은 잔뜩 어질러져 있었다. 구겨진 미국과 홍콩 지폐, 립밤 9통, 데오도란트 1개, 그리고 SBF 소금통이라 적힌 1.5파운드(약 680그램) 바다 소금통, 그가 전날 내 앞에서 먹었던 병아리콩 코르마 빈 도시락통이 그의 책상 위에 어지럽게 놓여 있었다. 그가 주로 잠을 잘 때 사용하는 빈백 의자는 책상에서 일하다가 바로 돌아누울 수 있을 정도로 그의 책상에 바짝 놓여 있었다.

나는 그날 그를 하루 종일 따라다녔다. 뱅크먼-프리드는 내가 자신을 따라다닌다는 사실에 몹시 심드렁했다. 그러나 그는 내게 대부분의 임원이 국가 기밀처럼 보호하는 종류의 메시지를 읽을 수 있게 해주었다. 그의 최고 워싱턴 전략가는 미 상원의원 코리 부커Cory Booker가 뱅크먼-프리드가 선호하는 암호화폐 산업 규제법에 서명할 것이라고 전했다. 세계 억만장자들과 《뉴욕타임스》, 〈픽〉 기자들은 뱅크먼-프리드와 만날 수 있는지를 묻는 메시지를 보내왔다. 그의 일정에 따르면, 그날 저녁에 그는 뮌헨으로 가서 조지아Georgia 총리와 만날 예정이었다. 뱅크먼-프리드는 송금기업 머니그램MoneyGram이 대략 10억 달러에 매물로 나왔다는 메시지를 읽었고, 몇 초 동안 매입하기 좋은 매물인지를 고심했다. 그의 동료가 투자은행장이 바하마에 있고 5분만 시간을 내달라고 연락이 왔다고 알렸다. 그러자 "별로"라고 그가 회신했다.

　뉴욕경제클럽과의 대화가 마무리되자, 뱅크먼-프리드는 FTX 매출액이 기록된 엑셀 스프레드시트를 화면에 띄웠다. 단순하게 말하면 경쟁업체처럼 FTX는 사람들이 암호화폐 가격에 베팅할 수 있는 공간이었다. 매번 누군가가 FTX 웹사이트에서 도지코인을 매수하거나 카르다노 코인을 매도할 때마다, 뱅크먼-프리드에게 약간의 수익이 발생했다.

　뱅크먼-프리드는 작년에 그렇게 벌어들인 수익이 10억 달러에 이른다는 것을 내게 자랑스럽게 보여줬다. 그는 자신의 거래소가 최대 경쟁업체인 바이낸스보다 더 빠르게 성장하고 있다는 것을 그래프로 보여줬다. 그리고 그는 내게 암호화폐 시장을 장악하는 것은 그저 시작에 불과하다고 했다.

　"우리는 지금 유아용 수영장에서 놀고 있는 셈입니다. 이상적으로 저는 FTX가 이 세상에서 금융거래가 가장 많이 이뤄지는 거래소가 되길 원합니다"라고 그가 말했다.

　그의 친구들은 내게 허세인지 모르지만, 뱅크먼-프리드는 자신이 새롭게 형성한 부를 과시하는 데 거의 관심이 없다고 말했다. 그중에 한 명은 그가 너무 열심히 일해서 샤워도 거의 하지 않는다고 했다. 사무실에서 자지 않을 때 그는 십여 명의 동료들과 함께 아파트에서 잤다. 내가 물었을 때, 뱅크먼-프리드는 무언가를 사는 것에서 큰 가치를 못 느낀다고 했다.

"돈을 써서 더 행복해지는 진짜 효과적인 방법은 꽤 빨리 바닥나죠. 저는 요트를 원하지 않아요"라고 그가 말했다.

하지만 내가 듣기에 그 '요트'라는 단어는 그가 한 말에서 생각을 많이 해야 하는 단어였다. 그가 동료들과 함께 사용하는 아파트는 바하마의 고급 리조트에 있는 펜트하우스였다. 그리고 내가 방문하기 전 주말에 그는 개인 제트기를 타고 로스앤젤레스로 가서 슈퍼볼에 참석했다. 뱅크먼-프리드는 내게 FTX가 빠르게 돈을 벌고 있다는 점을 고려하면 편리함은 비용을 들여서 얻을 가치가 있는 것이라고 했다.

슈퍼볼이 열리는 주말에는 각종 파티가 열렸다. 뱅크먼-프리드는 자신이 어떻게 또는 왜 그 많은 파티에 초대됐는지 모른다고 했다. 그는 전설적인 농구선수 샤킬 오닐과의 점심 식사와 골드만삭스 사장이 디제잉하는 파티에도 초대됐다. 그가 만난 적 없는 가수 시아Sia가 그를 비버리힐즈 대저택에서 열리는 저녁 식사에 초대했다. 거기서 그는 팝스타 케이티 페리와 암호화폐에 대해서 담소를 나눴다. 아마존의 베이조스와 레오나르도 디카프리오

비이성적
암호화폐

도 거기에 있었다. 특이하게 케이트 허드슨은 저녁식사 전에 애국가를 불렀다. 나는 그에게 재미있었는지 물었다.

"'재미'라는 단어가 정확한 단어인지 모르겠어요. 파티는 내 분야가 아니에요"라고 그가 말했다.

아마도 뱅크먼-프리드가 그 시간을 제대로 못 즐겼던 이유는 그의 친구들이 언급했던 이 억만장자의 성격적 특성 중 하나 때문이었을 것이다. 그들은 내게 뱅크먼-프리드가 무엇을 하든지, 그는 끊임없이 확률, 비용 그리고 이익을 평가한다고 했다. 어떤 결정이든 '기대값'으로 귀결될 수 있었다. 기대값은 어떤 과정의 평균값에 가중치를 두는 확률이다. 그것이 보드게임 마라톤에서의 말의 움직임이든, 10억 달러 거래의 결과이든, 아니면 파티에서 베이조스와 나눈 대화든 간에, 그는 기대값을 계산했다. 뱅크먼-프리드의 목표는 항상 돈을 가능한 많이 벌어서 자선단체에 기부하는 것이었다. 이런 식이면 잠을 자는 것도 정당화할 수 없는 사치였다. 자지 않고 거래해서 얻는 기대값이 훨씬 높았다.

"잠을 자는 매분 동안 몇천 달러의 비용이 발생한다. 그리고 직접적으로 이것은 그만큼 살릴 수 있는 목숨을 못 살렸다는 의미다"라고 그의 어린 시절 친구인 매트 나스_{Matt Nass}가 내게 말했다.

그날 오후 뱅크먼-프리드는 나를 회의실로 데려갔다. 거기서 그는 긴 의자 위에 다리를 꼬고 앉았다가, 오른쪽 다리를 세우고 공격적으로 컴퓨터 키보드를 쳤다. 그는 나와의 대화 시간을 마련했지만, 스크린을 보지 않는 것이 불편한 듯이 보였다. 대화를 나누면서 나는 뱅크먼-프리드가 팔에 붙은 약처럼 보이는 패치를 긁는 것을 봤다. 나는 그게 무엇인지 묻고 싶었지만 예의에 어긋나는 것 같았다. 하지만 자신이 어떻게 초 공격적인 자본주의자가 됐는지에 관해 이야기를 시작하자, 그는 긴장을 풀었다. 그는 오스트레일리아의 윤리학자 피터 싱어Peter Singer에게서 영감을 얻었고 했다.

1971년 당시 옥스퍼드 대학교를 다니던 싱어는 윤리적 질문처럼 들리는 간단한 질문을 사람들에게 하기 시작했다. 얕은 연못에 빠져서 허우적대는 어린이를 봤다면, 옷이 진흙 범벅이 되더라도 가던 길을 멈추고 연못으로 뛰어들어서 그 아이를 구할 것인가? 당신이 그 아이를 구할 것이라면, 다른 누군가가 그 아이를 구하지 않을까? 하지만 싱어는 그 아이를 구할 수단이 있다면 다른 아이를 구할 의무도 당신에게 있다고 주장할 것이다. 국제 원조 단체에 기부하면 큰 부담 없이 아이를 굶주림에서 구할 수 있을 것이다. 기부하지 않는 것은 아이가 물에 빠져 죽도록 내버려 두는 것만큼 나쁘다.

'물에 빠진 아이'로 불리는 싱어의 사고실험은 공리주의로 알려진 철학 학파에 영향을 미쳤다. 공리주의자들은 적절한 행동이 세계의 집단적인 웰빙을 극대화한다고 주장한다. 뱅크먼-프리드는 사실상 이런 공리주의자로 키워졌다. 그의 부모는 모두 스탠퍼드 대학교 법학 교수였다. 캘리포니아 팔로알토의 집에서 저녁 식사를 할 때 철학적 논쟁이 벌어졌다.

적절한 행위를 선택하는 것이 물에 빠진 아이라는 사고실험에서처럼 항상 분명한 것은 아니다. 그 행위를 해서 5명을 살릴 수 있다면 한 명을 죽여야 할까? 사람들은 도울 수 있다면 법을 어기는 것은 정당할까? 극단적으로 일부 공리주의자들은 인구과잉이 불행으로 이어지더라도 사람이 많이 사는 세상이 사람이 적게 사는 세상보다 언제나 더 좋다고 주장한다. 이 주장은 모든 사람의 삶은 살 가치가 있고 그래서 더 많은 사람이 살수록 더 좋다는 의미다. 공리주의를 폄하는 사람들은 이것을 '당혹스러운 결론'이라고 부른다.

"샘이 열네 살이었을 때다. 어느 날 저녁에 침대에서 일어나 그가 내게 말했다. 그것은 느닷없는 소리였다. '자신이 동의하지 않는다고 해서 다른 사람의 주장을 '당혹스러운 결론'이라고 폄하는 사람은 어떤 종류의 인간인가요?'"라고 그의 어머니 바바라 프리드Barbara Fried가 2020년 저서 《희소성과 마주하라: 비결과주의적 사고의 논리와 한계Facing Up to Scarcity: The Logic and Limits of Nonconsequentialist Thought》에 썼다.

이런 가정에서 성장했던 그가 학교생활에 큰 흥미를 못 느끼는 것은 당연하다. 그가 고등학교를 다닐 때, 그는 판타지 트레이딩 카드게임인 〈매직: 더 개더링〉 토너먼트에 참가했다. 그리고 참가팀이 연관된 난문제를 연이어서 푸는 수학 경시 대회를 조직했다. 상급생들은 장난으로 뱅크먼-프리드의 얼굴이 그려진 100달러 지폐를 만들었다고 한다.

그럼에도 그는 학업 성적이 좋았고 MIT에 입학했다. MIT에서 그는 어렴풋이 물리학 교수가 되어야겠다고 생각했다. 하지만 그는 자신이 학술 연구에 적합한 인재가 아니라는 것을 빠르게 깨달았다. 그는 엡실론 세타라는 동아리에 들어갔고, 브루클린에 있는 동아리 숙소로 이사했다. 숙소는 노란색 대저택이었다. 거기서 술을 진탕 마시며 노는 대신 동아리 회원들은 밤을 세워서 보드 게임을 했고 벙커침대가 있는 다락에서 잤다. "술을 마시는 대신 가장 괴짜스러운 활동만 하는 동아리를 생각하면 됩니다"라고 당시 뱅크먼-프리드의 친구였던 지인이 말했다.

그 시기에 뱅크먼-프리드는 공리주의를 온전히 받아들였다. "나는 공리주의자다"라고 그는 20세 때 자신의 블로그에 썼다. "기본적으로 이것은 올바른 행동이 세상의 '효용'을 극대화하는 행동이라고 생각한다는 것을 의미한다(총 행복에서 총 고통을 뺀 것이라고 생각하면 된다)." MIT에서 그는 이것이 자신이 인생을 살아가는 데 어떤 의미를 지니는가에 대해서 깊이 생각하기 시작했다. 그는 채식주의자가 됐고, 얼마 동안 그는 공장식 축산농가를 반대하는 소책자를 나눠주면서 소위 '세타인(엡실론 세타 신규 회원-옮긴이)'을 모집했다. 그러다가 2012년 뱅크먼-프리드는 윌리엄 맥어스킬William MacAskill과 이야기를 나누게 됐다. 맥어스킬은 옥스퍼드 대학교에서 박사 과정을 밟고 있는 스물다섯 살의 학생이었고, 싱어의 사상을 운동으로 바꾼 인물이었다. 맥어스킬과 그의 조력자들은 수학 계산을 이용해서 개인들이 자신의 돈과 시간으로 최고의 선을 행하는 방법을 찾아내고자 했다. 그들은 자신의 운동을 '효과적 이타주의'라고 명명했다.

오봉팽에서 점심을 먹으면서 맥어스킬은 뱅크먼-프리드에게 '기부를 위한 돈벌이'에 대해서 이야기했다. 그는 뱅크먼-프리드처럼 수학적 재능을 가진 사람은 월가에서 돈을 많이 벌 수 있는 직업을 찾고, 그렇게 번 돈을 자선단체에 기부하는 것이 합리적일 수 있다고 말했다. 효과적 이타주의자들은 아프리카에서 살충제 처리가 된 침구에 몇천 달러만 투자하면 말라리아로 인한 사망자 한 명을 줄일 수 있다고 계산했다. 당시 맥어스킬은 수입의 절반을 기부하는 성공한 은행원이라면 평생 일하면서 1만 명의 목숨을 구할 수 있다고 추정했다.

이것은 논란의 여지가 있는 이론이었다. 혹자는 은행원으로 일하는 것이 불평등을 지속시키고 기부로 인해 실천한 선을 훼손시킬 것이라고 주장했다. 효과적 이타주의도 부자를 영웅으로 묘사하고 빈곤의 근본 원인을 해결하지 못한다는 이유로 비난받았다. 하지만 맥어스킬의 열변은 뱅크먼-프리드에게 상식처럼 들렸다. 내가 맥어스킬과 대화했을 때, 그는 뱅크먼-프리드의 사무적인 반응이 떠올라 웃었다. "그는 그저 '네, 그거 말이 되네요'라고 말했습니다"라고 내게 말해주었다.

맥어스킬을 따르던 또 다른 청년이 주식거래소인 제인스트리트캐피털Jane Street Capital에 취업했다. 그곳은 월가에서 시장을 만드는 사업을 인수하기 위해 수학 모델과 컴퓨터 프로그램을 사용하는 몇 안 되는 기업 중 하나였다. 누군가 주식이나 상장지수 펀드를 사거나 팔 때마다, 제인스트리트캐피털이 거래 대상일 가능성이 있었다. 그곳의 신입 연봉은 대략 20만 달러였다.

뱅크먼-프리드는 제인스트리트캐피털에서 인턴 기회를 얻었고, 졸업한 뒤에는 그곳에서 일하기 위해서 뉴욕으로 갔다. 그는 국제 ETF 부서에서 트레이더로 일했다. 이것은 그가 가격 추세를 예측하거나 매수가와 매도가의 소소한 차액을 통해 수익을 내면서, 주식을 사고파는 컴퓨터 알고리즘을 개발하고 감독하는 업무를 맡았다는 의미였다. 그는 그 일이 즐거웠고, 그처럼 수학밖에 모르는 괴짜인 동료들도 편했다. 그들은 심지어 수학 경시대회에도 참여했다.

뱅크먼-프리드는 급여의 절반을 동물보호단체와 효과적 이타주의를 지지하는 자선단체에 기부했다고 말했다. 그는 그 회사에서 미래를 그려볼 수 있었다. 그곳에서 그의 급여는 수백만 달러까지 인상될 것이고, 그는 효과적 이타주의의 큰 후원자가 될 것

178

이었다. 하지만 몇 년 후, 그는 진로가 너무 보수적이라고 생각하기 시작했다. 여기서 그의 논리는 공리주의자가 아닌 사람은 이해하기 어렵다. 그는 이미 상위 1퍼센트의 삶으로 이어지는 바람직한 경로를 밟고 있었다. 그런데 그는 시도하기에 좀 더 위험한 일을 찾아야 한다고 생각했다. 항상 그랬듯이 뱅크먼-프리드는 기대값을 평가해 결정했다.

기대값은 잠재적 결과의 가중치가 반영된 평균이다. 그가 제인스트리트캐피털에서 경력을 쌓으면 평생 1,000만 달러를 벌 가능성이 100퍼센트라고 가정해보자. 이것이 기대값이 될 것이다. 그가 고려했던 또 다른 선택지는 스타트업을 시작하는 것이었다. 가령 스타트업이 실패해서 한 푼도 못 벌 가능성이 95퍼센트였다고 치자. 하지만 뱅크먼-프리드는 스타트업이 수십억 달러의 유니콘이 될 가능성이 5퍼센트라고 생각했고, 이것의 기대값은 더 높은 5,000만 달러였다.

뱅크먼-프리드는 덜 위험한 경로를 선택하는 것은 이기적인 행동이라고 생각했다. 설령 대안을 선택했을 때 자신에게 아무것도 남지 않을 가능성이 엄청나게 크더라도 말이다. 진정한 공리주의자로서 그는 기대값을 극대화해야 했다.

"기꺼이 상당한 실패 가능성을 받아들여야 합니다. 꽤 잘 해내더라도, 효과를 극대화하는 최고의 방법은 그것에 안주하지 않는 것이죠"라고 그가 말했다.

뱅크먼-프리드는 정계 진출을 고민했다. 거기서 수백만 명에게 영향을 미칠 정책을 만들 수 있을지도 몰랐다. 아니면 저널리스트가 될까도 생각했다. 잘 쓴 기사 하나가 대단히 중요한 이슈에 대한 전 세계 사고방식에 영향을 미칠 수 있을 것이다. 그러다 2017년 말에 그는 제인스트리트캐피털을 그만두고 캘리포니아로 되돌아갔다. 거기서 그는 맥어스킬의 효과적 이타주의 센터의 사업개발 책임자로 일했다. 그는 효과적 이타주의 운동이 순조롭게 시작하는 데 중요한 역할을 할 수 있다고 생각했다. 하지만 또 다른 가능성이 그의 이목을 잡았다. 그로부터 몇 주 후 그는 트레이딩 업계에 발을 들여놓게 됐다.

그때쯤 암호화폐는 첫 번째 붐인 가짜 초기 코인 열풍이 한창이었다. 비트코인과 최근에 발행된 암호화폐 수백 개의 가격이 천정부지로 치솟고 있었다. 효과적 이타주의 센터의 CEO였던 타라 맥 오래이Tara Mac Aulay는 여유시간에 암호화폐 거래 전략에 매달렸다. 그녀는 뱅크먼-프리드에게 일부 고무적인 거래 결과를 보여줬다. 그는 암호화폐에 대해서 아는 것이 거의 없었다. 그의 관심을 붙잡은 것은 전 세계 거래소에서 가져온 암호화폐 가격을 정리한 코인마켓캡닷컴CoinMarketCap.com 페이지였다.

뱅크먼-프리드는 어떤 암호화폐가 일부 거래소에서 다른 암호화폐보다 훨씬 더 많이 팔리고 있는 것을 확인했다. 이것은 그가 제인스트리트캐피털에서 배웠던 싸게 사서 비싸게 팔아 차익

비이성적
암호화폐

을 남기는 전략과 유사했다. 회사에서 그는 소규모 차익거래를 통해서 이익을 얻고자 하는 트레이더들이 사용할 수 있는 복잡한 수학 모델을 만들었다. 그런데 암호화폐 거래소에서는 가격 차이가 수백 배에 이르렀다. 그것은 공짜 돈처럼 보였고 전문적인 블록체인 지식도 필요 없었다. 하나의 웹사이트에서 매수 버튼을 클릭하고 또 다른 웹사이트에서 매도 버튼을 클릭하면 보장된 수익을 얻을 수 있었다.

"너무 쉬웠어요. 뭔가 잘못됐던 거죠"라고 뱅크먼-프리드가 그 당시를 회상했다.

뱅크먼-프리드는 여러 거래소에 계좌를 개설했고 맥 오래이와 암호화폐 거래를 시작했다. 실제로 차익거래로 믿기 어려울 정도의 큰 이익을 벌어들였다. 그가 본 가격 중 일부는 거짓이었고, 또 다른 가격은 빠르게 사라졌다. 하지만 충분한 거래를 통해서 수익이 났고, 뱅크먼-프리드는 자신이 뭔가 대단한 일을 해내게 될지도 모른다고 생각했다. 그래서 그는 버클리에 침실 3개가 딸린 집을 빌렸고, 자신을 도와줄 친구들을 불러모았다.

그들은 제인스트리트캐피털에서 사용했던 트레이딩 시스템을 만들기 위해서 코드 개발자가 필요했다. 뱅크먼-프리드는 프로그래머는 아니었지만, 개리 왕Gary Wang이라는 프로그램 영재를 알고 있었다. 두 사람은 십 대 때 오리건 주의 합숙하는 수학 프로그램에서 만난 적이 있었다. 왕은 뱅크먼-프리드보다 한 살 어렸고,

여덟 살에 중국에서 미국으로 이민을 왔다. 그는 필라델피아 교외인 뉴저지 체리 힐에서 자랐다. 거기서 그는 독학으로 코드를 익혔고 수학 경시대회에서 미국 학생 중에서 가장 높은 점수를 얻은 학생 중 한 명이었다. 두 사람은 MIT에서 재회했고, 거기서 왕은 뱅크먼-프리드의 동아리에 가입했다. 왕은 조용했고 수줍음이 많았다. 두 사람은 매년 열리는 배틀코드 대회에 '더 비건 폴리스'라는 팀으로 함께 참가했다. 왕은 이런 프로젝트에서 뱅크먼-프리드가 리더로 나서는 데 만족했다.

왕도 효과적 이타주의자가 됐다. 대학을 졸업한 뒤 그는 소프트웨어 엔지니어로 구글에서 일했고, 비행 데이터를 집중적으로 다뤘다. 2017년 11월 뱅크먼-프리드는 그에게 암호화폐 업계에서 함께 일한다면 훨씬 더 많은 돈을 기부할 수 있을 것이라고 말했다. 그는 뱅크먼-프리드가 신뢰하는 보좌관이 되었고, 이후 FTX의 최고기술책임자가 됐다.

니샤드 싱Nishad Singh이란 인물도 있었다. 그는 뱅크먼-프리드의 남동생의 친구였고, 팔로알토에서 뱅크먼-프리드 가족과 저녁식사를 정기적으로 함께했다. 그는 솔직하고 부지런하고 친절했고, 열정적인 효과적 이타주의자였다. 당시에 싱은 불과 몇 달 전에 버클리 캘리포니아 대학교를 졸업하고 페이스북에서 일을 막 시작했을 때였다. 하지만 그 역시 뱅크먼-프리드의 설득에 넘어갔다. 그는 하급 개발자로 일을 시작했지만 회사가 성장함에 따라

비이성적
암호화폐

그의 성격은 다른 프로그래머들을 관리하는 데 적임이었다.

몇 달 뒤 뱅크먼-프리드는 제인스트리트캐피털에서 함께 일 했던 또 다른 수학 경시대회 참가자를 고용했다. 그녀의 이름은 캐롤라인 엘리슨Caroline Ellison이었고, 그녀는 상냥하고 빨간 머리였 으며 해리포터의 대단한 팬이었다. MIT 교수의 딸이었던 그녀는 보스턴 교외인 뉴턴에서 성장했다. 거기서 그녀는 수학 팀을 이끌 었다. 그녀는 스탠퍼드 대학교를 다니면서 효과적 이타주의에 눈 을 떴다. 뱅크먼-프리드처럼, 그녀는 이상한 공리주의 사고실험 에 관한 글을 온라인에 올리는 것을 즐겼다. 예를 들면, 의사가 환 자 5명을 살리기 위해서 건강한 환자의 장기를 채취해야 하느냐 와 같은 글이었다. 차익거래 트레이더인 그녀는 뱅크먼-프리드가 암호화폐의 기회를 설명했을 때 그 즉시 그와 함께했다.

새로운 회사의 이름으로 뱅크먼-프리드와 그의 친구들은 은행들이 겁을 먹지 않도록 악의가 없는 이름을 원했다. 은행 대부분이 여전히 암호화폐 트레이더들과 사업하는 것을 선호하지 않았다. 그래서 그들은 알라메다리서치라는 이름을 선택했다. "특히 2017년에 회 사 이름을 '암호화폐 비트코인 차익거래 다국적기업'이라는 식으 로 지으면, 그 어느 은행에서도 은행 계좌를 개설할 수 없었어요" 라고 뱅크먼-프리드가 이후에 기자에게 말했다.

알라메다리서치 직원 모두가 자신들이 모은 돈을 회사 운영자금으로 사용하고, 회사 수익을 자선단체에 기부하는 데 동의했다. 그들은 부유한 효과적 이타주의자들에게서 더 많은 자금을 끌어올 수 있었다. 알라메다리서치는 진짜로 돈을 벌기 시작했다. 11월에 약 50만 달러의 수익을 올렸고, 그다음 달에는 400만 달러의 수익을 올렸다. 2018년 회사를 시작했을 때, 뱅크먼-프리드는 밤이고 낮이고 자신의 집에서 약 14명의 직원들과 암호화폐 거래를 했다. 부엌은 입식 책상으로 가득 찼고, 벽장은 낮잠을 자는 공간이 됐다.

뱅크먼-프리드가 이용하고 싶은 특정 차익거래가 있었다. 일본 암호화폐 거래소에서 비트코인은 일반적으로 미국 암호화폐 거래소에서보다 더 높은 가격에 거래됐다. 비트코인 한 개가 미국에서 6,000달러라면, 일본에서는 엔화로 6,600달러 상당의 가격으로 거래됐다. 이론적으로 비트코인을 미국 암호화폐 거래소에서 매수해서 일본 암호화폐 거래소로 보내서 매도하고 엔화를 달러로 환전하면 10퍼센트의 수익을 얻을 수 있었다. 이것은 단 한 번도 들어본 적 없는 엄청난 수익이었다. 이런 식이면 4개월이 채 안 돼서 1만 달러로 10억 달러를 만들 수 있었다.

그런데 일본 거래소를 이용한 차익거래에는 실질적인 문제가 있었다. 잇따라 거액이 일본과 미국 거래소를 왔다 갔다 하는 것이 은행들에게는 돈세탁처럼 보였다. 그리고 암호화폐 거래는 안심하기 어려운 사업이라고 그들에게 말해주는 셈이었다. 자칫 알

비이성적
암호화폐

라메다리서치의 은행계좌가 지안카를로 데바시니와 비트파이넥스 사례처럼 막힐 수 있었다. 뱅크먼-프리드는 자금 송금에 애를 먹었다. 그래서 비행기를 빌려서 일본으로 날아가 비행기 한 대를 가득 채울 사람들이 인출한 현금을 비행기에 실어 가져올 수 있을지 계산하기 시작했다. (그것은 불가능했다.)

일본 대학원생이 일본에 은행 계좌를 개설하도록 돕겠다고 자진했다. 2018년 1월 기준으로 알라메다리서치는 비우량 은행과 전자 송금을 이용해서 자금을 가까스로 옮겼다. 매일이 촌각을 다투는 경주였다. 은행 지점이 문을 닫기 전에 일본에서 미국으로 송금을 하지 않는다면, 그날의 10퍼센트 수익을 잃게 된다. 이 주기를 완벽하게 만드는 데 강도 영화에나 나올 법한 정확한 실행 계획이 필요했다. 여러 명으로 구성된 팀이 송금이 잘 마무리됐는지 확인하기 위해서 미국 은행 앞에서 3시간 동안 진을 치고 기다렸다. 그리고 일본에 있는 또 다른 팀이 돈을 다시 미국으로 제시간에 송금하기 위해서 몇 시간 동안 ATM기 앞에서 줄을 서서 기다렸다. 차익거래가 절정이던 시기에 알라메다리서치는 매일 150만 달러의 수익을 얻었다. 가격 차이는 불과 몇 주 동안 지속됐다. 하지만 가격 차이가 사라지기 전에 알라메다리서치는 약 1,500만 달러를 벌었다.

하지만 2월 알라메다리서치의 거의 모든 수익이 사라졌다. 허술하게 설계한 거래 몇 건으로 수백만 달러의 손실이 발생했다. 이 거래소에서 저 거래소로 송금한 횟수도 너무 많았고, 300만 달러 상당의 암호화폐가 잘못 송금되는 일도 벌어졌다. 급기야 최대 후원자가 자신의 돈을 되돌려달라고 요청했다. 맥 오래이를 포함해서 알라메다리서치 직원 절반가량이 뱅크먼-프리드가 이런 실수를 저질렀다고 비난하며 회사를 떠났다. 그들은 그가 형편없는 관리자라고 불평하기도 했다. 그는 중요한 세부 사항을 자주 놓쳤고, 큰 수익을 올리는 데만 혈안이 돼서 일관된 수익을 올릴 기회를 간과했다.

2018년 후반, 뱅크먼-프리드는 마카오에서 열린 비트코인 콘퍼런스에 참석했다. 거기서 그는 암호화폐 업계의 거물들을 만났다. 대부분이 아시아에서 활동했다. 그는 아시아로 이주하면 더 많은 사람과 관계를 맺고 암호화폐 거래를 더 활발하게 할 수 있을 것 같았다. 그는 슬랙으로 동료들에게 버클리로 돌아가지 않을 것이라고 말했다. 결국 그들 대부분이 홍콩에서 그와 합류했다.

홍콩으로 사업 거점을 옮기는 데 또 다른 이점이 있었다. 그곳은 미국보다 암호화폐 규제에 있어서 더 관대했다. 비트파이넥스와 바이낸스와 같은 초대형 암호화폐 거래소 대부분이 미국이 아닌 다른 국가에 본사를 두고 있었다. 뱅크먼-프리드와 그의 동료들은 캘리포니아를 떠난 뒤에, 새로운 암호화폐 거래소를 미국이 아닌 다른 곳에 세우기로 결심했다. 그리고 그들은 그것을 FTX라고 불렀다.

새로운 암호화폐 거래소의 코드를 작성하는 데 4개월이 걸렸다. 2019년 5월, FTX는 본격적으로 사업을 시작했다. 그 당시에 가상화폐 공개 붐은 사그라들었지만, 여전히 많은 암호화폐가 거래되고 있었다. 사람들이 암호화폐를 사고파는 거래소의 상태는 형편없었다. 오류가 많이 발생했고 암호화폐 가격이 폭락하거나 폭등하면 시스템 고장이 빈번하게 발생했다. 비트파이넥스 역시 불과 몇 년 전에 해킹으로 비트코인의 절반을 잃어버렸다. 그리고 또 다른 초대형 암호화폐 거래소인 비트멕스BitMEX는 미국 당국의 조사를 받고 있었다.

새로운 암호화폐 거래소에 대한 소문이 전문 암호화폐 트레이더들 사이에서 빠르게 퍼졌다. FTX는 대성공이었다. FTX는 레버리지나 선물 지수가 포함된 복잡한 파생상품을 다뤘다. 심지어 선거와 주식가격에 베팅도 했다. FTX는 차익대출도 가능해서 트레이더들은 수익을 증가시킬 수 있었다. 내가 방문할 때쯤에 FTX는 하루에 100만 달러의 수익을 올리고 있었다. 이것은 뱅크먼-프리드가 내게 해준 말이다. 그리고 알라메다리서치는 암호화폐 거래를 중단하지 않았다. 그는 자신의 암호화폐 헤지펀드로 2021년 추가로 10억 달러의 수익을 거뒀다고 말했다.

암호화폐 거래소(FTX)와 그곳을 기반으로 거래하는 트레이딩 회사(알라메다리서치)를 보유하는 것은 명백한 이해 충돌이었다. 월가에서는 트레이딩 회사가 기밀 정보에 접근할 수 있는 특혜를 받을 위험이 있기 때문에 이것이 허용되지 않았다. 하지만 뱅크먼-프리드는 알라메다리서치가 다른 트레이딩 회사와 동일한 규칙으로 거래하는지를 물었을 때 나와 사람들에게 그렇다고 장담했다. 엘리슨과 다른 젊은 트레이더가 알라메다리서치의 공동 CEO로 선임됐고, 뱅크먼-프리드 자신은 지금 FTX에서만 일한다고 내게 말했다.

2021년 9월 뱅크먼-프리드는 바하마로 거점을 옮겼다. 홍콩에서 출국하는 사람은 누구든지 오랜 기간 격리되어야 한다는 지침을 발표했다는 이유였다. 엘리슨과 일부 트레이더들은 홍콩에 남았지만, 그와 함께 일하는 암호화폐 해적들 대부분은 그를 따라서 카리브해에 있는 바하마로 갔다.

비이성적
암호화폐

10

효과적
이타주의자

NUMBER GO UP

로빈후드를 상상하라

2022년 2월, 내가 나소로 갔을 무렵 샘 뱅크먼-프리드에게는 돈이 넘쳐나고 있었다. 자신의 버클리 집에서 암호화폐를 거래하던 시절로부터 4년이 흘렀다. 전 달에 FTX는 새롭게 320억 달러의 가치평가로 벤처 캐피털리스트들로부터 8억 달러를 조달받았다. 4억 2,069만 달러를 조달받고 3개월 뒤에 일어난 일이었다. FTX는 투자 라운드를 어린애의 장난처럼 보이게 하려고 의도적으로 딱 떨어지는 액수가 아닌 자금을 조달받았다.

그는 대중적으로 암호화폐 주류산업을 장악할 암호화폐 천재 소년이라는 이미지를 얻어갔다. 테더 공동 창립자인 브록 피어스와 같은 자칭 암호화폐 선지자들이나 셀시어스의 앨릭스 마신스키 같은 장사치들과 비교하면, TV에서 암호화폐 붐에 관해 자신의 생각을 이야기하는 뱅크먼-프리드는 현실에 발을 딛고 있는 것 같았다. 그는 월가 트레이더들과 수치를 논의하거나 의회 관계자들과 공공 정책에 대해서 의견을 나누는 것을 불편하게 여기지 않았다. 그의 스타일 역시 그가 진짜 암호화폐 천재라는 분위기를 만들었다. 동료가 머리를 자르는 게 어떻겠냐고 제안했을 때, 뱅크먼-프리드는 거절했다.

"솔직히 말해서 머리를 자르는 것은 제게 마이너스 기대값(EV)이 됩니다"라고 그는 동료와의 대화를 떠올리며 말했다. 뱅크먼-프리드는 언제나 그랬듯이 기대값을 언급했다. "사람들이 제가 미쳤다고 생각하는 것이 중요하다고 전 생각해요."

뱅크먼-프리드는 돈을 버는 족족 마케팅에 썼다. 돈을 쓰는 속도가 버는 속도보다 더 빠른 듯했다. FTX는 마이애미 히트 경기장의 이름을 FTX로 바꾸는 데 1억 3,500만 달러의 계약을 체결했다. 그리고 전문 비디오게임 팀을 후원하는 데 2억 1,000만 달러의 계약을 체결했고, 샤킬 오닐과 톰 브래디Tom Brady를 포함한 전문 운동선수들과 홍보 계약을 체결했다. 내가 방문하기 불과 며칠 전에 FTX는 슈퍼볼 기간에 광고를 내보냈다. 광고료는 대략 2,000만 달러였다. FTX는 시트콤 〈커브 유어 엔수지애즘Curb Your Enthusiasm〉의 래리 데이비드Larry David를 바퀴부터 화장실, 워크맨에 이르기까지 인류 역사상 주요 발명품을 비웃는 시간 여행자 러다이트Luddite(신기술 반대자-옮긴이)로 광고에 출연시켰다. 광고에서 그에게 FTX의 암호화폐 트레이딩 앱을 들이밀자, 그는 "그리 대단하지 않은데"라고 말한다. "래리와 같은 사람이 되지 마라. 세상을 바꿀 차세대 기술을 놓치지 마라"라는 광고 문구가 뜬다.

뱅크먼-프리드 맞은편에 앉아서 효과적 이타주의에 대한 그의 말을 들으며, 나는 사람들에게 도박을 강요하는 것이 세상에 긍정적 영향을 미치겠다는 그의 약속과 상충되는 것처럼 보이지 않을 수 없었다. 뱅크먼-프리드는 수준급 트레이더였다. 그는 내게 많은 암호화폐가 지속 불가능할 정도로 가격이 높게 설정돼 있고 그중 일부는 사기라고 인정했다. 하지만 그는 내 앞에서 사람들에게 지금 하는 일을 모두 그만두고 암호화폐 거래소인 FTX에 계정을 개설하고 암호화폐 매수 버튼을 클릭하라고 말하고 있었다.

"재정적으로 암호화폐 거래를 하지 말라고 사람들을 이끌어야 하지 않나?"라고 나는 물었다.

뱅크먼-프리드는 그 광고는 사람들에게 FTX에 가입해서 암호화폐를 거래하라고 말하려는 게 아니라 FTX의 위상을 높이기 위해서 제작된 것이라고 주장했다. 하지만 그의 주장은 설득력이 없었다. 그리고 설령 사람들이 암호화폐를 거래하기 시작하더라도, 온라인 리서치를 통해서 최고의 암호화폐를 선택할 수 있다고 그는 말했다. 이것은 내게 책임 회피처럼 들렸다.

비이성적
암호화폐

"하지만 평범한 사람이 이런 리서치를 할 수 있을까요?"라고 내가 물었다.

"그럼 누가 암호화폐를 리서치하겠어요?" 그가 되물었다.

"모르겠어요"라고 내가 말했다.

"누군가는 리서치하겠죠?" 그가 말했다.

"그게 누군지 말해주세요"라고 내가 말했다.

뱅크먼-프리드에게는 대중 이미지와 어울리지 않는 것이 하나 더 있었다. 그가 미국 사법 체계에서 그다지 합법적인 활동을 하는 인물이 아니라는 것이었다. 뱅크먼-프리드가 버클리에서 사업을 한다면, FTX에 이뤄지는 수많은 거래가 그다지 합법적이지 않을 것이다. 아니면 완전히, 대단히 불법일 것이다. FTX에 상장된 거의 모든 암호화폐는 마스터코인처럼 무기명증권 발매로 간주될 것이고, 암호화폐 거래소 자체도 증권거래위원회의 규칙을 준수하지 않았다.

FTX는 거래하는 암호화폐 종류를 제한해서 미국에 거래소를 열었다. 뱅크먼-프리드는 미국 규제를 자신의 입맛에 맞게 만드는 데 집중했다. 그는 미국이 FTX에서 거래되는 모든 암호화폐를 사실상 합법화할 뿐만 아니라 암호화폐 회사도 주식시장에서 공개하는 것처럼 일부 금융 정보를 공개하도록 하는 규칙을 채택하기를 원한다고 말했다. 그는 최악의 사기를 근절하면서 혁신을 허용하는 것이 암호화폐 업계와 대중에게 최선의 이익이라고 말했다.

지난 2년 동안 뱅크먼-프리드는 워싱턴 정계에서 가장 많은 돈을 기부한 인물 중 한 명이 됐다. 그는 2020년 대선에서 조 바이든을 지지하는 위원회에 500만 달러를 기부했고, FTX와 임원진은 대선 기부금으로 최소 9,000만 달러를 여기저기에 썼다. 이로써 그들은 2022년 중간선거에서 최대 기부자에 속하게 됐다. 대부분의 자금이 민주당으로 기부됐지만 FTX 임원들은 공화당 의원들에게도 최소 2,000만 달러를 기부했다. 의회 의원 3명 중 한 명이 그들의 기부금을 받았다.

뱅크먼-프리드는 자신에게 우호적이고 자신의 경쟁자들은 내팽개치는 새로운 암호화폐 규제를 수립하는 데 참여할 기회를 소위 돈을 주고 사려고 했다. 그의 계획이 효과가 있는 듯했다. 워싱턴에서 그는 암호화폐 해적이 아닌 금융 혁신가로 대우받았다. 우리가 나소에서 만나기 일주일 전에, 그는 의회 청문회에서 암호화폐 산업이 어떻게 규제되어야 하는가에 대해서 조언을 해주며 증언했다. 그들에게 정치자금으로 5,700달러를 기부받은 코리 부커 Cory Booker 상원의원은 그의 비위를 맞췄다. 심지어 "한때 내가 했던 것보다 훨씬 더 멋진 아프로 헤어스타일을 하고 있어서 기분이 상한다"고 농담까지 할 정도였다.

비이성적
암호화폐

내가 그의 철학에 관해 묻자, 뱅크먼-프리드는 내게 2021년 5,000만 달러를 기부했다고 말했다. 인도의 코로나 팬데믹 지원금과 지구 온난화 방지를 위한 기부도 포함되었다. 나는 그것이 이 세상에서 가장 부유하다고 꼽히는 사람이 기부하기에 그렇게 큰 액수가 아니라고 느껴졌다. 설령 그의 순자산 대부분이 FTX의 가치평가에 묶여 있어서 쉽게 사용할 수 없다고 할지라도 말이다.

그의 말을 듣고 2개월 전에 그가 팟캐스트에 출연해서 했던 말이 떠올랐다. 팟캐스트 인터뷰에서 뱅크먼-프리드는 많은 부자들의 기부 방식을 비판했다. 그는 그것을 "괜찮은 방식이지만 이상한 브랜드 만들기 전략"이라고 했다. 나는 그가 기부행위를 통해서 적어도 5,000만 달러 가치의 홍보 효과를 누렸다는 것을 알았다.

내가 그 말을 하자, 뱅크먼-프리드는 오직 시간이 자신의 의도의 진정성을 보여줄 것이라고 말했다. 그는 내년에 초대형 재단들의 기부액만큼 적어도 수억 달러에서 최대 10억 달러를 기부할 계획이라고 말했다.

"홍보 효과를 얻기 위해서 하기에는 미친 짓이라는 소리를 들을 정도의 기부액이 될 것이라 생각합니다"라고 그가 말했다.

다른 효과적 이타주의자들이 그랬던 것처럼, 뱅크먼-프리드의 관심은 말라리아 예방 단체처럼 쉽게 결과를 측정할 수 있는 자선단체에 집중해서 기부한다는 효과적 이타주의의 목표에서 멀어졌다. 그 대신에 그는 테러리스트가 만든 생화학무기와 인간의 통제를 벗어난 인공지능처럼 인류 멸종으로 이어질 수 있는 위협과 싸우는 데 최대 관심이 있다고 말했다. 그것들은 공상과학소설에나 나올 법한 이야기처럼 들렸다. 하지만 그의 관점에서 미래를 살아갈 수조 명의 목숨을 구할 가능성이 조금이라도 있는 일은 오늘날의 고통을 경감시키는 일보다 더 가치가 있을 수 있었다. 그의 최우선 과제는 팬데믹에 미리 대응하는 것이었다.

"실험실에서 바이러스가 외부로 유출돼서 앞으로 팬데믹은 더 심각해지고 더 빈번하게 일어날 것입니다. 미리 준비하지 않으면 이로 인해서 이 세상이 파괴될 가능성은 적지 않습니다"라고 그가 말했다.

뱅크먼-프리드는 자신이 이 세상을 구할 수 있다고 정말로 믿는 듯이 말했다. 하지만 그의 철학은 돈을 벌기 위해서 하는 거의 모든 일을 정당화하려는 핑계처럼 들렸다. 나는 그의 한계가 어디인지 궁금했다. 사기를 쳐서 전염병학자들과 인공지능 안전 연구가들에게 수익금을 나눠주는 것과 다를 바가 뭔가? 가상화폐 공개를 통해서 가장 많이 조달된 40억 달러의 자금이면 수백만 명의 생명을 구하는 데 충분한 규모였다. 공리주의적 관점에서 이를 바라보면, 사망을 예방함으로써 얻는 행복 총량의 증가는 돈을 잃은 사람들의 고통보다 분명히 클 것이다.

비이성적
암호화폐

"좋은 평판을 쌓았죠"라고 나는 그의 신경을 살짝 건드리며 말했다. "지금 당신은 암호화폐로 사기를 좀 쳐서 몇십억 달러를 벌 수 있을 겁니다. 당신의 논리에 따르면 이게 말이 되지 않을까요?"라고 내가 덧붙였다.

"자선단체는 그렇게 번 돈을 원하지 않습니다"라고 그가 말했다. "평판은 모든 일에서 매우 중요하죠. 하지만 평판으로 얻게 될 2차 효과에 대해서 생각하기 시작하면, 평판은 나빠지기 시작합니다"라고 그가 덧붙였다.

그것에 대해서 더 생각해보니, 그의 대답은 실로 일리가 있었다. 사기를 쳐서 붙잡히면 이미 320억 달러의 가치평가를 받은 FTX는 무너질 것이다. 법을 차치하고 정직한 사업이 더 좋은 전략이었다. 하지만 그 당시에 나조차도 알지 못한 논리의 헛점이 있었다. 사기꾼들은 잡힐 생각을 하지 않는다.

대부분의 경영진은 가상이라도 사기를 치는 것이 아니냐는 질문을 달가워하지 않을 것이다. 하지만 가장 직설적인 질문들이 뱅크먼-프리드의 마음을 심란하게 만드는 것 같았다. 그는 거의 모든 질문에 분석적이고 심지어 냉담하게 대답했다. 그는 각각의 결정의 기대값을 저울질하면서, 멀리서 자신의 삶을 관찰하고 있는 듯했다. 거기서 그는 자신의 행복에는 거의 가중치를 두지 않는 듯했다.

실제 그의 친구 중 한 명은 뱅크먼-프리드가 성공했지만 불행하다고 말했다. 그는 일할 시간을 늘리기 위해서 여자친구와 헤어졌다고 했다. 내가 이 일에 대해서 뱅크먼-프리드에게 묻자, 그는 사실이라고 답했다.

"저는 대부분 제가 해낼 수 있기를 바란다고 생각하지만, 저는 누군가의 곁에 항상 있겠다고 약속할 수 없어요. 저는 항상 보이지 않는 곳에서 일하고, 대응하고, 머릿속으로 고민합니다"라고 뱅크먼-프리드가 말했다.

나는 그에게 다른 길로 삶을 이끌어 볼 생각을 한 적이 있느냐고 물었다. 그는 대답하기 전에 몇 초 동안 양손으로 얼굴을 지그시 눌렀다. "저는 어떻게 살 것이냐에 대해 내린 결정을 끊임없이 재평가하지 않아요. 왜냐하면 저는 무언가를 끝없이 재평가하는 것이 제게 아무 도움이 되지 않는다고 생각하기 때문입니다. 어떻게 살 것이냐에 대한 결정은 제게 더 이상 결정할 사항처럼 느껴지지 않습니다"라고 그가 대답했다.

나는 뱅크먼-프리드의 최측근들을 인터뷰하고 싶었다. 그렇게 하면 그가 신뢰할 수 있는 인물인지 좀 더 판단하기 쉬울 것 같았다. 하지만 코드를 짜는 개리 왕은 자리에 없었다. 나는 그가 저녁에 사무실에 나와서 밤새도록 업무 처리하는 것을 선호한다고 들었다. 캐롤라인 엘리슨은 늘 그렇듯이 헤지펀드인 알라메다리서치

비이성적
암호화폐

를 운영하면서 홍콩에 있었다.

뱅크먼-프리드의 최측근 중 사무실에서 내가 본 유일한 사람은 니샤드 싱이었다. 그는 FTX에서 엔지니어링을 책임지고 있었다. 뱅크먼-프리드의 오른쪽 책상에 앉아 있는 그를 나는 인터뷰를 위해서 불렀다. 그는 스물여섯 살이었고, 버클리 캘리포니아 대학교를 졸업한 지 몇 년 되지 않았다. 나는 그가 울트라마라톤 기록을 세웠던 십 대였을 때 찍은 사진을 본 적이 있었다. 지금 그는 그 당시보다 살이 좀 더 오른 모습이었다. 아직도 마라톤을 뛰냐고 물으니, 그는 자신의 배를 두드려 보였다. "제가 아직도 마라톤을 하는 것 같나요?"라며 그가 농담을 건네며 일 말고 다른 것을 할 시간이 없다고 말했다.

싱은 내가 생각하는 억만장자와는 다른 모습이었다. 그는 현실적이고 겸손했다. 가장 좋아하는 암호화폐 이야기에 대해서 물었을 때, 그의 대답이 나를 완전히 사로잡았다. 그는 휴대폰을 꺼내더니 내가 작성한 기사를 큰소리로 읽어내려 갔다. 한 시간 정도 담소를 나눈 뒤에, 나는 싱에게 솔직하게 묻기로 결심했다. 나는 그에게 사람들이 FTX라는 암호화폐 카지노에서 도박을 하면서 돈을 잃을 것이 분명해 보인다고 말했다. 하지만 나는 돈을 잃어도 감당할 여력이 있는 세계 최초의 암호화폐 도박꾼들인 투자자들이 입는 손실액이 FTX가 가령 말라리아 퇴치 자선단체에 하는 기부액보다 클 수 있을 것 같다고 그에게 말했다.

싱은 고개를 끄덕였다.

"물론이죠"라고 그가 말했다. "로빈후드 같은 것을 상상하면 돼요."

나는 뱅크먼-프리드가 정말로 암호화폐로 번 돈을 기부하는지 확신할 수 없었지만, 내 경험으로 자선 활동은 뭔가 구린내가 나는 금융가에게 그다지 매력적이지 않은 활동이었다. 나는 싱에게 취재를 하면서 많은 사기꾼을 알게 됐다고 말했다. 나는 심지어 그들 중 일부에게 사기로 번 수익의 일부를 자선단체에 기부하면 더 행복해질지도 모른다고 제안까지 했었다. 그러나 그 누구도 그렇게 하지 않았다.

"사기를 치는 비열한 사람은, 즉 사기꾼은 돈을 그저 나눠주려고 하지 않습니다. 그들은 사기를 쳐서 번 돈으로 집이나 다른 무언가를 사죠. 그리고 거기에 앉아서 슬퍼해요"라고 나는 말했다.

"저도 그 말에 동의합니다"라고 싱이 말했다. "제 말은, 솔직하게 말해서 그건 제가 가진 걱정이었어요. 저만이 저의 내면세계, 속생각과 속마음을 아는 것과 같죠"라고 그가 덧붙였다.

싱은 뱅크먼-프리드가 효과적 이타주의에 대해서 진심이라고 믿는다고 말했다. 그들 모두 첫 번째 직장을 구한 뒤로 많은 돈을 자선단체에 기부해왔다. 그리고 그는 뱅크먼-프리드가 실천할 생각이 없다면 자신이 세운 계획에 대해서 큰일 난 것처럼 호들갑 떨지 않을 것이라고 했다.

비이성적
암호화폐

"그것은 평판을 깎아내리는 정말로 이상한 방법일 것입니다" 라고 싱이 덧붙였다.

뉴욕경제클럽에서 연설을 한 날, 뱅크먼-프리드는 오후 5시경에 잠이 들었다. 그는 게임 의자에 앉아서 정신없이 자다가 책상 옆에 놓인 파란색 빈백으로 굴러가서 팔꿈치로 자신의 곱슬머리를 부드럽게 잡고 몸을 웅크리고 잤다. 사무실은 조용했다. 직원들이 슬랙에서 채팅하느라 자판을 두드리는 소리밖에 들리지 않았다. 그의 뒤에 있던 프로그래머는 책상에 발을 올린 채로 일부 코드를 검사했다. 그의 반바지에는 점심을 먹다가 흘린 간장 때문에 얼룩이 있었다. 뱅크먼-프리드가 토막잠을 자는 동안에, 트레이더들은 대략 5억 달러 상당의 비트코인, 도지코인, 테더코인 그리고 다른 암호화폐를 그의 거래소에서 거래했다. 그리고 FTX는 거래 수수료로 10만 달러를 순식간에 벌어들였다. 대략 1시간 뒤에 뱅크먼-프리드가 몸을 뒤척이며 일어났고, 땅콩버터 쿠키를 먹은 뒤에 다시 눈을 감았다. 나는 알아서 사무실을 나왔다.

뱅크먼-프리드와 대화를 하면서, 나는 가까스로 테더에 대해서 몇 가지를 물어볼 수 있었다. 테더의 지급준비금에 FTX나 알라메다리서치가 발행한 차용증서가 포함되어 있을 것이라고 추측하는 사람들이 일부 있었다. 하지만 그는 내게 그렇지 않다고 다시 한 번

단언했다. 그는 알라메다리서치가 테더에 수십억 달러를 보냈고, 지급준비금의 일부에 그 돈이 포함되어 있을 것이란 정도는 안다고 했다.

"테더가 보증이 없거나 사기라거나 폰지 사기라고 말하는 사람들은 있습니다. 저는 기본적으로 그들이 틀렸다고 생각합니다. 테더는 보증을 받고 있어요. 테더는 확실히 보증받고 있습니다"라고 그가 말했다.

그는 내게 테더는 홍보에 젬병이라고 말했다. 하지만 테더를 운영하는 사람들은 완벽하게 신뢰할 수 있는 사람들이라고 덧붙였다. 나는 뱅크먼-프리드가 그들의 배경에 대해서 알고 있는 것이 있는지 궁금했다. 그는 뉴욕 검찰총장이 테더를 상대로 낸 소송에 대해서 알고 있을까? 그리고 지안카를로 데바시니와 돈을 세탁해주는 크립토캐피털 관계자와 주고받은 메시지를 봤을까? 나는 그에게 과거에 거짓말을 한 그들을 왜 믿어야 하는지를 물었다.

"그래야 정당하다고 생각합니다. 미래에 큰 문제가 되지 않을 것이라는 확신을 가질 수 있는 투명성이나 관리감독, 시스템, 심지어 장기간의 실적은 없습니다"라고 그가 말했다.

뱅크먼-프리드는 테더의 포트폴리오가 탄탄하다고 내게 장담했다. 그는 최악의 경우라도 테더의 자산은 1달러 대비 90센트 가치는 지닐 것이라고 말했다. 이것이 실제로 내가 우려하는 부분이었다. 그만큼의 가치가 없는데 누가 1달러를 주고 테더코인을 사려고 하겠는가? 하지만 그는 태연하게 말했다.

"테더는 이상한 자산을 많이 갖고 있습니다. 만약 테더가 내일 당장 모든 자산을 시장에 내다 팔아서 현금화한다면, 이 세상에서 유동성이 가장 떨어져서 쉽지 않을 겁니다."

전혀 진전이 없는 것처럼 느껴졌다. 나는 이미 테더가 수많은 이상한 상품으로 포트폴리오를 구성했다는 것을 알고 있었다. 그리고 실상 암호화폐 세계가 그러했다. 그만큼 위험했지만, 그렇다고 이 스테이블코인을 상대로 뱅크런 사태가 빚어지지는 않았다. 사실 그 무렵에 테더는 이미 테더코인을 790억 개까지 발행하며 성장했다. 그리고 뱅크먼-프리드는 테더의 최대 이용자였고 뭔가 잘못된 일이 벌어지고 있더라도 분명히 그 사실을 내게 말하고 싶지 않았을 것이다. 공매자들과 음모론자들은 거대한 비밀을 폭로하겠다고 거듭 약속했지만 그런 일은 실제로 일어나지 않았다. 내가 아는 한, 연방 은행권 사기 조사에도 진전이 없었다. 나는 입수한 문건으로 테더의 자산 보유현황을 계속 조사해 나갔으나 이렇다 할 단서나 돌파구를 얻지 못했다.

내가 바하마에서 뱅크먼-프리드를 인터뷰하는 동안에 미국에서 이상한 이야기가 떠돌고 있었다. 테더를 뒤에서 조정하는 사람들의 새로운 정보가 곧 공개될 것이란 소식이었다. 워싱턴 D.C.

검찰은 2016년 데바시니의 암호화폐 거래소인 비트파이넥스에서 해킹으로 비트코인을 손에 넣은 사람들을 추적했다고 발표했다. 그 사건 이후로 비트코인의 가격이 너무나 올랐기 때문에, 훔친 비트코인의 가치는 무려 45억 달러에 달했다. 이는 해킹 역사상 가장 큰 규모였다.

이 자금은 정체를 알 수 없는 북한사람이나 사이버 테러리스트 단체가 훔쳐 간 게 아니었다. 사라진 수십억 달러는 내가 사는 브루클린에서 멀지 않은 맨해튼 시내에 사는 30대 초반의 커플에게 있었다. 그들의 이름은 일리야 리히텐슈타인Ilya Lichtenstein과 헤더 모건Heather Morgan이었다. 소셜 미디어를 통해 판단하건대, 두 사람은 이 엄청난 범죄를 일으킬 천재들로 보이지는 않았다.

'네덜란드'라는 가명을 사용하는 리히텐슈타인은 동안의 일라이자 우드Elijah Wood처럼 곱슬머리에 장난스러운 미소를 지녔다. 그는 커플이 키우는 벵갈 고양이, 클라리사를 아주 예뻐하는 것 같았다. 모건은 음악을 아주 좋아했다. 그녀는 아주 형편없는 곡을 직접 쓰고 연주하고 녹음해서 유튜브와 틱톡에 영상을 올렸다. 한 영상에서 그녀는 춤을 췄고 장난감 파충류가 자신의 남근인 척 장난을 쳤다. 또 다른 영상에서 그녀는 금색 트랙 재킷을 이고 작은 가방을 메고 'OFCKS' 문자가 적힌 평평한 챙이 있는 모자를 쓰고, 금융 지구 거리를 빙빙 돌며 내려갔다. 그녀는 스스로를 '월가의 비열한 악어'라고 불렀다. 한 노래에서 그녀는 "너의 비밀번호를 스피어피싱해 / 너의 모든 자금을 송금하지"라는 가사로 심지어 자신의 해킹 기술을 자랑했다. 그녀의 랩 네임은 '라즐칸 Razzlekhan'이었다.

이런 사람들이 데바시니의 돈을 쉽사리 훔쳤다는데, 테더 이용자들은 왜 그를 믿고 790억 달러를 맡겼을까? 나는 좀 더 조사를 해보기로 했다.

11

해커의 개인키

NUMBER GO UP

"이상해져 보자구!"

해커들은 돈을 훔치기 전에 비트파이넥스 서버에 몇 주 동안 잠입해 있었다. 2016년 여름 내내 그들은 비트파이넥스에서 사람들이 비트코인을 사고파는 것을 지켜봤다. 그들은 보안 시스템을 통제하는 명령어를 학습했다. 그것은 마치 그들이 은행 금고 위에 있는 환풍구에 숨어서 은행 창구 직원들이 꼼꼼하게 현금을 금고에 넣고 빼는 모습을 지켜보며 허점을 찾고 있는 것 같았다.

정확하게 말하면, 그들이 노린 것은 비트코인이 아니었다. 실제로 스프레드시트에서 한 줄을 빼낼 수는 없다. 그들이 필요했던 것은 개인키였다. 그것은 비트코인을 잠금 해제시킬 수 있는 암호 비밀번호였다. 이 개인키로 그들은 거대한 비트코인 스프레드시

비이성적
암호화폐

트에서 비트파이넥스 줄에 적힌 숫자를 0까지 줄일 수 있었고, 반대로 자신들의 줄에 매우 큰 숫자를 적을 수 있었다.

그들은 개인키를 찾아냈고, 송금을 시도했다. 2016년 8월 2일 오전 10시 26분에 해커들은 비트파이넥스 일일 인출 한도를 비트코인 2,500개에서 100만 개로 높였다. 전체 금고를 한꺼번에 비우고도 남을 정도의 한도였다. 그리고 나서 그들은 개인키를 사용해서 블록체인에서 자신들이 보유하고 있는 주소로 비트파이넥스의 비트코인을 전달하라는 지시를 보내기 시작했다. 3시간 51분 동안에 그들은 비트코인 11만 9,754개를 훔쳤다. 이것은 비트파이넥스에서 거래되는 비트코인의 절반 이상에 해당되는 규모였다.

비트파이넥스 임원들이 무슨 일이 일어났는지를 파악했고, 그들은 보안팀을 동원해서 서버에 있던 돈이 어디로 사라졌는지 추적했다. 이 해킹은 대담했고 정교했다. 그래서 일부 사용자들은 내부인의 소행이라고 의심했다. 범인이 6개월 전에 방글라데시 중앙은행에서 8,100만 달러를 훔쳤던 북한의 엘리트 해킹 군단이라고 의심하는 사람들도 있었다. 하지만 수사에는 진척이 없었다. 서버의 접속을 끊기 전에 해커들은 사실상 자신들의 디지털 흔적을 깨끗하게 없앴다.

비트파이넥스가 얻은 유일한 정보는 해커들이 돈을 보낸 블록체인의 문자 34개로 이뤄진 주소였다. 비트파이넥스는 대중들로부터 도움을 얻기 위해서 그 주소를 인터넷에 공개해 모두가 볼 수 있도록 했다. 하지만 몇 년 동안 대부분의 자금은 그 디지털 지갑에 있었다. 비트코인이 괴짜들의 호기심 대상에서 전 세계적으로 열풍을 일으킨 투자 자산이 되는 동안에도 그 누구도 그 자금을 건드리지 않았다. 그 돈은 거기 그대로 있었다. 하지만 누가 그 돈을 가져갈지 알아낼 명확한 방법이 없었다. 해커들의 개인키 없이, 경찰도 그 돈을 회수할 수 없었다.

2020년경, 미시간주 그랜드래피즈에 있는 자신의 집 지하실에서 일하던 미국 국세청 관계자가 단서를 찾아냈다. 사람들은 블록체인이 사용자의 이름을 기록하지 않기 때문에 암호화폐 추적이 불가능하다고 생각했었다. 하지만 블록체인 데이터베이스가 작동하는 방식에 따르면, 거래 기록은 절대 삭제되지 않는다. 블록체인은 사용자 이름을 기록하지 않지만, 각각의 지갑에 고유한 주소를 부여한다. 지갑이 어느 특정 개인의 소유가 되면, 조사자는 쉽게 그 개인이 한 모든 거래를 확인할 수 있다.

수사당국은 그 주소를 보유한 사람과 암호화폐 거래를 하면서 주소의 소유자를 특정할 수 있다. 이는 마약 밀매자를 체포하기 전에 그와 거래를 하는 수법과 유사하다. 아니면 그들은 뱅크먼-프리드의 FTX와 같은 암호화폐 거래소로 자금이 이동하는지를 살피고, 거래소에 이용자 기록을 요청하는 소환장을 보내면 된다.

비이성적
암호화폐

FBI는 다크웹 마약 시장인 실크로드를 적발하면서, 그 사이트에서 활동하는 많은 마약 밀매업자들을 추적할 수 있었다. 작가 앤디 그린버그Andy Greenberg가 설명했듯이, "비트코인은 사실상 추적할 수 없는 존재가 아닌 것으로 드러났다. 암호화폐 범죄자들이 몰려드는 암호화폐 거래소는 수년 동안 충실하게 그리고 지울 수 없도록 그들이 더러운 거래를 했다는 증거를 기록해왔다."

쉽지 않았지만, 미국 국세청 직원은 주소와 거래행위가 복잡하게 얽히고설킨 기록을 분석하고 추적해서 비트파이넥스에서 사라진 돈의 흔적을 따라갔다. 그렇게 해서 그는 뉴욕에 사는 일리야 리히텐슈타인과 헤더 모건을 찾아냈다.

당시 30세의 모건은 세일즈포크SalesFolk라는 작은 카피라이팅 기업의 창립자였다. 그녀는 뉴욕 금융 지구의 월가 75번가에 있는 월세 6,500달러의 고층 아파트에서 리히텐슈타인과 살았다. 그녀의 틱톡에 악어 해골, 낙타 조각상, 그리고 '우크라이나 하수구 돌'이라는 설명만 적힌 아이템 등 장식품으로 가득한 아파트 사진이 올려져 있었다. 얼룩말 무늬의 타원형 운동기구가 놓인 벽면에는 얼룩말 가죽이 걸려 있었다. 긴 뿔을 지닌 영양 해골도 그녀가 이집트에서 메르스에 걸렸을 때 촬영했던 폐 엑스레이 사진이 든 액자와 함께 거기에 놓여 있었다.

그녀는 스스로를 항상 활동적이고 규칙을 부수는 기술 파괴자라고 소개했다. 그녀는 《포브스》에 정기적으로 칼럼을 썼다. 그녀의 저자 소개에는 "사기와 사이버 범죄를 방지하기 위한 더 나은 방법을 생각하기 위해 암시장을 역설계하지 않을 때, 그녀는 랩을 하고 스트리트웨어 패션을 디자인하는 것을 즐깁니다"라는 내용이 포함되어 있었다. 그녀는 자작곡 〈베르사체 베두인Versace Bedouin〉에서 "나는 많은 이름으로 불린다 / 래퍼, 경제학자, 그리고 저널리스트 / 작가, CEO / 그리고 더럽고, 더럽고, 더럽고, 더러운 창녀"라고 자신을 묘사했다.

공연자로서 라즐칸은 지나치게 성적이고 상당히 매력적이지 않은 인물이었다. 그녀는 설사와 섹스에 대한 농담과 자신의 세련된 사업 방식에 대한 자랑을 번갈아가면서 했다. 그녀만의 독특한 행동은 손가락을 반으로 갈라서 'V'자 모양을 만든 뒤에 혀를 내밀고 '레이즐 데이즐Razzle Dazzle!'이라고 외치는 것이었다. 그러고 나서 그녀는 목에 낀 가래를 뱉어내려는 듯이 큰소리로 기침을 했다.

〈포 킹 바드 브헤크Pho King Badd Bhech〉부터 〈길팰리셔스Gilfalicious〉까지 그녀의 자작곡은 고통스러울 정도로 강요된 운율로 가득 차 있었다. 그녀의 발음은 너무나 부자연스러워, 그녀의 노래를 듣고 있으면 쳇 행크스Chet Hanks가 켄드릭 라마Kendrick Lamar처럼 들리는 듯했다. 가사는 아무 의미가 없었다. 자작곡 〈묘지 꼭대기High in the Cemetery〉에서 그녀는 마법 램프를 갖게 됐고 '핸디토키'를 받은 대가로 그녀의 소원을 들어주는 램프 요정 지니를 만나는 환각을 노래했다. 곡 후반부에서 그녀는 "이 녀석은 평범한 변태가 아니었다 / 그는 마크 저커버그였다"라며 지니의 정체를 알게 된다.

《포브스》칼럼과 자기계발 유튜브 영상에서 모건은 놀림의 대상이었던 자신의 괴짜스러움을 받아들이기 위해서 이런 모습의 랩퍼를 만들어냈다고 설명했다. 그녀는 캘리포니아 치코 외관에 대략 400명이 모여 사는 작은 마을에서 자랐다. 거기서 그녀는 혀 짧배기소리와 치아 교정기 때문에 '무자비한 따돌림'을 받았다. 데이비스 캘리포니아 대학교를 다니면서 그녀는 한국과 터키에서 유학을 했다. 대학교를 졸업한 뒤에 그녀는 처음에는 홍콩에서, 그다음에는 이집트 카이로에서 배낭여행객들이 모여 사는 곳에서 살았다. 친구들은 그녀가 풍자적인 래퍼인 릴 디키Lil Dicky와 론리 아일랜드Lonely Island의 팬이었고 자연스럽게 프리스타일 랩에 빠졌다고 기억했다.

"그녀가 누군가를 만날 때, 그들은 그녀의 영원한 친구가 된다"라고 웹사이트 카우치서핑닷컴에서 모건을 만난 뒤에 계속 연락을 하며 지냈던 아미나 아모니악Amina Amoniak이 말했다.

모건은 리히텐슈타인과 2013년 샌프란시스코에서 만났다. 모건은 엑셀러레이터를 찾고 있던 스타트업에서 일하기 위해서 샌프란시스코로 옮겼고, 리히텐슈타인은 엑셀레이팅 프로그램의 멘토로 일하고 있었다. 나는 링크드인에서 두 사람이 연애를 하면서 주고받던 대화를 찾았다. 거기서 리히텐슈타인은 모건에게 "헤더(모건)는 정교하게 깎은 고기 갈고리처럼 고객의 뇌에 꽂히는 정확한 타깃 메시지를 제작한다"라는 추천글을 남겼다. 그 당시에 리히텐슈타인이 바로 술에 취한 모건을 불러내기 위해서 수작을 걸었다고 그의 친구가 취재기자에게 말했다. 또 다른 친구는 모건이 리히텐슈타인에게 소개할 때, "이 사람은 일리야(리히텐슈타인)고, 그는 악의적으로 프로그램을 해킹해"라고 이상한 말을 했다고 그녀는 기억해냈다.

리히텐슈타인은 러시아에서 태어났고 시카고에서 자랐다. 그의 부모님은 종교 박해에서 벗어나기 위해서 시카고로 이민을 왔다. 그의 키는 대략 5피트 8인치(약 173센티미터)였고 굵은 검은색 웨이브 머리를 하고 있었다. 친구들은 그를 어딘가 나사가 하나 풀린 괴짜라고 설명했다. "착해요. 똑똑하죠. 〈슈퍼배드〉의 맥로빈이 강도를 저지른 것과 같다고나 할까요?"라고 그의 고등학교 동창이 취재기자에게 말했다.

위스콘신 대학교 매디슨에서 그는 '제휴 마케팅'이라는 수상쩍은 사업을 발견했다. 제휴 마케팅 업계에서 사람들은 페이스북이나 구글에서 광고 게재 공간을 대량으로 구입하고 다이어트약, 뇌 기능 향상 약, 그리고 해외 도박 사이트를 위한 광고를 제작해서 그 공간에 게재했다. 리히텐슈타인은 대학생이었을 때 제휴 마케팅으로 연간 10만 달러 이상을 벌었다고 포럼에서 주장했다.

나는 몇 년 전 제휴 마케팅에 대한 폭로 기사를 작성한 적이 있다. 그리고 알고 봤더니 나의 정보원 중 한 명이 리히텐슈타인과 사업을 한 적이 있었다. 그의 이름은 라이언 이글Ryan Eagle로 리히텐슈타인과 사업을 했을 때가 십 대였고, 그 역시 시카고 교외 출신이었다. 그는 리히텐슈타인처럼 온라인 광고로 큰돈을 벌었다. 그리고 크롬으로 도배한 벤틀리, 보석과 다이아몬드로 치장한 시계, 작은 보석이 빼곡하게 박힌 마스크를 구입했고, 약물에 손을 대는 끔찍한 습관도 갖게 됐다. 그는 내게 아주 불쾌한 사람들로 가득한 업계에서도 리히텐슈타인의 지능과 거만함은 눈에 띄었다고 말했다.

"그는 사람을 성가시게 만드는 그런 괴짜 중 한 명이었습니다"라고 이제는 마약을 더 이상 하지 않는 이글이 내게 말했다.

졸업한 뒤에 리히텐슈타인은 광고 기술 회사의 공동 창립자가 됐고, 비트파이넥스를 해킹할 무렵인 2016년에 그는 아무 설명 없이 회사를 떠났다. 소셜 미디어에 그와 모건이 홍콩과 멕시코로 가는 비즈니스 클래스 비행기에서 찍은 사진이 올라왔다. 그는 마지못해서 모건의 틱톡 영상에 자주 출연했다. 그는 모건이 클라리사의 고양이 음식을 맛보는 습관에 대해서 묻자, "뭔가 일어나길 기대하면서 계속 저를 촬영합니다"라고 말했다. "내가 무언가를 하기를 바라나? 내가 바보같은 짓을 하고 춤이라도 추길 바라나?"라고 한 영상에서 그는 "소금과 고춧가루가 필요해. 그것만 빼면 썩 괜찮은 음식이야"라고 말했다.

불행한 우연이거나 자만심에 의한 깜짝 놀랄 행동이었는지도 모른다. 비트파이넥스를 해킹하기 전 날에 모건은 인스타그램에 파란색 고급 의자에 앉아 있는 자신과 리히텐슈타인의 모습이 찍힌 사진을 한 장 올렸다. 그리고 "이 미친 남자와 문제를 일으키는 일을 언제나 사랑할 거야"라는 자막을 달았다.

'레이즐 칸의 이름'과 '네가 정말로 섹스를 하고 싶은 저 멋진 할머니'와 운율을 맞추려고 노력하는 사람이 실제로 도둑놈일 거라고 누가 생각이나 했겠나. 이 암호화폐 세계에서는 경험이나 능력 부족이 명성과 부를 얻는 데 절대로 장애가 되지 않을 뿐 아니라 대형 해킹 사건은 주기적으로 일어난다.

은행 강도 짓을 왜 벌였냐는 질문에 유명한 은행 강도인 윌리 서튼Willie Sutton은 "거기에 돈이 있으니까요"라고 답했다. 하지만 요즘에는 전자 결제가 부상하면서 평범한 은행 지점은 대략 5만 달러 정도만 보관하고 있을 것이다. 그리고 방탄 장벽, 도난 방지 염료, 타이머 자물쇠와 고화질 보안 카메라는 은행 강도를 과거의 유물로 만들어놨다.

한편 암호화폐로 완전히 새로운 범주의 범죄가 탄생했다. 랜섬웨어를 예로 들어보자. 해커들은 랜섬웨어로 기업이나 정부의

비이성적
암호화폐

컴퓨터 시스템에 침투하여 시스템을 잠가서 사용할 수 없도록 만든 뒤에, 이를 인질로 시스템에 접근하려면 돈을 내라고 요구한다. 이것은 1990년대부터 존재했던 해킹 방식이었다. 하지만 전자 송금이나 신용카드로 지불하면 상대적으로 범법자들을 쉽게 체포할 수 있었다. 암호화폐가 이 문제를 해결했다. 2020년 해커들은 랜섬웨어를 활용한 해킹에서 연간 6억 달러가 넘는 암호화폐를 취했다.

또 다른 방법은 거래소를 해킹하는 것이다. 비트파이넥스나 FTX 같은 거래소는 암호화폐를 취급하는 은행이나 다름없다. 각각의 거래소는 막대한 양의 암호화폐를 보유한다. 그것들을 훔치기 위해서 도둑은 걸핏하면 총질을 해대는 경비원을 피하거나 보안 카메라에 찍히지 않도록 얼굴을 가릴 필요가 없다. 그저 컴퓨터 시스템에 침투하면 된다. 대부분 보안 상태가 좋지 않다.

최초의 대형 암호화폐 거래소인 마운트곡스도 해킹 피해를 입었다. 그리고 해킹은 비트파이넥스에서 암호화폐를 훔쳐 간 뒤로도 계속됐다. 최대 해킹 사건으로 2018년 코인체크Coincheck가 해킹으로 5억 3,000만 달러를 잃어버렸고, 2020년 쿠코인KuCoin이 해킹으로 약 2억 5,000만 달러를 잃어버렸던 일이 있다. 2021년 총 32억 달러 상당의 암호화폐가 거래소와 암호화폐 트레이더들이 서로 직접적으로 거래하는 데 사용하는 분산된 금융 앱(또는 디파이)에서 사라졌다. 이것은 미국에서 은행 강도로 발생하는 연평균 손실액의 100배에 달하는 규모이다. 해킹으로 사라진 암호화폐 대부분이 북한의 라자루스Lazarus 해킹 그룹의 수중으로 들어갔다.

2015년 비트파이넥스는 해킹으로 40만 달러 상당의 암호화폐를 잃은 뒤에 새로운 보안 시스템을 설치했다. 다른 거래소들은 일반적으로 사용자들의 암호화폐를 마구 뒤섞어서 관리했고 인터넷에 연결되지 않은 컴퓨터에 개인키를 저장했다. 이러한 저장 방식을 '콜드 스토리지cold storage'라고 불린다. 비트파이넥스의 새로운 시스템은 각각 사용자의 계좌를 블록체인 상의 구분된 주소에 저장하고, 이 덕분에 고객들은 자신들의 돈이 어디에 보관되어 있는지를 직접 확인할 수 있었다. 그리고 비트파이넥스는 암호화폐 보안 회사인 비트고BitGo가 개발한 소프트웨어를 사용했다.

"투명성과 보안 수준을 새로운 단계로 끌어올려서 마운트곡스 같은 해킹 사건을 불가능하게 만든다"라고 비트고 CEO 마이크 벨시Mike Belshe가 비트파이넥스와의 계약을 발표하는 보도자료에서 말했다.

비트고 소프트웨어는 정해진 한도에서 인출을 자동적으로 승인하도록 프로그래밍됐다. 그래서 소액 인출은 지체없이 처리되지만, 거액 인출은 비트파이넥스 임원이 수동으로 승인을 해야만 가능했다. 이것은 비트파이넥스 시스템이 해킹을 당한다면, 도난된 비트코인의 개수는 소규모에 불과할 것이란 의미였다. 하지만 시스템 구성에 오류가 있었다. 비트파이넥스 임원의 전자 증명서가 있으면 누구나 컴퓨터 지시어를 통해서 인출 한도를 바꿀 수 있었다.

해커들은 비트파이넥스 시스템에 침투하기 위해서 처음에 '원격 트로이 목마' 프로그램을 사용한 뒤에 해킹을 시도했다. 이러한 악성 소프트웨어 덕분에 해커들은 공격 대상인 컴퓨터의 키보드 앞에 앉아 있는 것처럼 그 컴퓨터를 완벽하게 통제할 수 있었다. 해커들은 비트파이넥스의 누군가가 계좌 잔액을 확인하고 무언가 앞뒤가 맞지 않는다는 사실을 눈치채면 해킹을 중단했다.

비트파이넥스는 해킹 사건을 당국에 신고했다. 하지만 아무런 단서가 없었다. 해커들은 컴퓨터 시스템을 빠져나가면서 서버의 메모리를 말끔하게 삭제했다. 자신들의 위치를 파악할 수 있는 흔적을 모두 지워버린 것이다. 비트파이넥스의 의뢰로 해킹 사건을 수사했던 렛저랩스Ledger Labs는 해커들이 비트파이넥스의 컴퓨터 서버에 어떻게 침투해 들어왔는지 정확하게 파악할 수 없었다. 비트고는 비트고 직원과의 화상 통화 후에만 인출 한도를 상향 조정할 수 있도록 규정을 변경했지만 소프트웨어가 제대로 작동한다는 입장은 유지해왔다.

암호화폐 보안 기업인 파이어블록스Fireblocks의 공동 설립자이자 이스라엘 정보국 소속 코드 설계자였던 마이클 샤울로브Michael Shaulov는 내게 이런 해킹 사건은 일반적으로 높은 수준의 기술 전문성을 요구하지 않는다고 했다. 그는 가장 어려운 부분은 내부자가 악성 코드가 담긴 첨부 파일을 열도록 속이는 이메일을 작성하는 것이라고 말했다. "사회공학적 벡터가 핵심입니다"라고 그가 말했다.

그것이 단서인 듯했다. 2019년 모건은 NYC살롱이란 행사에서 '사회공학자가 당신의 삶을 파고드는 법'이란 제목으로 강연을 했다. 그녀의 강연을 홍보하는 전단지에서 그녀는 커다란 파이프 렌치를 손에 들고 몸에 딱 붙는 뱀 가죽 무늬가 인쇄된 금속성 드레스를 입고 있었다. 〈베르사체 베두인〉에 나오는 랩을 몇 줄 하면서 놀랄 관중의 열기를 달아오르게 한 뒤에 "저는 '조작'이란 단어가 싫습니다"라고 그녀가 강연에서 말했다. 그녀는 사회공학은 '사람들이 서로 정보를 공유하거나 하지 않을 행동을 하게 만드는 행위'가 수반된다고 말했다.

해킹이 일어난 날에 비트파이넥스 직원은 레딧의 주요 비트코인 포럼에 접속해서 해커들이 훔친 비트코인을 보낸 주소 모두를 게시했다. 그렇게 많지는 않아 보였다. 34자리 코드 수천 개의 목록일 뿐이었다. 하지만 이것은 은행 강도의 가방에 든 훔친 돈에 도난 방지 염료를 터트리는 것과 같은 조치였다.

비트코인 블록체인에서 모든 거래는 공개적으로 이뤄진다. 그래서 누구나 주소를 찾아보고 그 주소가 비트코인을 보내거나 받은 주소를 모두 확인할 수 있다. 그러므로 비트파이넥스가 레딧에 공개한 주소에서 비트코인을 받은 사람은 거의 없을 것이었다. 그들이 거리낌 없이 돈을 훔쳤더라도, 훔친 돈을 직접 쓸 수 있을지 또는 용의자로 지목되지 않을지 걱정했을 것이다.

5개월 동안 훔친 비트코인은 움직이지 않았다. 해커들이 자신들의 계획에서 가장 중요한 부분을 잊은 듯했다. 자신들이 훔친 비트코인을 실제로 사용하기 위해서 그들은 해킹 사건과 자신들의 연결고리를 없앨 방법을 찾아야만 했다. 훔친 비트코인이 환영받는 곳은 알파베이Alpha-Bay, 오직 한 곳뿐이었다. 알파베이는 실크로드의 뒤를 이은 많은 다크웹 장터 중 하나였다. 알파베이 사이트에서 사용자들은 아편, 총 그리고 훔친 신용카드를 암호화폐와 교환한다는 광고를 올렸다. 알파베이는 사이트에서 '최대 이베이 형태의 지하세계 장터'가 되고자 한다고 말했다. 이게 무슨 말인지 이해하지 못한 사람을 위해서 설명하자면, 알파베이 사이트의 자주 묻는 질문 게시판에 "알파베이 마켓은 합법인가요?"란 질문에 "물론 아닙니다"란 답변이 달려 있었다.

2017년 1월 대략 2만 2,000달러 상당의 해킹된 비트코인이 연이은 소액 거래를 통해서 알파베이로 이체됐다. 그리고 이렇게 알파베이로 이체된 모든 비트코인이 한데 섞이면서, 그것들이 블록체인에서 어느 주소에서 이체된 것인지 연결고리를 찾는 것이 더 어려워졌다. 이용자가 새로운 주소로 자금을 이체하면, 그가 보유한 비트코인이 알파베이까지 이동한 경로만이 확인 가능했다. 모든 주요 암호화폐 거래소는 이 해킹 사건과 연루된 주소에서 이체된 비트코인을 취급하길 꺼렸다. 하지만 일부 소형 거래소는 다크웹 마약 시장에서 이체된 비트코인을 기꺼이 취급했다.

해커들이 비트파이넥스에서 훔친 비트코인은 알파베이에서 다른 암호화폐 거래소로, 그리고 또 다른 암호화폐 거래소로 이체됐다. 두 번째 암호화폐 거래소 계정은 리히텐슈타인이 자신의 실명을 사용해서 개설한 것이었다. 그는 신원을 확인하기 위해서 자신의 모습을 찍은 사진까지 거래소에 보냈다. 리히텐슈타인과 비트파이넥스 해킹 사건의 관계를 아는 유일한 사람은 '알파02'라는 가명을 사용하는 알파베이 운영자뿐이었다.

해커들에게는 유감스러운 일이지만, 알파베이는 이미 별개로 수사를 받고 있었다. 여러 국가의 경찰이 알파02가 25세의 캐나다인이고, 이름은 알렉산더 카제스Alexandre Cazes라는 사실을 알고 있었다. 카제스는 태국으로 건너갔고, 거기서 알파베이를 운영해서 벌어들인 수익으로 부동산 3채, 람보르기니, 그리고 포르셰를 구입했다. 그런데 그가 몇 가지 실수를 저질렀다. 그중 한 가지를 꼽자면, 그가 초기에 사용했던 이메일 주소인 'Pimp_Alex_91@hotmail.com'에 그의 실명이 포함되어 있었다.

2017년 7월 5일, 수사관들은 베요넷 작전(총검 작전)을 실시했다. 태국 왕실 경찰은 미국 당국과 함께 카제스가 살고 있는 것으

222

로 의심되는 방콕 복합주거지의 정문에 차를 들이박았다. 그 소동으로 카제스가 밖으로 나왔다. 그러자 경찰이 그를 붙잡았고, 그 동안에 다른 수사관들이 주거지 안으로 들어갔다. 카제스는 체포됐고 일주일 뒤에 교도소에서 스스로 목숨을 끊었다. 하지만 그는 많은 증거를 남겼다. 그의 주거지 안에서 경찰은 그의 랩톱을 찾았고, 알파베이에 접속했다.

알파베이 검거 작전을 위해서 방콕까지 간 미국 연방요원 중에 크리스 얀체프스키Chris Janczewski도 있었다. 그는 당시 33세로 미국 국세청 소속 특수 요원이었다. 이상하게 들리겠지만, 얀체프스키는 센트럴 미시간 대학교의 자신이 소속된 회계 동아리에 특수 요원이 방문했을 때부터 미국 국세청에서 일하고 싶었다. 특수 요원은 얀체프스키를 포함한 회계사 지망생들에게 숨 막힐 정도로 빠르게 추적해서 문을 발로 차서 부수고 들어가서 범인을 체포하는 이야기를 들려줬다. 하지만 얀체프스키가 처음 맡은 업무는 추적과 문을 부수고 들어가 범인을 체포하는 일이 아니었다. 노스캐롤라이나 샬럿의 많은 배관공과 자동차 딜러를 대상으로 회계 감사를 하는 것이 그의 첫 번째 업무였다. "당신의 생각대로, 사람들은 국세청 직원이 찾아오면 달가워하지 않아요"라고 얀체프스키가 내게 말했다.

2015년 그는 워싱턴의 새로운 사이버범죄팀에 채용됐다. 대략 12명의 요원들로 구성된 이 팀은 우선 세금 사기를 저지르는 데 사용된 해킹된 데이터에 집중했다. 그러고 나서 그들은 암호화폐 사건으로 시선을 돌렸다. 요원들은 블록체인에서 모든 활동이 익명으로 진행되고 범죄자들이 주로 이를 이용해서 자신들의 암호화폐를 여기저기 옮긴다는 사실을 알았다. 그리고 거래의 흔적은 거의 항상 암호화폐 거래소로 이어졌다. 암호화폐 거래소는 비트코인을 현금화하기 전에 신분 확인을 요구했다. 사기꾼이 중개인이나 가짜 신분을 사용하더라도, 흔적이 남게 됐다. 요원들은 충분히 오랫동안 거래를 추적하기만 하면 됐다. "결국에 모두가 실수하죠"라고 미국 국세청 사이버범죄팀에서 일했던 티그란 감바리안Tigran Gambaryan이 내게 말했다.

얀체프스키와 그의 동료들은 암호화폐 거래 내역을 추적하다 보니 마약 밀매업자, 돈세탁 사업, 그리고 아동 학대 영상을 사고파는 사이트까지 찾아낼 수 있었다. 이들을 검거하면서 그들은 더 많은 범죄를 더 많은 비트코인 주소와 연결하고, 더 많은 비트코인 주소를 더 많은 사람과 연결할 수 있는 데이터를 모았다.

얀체프스키는 자신과 동료들이 훔친 비트코인과 리히텐슈타인과 모건이 관련되어 있다고 판단한 때가 언제인지를 말해주지는 않았다. 해킹 사건에 대한 조사 내용을 자세히 알려주지도 않았다. 하지만 법적 서류에 따르면, 2020년 그들은 단서를 법정에서 사용할 수 있는 증거로 만드는 힘겨운 여정을 시작했다. 그들은 훔친 자금에 손을 댔던 암호화폐 거래소와 리히텐슈타인과 모건이 사용한 인터넷 서비스 제공업체에 공식적으로 자료를 요청했다. 수색영장을 발부받을 만한 증거를 모으는 데 무려 1년 이상이 걸렸다.

2021년 어느 날, 연방 요원들은 새벽 3시에 월가 72번가에 도착했다. 《베니티 페어Vanity Fair》에 따르면, "이 건물에 사는 누군가가 아동 성착취물을 거래한다는 신호를 포착했습니다. 지붕으로 올라가서 그 신호가 어디서 나오는지 추적할 수 있는지 확인해야 합니다"라고 요원 한 명이 깜짝 놀란 경비원에게 말했다.

그들은 몇 주 뒤에 다시 그곳을 찾았고, 그러고 나서 몇 주 뒤에 그곳을 3번 방문했다. "당신이 찾는 건물이 이 건물이 맞습니까?"라고 경비원이 물었다. (그 당시 경찰은 길 건너 타워에서 일어난 매춘부 사망 사건을 조사하고 있었다. 감시 영상에 어떤 남성이 시체를 건물 밖으로 옮기기 위해서 55갤런(약 189리터) 물통을 굴리는 모습이 찍혔다.) 요원들은 경비원에게 그 건물이 맞다고 장담했다.

2022년 1월 5일, 얀체프스키와 연방 요원들은 다시 그 건물로 되돌아갔다. 그날 아침은 춥고 눅눅했다. 이번에 그들은 화물 엘리베이터를 타고 33층으로 갔고 모건이 사는 집의 현관문을 두드렸다. 부모님이 그녀의 집에 와 있었고, 모건의 할머니가 구운 그녀가 제일 좋아하는 감 쿠키를 가져왔다. 요원들이 전화와 컴퓨터를 찾기 시작하자, 모건과 리히텐슈타인은 아파트를 떠날 거고 고양이 클라리사를 데려가고 싶다고 말했다. 그러고 나서 모건은 어설프게 연방 요원들의 시선을 딴 데로 돌리려고 시도했다.

모건은 고양이가 침대 밑에 숨어서 침실용 탁자 옆에 웅크리고 있다고 말했다. 클라리사를 부르며 그녀는 침실용 탁자에서 전화를 집어 들더니 미친 듯이 잠금 버튼을 누르기 시작했다. 얀체프스키는 그녀에게서 전화기를 낚아챘다.

요원들은 침대 아래에서 전자기기로 가득한 통을 찾았다. 거기에는 대포폰이라고 적힌 지퍼백과 전화기 9개가 들어 있는 빨간색과 흰색 줄무늬가 있는 세면도구 가방도 있었다. 그들은 최소한 하드웨어 저장장치 4개를 압수했다. 그것들은 사용자의 비트코인에 접속할 수 있는 암호화폐 비밀번호가 담긴 휴대용 저장장치였다. 그리고 현금 4만 달러가 들어 있는 지갑도 찾았다. 그리고 그들은 리히텐슈타인의 사무실에서 무언가를 숨길 구멍을 만들기 위해서 속을 다 파낸 책 2권을 찾아냈다. 모건과 리히텐슈타인은 러시아어로 간단하게 대화를 했다. 당시 모건은 러시아어를 배우고 있었다. 연방 요원 중 그 누구도 두 사람이 무슨 대화를 하는지 이해하지 못했다.

그들의 전자기기를 초동 수사했지만, 요원들은 훔친 비트코인에 접속할 수 있는 개인키를 찾지 못했다. 그들은 모건과 리히텐슈타인을 체포할 충분한 증거를 확보하지 못했다. 집을 수색하고 난 5일 뒤 모건은 〈문 앤 스타Moon n Stars〉라는 신곡을 발표했다. 으

비이성적
암호화폐

스스한 소리에 드럼과 오르간 연주에 맞춰서 라즐칸은 자신과 리히텐슈타인과의 관계에 대해서 5분 30초 동안 랩을 했다. 그들이 공유하는 괴짜스러움, 그의 초록색 눈과 '멋진 엉덩이', 그리고 리히텐슈타인이 항상 주머니에 스낵을 넣어둔다거나 두 사람이 운전을 하지 않는다는 등 두 사람만 이해하는 농담이 랩에 담겨 있었다. 모건은 자신은 정규 직장을 갖고 싶지 않고 살아 있다고 느끼기 위해서 위험을 감수한다고 말했다. 어느 시점에 그녀는 "출구 전략을 잊지 마세요"라고 말했다. 모건과 리히텐슈타인은 불과 몇 달 전에 결혼했다. 그 노래에서 모건은 "빌어먹을 끝까지" 리히텐슈타인과 함께하고 싶다고 말했다.

그녀의 가사 전달력은 그 어느 때보다 어색하기 짝이 없었다. 하지만 그녀가 감옥에서 오랜 시간을 보내게 될지도 모른다는 생각을 하면서 이 노래를 발표했다는 사실을 생각해보면, 가사는 가슴 아프게 들린다. "우리는 평범한 사람들에겐 너무나 기이한 존재 / 모두가 알지"라고 라즐칸은 마지막 구절에서 랩을 뱉는다. '그대는 내게 최고지 / 이건 우리의 이야기. / 라즐칸과 더치 쇼다. / 파티를 열자, 한 번 이상해져 보자구!" 노래가 끝나면 라즐칸은 미국 억양이 강한 러시아어로 "사랑해"라고 말한다.

연방 요원들은 리히텐슈타인의 클라우드 저장 계정에 대한 수색영장도 받았다. 그들은 가짜 신분증을 발견했다. 남자와 여자 신분증 2개였고, 두 사람이 2019년에 가명으로 체크카드를 구입하기 위해서 키이우를 방문했다는 메모도 있었다. 리히텐슈타인과 모건이 미국을 도망칠 준비를 하고 있었던 것으로 보였다. 1월 31일 그들은 리히텐슈타인의 파일 암호를 풀었고, 아주 결정적인 증거를 발견했다. 비트파이넥스 해킹 사건과 연결된 2,000개에 달하는 비트코인 주소에 대한 개인키였다. 미국 정부는 이제 도난당한 암호화폐로 36억 달러를 확보했다.

일주일 뒤, 연방 요원들은 두 사람의 아파트를 다시 찾아가 그들을 체포했다. 리히텐슈타인과 모건은 실제로 비트파이넥스를 해킹한 혐의를 받지는 않았다. 대신 그들은 도난당한 돈을 처리했다는 사실, 즉 돈세탁을 시도한 것을 은폐하려고 했다는 혐의를 받았다.

전국적으로 두 사람의 체포 소식이 보도됐다. 그것은 그동안 도난당한 자금 중 최대 액수를 회수한 사례였다. "오늘 법무부는 암호화폐를 이용하려는 사이버 범죄자들에게 큰 일격을 가했다"라고 리사 모나코Lisa Monaco 미국 법무부 차관이 기자회견에서 말했다. 틱톡 이용자들은 모건의 뮤직비디오를 부리나케 올렸고, 몇 시간 만에 라즐칸은 소셜 미디어에서 전설적인 인물이 됐다. 그녀가 착용하던 작은 가방은 불티나게 팔렸다. "비트코인 범죄는 이 쓰레기를 랩이라고 부르는 것에 비하면 아무것도 아닙니다"라고 〈데일리 쇼〉에서 트레버 노아Trevor Noah가 말했다.

비이성적
암호화폐

실제 범죄로 쇼를 제작하는 프로듀서들은 이 사건이 가짜 상속녀 애나 델비Anna Delvey나 테라노스Theranos 창립자 엘리자베스 홈즈Elizabeth Holmes와 유사하다고 생각했다. 넷플릭스는 두 사람이 체포되고 겨우 3일 뒤에 추잡한 개인 동물원 〈타이거 킹〉의 제작자 중 한 명에게 라즐칸을 주인공으로 다큐멘터리를 제작하도록 했다. 그 외에서 이 두 사람을 주인공으로 여러 프로젝트가 발표됐다. 팟캐스트를 제작하고, 은행강도 영화 〈크리미널 스쿼드〉의 프로듀서가 두 사람을 주인공으로 TV시리즈를 제작하기로 했다. 그리고 모건이 칼럼을 연재했던 《포브스》도 두 사람을 주인공으로 다큐멘터리 제작에 들어갔다.

모건과 리히텐슈타인 모두 무죄를 주장했다. 리히텐슈타인은 버지니아 연방 교도소에 수감됐고, 모건은 300만 달러의 보석금을 내고 풀려나서 월가 75번가에 있는 자신의 아파트로 돌아갔다. 그녀는 뉴욕에 난자를 냉동시켰고 인공수정을 통해서 리히텐슈타인과 아이를 가질 계획이기 때문에 달아날 위험이 자신에게 없다고 주장했다.

모건의 아파트에서 그리 멀지 않은 곳에 이전에는 보지 못한 것이 붙어 있었다. 맨해튼 연방법원으로 범죄 용의자들이 들어가는 입구 맞은편 교통 신호등에서, 나는 상의를 탈의한 라즐칸이 혀를 내밀고 손으로 트레이드마크인 'V'자를 만든 채로 악어를 타고 있는 만화가 붙어져 있는 것을 보았다. 나는 그녀가 법원으로 들어가는 길에 반항적으로 그것을 찰싹 때리는 장면을 상상했다.

2022년 5월 나는 모건이 월가 75번가 소식란에 올린 물건을 판다는 안내문을 봤다. 그녀가 팔려고 내놓은 물건에는 전자 걸쇠와 가짜 뱅크시 그림이 포함되어 있었다. 이웃이 내게 준 안내문에 따르면 그녀는 이사를 가게 되어 짐을 줄여야 했다.

나는 모건의 입장에서 이야기를 듣고 싶었다. 그녀가 쓰던 물건을 사러 온 사람인 척하는 것은 실례인 듯했다. 나는 전화를 걸어볼까 생각했지만 〈베르사체 베두인〉에서 그녀는 "내게 이메일을 보내. 삐 소리에 남긴 너의 메시지는 사절"이라며 자신에게 전화를 걸지 않는 편이 좋다고 가사에 씌어 있었다. 그리고 나서 나는 그녀가 이 노래에서 이메일에 어떻게 대응해야 하는지를 사람들에게 설명하고 있다는 사실을 깨달았다. 그녀의 첫 번째 규칙은 이메일 내용을 이해할 수 있도록 인터넷으로 청중을 스토킹하는 것이었다. 몇 시간 동안 그녀의 노래를 듣고 뮤직비디오를 보면서 나는 이 부분을 확실히 이해할 수 있었다. 그리고 나서 경쟁자가 무엇을 하고 있을지 생각해보라고 그녀는 그 노래에서 말했다. 나는 "헤더, 다큐멘터리 제작자들이 당신을 다음 타이거 킹으로 만들려고 한다. 당신이 이야기를 들려준다면, 줄거리를 다시 잡는 데 도움이 될 것이다"라고 이메일에 썼다.

비트파이넥스 해킹 사건 이후 몇 년이 지난 뒤에도 사라진 비트코인의 20퍼센트의 행방은 여전히 묘연했다. 대략 7,000만 달

비이성적
암호화폐

러 상당이 러시아 다크웹 사이트인 히드라Hydra 마켓으로 흘러들어 갔다. 그 누구도 그 돈이 어디서 왔는지를 몰랐다. 하지만 히드라 마켓에서 '보물 상인'이라 불리는 판매자들은 자신들이 비밀 장소에 숨겨둔 수축 포장지로 묶은 루블화를 암호화폐와 교환하는 것으로 알려져 있었다. 러시아의 어딘가에 모건과 리히텐슈타인이 찾아가길 기다리며 암호화폐와 교환한 루블화 뭉치가 묻혀 있을 수 있었다.

바로 여기서 비트파이넥스와 테더의 경영진과 관련해서 비트파이넥스 해킹 사건의 반전이 일어난다. 도난당한 비트코인을 회수하지 못했지만, 이 해킹 사건은 그들에게 상당한 수익을 안겨주게 됐다. 나는 미국이 라즐칸과 더치에게서 압수한 비트코인을 누가 갖게 됐는지에 대해서 명확한 답을 얻을 수 없었다. 하지만 아마도 지안카를로 데바시니와 비트파이넥스의 다른 소유자들일 가능성이 있었다. 비트파이넥스는 해킹 사건으로 돈을 잃은 모든 거래 이용자들에게 이미 보상을 해줬다고 말했다. 해킹 당시에 비트코인의 가치는 대략 7,000만 달러였다. 데바시니와 그의 동료들은 수십억 달러를 되찾았다고 주장했다. 바보 커플에게 비트코인을 도난당한 그들이 돈을 지킬 능력이 있는지에 대해 나는 확신이 서질 않았다. 두 사람의 전자 지갑에 비트코인이 들어 있는 것이 아마도 행운이었을지도 몰랐다.

머릿속으로 대충 계산기를 두드려보니, 나는 전직 성형외과 의사인 데바시니가 상당한 비자금을 조성했을 것 같았다. 비트파이넥스 해킹 사건으로 도난당한 비트코인을 일부 되찾았고, 게다가 비트파이넥스를 운영하면서 수익도 얻었을 것이었다. 그리고 그의 동료가 내게 말했듯이 그가 정말로 많은 비트코인을 사들였다면, 그것으로 수십억 달러를 벌었을 수 있었다.

내가 추산했을 때, 데바시니가 비트코인으로 쌓은 부의 규모는 점점 커졌다. 그러면서 그가 테더의 보유자산을 위험한 곳에 투자하려고 하는 것이 내겐 갈수록 이상하게 여겨졌다. 그는 라즐칸처럼 위험을 감수해야 자신이 살아 있다고 느꼈던 걸까? 그가 버니 매도프에 대해서 쓴 글을 읽은 뒤에 나는 그가 그럴 수도 있다고 생각했다. 하지만 테더의 보유자산으로 진행한 투자 중 일부가 잘못되면, 뱅크런 사태가 일어날 수 있었다. 지금까지 내가 들었던 가장 위험한 행보는 테더가 유사 은행인 셀시어스에 테드코인 10억 개를 대출해줬다는 것이었다. 셀시어스 창립자인 앨릭스 마신스키가 2021년 마이애미에서 열린 비트코인 콘퍼런스에서 이 이야기를 내게 해줬다. 내게 연간 18퍼센트의 투자 수익을 약속하는 마신스키의 회사는 폰지 사기처럼 들렸다. 셀시어스에 돈을 빌려준 것뿐 아니라 테더는 그 회사에 투자도 했다.

나는 마신스키에게 흥미로운 이력이 있다는 사실을 금세 알아챘다. 지금은 폐간된 기술 전문지에서 1999년에 발행된 기사를

비이성적
암호화폐

하나 찾았다. 거기서 마신스키는 "러시아에서 요소 수입하기, 스위스에 인도네시아 금 팔기, 미국 금광업자가 사용할 시안화나트륨을 중국에서 채굴해서 중개하기 등" 미국으로 이주한 뒤에 시도했던 여러 사업을 열거했다. 그는 그 기사에서 전신 이식 사업도 하고 싶다고 말했다. "나이 든 사람에게 새로운 신체를 주는 겁니다. 그 사람의 머리와 척추는 그대로 두고 나머지는 모두 다시 만드는 거죠"라고 그는 말했다.

그의 새로운 사업은 아주 조금 더 합리적이었다. 마신스키는 '셀시안'이라 부르는 셀시어스 이용자들에게 셀시어스는 탐욕스러운 은행권에 문제를 제기하고 덜 부유한 자들을 도울 것이라고 말했다. 그들은 그가 빚을 갚거나 직장을 관둬도 될 정도로 충분한 돈을 벌도록 도와준다며 그에게 찬사를 보냈다. 트위터에 게재된 후기 영상에서 한 이용자는 그가 주택 담보 대출을 받고 직장 연금을 현금화해서 셀시어스에 그 돈을 맡겼다고 말했다.

"셀시어스는 수익을 창출하고, 그 수익을 스스로는 수익을 창출할 수 없는 사람들에게 지급합니다. 우리는 부자를 상대로 돈을 벌고 지수를 앞서가죠"라고 마신스키가 어느 생방송에서 말했다. "이것은 올림픽에 출전해서 종목 14개에서 메달 14개를 따는 것과 같아요"라고 그는 덧붙였다.

셀시어스는 사실상 암호화폐 은행이었다. 사용자들은 비트코인, 이더리움, 테더코인을 셀시어스에 예치했고 매주 이자를 지급

받았다. 하지만 셀시어스가 지급하는 이자율은 시중 은행이 저축 계좌에 지급하는 이자율보다 10배에서 100배 높았다. 마신스키는 셀시어스가 사용자들에게 이자를 지급하기 위해서 어떤 식으로 수익을 내는지에 대해서는 자세히 설명하지 않았다.

셀시어스는 수상쩍은 배경과 필사적인 영업술, 그리고 터무니없이 믿을 수 없는 사업계획에도 불구하고 벤처캐피털리스트들로부터 수억 달러의 자금을 모았다. 셀시어스는 2021년 보유자산이 4배로 증가해서 250억 달러가 됐다고 말했다. 마신스키는 셀시어스 소유권 덕분에 적어도 서면상으로 억만장자가 됐다.

나는 셀시어스와 관련된 사람들에게 이리저리 전화를 돌렸다. 셀시어스가 어떻게 운영되는지에 대해서 좀 더 통찰력을 얻고 싶었다. 하나의 이름이 자꾸 떠올랐다. 셀시어스와 거래했던 전직 트레이더로 그의 이름은 제이슨 스톤Jason Stone이었다. 몇몇 지인이 그와 대화를 나눠보라고 내게 추천했다. 그들은 스톤은 마신스키에게 거액을 위탁받은 뒤 푸에르토리코로 갔고 위험한 상품에 마구잡이식으로 투자하며 매일 파티를 열었다고 내게 말했다. 그 결과 셀시어스와 격렬하게 논쟁을 벌이게 됐다고 말했다. "그는 완전 사이코에요"라고 한 정보원이 내게 말했다. 그는 그 단어를 애정 어린 표현으로 사용했다.

그들은 스톤이 'Oxb1'이라 불리는 익명의 트위터 계정의 소유자라고 했다. 이 계정은 악마로 변한 돌연변이 유인원 이미지를

비이성적
암호화폐

아바타로 사용했다. 이 유인원 이미지는 대체 불가능한 토큰NFT 이었고, 그 값은 놀랍게도 무려 110만 달러에 달했다. (그 이후에 가격이 더 올라갔다.) 트위터에서 스톤은 자신이 스시스왑부터 FODL 파이낸스, '분산화와 검열 저항성이란 특성을 지닌 준비통화'인 OHM에 이르기까지 투자하는 거의 모든 말도 안 되는 암호화폐에 대한 글을 올렸다. 이것들의 수익률은 무려 7,000퍼센트였다. 그는 자신의 투자를 '이자 농사'라고 불렀다. 이것이 셀시어스가 테더로부터 빌린 돈으로 하는 일이었을까?

내가 스톤에게 전화했을 때, 그는 나의 인터뷰 제안에 기꺼이 응해줬다. 그는 의심스러운 거래가 이뤄졌음을 알게 되면서 2021년 셀시어스를 떠났다고 말했다. 그는 만약 셀시어스가 자금을 어떻게 관리하는지를 안다면 놀랄 것이라고 내게 말했다.

"저는 유혹에 넘어갔어요. 셀시어스가 비대해지도록 내버려둬서 우리 모두 망했어요"라고 그가 말했다. 우리는 직접 만나서 대화를 이어가기로 했다.

[12]

빠르게
돈을 벌 궁리

NUMBER GO UP

"클릭만 하면 돈을 벌어요!"

제이슨 스톤은 뉴욕 금융지구에 있는 아파트에서 나를 맞이했다. 그는 검은색 에르메스 티셔츠와 몸에 딱 붙는 검은색 조깅 바지를 입고 회색 올버즈 스니커즈를 신고 있었다. 이 34세의 암호화폐 트레이더는 곱슬머리였고, 며칠 동안 수염을 안 깎은 탓에 텁수룩하게 자라 있었다. 그는 전날 진탕 마신 술에서 깬 조나 힐 Jonah Hill 이란 배우처럼 생겼다.

탁자 위에는 빨래가 잔뜩 쌓여 있었다. 〈스타워즈〉에 등장하는 현상금 사냥꾼 보바 펫이 쓰는 헬멧이 TV 아래 선반에 놓여 있었다. 근처 테이블 위에 놓인 폴라로이드 사진에는 마스크를 쓴 여자가 스톤의 목에 감긴 쇠사슬을 당기고 있었다. 작은 책장에는

비이성적
암호화폐

가죽 하네스와 엉덩이를 때리는 패들을 포함한 '프로방스 요원' 본드지 장비 4개가 들어 있었다. 스톤은 "이건 내가 싫어하는 여자들을 위한 게 아니에요. 섹스 파티에 액세서리를 가져오고 싶어 하는 친구들을 위해 준비한 거죠"라고 말했다.

스톤은 셀시어스와 법정 공방을 한창 벌이고 있었다. 그리고 우리가 이야기를 나누는 동안에도 그는 세 명과 문자 메시지를 주고받으며 법원 심리를 준비했다. 문자 메시지를 작성하기에 너무 흥분하자, 그는 음성 메모를 보냈다. 어느 시점에 그는 내게 환각을 일으키는 버섯을 가미한 초콜릿을 권했다. 그는 자신의 법인 이메일 기록물의 복사본을 받았고, 자신과 셀시어스 창립자인 앨릭스 마신스키가 주고받았던 메시지를 검토했다.

"이런 세상에"라고 그가 통화 중이던 변호사에게 소리쳤다. 그는 날카롭고 떨리는 목소리로 웃었다. "우리에게 너무나 유리한 자료군요. 미쳤군! 이 이메일들. 그 내용이 아주 재미있군요!"라고 덧붙였다.

스톤이 이메일을 훑어보는 동안에 나는 마신스키와의 관계에 대해서 그에게 물었다. 두 사람은 마신스키가 스톤의 암호화폐 스타트업 기업인 배틀스타Battlestar에 투자하면서 만났다. 때는 2018년이었고, 스톤은 서른 살이었다. 그는 뉴욕 어퍼 웨스트 사이드의 으리으리한 주택단지에서 자랐고, 피들스톤이라는 명문학교를 다녔다. 그는 고급 아파트나 햄튼에 있는 친구들의 집에서 열리는 하우스 파티에서 주말을 보냈다. 그의 어머니는 시티그룹의 은행원이었고, 그의 할아버지는 리먼브라더스의 임원이었다. 십 대 때 그는 할아버지의 권유로 주식시장에 참여해서 투자했다. 그가 선택한 기업 중에 애플이 있었고, 이 주식 거래로 그는 10만 달러가 넘는 순수익을 벌어들였다.

그가 암호화폐에 관심을 갖게 된 것은 가상화폐 공개 붐을 일으킨 이더리움 때문이었다. 그는 2016년에 자신의 노트북으로 이더리움 코인을 채굴했다가 현금으로 교환하는 것이 너무 힘들어 이더리움 코인 채굴을 그만뒀다. 그러나 한 친구가 포커게임에서 이더리움의 가격이 10배로 증가했다는 이야기를 듣자, 이더리움 채굴을 그만둔 스스로를 심하게 자책했다. 스톤은 보유하던 주식을 현금화했고 전액을 이더리움에 투자했다. 그리고 마침내 그는 투자자들이 소위 '기관 등급 스테이킹 서비스'를 통해서 자신들이 보유한 암호화폐로 수익을 얻을 수 있는 배틀스타를 세웠다. (이게 무슨 소린지 이해가 안 되더라도 더는 묻지 마라.)

소득을 축적하는 데 암호화폐를 사용한다는 것은 새로운 개념이었다. 배틀스타의 출발은 썩 좋지 못했다. 하지만 2020년 여름에 스톤은 디파이라 불리는 암호화폐 시장의 새로운 영역을 알게됐다. 사람들은 이자 농사로 새로운 암호화폐에 투자해서 터무니없이 높은 이자를 얻었다. 그게 무엇인지 이해하는 사람은 거의

비이성적
암호화폐

없었다. 그것은 배틀스타의 전문 분야가 아니었다. 하지만 마신스키가 그것에 대해 물었을 때, 스톤은 몇 주 동안 디파이에 대해서 탐구했고, 그 덕분에 그를 상대적인 전문가로 만들었다.

그 무렵 셀시어스에 수십억 달러가 넘는 자금이 유입됐다. 셀시어스는 테더코인을 포함해서 스테이블코인을 예치하는 사용자들에게 무려 12퍼센트의 이자를 지급하고 있었다. 이것은 마신스키가 수십억 달러를 투자해서 최소한 이자 비용에 해당하는 수익을 얻을 방법을 찾아야 한다는 것을 의미했다. 그런데 디파이라면 가능할 것처럼 보였다. 마신스키는 스톤이 자신에게 필요한 디파이 전문가라고 판단했다. 그리고 그는 스톤을 고용해서 셀시어스의 일부 자금을 이 새로운 암호화폐 시장에 투자하도록 했다.

스톤은 내게 이자 농사에 관해 설명해주면서, 대마초를 갈아서 화이트보드용 마커의 두께로 말았다. 그리고 나의 펜을 가져가서 대마초 가루를 빽빽이 채운 뒤에 불을 붙여서 대마초를 피웠다. 스톤이 셀시어스에서 했던 첫 번째 디파이 투자는 소위 크림파이낸스C.R.E.A.M Finance였다. ('크림C.R.E.A.M.'은 우탱 클랜Wu-Tang Clan이 1993년 발표한 '돈은 내 주위의 모든 것을 지배한다Cash Rules Everything Around Me'라는 노래를 참조했다.) 크림파이낸스의 창립자는 대만인으로 우탱 클랜의 멤버였고, 그는 크림파이낸스는 '스마트 계약을 기반으로 설립된 개방적이고 포용적인 금융 시스템'을 목표로 한다고 말했다.

그때쯤 가상화폐 공개 붐은 끝이 났다. 누군가 치과의사들을 위한 암호화폐인 덴타코인을 개발하고 가상화폐 공개로 수백만 달러의 자금을 조달하는 것은 더 이상 그럴듯하지 않았다. 실제로 2017년에 이런 일이 일어났었다.

하지만 디파이는 달랐다. 디파이는 '스마트 계약'에 기반했다. 기본적으로 스마트 계약은 블록체인에서 운영되는 간단한 프로그램이다. 비트코인 블록체인이 열 2개로 이루어진 스프레드시트라고 했던 말을 기억하는가. 마스터코인, 이더리움 등 다른 암호화폐의 블록체인에 새로운 암호화폐를 나타내는 새로운 열을 추가할 수 있다. 이제 이 스프레드시트에 기능을 추가한다고 상상해보자. 사용자가 다른 사람의 행에 비트코인을 추가하고 다른 누군가의 행에서 차감하는 대신에, 스마트 계약은 이용자들이 서로 한 종류의 암호화폐를 교환하거나 다른 이용자에게 암호화폐를 빌려줄 수 있게 했다.

디파이는 이러한 스마트 계약을 사용해서 샘 뱅크먼-프리드의 FTX처럼 분산된 익명의 암호화폐 거래소를 만들었다. 이것은 실로 강력한 혁신이었다. 하지만 자연스럽게 암호화폐 관계자들은 가상화폐 공개처럼 디파이를 활용해서 빠르게 돈을 벌 궁리를 했다.

새로운 디파이 프로그램에 새로운 암호화폐가 수반됐다. 가령 크림파이낸스로 암호화폐를 거래하거나 대출하는 사람이라면 누구나 크림코인으로 대가를 지불받았다. 그리고 이용자는 크림코인 자체를 크림파이낸스에 예치해서 훨씬 더 많은 코인을 만들어 낼 수 있었다. 우탱 클랜의 멤버였던 매소드 맨Method Man은 "암호화폐를 공급하라, 크림코인을 받아라, 또는 암호화폐를 빌려줘라, 그리고 더 많은 크림코인을 받아라!"라며 오글거리는 랩으로 크림코인을 홍보했다. (매소드 맨은 이 랩을 한 것이 진짜 자신인지를 확인하거나 부인하지 않았다.)

크림코인이 어떤 가치를 지닌다는 것은 전혀 말이 안 됐다. 하지만 크림코인의 가격은 점점 더 많은 사람들이 크림파이낸스에 참여하는 한 계속 상승했다. 스톤은 첫 3일 동안 매시간 15만 달러 상당의 크림코인을 벌었다고 말했다.

"그저 클릭만 하면 돈을 벌어요! 크림코인에 대해서 연구하지도 않았는데 말이에요"라고 스톤이 말했다.

"돈 벌었다!"라고 그가 랩 뮤직비디오를 소개하는 것처럼 소리쳤다.

우리가 대화하는 동안에 그는 내 앞에서 예전 이메일을 확인했다. 그러다가 그는 2020년 가을에 받은 이메일을 보게 됐다. 그 이메일에서 마신스키는 스톤에게 더 많은 고객의 돈을 디파이에 투자하라고 말하면서도 자신은 디파이를 신뢰하지 않는다고 말했다.

"1월에 디파이는 사라질지도 모른다. 우리가 원하는 것은 디파이 이용자 모두가 셀시어스 계좌를 개설하도록 하는 것이다. 폰지 사기나 다름없는 디파이 투자에 사람들이 지치게 되면, 그들이 자신들이 보유한 모든 암호화폐를 셀시어스에 예치할 것이다"라고 마신스키가 이메일에 썼다.

이 투자 전략은 무분별했지만 효과가 있었다. 스톤은 10월에 400만 달러의 수익을 기록했고, 그해 말에 셀시어스는 그에게 투자금으로 일주일마다 수천만 달러를 보내고 있었다.

디파이에 투자된 모든 돈은 셀시어스의 자금이었다. 셀시어스는 스톤에게 단 한 푼도 돈을 지급하지 않았다. 하지만 스톤이 마신스키와 체결한 계약에 따르면, 스톤은 셀시어스가 디파이를 활용해서 벌어들인 수익의 20퍼센트를 자신의 몫으로 가져가게 되어 있었다. 그는 최소 몇백만 달러를 셀시어스로부터 받아야 한다고 생각했다. 그리고 이 돈에 대한 세금을 내지 않으려고 푸에르토리코로 이사하기로 결정했다.

2012년 푸에르토리코는 부자들을 본토 섬으로 끌어들이기 위해서 파격적인 세금 우대 조치를 시행했다. 이 섬으로 이주하면, 연방 소득세와 자본소득세를 내지 않아도 됐다. 단지 푸에르토리코에서의 소득에 대해서만 4퍼센트 세율이 부과됐다.

암호화폐에 투자했던 많은 사람들이 가상화폐 공개로 부자가 된 5년 후, 그들 중 일부는 푸에르토리코로 이주하는 것이 좋은 선택이라고 생각했다. 푸에르토리코로 이주한 첫 번째 무리에 테더 공동 창립자인 브록 피어스가 있었다. 그는 올드 산후안의 주지사 집의 바로 옆에 침실 9개짜리 대저택을 구입해서 비트코인 성지이자 파티 장소로 만들었다. 그리고 자신을 따라서 푸에르토리코로 이주할 사람들을 모집했다. 수십 명이 그의 뒤를 따랐다. 그들은 자신들이 푸에르토피아, 솔Sol, 푸에르토 크립토라 부르는 공동체를 만들고 있다고 말했다.

"우리는 여기에 우리의 기술, 즉 우리의 초인적인 힘을 갖고 왔고, 그것을 사용해서 푸에르토리코, 이 지구와 인간을 돕는 방법을 찾습니다"라고 피어스가 2018년 어느 기자에게 말했다. 피어스는 블루투스 스피커로 〈위대한 독재자〉에서 찰리 채플린이 한 연설을 크게 틀면서 산후안 거리를 산책하는 것을 좋아했다. 그는 수정 구슬에 축복을 빌거나, 노인의 발에 입을 맞추거나, 역사적으로 중요한 나무를 향해서 기도하는 등 종교의식과 유사한 의식을 진행했다. 그를 따라서 푸에르토리코로 온 사람들 대부분은 세금을 피할 수 있다는 점 때문에 푸에르토리코행을 선택했다. 테더의 첫 번째 CEO였던 리브 콜린스도 피어스를 따라서 푸에르토리코로 온 사람 중 한 명이었다.

콜린스는 한때 수영장이 딸린 바에서 방문 기자에게 "저는 세금을 내기 싫어요. 이것은 인류 역사상 최초로 왕이나 정부, 신 이외에 누구도 자신의 돈을 만들 수 있는 최초의 일입니다"라고 말했다.

일부 현지인들은 부유한 새로운 이웃들을 싫어했다. 수배 전단처럼 보이는 광고가 산후안 도처에 등장했다. 피어스의 얼굴 아래에 그를 '제국주의자'라고 비난하는 글이 적혀 있었다. 현지인들은 "이게 식민주의자의 모습이다"라고 말했다. 어느 순간 시위자들이 세금 우대 조치에 반대하기 위해서 올드 산후안에 몰려들었다. 그들은 '브록 피어스는 식미주의자이고 미국인은 자국으로 돌아가라'라고 그라피티를 그렸다.

스톤은 2020년 12월경 푸에르토리코로 와서 암호화폐 트레이더로 일하는 친구의 집에 머물렀다. 마신스키는 셀시어스가 뉴욕에서 사업할 수 있는 허가증이 없었기 때문에 스톤이 푸에르토리코로 이주한 것에 만족했다. 그때쯤 스톤이 개인 소득세로 수천만 달러를 절약한 덕분에 셀시어스에게 막대한 돈을 벌어주고 있었다. 그는 테리어와 핏불, 두 마리의 개를 데리고 푸에르토리코로 갔고 그들과 개와 해변에서 조깅을 했다.

스톤은 푸에르토리코에서 처음으로 케타민을 하기 시작했다. 케타민은 푸에르토리코 사람들이 주로 사용하는 마약이었다. 그는 투자 아이디어를 생각하는 오후 시간에 대마초를 피웠다. "이것이 제 일에 실제로 도움이 됐다고 생각합니다"라고 스톤이 말했다.

그가 들려준 푸에르토리코에서의 삶은 〈더 울프 오브 월스트리트〉의 암호화폐 버전처럼 들렸다. '춤추고 파티하고 마약하고 섹스를 하는 것'이 일상이었다. 스톤은 식당 테이블에 큰 스크린 2개를 설치했다. 그는 매주 파티를 열 때조차도 그 스크린을 거의 보지 않았다. 사람들은 그 방에서 춤을 췄고, 그는 스크린을 응시하면서 케타민을 코로 들이마셨다. 다른 암호화폐 트레이더들도 각자 랩톱을 들고 파티에 왔다. 일부는 암페타민이나 코카인을 선호했다. 스톤은 자신이 디파이 세계의 거물 중 한 명이라고 말하길 좋아했다고 그와 어울렸던 친구가 말했다. 그리고 스톤은 자주 해킹이나 자신이 얼마나 많은 돈을 벌었는지에 대해서 큰 소리로 떠들었다고 했다. "사람들이 자신이 키보드를 치고 있다는 것을 알기를 바라는 듯이, 그는 키보드를 세게 칩니다."

마신스키는 가능한 많은 자금을 디파이에 투자하라고 스톤에게 말했다. 셀시어스는 높은 이자율에 혹해서 스톤이 감당할 수 없을 정도로 많은 자금을 그에게 맡겼다. 2021년 1월 7일 마신스키는 스톤과 일부 셀시어스 임원들에게 그날 하루에만 4,600만 달러가 셀시어스에 예치됐다고 이메일로 알렸다. "이 모든 돈을 투입할 기회가 주어진다면 모든 분야에서 더 빠르게 움직여야 한다. 최대치를 내세요!! 더 큰 규모의 거래를 더 빨리 해야 한다"라고 마신스키는 이메일에 썼다. 마신스키가 이 이메일을 보내고 오래지 않아서, 스톤은 10억 달러가 넘는 자금을 관리하게 됐다.

그것은 암호화폐였기 때문에, 모든 자금은 스톤의 랩톱에 저장됐다. 이는 스톤이 친구의 식탁에 앉아서 10억 달러를 100달러 지폐 뭉치로 갖고 있는 셈이었다. 그의 계좌는 암호로 보호됐지만, 스톤은 극도로 불안해졌다. 그는 몇 시간도 편안하게 잘 수가 없었다. 그는 새벽 3시까지 깨어 있으면서 거래를 했고, 아침 6시나 7시에 다시 거래를 시작했다.

"전 종일 집에 있었습니다. 북한이 쳐들어와서 제 머리에 총을 들이밀까 봐 무서웠습니다"라고 그가 말했다. 나는 그의 말에 웃었다. 그러자 "장난이 아니에요"라고 그가 덧붙였다.

스톤은 내게 디파이의 또 다른 거물이 샘 뱅크먼-프리드라고 말했다. 스톤은 뱅크먼-프리드의 암호화폐 지갑 주소를 보면서 그의 헤지펀드인 알라메다리서치가 스시스왑과 같은 토큰에 막대한 자금을 조달하고 있음을 알 수 있었다. 스톤은 알라메다리서치가 이런 방법으로 수십억 달러를 벌었다고 추산했다. 스톤 역시 영향력 있는 트레이더였다. 다른 투자자들이 그의 암호화폐 지갑을 보기 시작했고, 그가 암호화폐를 사면 따라서 사고, 그가 팔면 따라서 암호화폐를 팔았다. 이것이 그의 수익에도 도움이 되었다.

근본적으로 셀시어스는 투자자들로부터 예금을 모으고 그들에게 막대한 수익을 약속했다. 그리고 그 돈을 스톤의 컴퓨터로 보내서 검증되지 않은 디파이 프로젝트와 폰지 사기에 투자하도록 했다. 최선을 다하기를 바라면서 말이다. 셀시어스가 투자한

비이성적
암호화폐

자금의 일부는 테더에게서 차입한 것이었다. 마신스키는 셀시어스는 은행보다 더 안전하다고 주장했지만, 셀시어스는 스톤과 다른 트레이더들이 회사 자금으로 무엇을 하는지를 추적할 시스템조차 갖추고 있지 않았다. 셀시어스의 한 임원은 2020년 12월 내부 이메일에 다음과 같이 썼다. "현재 상황에서 셀시어스는 회사 자산과 부채에 대해 정확하게 실시간으로 파악하지 못하고 있고, 그에 따른 실행 가능한 계획을 가지고 있지 않았다."

2021년 3월 스톤은 셀시어스를 떠나기로 결심하고, 직접 자금 관리 기업을 시작했다. 마신스키는 그의 결정이 마음에 들지 않았다. 그리고 암호화폐 회계가 너무나 엉성해서 스톤이 돈을 벌었는지조차도 확인할 수 없었다. 스톤은 자신이 수천만 달러를 벌었다고 말했다. 이더리움의 가격이 급등했고, 마신스키는 셀시어스가 이더리움을 단순히 보유하고만 있었어도 더 많은 돈을 벌었을 것이라고 말했다. 디파이에서 미친 듯이 암호화폐를 거래한 것이 시간 낭비였다면 낭비였다는 뜻이었다. 이것은 이후 법정에서 진위를 따지게 될 법정 공방의 일부가 됐다.

스톤은 마신스키의 수상한 거래를 발견했기 때문에 그만두고 싶었다고 내게 말했다. 하지만 그는 그 당시에 이 사실을 아무에게도 말하지 않았고, 자신의 회사에서 셀시어스의 자금을 계속 관리하겠다고 마신스키에게 제안했다.

이후 마신스키는 "전 세계 규제 당국이 지금까지 봤던 금융사업 중에서 위험도가 가장 낮은 사업 중 하나일 것이다"라고 공개적으로 주장했다. 나는 이게 사실이 아니라고 스톤에게서 들을 필요가 없었다. 스톤은 셀시어스가 계속 생존할 수 있었던 이유는 마신스키가 직접 만들어낸 셀Cel이라 불리는 암호화폐 덕분이라고 말했다. 스톤에 따르면 셀의 가치를 지탱하는 유일한 것은 마신스키의 거래였다.

"마신스키는 스스로가 폰지 사기를 저지르고 있지 않다고 믿었던 것 같아요. 그는 진짜 사이코패스입니다. 그는 가장 위험한 유형의 사람 중 하나죠"라고 그가 말했다.

셀시어스를 조사한 지 얼마 안 됐을 때 나는 맨해튼의 스무디 가게에서 마신스키를 만났다. 나는 그에게 셀시어스의 투자활동에 대해서 몇 가지 질문할 생각이었다. 그때 나는 스톤에게서 셀시어스의 투자활동에 대해서 완전한 이야기를 듣지 못한 상태였다. 그리고 나는 두 사람이 법정 공방을 벌이고 있다는 사실을 몰랐다. 하지만 나는 셀시어스가 디파이에 투자했다는 것을 알고 있었다. 마신스키는 그것이 안전하다고 주장했다. 그는 셀시어스가 디파이에 투자하면서 높은 이자율을 적극적으로 활용하고 있고, 이후에 다른 유형의 투자로 전환했다고 말했다.

"디파이는 다리 5개 중에 하나입니다. 이 의자가 다리 3개인 것과 같죠"라고 자신이 앉아 있는 의자를 가리키면서 그가 말했다. "다리 2개를 더 추가하는 겁니다. 그것이 셀시어스입니다. 셀시어스는 다리가 5개인 의자입니다"라고 마신스키가 덧붙였다.

마신스키는 다른 다리에 대해서 내게 설명하기 시작했다. 하지만 그가 세 번째 다리를 설명할 차례가 됐을 때, 그는 자신의 분해된 종이 빨대 때문에 주의가 산만해졌고 홍보 직원에게 다른 빨대를 하나 가져오도록 시켰다. 셀시어스가 전통적인 금융기업이었다면, 그것은 규제 당국과 고객에게 거래 내역을 세부적으로 공개해야 했을 것이다. 하지만 내가 알기로, 그 누구도 셀시어스를 규제하지 않았다. 나는 마신스키에게 셀시어스가 은행처럼 규제되어야 하는지를 물었다. 왜냐하면 셀시어스가 예금을 받기 때문이다.

"셀시어스는 은행이 아니에요. 셀시어스는 상환 약속을 하면서 고객에게 대출을 받습니다. 그리고 고객에게 빌린 돈을 기관에 빌려주고, 이자를 부과하고, 그 이자 수익을 고객에게 되돌려줍니다"라고 그가 말했다.

"은행과 아주 유사하게 들리네요." 내가 말했다.

마신스키는 비유를 사용해서 설명하려고 했다. "우리가 이웃이라고 칩시다. 그리고 제가 당신에게 가서 집에 설탕이 떨어져서 설탕을 빌려달라고 했다고 생각해봅시다. 제가 나중에 다시 당신에게 가서 빌린 설탕을 되돌려줍니다. 그리고 저는 '설탕을 빌려줘서 정말 고맙습니다. 여기 당신이 제게 빌려준 원래 설탕이고,

이건 감사의 표시로 제가 당신에게 선물로 주는 설탕입니다'라고 제가 말합니다. 설탕은 상품이죠. 저는 규제 기관이 필요없어요"라고 그가 설명했다.

나는 그러면 테더와는 무슨 일을 하는지를 그에게 물었다. 그는 설탕 비유를 이용해서 설명을 이어나갔다. 가끔 고객들은 모두 비트코인으로 셀시어스에 예치금을 맡겼지만, 비트코인 대신에 스테이블코인을 사용한다면 더 많은 이자를 벌 수 있는 경우가 생긴다. 이런 경우에 테더의 데바시니에게 전화를 건다고 그가 말했다.

"설탕이 충분히 없으면, 저는 지안카를로(데바시니)에게 가서 '이봐, 설탕이 더 필요해. 대신에 너에게 초콜릿을 줄게'라고 말합니다"라고 마신스키가 내게 말했다.

그의 설명은 혼란스러웠다. 그의 비유를 그대로 사용하자면, 나는 데바시니가 초콜릿을 설탕으로 어떻게 바꾸는지를 이해할 수 없었다. 그리고 그가 초콜릿을 설탕으로 바꾸는 실패할 염려가 전혀 없는 방법을 알고 있다고 할지라도, 셀시어스는 너무나 거대해지고 있었다. 이는 마치 셀시어스가 무수히 많은 위험 요인들을 숨기고 있는 것 같았다. 셀시어스는 수십억 달러를 취급하고 있었고, 마신스키는 이것을 마치 케이크를 굽는 일처럼 이야기했다.

"하지만 그저 당신은 산더미처럼 쌓인 설탕 더미 위에 앉아 있는 것 아닌가요. 설탕이 너무 많아서 거리로 쏟아지고 있으니

252

건설부가 와서 처리를 해줘야 돼는 지경이죠"라고 내가 말했다.

우리의 논쟁은 계속됐다. 하지만 마신스키는 스무디 가게의 블렌더 소리 때문에 주의가 산만해졌다.

"우리 자리를 옮기는 게 어떤가요? 저 소리 때문에 짜증이 나네요!"라고 그가 소리쳤다. 그는 나와 그의 홍보 직원을 데리고 코너에 있는 자신의 아파트로 갔다. 그와 그의 아내가 2018년에 870만 달러를 주고 구입한 아파트였다. 웅장한 거실이 내려다보이는 메자니에서 마신스키는 또 다른 비서가 가져온 접시에 있는 과일을 깨작거리며 먹었다.

마신스키는 인플레이션이 정부가 발행한 통화 가치를 필연적으로 갉아먹기 때문에 암호화폐가 달러보다 더 낫다고 주장했다. 마신스키에게 나는 현금으로 저축한 돈이 없어서 가치가 떨어지는 돈더미 위에 앉아 있는 것도 아니라고 말했다. 그리고 나는 내 은행 계좌의 안전성에 대해서 걱정하지 않았다.

"내가 뱅크오브아메리카에 설탕 더미를 준다면, 그 설탕을 돌려받게 될 것이라고 확신합니다"라고 나는 그에게 말했다.

"음악이 연주되는 한은 그렇겠지요. 음악이 멈추면, 모두가 손해를 보게 될 것입니다"라고 그가 말했다.

마신스키는 다른 미팅이 잡혀 있다는 이유로 우리의 인터뷰를 중단했다. 그의 아파트를 나오면서 나는 그와의 논쟁에서 승리할 수 없었다는 사실에 짜증이 났다. 달러가 암호화폐보다 더 안전하다는 것은 내게 너무나도 명백한 사실이었다. 전체 암호화폐 산업이 얄팍한 계획의 집합체 같았다. 하지만 암호화폐의 가격은 강세를 유지했다. 숫자가 계속 올라가고 있는 상황에서 어떻게 '숫자는 오른다'는 논리에 대항할 수 있겠는가?

그런데 라즐칸이 체포될 무렵에 나는 암호화폐의 숫자 상승세가 멈췄다는 기사를 읽었다. 실제로 숫자는 특정 형태로 폭락했다. 스무스러브포션Smooth Love Potion이란 암호화폐가 주인공이었다. 해당 암호화폐의 가치는 2021년 개당 36센트로 정점을 찍고 1페니 아래도 곤두박질쳤다. 스무스러브포션은 내가 암호화폐 업계를 조사하기 시작한 이후로 가장 많이 들었던 코인 중 하나였다.

스무스러브포션은 플레이어들이 실질 화폐로 방울처럼 생긴 귀여운 게임 캐릭터들을 구입하고 그들을 전장으로 내보내서 암호화폐를 벌어들이는 〈엑시 인피니티〉란 모바일 게임에서 공식적으로 사용되는 암호화폐였다. 이 모바일 게임은 동남아시아에서 엄청난 인기를 얻었는데, 특히 필리핀에서 그 인기가 대단했다. 게임 열풍은 섬나라 필리핀을 통해서 널리 퍼졌고 입소문, 소셜 미디어, 바이럴 영상, 그리고 전국적인 신문 보도를 통해서 100만 명이 넘는 플레이어들을 끌어모았다. 심지어 가족 전체가 일하는 대신에 온종일 〈엑시 인피니티〉를 하는 경우까지 생겼다.

2021년에 내가 암호화폐 옹호자들에게 암호화폐가 현실 세계에서 사용되는 사례를 알려달라고 요청했을 때, 대다수가 필리핀을 사례로 들었다. 그들은 〈엑시 인피니티〉를 새로운 고용 형태이며 세계 빈곤을 해소할 수 있는 해결책이라고 불렀다. 그리고 웹3.0의 유명한 실증 사례였다. 웹3.0은 페이스북과 같은 빅테크가 통제하는 대신에 사용자들이 자신들의 데이터를 소유하고 블록체인에서 추적하는 인터넷을 뜻한다. 심지어 혹자는 내게 언젠가 우리 모두 블록체인에 소셜 미디어 프로필을 갖게 되고, 필리핀 사람들이 조그만 엑시 물방울 캐릭터로 암호화폐를 벌듯이 그것으로 돈을 벌게 될지도 모른다고 했다.

하지만 스무스러브포션의 가격이 곤두박질친 뒤에, 나는 더 이상 〈엑시 인피니티〉에 대한 얘기를 듣지 못했다. 나는 필리핀에서 무슨 일이 벌어지고 있는지 궁금해지기 시작했다. 그곳에서 무슨 일이 벌어지고 있든지, 그것은 암호화폐의 미래를 알 수 있는 실마리가 될 것이라고 생각했다. 〈엑시 인피니티〉의 진실을 찾아 나설 때였다.

[13]

온라인에서 돈을
버는 세상

NUMBER GO UP

놀면서 돈 벌기

<엑시 인피니티> 열풍은 한 광고에서 시작됐다. 마닐라 북쪽으로 대략 75마일(약 120킬로미터) 떨어진 덥고 먼지가 자욱한 도시에 사는 스물여덟 살의 청년이 본 페이스북 광고였다. 그의 이름은 아서 라피나Arthur Lapina였고, 친구들은 그를 '아트 아트'라고 불렀다. 그는 아주 짧게 자른 머리에 안경을 쓴 통통한 사내였다.

때는 2020년 3월이었다. 전 세계로 코로나 바이러스가 확산되면서 카바나투안 지역에도 봉쇄 조치가 내려졌다. 라피나는 식당에서 돼지 귀와 목살과 기타 스낵을 준비하며 보조 주방장으로 일했지만 봉쇄 조치로 실직했다.

페이스북 광고에서 라피나의 이목을 붙잡은 것은 〈엑시 인피

258 비이성적
암호화폐

니티〉의 형형색색 캐릭터들이었다. 그것들은 이상하게 생긴 아홀로틀을 기반으로 디자인됐다. 아홀로틀은 멕시코시티에 서식하는 도롱뇽의 일종으로, 한 저자는 '발랄한 목이 긴 양말'이라고 재치 있게 설명했다. 라피나는 항상 모바일 게임을 했고 새로운 게임을 찾고 있었다. 아직 결혼하지 않은 그는 물이 새는 오두막집에서 어머니와 대가족이 함께 옴짝달싹 못할 정도로 좁은 공간에서 살았다. 그는 페이스북 광고를 클릭했다.

게임은 〈포켓몬〉이나 〈매직: 더 개더링〉을 해본 사람이라면 익숙한 운영 방식이었다. 몸통을 교환할 수 있는 친근하게 생긴 거품 모양의 캐릭터 3마리로 팀을 구성하고, 다른 팀과 전쟁을 벌인다. 라피나는 이전에 장난삼아서 암호화폐에 투자해본 적이 있었다. 그래서 암호화폐로 캐릭터를 사는 것에 전혀 거부감이 없었다. 그는 약 150페소(약 2달러 50센트)를 주고 암호화폐를 사서 팀을 꾸렸고, 다른 팀과 전투를 시작했다.

그 게임은 라피나가 무료로 핸드폰에 다운로드 해서 플레이해본 여느 모바일 게임보다 나을 것이 없었지만, 시간을 보내는 데는 도움이 됐다. 전투에서 승리하면, 그는 스무스러브포션이란 이상한 이름의 암호화폐를 조금 받았다. 이렇게 받은 암호화폐로 더 많은 캐릭터를 구입해서 팀을 꾸릴 수 있었다. 그리고 이렇게 얻은 암호화폐를 일부 암호화폐 거래소에서 거래할 수도 있다는 것이 이 게임의 차별성이었다. 이 암호화폐의 이미지는 분홍 액체가 담긴 밑이 둥근 플라스크였고, 당시에 가치는 대략 1센트에 불과했다. 그러나 라피나는 신경 쓰지 않았다. 그는 전략을 세워서 전투에서 승리하고 자신의 이름이 게임 점수판에서 상위에 오르는 것을 보는 것이 즐거웠다.

그런데 그해 여름에 스무스러브포션의 가격이 오르기 시작했다. 그 덕분에 라피나의 상금도 올랐다. 그는 친구들에게 그저 휴대폰으로 게임만 하면 하루에 몇 달러를 벌 수 있는 방법을 찾았다고 자랑했다. 친구들은 그의 말을 그대로 받아들였다. 도시의 상점들은 봉쇄 조치로 여전히 문을 닫았고, 수천 대의 삼륜 오토바이에는 먼지가 소복하게 쌓였다. 대다수가 실직했다. 가정에 현금이 너무나 부족해서 시 관계자는 쌀, 정어리 통조림, 그리고 소고기 통조림 등 식량을 배급하기 시작했다.

라피나가 게임으로 푼돈을 번다는 소문은 빠르게 퍼졌다. 도시 사람들은 〈엑시 인피니티〉 캐릭터를 사달라며 라피나에게 도움을 청했다. 삼륜 오토바이 운전자 한 명은 고리대금업자에게 돈을 빌린 뒤 라피나의 조언을 듣고 〈엑시 인피니티〉 캐릭터를 구입했다고 내게 말했다. 또 다른 사람은 〈엑시 인피니티〉 캐릭터를 살 돈을 구하려고 자신의 삼륜 오토바이를 전당포에 맡겼다고까지 했다. 그리고 "친구가 그건 합법이라고 제게 말했어요"라고 그가 덧붙였다.

이 모바일 게임으로 돈이 연이어 쏟아져 들어왔다. 마치 라피나가 도시 전체의 소원을 들어주는 마법 주문을 건 것 같았다. 카바나투안 인근에 이층집이 속속 들어섰다. 현지 대리점에 야마하 NMAX 스쿠터가 매진됐다. 일부 식료품점과 주유소는 결제 수단으로 현금 대신 스무스러브포션을 받기 시작했다.

도시 사람들은 라피나에게 너무 고마워서 패스트푸드점인 졸리비에서 피자, 햄버거, 후라이드 치킨 등 먹을 것을 사서 그의 집 앞에 뒀다. 그들 중 일부는 라피나를 '사부님'이라고 불렀다.

라피나는 자신의 수익으로 더 많은 방울 캐릭터를 사서 팀을 꾸렸다. 그리고 다른 사람을 고용해서 그 팀으로 각자의 휴대폰으로 게임을 하도록 했다. 그는 게임에서 벌어들인 상금의 60퍼센트를 그들의 몫으로 줬다. 이미 100여 명이 라피나를 대신해서 게임을 했다. 그들 중에는 교사, 그의 할머니, 그리고 심지어 게임을 그만두라고 라피나를 설득했던 경찰도 있었다.

<엑시 인피니티> 방울 캐릭터를 가진 다른 사람들도 자신들만의 '소작농'을 고용해서 다른 도시에 자신들만의 작은 봉토를 건설했다. 그리고 이런 패턴이 베트남, 베네수엘라, 그리고 시급이 너무 낮아서 이 게임으로 벌 수 있는 잠재 수익이 매력적으로 여겨지는 여러 나라에서 반복됐다. 테더 공동 창립자인 브록 피어스가 10년 전에 중국인을 고용해서 <월드 오브 워크래프트>를 하면서 금을 캐고 큰 수익을 올렸듯이 동남아시아에서 나타나는 이 현상

은 그때 금을 캐던 바로 그 중국인들을 떠올리게 했다. 하지만 이번에는 그 규모가 더 컸다. 〈엑시 인피니티〉 캐릭터를 가진 사람들은 자신들을 대신해서 게임을 하고 스무스러브포션을 버는 사람들을 완곡하게 '스콜라'라고 불렀다. 2021년 여름이 되자, 스콜라들은 필리핀 전역에서 활동했다.

"한창 인기 있는 온라인 게임인 〈엑시 인피니티〉를 하면 집, 땅 그리고 100만 페소를 손에 넣을 수 있습니다. 하지만 문제는 이것을 확신할 수 있느냐는 것입니다"라고 유명한 필리피노 TV 뉴스 앵커인 제시카 소호Jessica Soho가 그해 8월 〈엑시 인피니티〉를 방송에서 다루면서 필리핀어로 말했다.

〈엑시 인피니티〉를 개발한 소기업인 스카이마비스Sky Mavis는 게임이 급격하게 성장하자 깜짝 놀랐다. 25세의 베트남인 프로그래머, 노르웨이인 전문 게이머와 헤지펀드 채용담당자로 일하던 27세의 전직 예일대학교 남학생 사교클럽 회장이 2018년 호찌민에 스카이마비스를 설립했다. 2019년 말까지 〈엑시 인피니티〉를 다운로드해서 게임을 하는 사람은 많지 않았다. 이 당시에 스카이마비스는 스무스러브포션으로 게임 상금을 플레이어들에게 지급하기 시작했다. 하지만 그때까지도 성장은 더뎠다. 그러나 필리핀인들이 이 게임을 하면서 〈엑시 인피니티〉는 급성장하기 시작했다.

필리핀에서 큰 인기를 얻자 〈엑시 인피니티〉의 플레이어층이 폭발적으로 증가했다. 그것은 벤처캐피털리스트들이 찾고 있던 급격한 성장세였다. 2021년 5월 6만 1,000명이 이 모바일 게임을 다운로드했고 그 수는 6월에 13만 9,000명, 7월에 47만 5,000명으로 증가했다. 그해 10월에는 대략 200만 명이 매일 이 게임을 했다. 그들 대다수가 필리핀인들이었다. 스카이마비스는 벤처캐피털리스트들에게서 1억 5,200만 달러를 조달하여 가치평가액이 대략 30억 달러가 됐다. 이 스타트업에 투자한 벤처캐피털리스트 중에 그 유명한 앤드리슨 호로비츠Andreessen Horowitz도 있었다.

"우리 생각에 그것은 실제로 메타버스의 시작입니다. 지금 메타버스는 그저 아주 작고 귀여운 게임 안에 숨어 있을 뿐입니다"라고 노르웨이인인 스카이마비스 공동 설립자 알렉산더 라르손Aleksander Larsen이 어느 팟캐스트에 출연해서 말했다. "저는 〈엑시 인피니티〉가 사람들이 세계 경제와 상호작용하도록 돕고 실제로 그들이 태어난 감옥에서 벗어나게 해서 세계에 아주 지대한 영향을 미칠 잠재력이 있다고 실제로 믿습니다"라고 그는 덧붙였다.

암호화폐 산업 관계자들은 〈엑시 인피니티〉 열풍을 주목했다. 그들은 그 열풍이 지속 불가능하다고 평가하거나 그 돈이 전부 어디서 왔는지를 묻지 않았다. 대신 암호화폐가 미래라는 것을 검증하는 것으로 받아들였다.

그들은 소셜 미디어 프로필이 암호화폐 자산이고 모두가 이 모바일 게임을 하는 필리핀인들처럼 온라인에서 돈을 버는 세상을 상상했다.

투자가 팩키 맥코믹Packy McCormick은 인기 뉴스레터에서 "지금까지 암호화폐에 대한 주요 비판 중 하나는 실제 가치가 없다거나 현실에서 사용될 곳이 없다는 것이었지만 〈엑시 인피니티〉는 실제 가치가 무엇인지를 다시 생각하도록 만든다"라고 썼다. "필리핀, 베트남, 브라질을 넘어서 동남아시아의 아이들은 가난에서 벗어날 수 있기를 바라며 대학교나 직장에 지원하듯이 엑시 장학금에 지원한다"라고 그는 덧붙였다.

샘 뱅크먼-프리드의 암호화폐 거래소 FTX는 한 무리의 스콜라들에게 게임 캐릭터의 이름을 지어주는 명명권을 샀다. 이 모바일 게임을 후원하는 사람 중에 〈샤크 탱크〉 예능 프로그램의 스타이자 NBA 댈러스 매버릭스 구단주인 마크 큐반Mark Cuban도 있었다. "전 세계 누구나 놀면서 돈을 벌 수 있습니다"라고 큐반이 다큐멘터리와 비슷하게 〈엑시 인피니티〉를 다룬 유튜브 영상에서 말했다. "숫자를 자세히 분석하면, 이게 완전히 일리 있는 이야기란 것을 알 수 있습니다"라고 그가 덧붙였다.

그 숫자는 사실상 말이 안 됐다. 라피나는 게임 열풍이 이제 막 불기 시작했던 시기에는 약 5,000페소로 게임 캐릭터를 구입하고 팀을 꾸리고 전투를 해서 하루 약 400페소 가량의 스무스러브포션을 얻었다고 말했다. 이를 미국 달러로 환산하면, 91달러를 투

비이성적
암호화폐

자해서 하루에 약 7달러 25센트를 수익으로 벌어들이는 셈이었다. 플레이어 대부분은 라피나처럼 자신보다 좀 더 노련한 중개인에게 게임에서 얻은 암호화폐를 맡겼다. 그러면 중개인들은 그들이 맡긴 스무스러브포션을 테더코인으로 교환하고 암호화폐 거래소에서 현금으로 거래했다. 중개인이 소위 '거래 수수료'를 가져가더라도, 플레이어는 몇 주만 지나면 흑자를 냈다. 그리고 그들은 이 방식으로 계속해서 수익을 얻었다.

내가 대화를 나눈 필리핀인들은 게임을 하면서 이렇게 많은 수익을 얻는 것을 전혀 이상하게 생각하지 않았다. 그러나 노련한 투자자들이라면 일일 수익률이 8퍼센트라는 것은 말도 안 된다고 생각했을 것이다. 이게 사실이라고 하기에는 지나치게 높은 수익률임을 그들은 금방 눈치챘을 것이다. 이 수익률로 벌어들인 수익을 10개월 동안 계속해서 재투자했다면, 라피나를 포함해서 캐릭터로 게임을 하는 사람 모두가 조만장자가 됐을 것이다.

세계적 통화공급의 한계가 의미하는 바는 라피나와 그의 카바나투안 친구들이 역사상 가장 부유한 사람이 되기도 훨씬 전에 게임 경제가 붕괴할 수밖에 없다는 것이다.

게임에서 임무를 수행하는 방식과 스무스러브포션이 제공되는 방식은 아무런 관련이 없었다. 스무스러브포션은 그저 게임 캐릭터를 증식시키는 데 사용될 뿐이었다. 엑시 경제체제가 붕괴하지 않고 제대로 작동하는 유일한 방법은 새로운 플레이어의 유입이었다.

그런데 2021년 여름, 스무스러브포션의 가격이 기하급수적으로 떨어지기 시작했다. 가격이 폭락하기 시작했음에도, 스무스러브포션은 무제한으로 공급됐다. 스카이마비스는 무료로 원하는 만큼 암호화폐를 발행할 수 있었기 때문이었다.

2021년 말에는 무려 30억 개가 넘는 스무스러브포션이 시중에 유통되고 있었다. 그것들이 진짜 실험실 플라스크였다면, 마닐라 대도시권이 강화유리로 빼곡히 뒤덮였을 것이다.

하지만 〈엑시 인피니티〉는 스무스러브포션을 더 많이 발행했다. 그리고 플레이어들은 공개 시장에서 더 많은 스무스러브포션을 팔았다. 이로 인해서 스무스러브포션의 가격은 더욱 하락했다. 2022년 2월, 이 암호화폐 가격은 개당 1센트 이하로 떨어졌다. 그렇게 되자 라피나도 자기가 데리고 있던 스콜라들을 모두 해고해야만 했다.

라피나가 말하길, 2021년 여름에 수익이 한창 많이 나던 때는 한 주에만 약 1만 달러를 벌었다고 한다. 필리핀 평균 연봉보다 큰 액수였다. 그는 다른 플레이어들에게 스무스러브포션으로 언제까지나 돈을 벌 수 있다고 기대하지 말라고 조언했다. 하지만 정작 본인은 자신의 조언을 받아들이지 않았다. 그는 애니메이션을 테마로 주문 제작한 손목시계를 친구들과 나눠 꼈다. 그리고 돈을 빌려달

비이성적
암호화폐

라는 사람들에게 서슴없이 돈을 빌려줬고, 지역 교도소 수감자들에게 수천 달러어치의 음식과 세면용품을 사서 보냈다. 하지만 스무스러브포션의 가격이 폭락하자, 그에게 남은 것은 아무것도 없었다.

이후 나는 카바나투안에서 몇 마일 떨어진 지역에 사는 그를 만나러 갔다. 그는 그곳에 게임으로 번 돈으로 집을 지었다. 미국 기준으로 보면, 그의 집은 그저 소박한 거주지였다. 빈 벽이 세워져 있고 바닥에는 모조 대리석 타일이 깔린 목장이었다. 하지만 카바나투안 기준으로 보면 그의 집은 궁전이나 다름없었다. 그의 집을 보자마자, 나는 집 공사를 완공하기도 전에 돈이 바닥났었구나 싶었다. 천장에 커다란 구멍이 나 있었다. 그리고 부모님을 위해서 누수방지 시멘트로 지은 집에도 가구 하나 없었다. 이층집으로 지으려고 했었는지 지붕에서 철근이 뾰족하게 튀어나와 있었다.

라피나는 처음에 나를 선뜻 만나려고 하지 않았다. 바로 전날 밤에 그는 술에 너무 취해서 앞으로 넘어졌고, 턱과 뺨에 큰 찰과상을 입었다. 그런데 그의 이모가 내게 과거의 영광스러웠던 날에 대해서 들려주라고 그를 설득했다. 그렇게 우리는 거실에 덩그러니 놓여 있는 검은색과 흰색 줄무늬 가죽 소파에 함께 앉았다.

"이 집을 짓는 것처럼 과거에 제가 할 수 있었던 일들이 모두 그저 꿈같아요. 그런 일이 있었다는 것을 믿을 수 없어요"라고 그가 타갈로그어로 말했다.

그가 말하길, 라피나가 도움을 줬던 사람들은 그를 회피하고 있었다. 그는 아버지 병원비를 내기 위해서 돈을 빌려야 했다. 하지만 라피나가 티는 안 냈지만 여전히 부자라고 생각하는 사람들은 그에게 돈을 빌려주려고 하지 않았다. 그리고 그가 빌린 돈을 갚을 능력이 없다고 생각하는 사람들 역시 그에게 돈을 빌려주길 거부했다. 그런데 다른 방에서 어떤 게임의 주제가 흘러나왔다. 그 게임 역시 게임을 하면서 돈을 버는 게임이었다. 하지만 그 어떤 게임도 그에게 이전처럼 큰 수익을 안겨주지 못했다.

그는 여전히 스무스러브포션 몇 개를 소지하고 있었다. "과거를 항상 기억하기 위한 증표 같은 것이죠"라고 그가 말했다.

스카이마비스는 〈엑시 인피니티〉 사태에 대한 책임을 전적으로 부인했다. "블록체인 자산인 스무스러브포션에서 나타난 거래 패턴은 스카이마비스가 의도하지 않은 투기성 거품을 발생시켰습니다"라고 법무 대리인이 내게 말했다. "스카이마비스는 〈엑시 인피니티〉 플레이어들에게 그 어떤 수익도 약속하지 않았습니다"라고 그가 덧붙였다. 스무스러브포션을 채굴하던 사람 중 일부에게 암호화폐 가격이 폭락해서 더 이상의 수익을 얻지 못하는 것은 그저 일거리가 없어지는 것에 불과했다. 하지만 많은 필리핀인들은 내게 캐릭터를 사기 위해서 소득을 투자했다거나 게임에 돈

비이성적
암호화폐

을 쏟아부으려고 대출까지 받았다고 말했다. 필리핀에서 차를 운전해줬던 패트릭 알칸타라Patrick Alcantara는 처가 식구한테서 빌린 약 2,100달러를 잃고 나서 자살까지 생각했었다고 말했다. 그는 그때까지 그렇게 큰돈을 어딘가에 투자한 적이 없었다. "저는 중독자 같았습니다"라고 그는 말했다.

나는 마닐라에서 이 게임으로 금전적 손해를 입은 또 다른 사람을 만나러 갔다. 그녀의 이름은 쉴라 퀴건Shiela Quigan이었다. 그녀의 집은 쓰레기가 둥둥 떠다니는 악취 나는 개울을 따라 난 좁은 골목길에 있었다. 사람들이 좁은 집을 조금이라도 넓게 쓰려고 공간을 넓히다 보니, 골목길은 원래보다 더 좁아졌다. 이제 막 걸음마를 뗀 어린아이들이 주차된 삼륜 오토바이 택시 주변에서 술래잡기 놀이를 하고 있었다. 그리고 닭싸움을 위해서 키우는 수탉이 들어 있는 닭장이 골목길에 쌓여 있었다. 빛바랜 파란색 방수포로 만든 천막에서 노래자랑이 한창이었다. 어떤 여성이 미국 컨트리 발라드를 큰소리로 부르고 있었다. "당신 없이 내가 어떻게 살아-우우우-우우우"라며 그녀는 목소리 높여 노래를 불렀다.

서른여덟 살의 퀴건은 여성 보건 기구에서 지역사회조직가로 일했다. 그녀는 한 달에 약 500달러를 벌었다. 월급이 너무 적어서 교통비를 아껴야 했던 그녀는 주중에는 사무실에서 잤다. 그녀의 남편 라이언Ryan은 배달 트럭을 운전했다. 그들은 열한 살의 아들과 다섯 살의 딸과 함께 한방에서 지냈다. 그들은 매우 위태로운 처지였다. 그들이 살던 임시 거주지가 1997년, 2008년, 그리고 2017년에 빠르게 퍼지던 화재로 전소됐다. 퀴건은 그런 일이 또 다시 일어나기 전에, 또는 개발 때문에 쫓겨나기 전에 더 좋은 동네로 이사를 가고 싶다고 내게 말했다.

"조만간 땅 주인이 우리를 내쫓을 거예요"라고 그녀는 말했다. 분당 1페소를 주면 사용할 수 있는 이웃의 빨래 건조기 돌아가는 소리가 바깥에서 들려왔다.

너도나도 게임에 빠져 있을 때 퀴건과 라이언 부부도 〈엑시 인피니티〉에 대한 소문을 들었다. 퀴건은 처음에는 회의적이었다. 그녀는 다섯 명의 사람들에게 그 게임으로 정말 돈을 벌고 있는지 확인할 수 있는 증거를 요청했고, 그녀는 그들이 몇 달 동안 꾸준하게 게임을 한 대가로 급여를 받고 있다는 사실을 확인할 수 있었다. 그것을 보고 그녀는 몇 달 안에 집을 개보수할 돈을 충분히 벌 수 있겠다는 계산이 섰다. 친정어머니에게 빌린 약 1,500달러로 털이 복슬복슬한 방울, 식물, 그리고 이상한 꼬리가 달린 바다 생물을 사서 팀을 꾸렸다. 라이언은 밤에 퇴근하고 나서 퀴건이 자고 있는 소파에 앉아 몇 시간 동안 게임을 했다. 그는 아들에게 실수라도 하면 손실을 입을 수 있다고 말하며 게임에 손도 못 대게 했다. 스무스러브포션의 가격이 하락하자, 부부는 손실을 줄이고 라이언이 게임으로 번 스무스러브포션 3만 개를 팔 것이냐 말 것이냐를 두고 다퉜다. 하지만 그들은 절대 그렇게 하지 않았다. 퀴건은 스카이마비스의 낙관적인 발언에 설득되어 암호화폐를 팔지 않았다고 말했다.

"깜짝 놀랄 일이 생길 테니 기다리라며 이 세상을 뒤흔들어 놓을 것이라고 회사는 말했습니다"라고 퀴건이 말했다.

퀴건은 자신과 남편은 벌이가 더 좋은 직업을 찾아서 두바이로 갈까 생각했었다고 말했다. 하지만 그녀는 여전히 매일 스무스 러브포션의 가격을 확인한다.

"화나지 않아요. 저는 가끔, 어떤 식으로든 가격이 오를 것이라고 낙관해요"라고 그녀가 말했다.

퀴건은 화가 나지 않았을지도 모른다. 하지만 나는 화가 났다. 암호화폐 관계자들과 실리콘밸리 벤처캐피털리스트들은 필리핀인들에게 거짓된 희망을 심어줬다. 그들은 〈포켓몬〉 싸구려 모조품을 기반으로 형성된 언젠가는 터질 수밖에 없는 거품을 노동의 미래라고 홍보했다. 그리고 설상가상으로 2022년 3월, 북한 해커들이 소위 이 게임과 연계된 암호화폐 거래소에 침투했고 6억 달러 상당의 스테이블코인과 테더를 훔쳐 갔다. 미국 관계자에 따르면, 이 해킹 사건이 김정은이 탄도미사일 발사실험을 하는 데 필요한 자금을 조달했다. 가난한 사람들에게 돈을 벌 새로운 방법을 제시하는 대신, 〈엑시 인피니티〉는 그들이 평생 모은 돈을 독재자의 무기 개발 프로그램에 흘러 들어가게 했다.

내가 바하마의 FTX 사무실을 다녀오고, 라즐칸이 체포되고, 두 달이 지난 2022년 4월, 샘 뱅크먼-프리드는 나소에서 콘퍼런스를 개최했다. '암호화폐 바하마'라는 이 콘퍼런스는 '블록체인, 디지털 자산과 웹3에 대한 주요 투자자들과 구축자들의 독점 모임'이란 명칭이 붙었다.

그곳에는 〈엑시 인피니티〉가 미래의 비전이라고 홍보했던 사람들도 있었다. 나는 그들이 이 실패에 대한 잘못을 깨닫고 반성하는지 확인하기 위해 그곳에 참석하기로 결심했다. 아마도 그곳에서 사람들이 암호화폐로 금방 돈을 버는 방법에 대해서는 덜 이야기하고, 24시간 트레이딩에 사용하거나 은행 송금 속도를 높이거나 이주 노동자들이 좀 더 저렴하게 소득을 고향으로 보내는 데 사용하는 등, 내가 여기저기서 봤던 암호화폐의 실질적인 사용 방법에 대해서 더 이야기할 것이라고 나는 생각했다. 그리고 미꾸라지처럼 요리조리 잘 피해 다니는 테더의 실질적인 대표인 지안 카를로 데바시니를 만날 가능성도 있었다. 그는 나소에 부동산을 갖고 있었다.

14

폰지노믹스

NUMBER GO UP

"정말 멋진 상자이지
않나요?"

나소에서의 첫날 아침, 바하마르로 태워줄 셔틀버스가 호텔 밖에서 나를 기다리고 있었다. 바하마르는 객실 2,300개를 갖춘 리조트이자 카지노였다. 여기서 샘 뱅크먼-프리드가 크립토 바하마스 콘퍼런스를 열고 있었다. 바하마르 객실은 매진이었다. 케이티 페리와 그녀의 남편 올랜도 블룸이 전 미식축구선수 톰 브래디, 은퇴한 야구선수 데릭 지터Derek Jeter, 그리고 전직 대통령 빌 클린턴과 국무총리 토니 블레어와 함께 바하마에 온다는 소문이 있었다. 나는 섬의 반대쪽에 있는 호텔에 머무르고 있었다.

우리가 입구를 빠져나오자, 놀랍게도 교통경찰이 우리를 호위했다. 오토바이를 탄 교통경찰은 사이렌을 울리며 정지 신호를 빠르게 지나쳤다. 셔틀버스가 속도를 내자, 그는 수신호로 교통정리를 했다. 지퍼처럼 한 줄로 늘어선 차들이 우리에게 길을 내어주기 위해서 연석 쪽으로 바짝 붙어 서기 시작했다.

나는 전직 대통령인 클린턴이라도 셔틀버스에 타도 있는 건가 싶어서 뒤를 돌아봤다. 내 뒤에 3명이 앉아 있었고, 그 누구도 전직 대통령은 아니었다. 바하마가 나에게 이런 대접을 해준다면, 뱅크먼-프리드에게는 얼마나 융숭한 대접을 해줬을지 상상이 갔다.

앤서니 스카라무치Anthony Scaramucci는 11일 동안 트럼프의 홍보부장을 지낸 말만 번지르르한 헤지펀드 매니저였다. 그는 뱅크먼-프리드와 함께 콘퍼런스의 공동 주최자였다. 그는 기자회견을 열 기회를 그냥 지나칠 인물이 아니었다. 그는 행사가 본격적으로 시작되기 전에 기자들을 불러 모았다. 58세의 스카라무치는 태닝을 한 듯이 보였고, 보톡스를 맞았는지 피부가 탱글탱글했다. 그는 몸에 꼭 맞는 정장을 입고 있었고, 올백 머리는 최근에 염색했는지 잿빛처럼 새카맸다. 그는 FTX가 모든 주식을 암호화폐로 바꿔놓을 것이라고 기자들에게 말했다. 그렇게 되면 스타벅스는 라떼와 함께 주식을 고객에게 팔게 될 것이라고 덧붙였다. 그런데 그는 암호화폐 관계자의 옷 입는 스타일에 흠뻑 빠진 듯했다.

"이 사람들은 자기들 나름의 옷 입는 방식이 있어요"라고 그는 말했다. "저는 브리오니를 입고 있습니다. 이 사람들은 룰루레몬 팬츠를 입죠. 이 사람들은 미래로 나아가고 있습니다. 그런데 그들은 제가 지금까지 만난 사람 중에서 옷을 가장 못 입는 사람들이에요"라고 그는 덧붙였다.

콘퍼런스가 시작됐을 때, 필립 데이비스Philip Davis 바하마 총리가 무대에 올랐고 뱅크먼-프리드처럼 관중에게 바하마 섬으로 이주할 것을 제안했다. "암호화폐 세계에서 가능성을 본다면, 그렇다면 바하마가 당신들이 살 곳입니다. 신사 숙녀 여러분, 바하마에 오신 것을 정말 환영합니다"라고 데이비스는 말했다.

아침 느지막이 작가 마이클 루이스Michael Lewis가 무대에 올랐고 뱅크먼-프리드와 암호화폐 벤처캐피털리스트를 인터뷰했다. 나는 《라이어스 포커Liar's Poker》, 《빅 쇼트The Big Short》 등 그의 책을 읽으면서 자랐다. 나는 어떻게 월가가 부채담보부증권으로 세계 경제를 폭파시켰는지를 내게 가르쳐줬던 사내가 암호화폐에 대해서 어떻게 생각하는지를 듣게 된다는 사실에 너무 신났다. 뱅크먼-프리드가 그의 다음 작품의 주인공이라는 이야기도 들었다.

루이스는 사립학교 교장처럼 보였다. 그는 파란색 블레이저 안에 파란색 옷핀으로 고정해서 옷깃이 뾰족하게 세워진 하얀 와이셔츠를 입고 있었다. 그는 옆 가르마를 타고 머리를 완벽하게 옆으로 넘겼다. 그가 뱅크먼-프리드에게 칭찬 세례를 퍼붓기 시작하자, 그는 마치 가장 아끼는 스타 제자에게 상을 수여하는 것처럼 보였다.

"3년 전에 당신을 아는 사람은 아무도 없었습니다. 지금 당신의 사진은 잡지 표지에 실리고, 어마어마한 부자죠. 당신의 사업은 이 지구 역사상 가장 빠르게 성장하는 것 중 하나인 것 같습니다"라고 루이스가 말했다. 그의 말에 관중은 박수쳤고, 그의 칭찬을 받은 주인공은 피식 웃었다. "당신은 빠르게 기록을 갱신하고 있습니다. 사람들은 무슨 일이 벌어지고 있는지 제대로 알지 못할 것입니다. 이 혁신이 얼마나 극적으로 변해갈지 알지 못하겠죠"라고 그는 덧붙였다.

루이스는 말을 계속 이어갔고, 뱅크먼-프리드는 신고 있는 은색 뉴발란스 스니커즈의 발가락 부분을 손으로 톡톡 쳤다. 그리고 다리를 떨지 않으려는 듯 팔꿈치로 다리를 꾹 누르기도 했다. 루이스는 그를 자신이 선호하는 글감인 진실을 밝히고 기존 시스템을 와해하는 외부인 중 하나로 보고 있는 것 같았다. 그렇더라도 그의 아부성 질문은 저널리스트로서 부적절해 보였다. 사람들로 꽉 들어찬 강당에서 듣고 있자니, 나는 루이스가 정말로 책을 쓰고 있는지 또는 FTX에서 돈을 받고 행사에 나온 것은 아닌지 의문이 들었다. (나중에 루이스는 자기 책 때문에 행사에 출연했지만 그 이유로 돈을 받지는 않았다고 내게 말했다.)

루이스는 암호화폐에 문외한이라고 말했다. 하지만 그는 암호화폐가 대단하다고 꽤 확신하는 것 같았다. 그는 여론과 달리 암호화폐가 범죄에 적합하지 않다고 말했다. 그는 미국 규제 당국은 월가의 기성 은행에게 세뇌를 받았거나 매수를 당해서 암호화폐 업계에 적대적이라고 생각했다. 나는 그가 무수히 많은 암호화폐 사기에 대해 못 들었는지 의아했다. 어쨌든 그의 생각은 터무니없는 듯했다.

"기존 금융 시스템을 보세요. 그리고 기존 금융 시스템 밖에 암호화폐가 어떤 시스템을 만들었는지 보세요. 암호화폐가 만든 시스템이 더 낫습니다"라고 루이스는 말했다.

뱅크먼-프리드가 준비한 크립토 바하마스의 다른 행사도 비슷하게 정신없이 진행됐다. 그는 더듬더듬 블레어와 클린턴과의 인터뷰를 진행했다. 두 사람은 어느 순간 그에게 아버지처럼 도움의 손길을 내밀었다. (클린턴이 행사 출연료로 최소 25만 달러를 받았다는 소문이 있다.) 그는 자선기금에 대해서 슈퍼모델 지젤 번천 Gisele Bündchen과 따분한 대화를 나눴고, 그녀의 남편 톰 브래디와 리더십에 대해서 진부한 이야기를 했다. 뱅크먼-프리드와 번천은 《보그》와 《GQ》에 실린 FTX 광고 사진을 함께 찍었다.

사회자가 "계속 승리하는 것이 너무 지루하지 않나요?"라고 물었고, 뱅크먼-프리드는 "저는 그저 아무 감각이 없어요"라고 답했다.

브래디는 "나는 승리하는 것이 지겨운 적이 없습니다"라고 말했다.

뱅크먼-프리드가 내가 존경하는 많은 사람을 초청해서 암호화폐 도박을 홍보하는 것을 보는 것은 우울한 경험이었다. (나중에

비이성적
암호화폐

안 사실인데, 브래디와 번천은 뱅크먼-프리드를 후원하는 대가로 약 6억 달러를 받았다.) 루이스, 클린턴과 내가 고등학생일 때 슈퍼볼에서 열심히 응원했던 브래디뿐만 아니라 내가 제일 좋아하는 코미디언 래리 데이비드Larry David도 참석했다. 그는 FTX의 슈퍼볼 광고에 출연했다. 그리고 86년 만에 레드삭스를 첫 번째 월드 시리즈 우승으로 이끌었던 데이비드 오르티즈David Ortiz도 있었다. "이봐, 나도 참여해"라고 오르티즈가 FTX TV 광고에서 말했다.

뱅크먼-프리드의 콘퍼런스에 모인 청중들은 더 서민적이었던 마이애미의 비트코인 행사에 참여했던 사람들에 비해 종교적 열망과 유사한 열정이 부족했다. 대신 그들은 세 그룹으로 나뉘었다. 첫째, 일찍이 암호화폐 업계에 발을 들인 벤처캐피털리스들이 있었다. 그들은 자신들이 구입한 암호화폐의 가격이 터무니없이 높게 올라가는 것을 보았고, 그들은 이제 자기들이 미래를 예측할 수 있다고 믿었다. 둘째, 암호화폐 스타트업의 창립자들도 있었다. 그들은 암호화폐 사업으로 수백만 달러를 조달해서 금융의 미래를 만드는 것에 대해서 자신들의 허황된 주장을 진짜 믿는 것처럼 보였다. 그리고 셋째, 프로그래머들이 있었다. 그들은 암호화폐 세계에서 할 수 있는 새로운 일에 대한 자신들의 기발한 아이디어에 사로잡혀 암호화폐 기술이 유용한 일을 했는지에 대해 한 번도 생각하지 않았다.

'디제너레이트 트레시 판다스Degenerate Trash Pandas' 프로젝트를 축하하는 파티에서 나는 코드 설계자에게 암호화폐가 일반 사람에게 도움이 될 것인지 물었다. "그게 왜 중요하다고 생각하나요?"라고 그가 아주 진지하게 물어서 나는 "정말 알고 싶습니다"라고 말했다.

기자실에서 나는 〈샤크 탱크〉에 심사위원으로 출연해서 '멋쟁이'라 불렸던 케빈 오리어리Kevin O'Leary를 만났다. TV쇼에 나갈 준비로 그는 전기면도기로 깨끗하게 밀어서 이미 윤이 나는 민머리를 닦고 있었다. (그는 FTX를 홍보하는 대가로 1,500만 달러를 받았다.) 그리고 내가 몇 년 전에 조사했던 뉴욕 출신의 남자도 봤다. 그는 '짐 스타크Jim Stark'라는 가명으로 종종 불렸지만, 그의 실명은 앤드루 마산토Andrew Masanto였다. '줄기세포'로 만든 탈모치료제를 사용했다가 화가 난 소비자들이 그를 상대로 소송 3건을 제기했다. (그는 자신은 그 치료제와 아무 관련이 없다고 주장하고 있다.) 나는 어색하게 내 소개를 다시 했다. 그는 '웹3 소셜 플랫폼'을 만들고 있으며 유명한 암호화폐를 만드는 일도 도왔었다고 내게 말했다. 그가 개발을 도왔다는 암호화폐의 시장가격을 확인했더니, 거의 40억 달러였다.

"그 기술은 대단히 합법적입니다"라고 그가 말했다. FTX의 언론 대변인을 통해서 나는 콘퍼런스 참석자들과의 인터뷰 일정을 잡았다. 그중에 아발란체Avalanche라고 불리는 유명한 블록체인을 운영하는 아바랩스Ava Labs의 사장인 존 우John Wu가 있었다. 그곳에 온 사람 중에서 제정신인 사람이 있다면 아마도 그 사람일 것 같았다. 2주 전에 아바랩스는 50억 달러의 가치평가로 자금을 조달받았다. 우는 51세로 코넬 대학교와 하버드 경영대학원을 졸업하고 대형 헤지펀드인 타이거글로벌Tiger Global에서 잠시 일했다.

우리가 자리에 앉자, 그와 그의 동료는 한 달도 채 안 되는 기간에 4만 명의 사용자를 끌어들인 그들의 블록체인에서 작동하는 젤다 같은 돈 버는 게임에 대해서 자랑했다. 그들은 그 게임이 사람들에게 디파이를 가르쳐주고 높은 수익을 얻게 돕는다고 말했다. 그것은 〈엑시 인피니티〉와 매우 비슷한 게임처럼 들렸다. 나는 그들이 〈엑시 인피니티〉 사태 이후에 정색하고 그런 이야기를 한다는 것을 믿을 수 없었다. "지금 디파이로 10퍼센트 수익을 얻을 수 있습니다. 진정한 프리랜서가 될 수 있습니다. 말 그대로 이 게임을 하면서 직업을 관둔 사람들이 있어요. 이것은 마법이 아닙니다. 이 바닥에서 무슨 일이 일어나고 있는지를 안다면 인생이 바뀔 것입니다"라고 우가 말했다.

우주를 테마로 해서 개발된 암호화폐 게임 〈스타 아틀라스〉를 만든 마이클 바그너Michael Wagner는 개념 증명으로 〈엑시 인피니티〉를 꼽았다. 형형색색 방울과 스무스러브포션 대신 〈스타 아틀라스〉 플레이어들은 암호화폐 아틀라스를 얻으려면 우주선 NFT를 사야 했다. 그리고 그는 이미 거의 2억 달러의 값어치를 지닌 우주선 NFT를 팔았다고 내게 말했다. 하지만 내가 게임을 한 번 해볼 수 있느냐고 묻자, 그는 게임이 아직 존재하지 않는다고 했다. 그는 이미 우주선 NFT를 팔았지만, 게임은 적어도 5년 뒤에 출시될 예정이라고 했다. 그는 "아주 초기 단계입니다. 이 게임의 이용자는 수십억 명이 될 거라고 믿어요"라고 말했다.

다른 암호화폐 기업의 임원은 내게 그가 8달러를 주고 산 어떤 스니커즈의 디지털 이미지를 보여줬다. 그는 그것의 가치가 100만 달러 이상으로 성장할 것이라고 말했다. 그는 내게 최근에 이런 스니커즈 이미지들을 소유한 모든 사람에게 그 자체로 3만 달러의 가치를 지닌 상자 이미지가 발행됐다고 말했다. 그 상자 이미지를 열면, 다른 스니커즈 이미지가 나오고, 각각의 이미지가 가치를 지녔다고 말했다. "이것은 끝이 없는 폰지 사기에요. 저는 이것을 폰지노믹스라고 부릅니다"라고 그는 만족스럽다는 듯이 말했다.

아무래도 암호화폐가 '현실 세계'에서 사용된 가장 유명한 사례는 '스테픈Stepn'인 듯하다. 스테픈은 이용자의 활동량을 기록하고, 걷거나 뛰면 이용자에게 '그린 사토시Green Satoshis'를 지급하는 앱이다. 그런데 앱 이용자는 처음에 500~1,000달러 하는 가상 스니커즈를 구입해야 한다. 〈엑시 인피니티〉와 별반 다를 것 없는 사업 모델이었지만 그 누구도 신경 쓰지 않았다. 이 앱이 출시됐을 무렵에 FTX 사무실을 방문한 어느 작가는 그린 사토시를 벌려고 주차장을 걸어 다니는 직원들을 보기도 했다. 스테픈 개발사는

비이성적
암호화폐

매달 대략 4,000만 달러를 벌어들이고 있었다.

"아마도 많은 프로젝트에 대해서 비판적인 의견을 내놓겠지만, 당신의 사업 모델을 폰지 사기라고 비판하는 사람들에게 뭐라고 하겠나?"라고 나는 최대한 예의를 차리며 스테픈 공동 창립자 욘 롱Yawn Rong과의 줌 인터뷰에서 물었다.

오스트레일리아에서 타일 도매업을 했던 37세의 롱은 내 질문을 불쾌하게 받아들이지 않았다. 그는 둘 사이의 유사성을 즉시 인정했다. "그렇다. 폰지 구조다. 하지만 폰지 사기는 아니다"라고 그는 말했다.

롱은 폰지 사기에서는 설계자가 '사기성 자금'을 처리해야 하지만, 그는 스니커즈를 거의 헐값에 팔아서 약간의 이익만을 가져갔다. "사용자들은 서로 직거래를 합니다. 그들은 저를 거치지 않아요"라고 롱은 말했다. 본질적으로, 그는 스테픈 앱을 다운로드하고 그런 사토시를 얻기 위해 걸으면서 암호화폐 형제들이 스스로 폰지를 만들고 있다고 주장했다.

그의 말을 들으니, 내가 들어본 거의 모든 암호화폐 기업이 탐사 보도의 좋은 취재거리가 될 것이란 생각이 번뜩 떠올랐다. 하지만 그들의 황당무계한 주장이 틀렸다고 증명할 사실과 근거를 체계적으로 모아야 한다고 생각하니 맥이 탁 풀렸다. 그리고 한 이탈리아 프로그래머가 만들어낸 '헛소리 비대칭 원리'가 생각났다. 그는 인터넷 시대에 거짓임을 밝혀내는 것이 어렵다는 것을 설명하려고 이 용어를 만들어냈다. "헛소리를 반박하는 데 필요한 에너지는 헛소리를 하는 데 드는 에너지보다 훨씬 크다"라고 알베르토 브란돌리니Alberto Brandolini가 2013년에 썼다.

나는 미팅 사이사이에 뱅크먼-프리드 곁을 항상 지키는 천사 같은 니샤드 싱이 주변에 있는지 살폈다. 우리가 처음 만났을 때, 그는 나를 매우 추켜세워 줬다. 그가 보이지 않자, 나는 그 역시 형편없는 사업계획이 상당히 거슬렸을 것이라고 생각했다. 그리고 나는 이곳에서 마침내 FTX의 유명한 코드 설계자인 개리 왕이나 알라메다리서치의 사장이었던 뱅크먼-프리드와 제인스트리트Jane Street에서 함께 일했던 캐롤라인 엘리슨을 만나기를 바랐다. 하지만 나는 그들 중 그 누구도 보지 못했다.

크립토 바하마 전날, 샘 뱅크먼-프리드는 암호화폐 산업의 상당 부분이 헛소리 위에 세워졌다는 사실을 거의 인정했다. 물론 그가 콘퍼런스 무대 위에서 이런 발언을 한 것은 아니었다. 그는 〈머니 스터프〉 칼럼니스트 맷 레빈과의 팟캐스트 인터뷰에서 그렇게 말했다. 레빈은 제이슨 스톤이 셀시어스에서 활용했던 투자 기법인 '이자 농사'에 대해 그에게 간단하게 질문했다. 뱅크먼-프리드는 이자 농사에 관해 설명하면서, 암호화폐 다단계 판매에 대해서도 가감 없이 이야기했다.

"상자 제조회사를 먼저 세웁니다. 상자 제조회사는 그 상자가 인생을 바꿀, 그러니까 30일 이내에 모든 대형 은행을 대체하고 천지를 개벽할 프로토콜이라고 포장합니다. 아마도 지금 당장은 그 상자가 무엇을 하는지 무시하거나, 말 그대로 아무것도 아닌 척해야 하죠"라고 뱅크먼-프리드가 말했다.

그는 상자 제조회사는 거의 힘을 들이지 않고 상자에서 발생한 수익을 공유할 토큰을 발행할 수 있다고 했다. "물론 상자 제조회사는 그 상자에서 수익금이 생기는 설득력 있는 이유를 정확하게 제시하지 못합니다. 저도 모르겠어요. 그러나 수익금은 생길 겁니다"라고 뱅크먼-프리드가 말했다.

레빈은 상자와 '상자 토큰'은 분명 아무 가치가 없다고 정곡을 찔렀다. 뱅크먼-프리드는 반박하지 않았다. 하지만 그는 "우리가 사는 이 세상에서 당신이 상자와 상자 토큰을 만든다면, 모두가 '우와, 상자 토큰이네. 멋진데'라고 생각할 것입니다"라고 말했다. 호기심이 많은 사람은 상자 토큰을 사 모으기 시작할 것이다. 그리고 〈엑시 인피니티〉가 플레이어들에게 스무스러브포션으로 보상해준 것처럼, 상자 제조회사는 상자에 돈을 보관하는 사람에게 공짜 상자 토큰을 나눠줄 수 있게 된다. 그리고 암호화폐 투자자들은 은행에 돈을 맡기는 대신 상자에 돈을 넣으면 더 높은 수익률을 얻을 수 있다는 것을 알게 될 것이다. 뱅크먼-프리드는 오래지 않아서 상자는 수억 달러로 가득 차게 되고 상자 토큰의 가격은 올라갈 것이라고 말했다. "정말 멋진 상자이지 않나요? 이것은 가치 있는 상자입니다. 사람들이 사실상 상자에 자기 돈을 투자한다는 것이 그 증거죠. 그들이 상자에 대해서 틀린 판단을 내렸다고 우리가 말할 수 있나요?"라고 그는 덧붙였다. 고급 플레이어들은 이 상자에 점점 더 많은 돈을 투자할 것이고, "상자에 무제한으로 돈이 흘러 들어와서 모두가 돈을 벌게 됩니다"라고 그는 말했다.

"저는 상당히 냉소적인 사람입니다. 그런데 당신은 저보다 훨씬 더 냉소적으로 이자 농사를 설명했어요. 당신의 설명을 들으면, '나는 다단계 사업을 하고 있고 사업은 꽤 잘 된다'라고 말하는 것 같아요"라고 레빈은 말했다.

뱅크먼-프리드는 레빈에게 그런 식으로 반응할 만하다고 했다. "우울하리만치 타당한 반응이라 생각해요"라고 말하며 그는 말끝을 흐렸다.

나는 그토록 솔직한 뱅크먼-프리드가 놀랍지 않았다. 하지만 내가 그에 대해서 조사를 제대로 하지 않았다는 생각이 들었다. 나는 그가 속한 암호화폐 산업 전체가 기본적으로 사기일지도 모른다는 부분에 그다지 집중하지 않았다. 대신 나는 그가 정말로 수익을 자선단체에 기부하는가에 집중해서 그를 조사하고 기사를 썼다. 나는 가까스로 기자실 밖에서 뱅크먼-프리드와 잠깐 만날 수 있었다.

"제가 당신을 너무 쉽게 봤을까요?"라고 나는 물었다.

"아마도 그랬던 것 같아요"라고 그가 말했다. 몇 분 뒤 그는 톰 브래디와 점심을 먹기 위해서 자리를 급하게 떠났다.

크립토 바하마에서 암호화폐 헛소리의 거대한 화산이 폭발했다는 사실을 곱씹자, 나는 테더가 이 화산 폭발의 핵심임을 깨달았다. 모든 암호화폐 기업은 투자자들이 자신이 발행한 암호화폐를 사고팔 수 있도록 FTX와 같은 암호화폐 거래소에 기댔다. 그리고 이어서 암호화폐 거래는 진짜 미국 달러와 중요한 관계를 맺는 수단으로 테더에 기댔다. 테더 없이 암호화폐 경제는 결코 발전할 수 없었을 것이다.

내가 인터뷰했던 사람들 중에 그 누구도 테더의 자금이 어디에 있는지, 무엇이 테더코인을 보증하는지에 대해 특별히 걱정하는 것 같지 않았다. 이는 당연했다. 그 무엇도 가치를 보증하지 않는 암호화폐로 막대한 돈을 벌었는데, 테더가 갖고 있다고 주장하는 모든 자금을 진짜로 보유하고 있는지 걱정하는 데 시간을 쓸 텐가, 아니면 케이티 페리와 올랜도 블룸이 참석하는 파티에 가겠나? 그러나 나는 그들 모두가 자신들이 믿는 암호화폐 경제 전체가 안고 있는 위험을 간과하고 있다고 생각했다.

"암호화폐를 공매도 하는 이들은 멍청이예요"라고 암호화폐 벤처캐피털리스트 카일 사마니Kyle Samani가 내게 말했다. 그의 펀드는 솔라나란 암호화폐에 투자해서 수억 원을 벌어들였다. "암호화폐는 진짜고 합법적입니다. 그들은 암호화폐는 과할 정도로 담보가 확실하다는 사실을 이해하지 못해요. 저는 걱정하지 않습니다"라고 그는 말했다.

나는 테더의 비밀스러운 대표인 지안카를로 데바시니를 보게 될 기회를 얻기를 바랐다. 콘퍼런스 장소가 그의 바하마 저택에서 몇 마일 떨어지지 않다는 것을 알고 있었고, 또 그의 모든 거물급 고객들이 콘퍼런스에 참석했기 때문이다. 하지만 나는 그뿐 아니라 테더 임원 그 누구도 못 봤다.

테더가 일부 자금을 맡긴 델텍 뱅크 앤 트러스트는 콘퍼런스의 주요 후원사 중 하나였다. 그래서 나는 리조트 잔디밭에서 진 차폴린Jean Chalopin 회장을 우연히 만나서 기뻤다. 우리는 그의 사무실에서 인터뷰를 한 뒤에 계속 연락을 주고받으며 관계를 이어가고 있었다. 그가 뉴욕으로 정기적으로 출장을 오면 함께 술을 마시거나 아침을 먹었다. 나는 이 프랑스 은행가와 〈가제트 형사〉를 제작하던 시절에 관해 이야기하는 것이 좋았다. 그러면서 그가 테더에 대해서 뭔가 말실수를 하길 바랐다. 그가 데바시니를 위해서 나를 예의주시하는 것인지 때때로 궁금했지만, 그 역시 나의 이야기를 듣는 것이 즐거운 눈치였다.

나는 테더 관계자 중에 왜 그 누구도 이번 콘퍼런스에 참석하지 않았는지를 그에게 물었다. 차폴린은 테더에서 사실 대변인을 보냈다고 알려줬다. 주인공은 바로 테더 CEO 장-루이스 반 데르 벨데Jean-Louis van der Velde였다. 그는 59세의 네덜란드인으로 홍콩에서 거주했고, 가전사업을 하던 시절부터 데바시니와 함께 일했다. 데바시니가 은둔자라면, 반 데르 벨데는 유령이었다. 그는 인터뷰한 적이 단 한 번도 없었고, 대중 앞에 모습을 거의 드러내지 않았다. 그래서 일부 음모론을 좋아하는 테더 지지자들은 그가 실존 인물이 아닐지도 모른다고 추측했다.

나는 반 데르 벨데가 CEO지만 아무 힘이 없고 테더의 진짜 주인인 데바시니의 결정을 항상 따른다고 들었다. 하지만 그가 테더의 수익에 대해서 모든 것을 알고 있을 것 같았다. 아니면 테더가 수익이 없다는 것을 알고 있을지도 몰랐다. 차폴린은 내게 그를 소개해줄 수 있을지도 모른다고 했다. 나는 그 앞에서 말을 가려서 해야 했다. "그들은 물어뜯겨서 상처 입은 동물이라고 생각하세요. 천천히 접근해야 합니다"라고 그가 내게 문자 메시지를 보냈다.

콘퍼런스 마지막 날에 차폴린은 회의장 밖에 있는 복도에서 그를 만날 거라고 내게 알려줬다. 나는 차폴린에게 걸어가면서 머리카락 한 가닥은 내리고 나머지 머리는 오른쪽으로 넘긴 백발의 키 큰 남자를 흘끔 쳐다봤다.

"일을 망치면 가만두지 않겠어요"라고 차폴린이 웃으면서 말했다.

나는 다른 사내에게 손을 내밀며 말했다. "만나서 반갑습니다."

"저는 존재하지 않는 남자라고 합니다"라고 반 데르 벨데가 말했다.

차폴린은 우리 두 사람이 대화할 수 있도록 자리를 떠났고, 우리는 다음 날 만나기로 약속을 잡았다. 유명 인사 대접을 받는 암호화폐 대기업의 임원 대부분과 달리, 그가 걸어가는 데 그 누구도 다가오지 않았다.

우리는 바하마르의 어느 바에서 다시 만났다. 그곳에는 우리 두 사람을 제외하고 아무도 없었다. 그는 왼쪽 가슴에 알파벳 'X' 3개가 적힌 흰색 폴로 셔츠와 청바지를 입고, 파란색 스니커즈를 신었다. 그의 얼굴선은 단정했고, 그의 코는 둥글납작했고 끝에 작은 흉터가 있었다. 그는 완벽하게 광을 낸 전세 요트의 깔끔떠는 선장처럼 보였다.

"저는 카지노가 싫습니다"라고 그가 걸어가면서 말했다. 그는 안경을 접어서 엄지손가락만한 케이스에 넣었다. 그리고 작은 소파에 앉아서 손세정제를 주문했다.

반 데르 벨데가 언론과 콘퍼런스 연사를 피하는 이유는 뭔가 숨길 것이 있어서가 아니라 가족의 안전이 걱정되기 때문이라고 했다. 그의 의도들은 그저 좋았지만, 설명대로라면 그는 음모의 희생자였다. 그는 강력한 세력들이 힘을 합쳐서 그와 테더를 해치려고 한다고 했다. 트위터의 익명 게시글이 거짓의 씨앗을 뿌리고, 언론이 그 씨앗을 퍼트렸다. 그는 6개월 전에 《비즈니스위크》

비이성적
암호화폐

에 실린 나의 테더 기사가 거대한 음모의 일부라고 했다.

"당신은 오늘 저를 만나도록 조정당했어요"라고 그는 천천히 말했다.

3시간 동안 반 데르 벨데는 직접적으로 언급하지 않고 테더에 대해 뭔가를 이야기하려는 듯이 중언부언했다. 그는 테더가 없었다면 지금 우리가 알고 있는 암호화폐 산업은 존재하지 않았을 거라고 말했다. 그의 말대로면 은행이 암호화폐 거래소와 금융거래를 원치 않을 때, 테더는 현금 접근성을 제공했다. 하지만 테더는 그렇게 함으로써 대가를 치렀다.

이 거짓들이 그토록 해롭다면, 나는 테더의 사업이 어떻게 돌아가는지, 또 그 자금이 어디에 있는지를 설명하고 의문을 잠재우는 게 어떻겠냐고 그에게 제안했다. 나는 뱅크먼-프리드는 내가 바로 옆에서 일하는 모습을 지켜볼 수 있게 했다고도 말했다. 그리고 그는 자신의 사업에 대해 숨길 것이 하나도 없는 듯이 보였다고 덧붙였다. 반 데르 벨데는 내 말이 거슬리는 듯했다. 그는 자신이 밝힐 수 없는 일이 과거에 있었다고 넌지시 말해줬다.

"사업을 하면서 숱한 전투를 벌이고 그로 인해 입은 피해가 없다면 언론인을 사무실로 초대하는 일은 식은 죽 먹기만큼 쉽습니다"라고 그가 말했다. "테더는 전체 암호화폐 산업을 구했습니다. 우리는 이 무거운 짐을 짊어져야 했어요. 샘은 새 출발을 할 여유가 있었죠. 샘은 테더처럼 숱한 전투를 치를 필요가 단 한 번도 없었습니다"라고 그가 덧붙였다.

반 데르 벨데는 큰 결심을 하고 나의 인터뷰에 응했다고 했다. 그는 《파이낸셜타임즈》가 자신의 이력에 대해 비판적인 글을 쓴 것에 화가 나 있었다. 무엇보다도 그는 정부의 '신뢰할 수 없고 법을 위반하는' 기업 명단에 포함된 중국산 전자제품 무역회사를 운영했다. 그리고 그는 흡연을 건강하게 만드는 비타쿨이라는 제품을 판매하는 홍콩 기업에서 영업사원으로 일했다. "담배를 피울 때 꽁초를 비타쿨에 담그면, 놀랍게도 니코틴 80퍼센트가 비타민으로 바뀐다"라고 홍콩 회사는 주장했다.

그는 자신은 정직한 사업가라고 했다. 그는 다른 전자제품회사에서 일하고 있을 때 벤처캐피털리스트들이 더 많은 자금을 조달하기 위해 재정 전망을 더 좋게 보이도록 바꿀 것을 요구했다고 말했다. 그는 이 제안을 거부했고, 결국 해고됐다. "거짓말을 하기 시작하면, 머지 않아서 그 거짓말이 당신에게 되돌아오죠"라고 그는 말했다.

반 데르 벨데는 세 번이나 자신은 돈에 관심이 없다고 말했다. 그는 심지어 돈에 대해서 생각하는 것조차 좋아하지 않는다고 말했다. 그것은 새로운 종류의 돈을 발행하는 회사를 경영하는 사람의 입에서 나올 법한 말은 아니었다. "블록체인은 돈이 전부가 아닙니다. 저는 젊은이들이 블록체인으로 처음 100만 달러를 벌어서 페라리와 같은 사치품을 사는 것을 보면 속이 너무나 상해요"

비이성적
암호화폐

라고 그가 말했다.

그는 테더를 비판하는 사람들은 조잡한 연결고리를 바탕으로 성급하게 결론을 내리는 음모론자라고 주장했다. 하지만 그는 그런 비평가들에 대해 나름대로 정교한 음모론을 폈다. 그는 뉴스에 보도되는 내용을 믿지 말라고 하면서, 테더가 안전하다는 그의 확신을 내가 받아들이기를 원했다. 아무런 추가적인 증거도 주지 않으면서 말이다.

"신뢰, 이것은 지금 인간 사이에 존재하는 가장 큰 문제입니다"라고 그가 발가락 쪽으로 몸을 흔들면서 말했다.

우리는 몇 시간 동안 해야 될 진짜 질문을 피하고 다른 이야기만 했다. 내가 테더와 보증에 대해서 좀 더 구체적인 질문을 할 때마다, 그는 이의를 제기했다. 카지노에서 누군가가 슬롯머신에서 승리를 하자, 잭팟을 터트렸는지 종이 울렸고 동전이 폭포같이 쏟아졌다. 나는 데바시니를 인터뷰해야겠다고 그에게 말했다. 그는 전직 성형외과 의사가 기꺼이 나와의 만남에 응해줄 것이라고 생각하지 않는다고 말했다.

"어떤 열정은 더 강하게 존재하는 법입니다"라고 그가 말했다.

솔직히 말해서 나는 테더 관계자와의 첫 번째 대면이 어떻게 흘러갈지 전혀 가늠할 수 없었다. 반 데르 벨데는 인터뷰에 전혀 준비가 안 돼 있는 듯했다. 그는 800억 달러가 넘는 자금을 관리하는 기업의 CEO처럼 도무지 생각되지 않았다. 오랫동안 거짓말로 음모론자들에게 많은 구실을 제공했으면서, 테더에 대해 회의적이라고 비판하는 것이 터무니없었다. 하지만 그는 범죄 주모자처럼 보이지도 않았다.

브루클린으로 돌아왔을 때, 내가 콘퍼런스에서 다른 사람들과 나눴던 대화가 계속 떠올랐다. 나는 '솔라나 몽키 비즈니스'라는 프로젝트와 관련된 외부인 출입을 제한하는 리조트 빌라에서 수영장 파티가 열린다는 이야기를 얼추 들었다. 그 파티에 나도 참석하고 싶다고 했을 때, 파티 주최자는 내가 암호화폐를 거의 이해하지 못하기 때문에 그 파티에 나를 초대하는 것이 옳은지 모르겠다고 말했다.

솔라나 몽키 비즈니스는 5,000화소의 모자를 쓴 원숭이 이미지의 집합체다. 그것은 1980년대 닌텐도 게임 캐릭터를 닮았다. 그것은 암호화폐 관계자들이 대체불가토큰, 즉 NFT라고 부르는 것이었다. 그리고 NFT 시장은 나머지 모든 거품과 함께 성장했다. 2021년 수백억 달러가 NFT 시장에서 거래됐다. 원숭이 이미지의 소유권이 블록체인에 등록되면서, 솔라나 몽키 비즈니스는 암호화폐 세계와 연결됐다. 이것은 최초로 디지털 이미지의 소유자가 누구인지를 알 수 있게 됐다는 의미였다.

암호화폐 관계자들은 그것을 '디지털 예술'이라 불렀고, 곧 NFT가 르네상스 고급 미술품만큼 높은 평가를 받게 될 것이라고 말했다. 지금까지 NFT 대부분은 구매자가 소셜 미디어에서 프로필 사진 정도로 사용하는 상상력이 부족하고 새롭지 않은 만화 캐릭터의 모음집에 불과했다. 그러나 그것들은 터무니없이 비싸게 팔렸다. 심지어 유명인들도 트위터 아바타로 그것들을 마구 사용했다.

바하마에서 내가 참석하려고 했던 파티는 솔라나 몽키 비즈니스 NFT를 갖고 있는 사람만을 위한 것이었다. 가장 저렴한 것이 2만 5,000달러였다. 고급 리조트 수영장에서 수영 한 번 하는 데 치러야 할 값치고는 너무 비쌌다. 그래서 나는 마흔 살의 전직 사내 변호사인 파티 주최자 패트릭 로니Patrick Loney에게 메시지를 보냈다. 나는 겨우 600달러 상당의 암호화폐밖에 없다고 그에게 말했다. 그것은 다른 파티에 참석하려 구입했던 솔라나 토큰이었고, 나는 결국 그 파티에 참석하지 못했다. 나는 그에게 기자증을 발급해줄 수 있는지를 물었다. 그는 거절했고, 내가 나의 프로젝트에 온전하게 몰입하고 있지 않다고 비난했다.

"암호화폐에 겨우 600달러를 투자해놓고 암호화폐에 관한 책을 쓰겠다는 건가요?"라고 로니가 말했다.

작가가 대통령을 해보지 않고 대통령의 정책에 관해 책을 쓰거나 속구를 치지 못하면서 야구에 관해 책을 쓰는 것은 꽤 흔한 일이라고 그에게 말했다. 하지만 그는 내 요청을 끝까지 거절했다.

"사람들은 엄청난 돈을 들여서 이 NFT를 삽니다. 왜냐하면 그들은 '원숭이monkes'를 믿기 때문이죠"라고 로니가 내게 문자 메시지를 보냈다. 그는 '원숭이monkeys'를 '원숭이monkes'로 잘못 써서 보냈고, 이 오탈자는 온라인에서 업계 사람들끼리만 이해하는 농담으로 사용됐다. "암호화폐에 크게 투자하고 크게 잃어보세요. 다시 또 크게 투자해서, 큰돈을 벌고, 통화정책과 암호화폐와 관련된 기술에 대해서 배우세요. 그리고 이와 같은 경험을 공유할 좋은 친구를 만드세요"라고 그는 메시지에 썼다.

처음에 나는 로니가 자신의 멋지지만 무례한 원숭이 페르소나에 지나치게 빠져 있다고 생각했다. 하지만 그의 말에 일리가 있다는 생각이 들기 시작했다. 아마도 암호화폐를 멀리서 관찰만 하고 직접 업계에 참여하지 않으면 암호화폐에 대해서 뭔가 놓치는 것이 생길 수 있다는 생각이 들었다. 테더에 대한 나의 질문이 일종의 꾸지람처럼 느껴지기 시작했다. 테더가 거짓말을 하고 있는지, 아니면 암호화폐 산업이 사기에 기반하고 있는지를 신경 쓰지 않으면 이 일이 더 재미있을지도 몰랐다. 나는 직접 암호화폐 산업을 봐야 했다. 하지만 나는 '원숭이'는 차치하고 들어본 적 없는 원숭이를 사는 데 돈을 쓰고 싶지는 않았다. 나는 래퍼, 배우, 그리고 스포츠 스타가 사는 고급 원숭이를 원했다. 그것은 '지루한 원숭이 요트 클럽'이어야 했다.

15

NFT를 수집하는
사람들

사라진 내 원숭이

크립토 바하마가 열리기 3개월 전인 2022년 1월의 일이다. 유명 상속녀 패리스 힐튼은 지미 펄론Jimmy Fallon과 함께 〈투나잇 쇼〉에 출연하기 위해 맨해튼 스카이라인 배경의 록펠러 센터 스튜디오 6B에 있는 안락의자에 앉았다. 힐튼은 반짝이는 라임색 드레스를 입고, 웨이브가 진 금발 머리를 양 갈래로 묶었다. 머리에 쓴 왕관 밖으로 뺀 그녀의 금발 머리가 그녀의 가슴을 덮고 배까지 내려왔다. 최근에 치러진 결혼식에서 찍은 사진 몇 장을 공유한 뒤에 그녀와 펄론은 자신들이 지루한 원숭이 요트 클럽에서 최근에 구입한 NFT에 대해서 이야기하기 시작했다.

"저도 NFT에 투자했어요. 요즘 유행하는 거라고 들어서 원숭이 NFT를 샀어요"라고 펄론이 말했다.

"저도 원숭이 NFT를 샀죠. 당신이 비플Beeple(디지털 아티스트-옮긴이)과 함께 쇼에 출연해서 문페이MoonPay에서 구입했다고 말하는 것을 봤어요. 그래서 저도 당신을 따라서 같은 것을 샀어요"라고 힐튼이 말했다.

"그랬나요?" 펄론이 놀랍다는 듯이 말했다.

"이게 당신 원숭이에요?"라고 펄론이 선글라스와 차양이 있는 모자를 쓴 원숭이 사진이 든 액자를 꺼내며 말했다. 그녀는 그것을 약 30만 달러에 샀다.

"그래요. 정말 멋지죠." 힐튼이 말했다.

"우리는 같은 커뮤니티의 일원이네요. 우리 둘 다 원숭이에요"라고 펄론이 말했다.

"마음에 들어요." 힐튼이 지루한 듯이 말했다.

"이것은 저의 원숭이에요"라고 펄론이 말했다. 그는 진지해 보였다. 그리고 빨간색 하트 모양의 선글라스와 선장 모자를 쓰고 영국식 줄무늬 선원 셔츠를 입은 원숭이 만화 캐릭터가 출력된 종이를 꺼내며 크게 웃었다. 그는 그것을 22만 달러를 주고 샀다.

정확하게 말해서 그 촬영은 다단계 마케팅 회사의 광고 촬영이었다. 홍보물이 아닌 것처럼 촬영이 진행됐지만, 그것은 누가 봐도 음침한 광고 촬영 현장이었다. 펄론이나 힐튼이 수십만 달러를 주고 원숭이 만화 캐릭터를 사거나 그들의 광고 출연이 다른 사람들로 하여금 그것을 사게 할 것이라고는 상상조차 하기 어려웠다. 하지만 그 광고가 방송되고 난 3개월 내에 지루한 원숭이 요트 클럽의 가장 저렴했던 NFT 가격이 41만 달러로 올라갔다. 수많은 유명 인사들이 그것을 샀다. 워리어스 농구스타 스테판 커리Steph Curry, 샤키 오닐, 데즈 브라이언트Dez Bryant, 네이마르, 본 밀러Von Miller와 같은 프로선수들, 스눕독, 에미넴, 포스트 말론과 같은 래퍼들, 그리고 스티브 아오키Steve Aoki와 디플로Diplo와 같은 디제이들, 그리고 체인스모커스Chainsmokers 같은 음악가들도 있었다. 저스틴 비버는 130만 달러를 주고 원숭이 NFT를 샀다. 기네스 팰트로도 원숭이 NFT를 샀다. 트위터에 그들 대다수가 원숭이 NFT를 프로필 사진으로 설정했다.

설령 그것이 의심스러운 면이 있다고 할지라도, 스타에게는 자신이 최신 투자 트렌드를 알고 있다는 것을 보여주는 방식이었다. 그리고 암호화폐 관계자에게 이것은 잘나가지 않더라도 확실히 자신보다 사회적 영향력이 더 많은 사람과 같은 모임에 유명 인사로서 참여할 수 있었다. 월가 사람들은 이 두 가지 모두를 활용할 수 있었다. 비록 그것이 유명 인사와 어울리기 위해서 엄청나게 애를 쓰고 있다는 분위기를 풍기더라도 말이다. "이것은 당신이 웹3 원주민이라는 신호를 보내는 방법입니다. 다시 말해서 당신이 가장 잘나가는 사람 중 한 명이라고 알리는 방법이죠"라고 전직 골드만삭스 은행원이 기자에게 말했다. 그런데 그는 자신은 그런 부류가 아니라는 듯이 말했다.

NFT에 대한 일반적인 오해는 구매자가 고유하고 검증 가능한 디지털 이미지를 소유하게 된다는 것이다. 하지만 그렇지 않다. 누구나 저스틴 비버의 원숭이 NFT를 마우스 오른쪽 버튼으로 클릭해서 그 이미지 파일을 자기 컴퓨터로 다운로드할 수 있다. 이 복제품은 130만 달러 원조품과 전혀 구분이 안 되고, 프로필 사진으로 아무 문제 없이 사용할 수 있다. 사람들은 그저 디지털 원숭이 만화 이미지를 얻기 위해서가 아니라 디지털 원숭이 만화에 수십만 달러를 지불한 능력 있는 사람임을 증명하기 위해 구입한다.

클라우드의 거대한 엑셀 스프레드시트인 블록체인을 떠올려 보자. 개인이 보유한 비트코인이나 이더리움 토큰의 수량을 지속적으로 추적하고 기록하는 것에 더해서, 누가 원숭이 NFT를 갖고 있는지도 추적할 수 있다면 어떨까? NFT는 엑셀 스프레드시트에 열을 하나 추가해서 이를 추적한다.

제크	이더리움 코인	지루한 원숭이
	103	#2,735

심지어 블록체인에는 진짜 이미지 파일이 저장되지 않는다. 인터넷의 어딘가에 저장된 이미지를 가리키는 포인터만 보관된다.

이 경우 스프레드시트에서 나의 열에는 군용 헬멧과 하트 모양의 선글라스를 쓴 지루한 원숭이 2,735번으로 연결되는 링크가 기록된다. 누구나 이 지루한 원숭이 NFT를 보거나 심지어 이미지를 다운로드 할 수 있다. 하지만 오직 나만이 블록체인을 사용해서 내가 그 이미지를 소유하고 있다는 것을 증명할 수 있다.

이것이 그렇게 대단하게 들리지 않을지도 모른다. 하지만 사람들이 서로를 지갑의 크기로 판단하고 최고의 찬사가 '타락한 도박꾼degenerate gambler'의 줄임말인 '디젠degen'인 시기에, 이 소유권은 암호화폐 붐이 이는 동안 개인의 부를 과시할 권리를 제공했다. 그리고 힐튼이 심야 방송에 출연한 무렵에 NFT 가격이 너무 많이 올라서 암호화폐 투자자, 유명 인사, 할리우드 에이전시, 그리고 순수 예술품 경매회사는 NFT를 예술, 문화, 그리고 비디오 게임의 미래라고 부를 정도였다.

NFT 대부분은 프로필 사진으로 사용할 수 있는 아바타 수천 개를 모아 놓을 것이었다. 그래서 더 돋보였고, 많은 아이템이 거의 똑같았기 때문에 트레이더들은 그것의 가격에 더 쉽게 배팅할 수 있었다. 초기에 만들어진 이러한 아바타 컬렉션 중에 크립토펑크 Cryptopunk가 있다. 크립토펑크는 2020년에 개당 1,000달러가 안 되는 가격으로 거래됐지만, 2021년 초반에는 4만 달러를 넘어섰다.

NBA는 농구 하이라이트 영상을 NFT로 팔기 시작했다. 이것은 디지털 스포츠 카드와 같은 기능을 했다. 이 디지털 스포츠 카드 거래는 지나치게 과열되어서, 2021년 3월 《월스트리트 저널》은 이 디지털 스포츠 카드 거래로 1,500만 달러를 번 27세 청년의 사진을 표지에 실었다.

같은 달에 경매회사 크리스티즈Christie's는 가장 유명한 NFT 예술가 비플의 작품 컬렉션을 내놓았다. 그림들은 유치했고, 음경이 달린 힐러리 클린턴이나 가슴을 붕대로 감은 트럼프 등 대체로 여성 혐오적이었다. 하지만 NFT 세계에서의 반응은 열광적이었다. "저는 제 인생을 비플 이전과 비플 이후로 봅니다. 세상이 예수 이전과 이후로 역사를 바라보는 것과 같죠"라고 크리스티즈 디지털 사업부 대표인 노아 데이비스Noah Davis가 말했다. 경매에 나온 컬렉션은 6,900만 달러에 팔렸다.

많은 사람들은 NFT 컬렉션이 비싼 값에 팔리는 걸 보자 자신만의 컬렉션을 쏟아내기 시작했다. NFT 컬렉션을 만드는 것은 큰 힘이 들지 않았다. 구매자들은 이미지에 크게 신경 쓰지 않았다. 그들은 단지 제2의 크립토펑크에 일찍 참여하고 싶었을 뿐이었다. 픽셀몬Pixelmon이란 컬렉션은 녹아내리는 레고 동물처럼 생긴 이미지를 공개하기도 전에 7,000만 달러에 팔렸다. 검은 사각형에 하얀색으로 문자가 인쇄된 이미지의 루트Loot는 예술이라고 부를 수 없는 수준이었다. 〈던전 앤 드래곤〉 스타일의 모험 게임에서나 사용할 법한 아이템 목록이 적혀 있을 뿐이다. 예컨대 '지팡이, 작은 쇠사슬을 엮어서 만든 갑옷, 악마 왕관'을 생각하면 된다. 게임 자체는 존재하지 않았다. 루트는 게임을 출시하겠다는 약속을 하지 않았지만, NFT 수집가들은 유명 아이템으로 뭐든지 만들어낼 수 있는 개방형 디자인을 칭찬하며 열광했다. 각 이미지의 가격은 빠르게 올랐고 8만 달러에 육박했다.

몇 달 동안 조금이라도 유명하거나 암호화폐를 잘 아는 사람이라면 누구나 NFT를 팔아서 큰돈을 버는 듯했다. 2017년에는 가상화폐 공개를 하는 것보다 NFT 거래로 돈을 버는 것이 훨씬 쉬웠다. 트위터 공동 창립자 잭 도시Jack Dorsey는 자신의 첫 번째 트위터 메시지 이미지를 290만 달러에 팔았다. 방귀를 병에 담아서 온라인에 판매한 것으로 유명한 한 여성은 속이 안 좋아서 부글부글 끓는 병 이미지를 팔기 시작했다. 그녀의 슬로건은 '냄새를 상상하라'였다.

지루한 원숭이 요트 클럽은 2021년 4월에 등장했다. 그것은 원숭이 만화 캐릭터 1만 가지를 모은 것이었다. 모두가 펄론의 원숭이나 힐튼의 원숭이와 거의 비슷하게 생긴 이미지였다. 일부는 파이프 담배를 피웠고, 일부는 할로윈 셔츠를 입고 있었다. 무턱대고 큰돈을 베팅하는 행위를 뜻하는 '에이핑 인Aping in'이라는 은어가 생겼다. 이 은어에는 지루한 원숭이 요트 클럽의 회원들은 너무 부자여서 서로 어울려서 노는 것 이외에 아무것도 신경 쓰지 않는다는 의미가 숨어 있었다.

지루한 원숭이 요트 클럽은 처음에 대대적으로 마케팅을 하지 않았다. 그리고 이것을 만들어낸 4명에 대해서는 알려진 바가 거의 없었다. 사실상 그들은 익명으로 불렸고, 실명은 비밀에 부쳐져 있었다. 예컨대 한 명은 '고든 고너Gordon Goner', 다른 한 명은 '가가멜'로 불렸다. 그들은 익명의 예술가 몇 명에게 만화를 의뢰했다. 그곳의 제작자들은 트위터에 "우리와 함께 원숭이가 되자"라고 판매를 알리며 해골과 십자가형 뼈 이모티콘, 원숭이 이모티콘, 범선 이모티콘을 메시지에 추가했다.

당시 NFT 컬렉션의 수준이 낮았던 것에 비하면 지루한 원숭이는 잘 디자인된 편이었다. 원숭이 1만 마리가 개당 220달러에 팔렸다. 한 달 안에 가장 저렴한 이미지가 1,000달러였다. 가격은 거기서부터 천정부지로 치솟았다. 그들의 성공으로 원숭이를 주제로 한 비슷한 이미지가 쏟아졌다. 내가 바하마의 고급 리조트에서 열리는 수영장 파티에 초대받지 못했던 이유인 솔라나 몽키 비즈니스 역시 그중 하나였다. 지루한 원숭이 제작자들도 더 많은 NFT 컬렉션을 쏟아내기 시작했다. 원숭이의 곁에 있어 주는 개 이미지인 지루한 원숭이 컨넬 클럽Bored Ape Kennel Club이 있었고, 핵폭발로 인한 방사능 낙진으로 녹아버린 것처럼 보이는 징그러운 원숭이 이미지의 돌연변이 원숭이 요트 클럽Mutant Ape Yacht Club도 있었다.

NFT가 출시되고 5개월 뒤인 9월에 지루한 원숭이가 소더비에서 팔렸다. 소더비는 샘 뱅크먼-프리드로 추정되는 익명의 구매자에게 지루한 원숭이 101점을 2,440만 달러에 팔았다. 그다음 달에 소더비는 금빛 털을 지닌 지루한 원숭이 이미지를 경매에 붙였다. "지루한 원숭이의 1퍼센트 미만이 금빛 털을 갖고 있다. 그래서 이 NFT는 역사적으로 중요한 의미가 있다"라고 소더비는 광고했다. 이 이미지는 340만 달러에 낙찰됐다.

그저 웃어넘기기는 너무나 쉽다. 하지만 NFT를 수집하는 사람들은 NFT 커뮤니티의 일원으로서 누리게 되는 혜택을 극찬하며 그 활동을 진지하게 생각했다. 그들은 비슷한 디지털 이미지를 갖고 있다는 것 이외에는 아는 것이 전혀 없는 낯선 사람들과 함께 춤추고 끌어안으면서 흥청망청 노는 파티에서 찍은 사진을 온라인에 올렸다. 그들은 NFT를 모으는 것이 제2의 스타워즈나 미키마우스가 될 작품의 일부를 소유하고 대서사를 제작하는 데 참여하는 것과 같다고 말했다. 그들의 이야기는 꽤 재미있게 들렸다.

하루는 자전거를 타고 맨해튼으로 가고 있었다. 그때 나는 윌리엄즈버그의 어느 건물 벽에 그려진 주황색의 거대한 원숭이 해골을 봤다. 그 밑에는 '에이프페스트_{ApeFest}까지 잠을 이루지 말라'라는 광고 문구가 적혀 있었다. 지루한 원숭이 요트 클럽이 이스트리버의 어느 부두에서 축제를 계획하고 있었다. 회사의 웹사이트에는 '음악, 상품, 예술, 게다가 동료 원숭이들이 마련한 먹거리와 음악이 4일 밤 동안 제공된다'라고 적혀 있었다. 나처럼 나이를 먹은 밀레니엄 세대를 겨냥한 듯이 작년에는 스트록스Strokes와 벡Beck이 초대가수로 축제에 참석했다. 솔라나 몽키 비즈니스 수영장 파티처럼, 지루한 원숭이 NFT를 갖고 있는 사람만이 축제를 즐길 수 있었다. 그래서 나도 하나 사기로 했다.

친구들에게 내 생각을 이야기했더니, 그들은 멍청한 생각이라고 했다. "이봐, 사지 마"라고 친구 샘Sam이 내게 말했다. "정말 살 생각은 아니지? 가격이 곧 바닥을 칠 거야. 그냥 기자증을 받으면 안 되는 거야?"라고 그는 덧붙였다. 또 다른 친구는 원숭이 스크린샷을 보여주고 축제 장소에 슬쩍 들어가라고 제안했다. 하지만 나는 공짜 입장표는 원하지 않았다. 나에게는 그 생각의 무모함이 핵심이었다. 나는 '디젠'이 되는 것이 어떤 기분인지 알고 싶었다.

그리고 6월의 어느 밤에 나는 아이들이 잠들 때까지 기다렸다가 아내 니키Nikki에게 할 이야기가 있다고 말했다. 디젠으로 태어나지 않았던 나는 돈으로 도박을 하기 전에 아내에게 허락을 얻고 싶었다. 그때까지 아내는 나의 이상한 암호화폐 취재와 조사에 대해서 함께 대화를 나누곤 했다. 그녀는 그 이야기가 나를 어디로 이끌든지 포기하지 말고 추적하라고 항상 격려해줬다. 설령 그것이 그녀와 한 살 된 딸과 네 살 된 쌍둥이를 집에 남겨두고 마이애미나 바하마, 또다시 마이애미나 또다시 바하마로 가야 하더라도 말이다. (결과적으로 바하마의 아름다운 새하얀 백사장을 4번이나 다녀올 필요는 있었다.)

나는 아내에게 큰 암호화폐 파티가 곧 열리고 거기에 가려면 지루한 원숭이 NFT를 사야 한다고 말했다. 아내는 가격을 물었고, 나는 가격을 한번 추측해 보라고 말했다. 그녀는 내가 질문하기 전에 가격을 예상해봤고 최소한 2,000달러는 할 것 같다고 말했다. 지루한 원숭이 NFT의 가격은 수십만 달러라고 설명했다. 파티에 가려면 돌연변이 원숭이를 사야 하는데 돌연변이 원숭이 NFT 가격은 4만 달러 선이었다.

"여보, 그 돈은 1년 치 대학 등록금이야"라고 아내가 경악한 듯이 표정을 일그러트리며 말했다.

나는 파티가 끝나면 그것을 되팔 계획이고 일이 잘 풀리면 손해를 보지 않을 것이라고 설명했다. 나는 지루한 원숭이 가격이 내가 그것을 구매하는 주에 곤두박질칠 가능성은 낮다고 생각했다. 나는 암호화폐 투자와 관련해서 NFT 투자는 우량주 투자라고 아내에게 말했다. "나를 놀리는 거야?"라고 그녀가 말했다.

이야기가 계속되자, 니키는 내 생각에 동의하기 시작했다. 심지어 암호화폐에 투자했던 이웃들처럼 운이 좋을지도 모른다는 몽상까지 했다. 그리고 미니밴을 걸윙도어가 달린 테슬라로 바꾸거나 심지어 호숫가에 집과 보트를 살 수 있을지도 모른다고 생각했다. 아내는 그 파티에 가는 것은 위험을 감수할 가치가 있다는 데 결국 동의했다.

비이성적
암호화폐

"불안해. 말해줘서 고맙긴 하지만 말하지 말지 그랬어"라고 그녀가 말했다.

내색은 안 했지만 나 역시 불안했다. 나는 지루한 원숭이 NFT에 투자했다가 돈을 잃고 인터넷에서 조롱감이 된 사람을 많이 봤다. 어떤 사람은 원숭이 NFT의 판매 목록을 작성하다가 글자 하나를 잘못 적어서 39만 1,000달러를 날렸다. "이 돈은 애들 대학 등록금이고, 주택담보대출금이에요. 제가 손해를 봐도 괜찮다고 생각하는 사람들이 있다는 게 끔찍해요"라고 원숭이 NFT 도난 피해자가 트위터 메시지를 작성했다. 세스 그린Seth Green은 자신의 지루한 원숭이 NFT로 TV쇼를 제작하고 프레드 시미안Fred Simian이라는 캐릭터를 만들어냈다. 그런데 이 영화배우는 해킹을 당해서 원숭이 NFT를 도난당했고, 도난당한 원숭이 NFT를 회수하는 데 무려 29만 7,000달러를 썼다. (액션과 애니메이션이 결합된 〈누가 로져 래빗을 모함했나Who Framed Roger Rabbit〉와 비슷한 분위기의 TV쇼 〈화이트 호스 태번White Horse Tavern〉에 등장하는 시미안은 친절한 이웃집의 바텐더였다.) 12월에 첼시 미술관장 토드 크레이머Todd Kramer는 220만 달러의 원숭이 NFT를 도난당했다. "해킹당했다. 내 원숭이가 모두 사라졌다"라고 그는 하소연하듯이 트위터 메시지를 올렸다.

이런 일들이 남에게만 일어난다면, 누구나 강 건너 불구경 하듯 관망할 수 있다. 하지만 나는 20년 뒤에 아들에게 원숭이 그림을 사는 데 4만 달러를 쓰지 않았다면 너를 웨슬리언 대학교에 보낼 자금이 충분했을 거라고 말하는 내 모습을 한번 그려봤다.

나는 돌연변이 원숭이 NFT를 사려고 생각하고 있었다. 내가 이런 생각을 하는 사이에 돌연변이 원숭이 NFT의 가격이 대략 2만 달러로 폭락했다. 나는 돌연변이 원숭이 NFT가 비유하자면 신형 혼다 오디세이에서 중고 도지 카라반으로 강등돼서 만족스러웠다. 하지만 돌연변이 원숭이 NFT 가격이 2주 뒤에 반토막이 나지 않으리라는 보장도 없었다.

게다가 원숭이 NFT를 구매하는 과정 때문에 내 기분은 더 안 좋아졌다. 원숭이 NFT는 오직 NFT 장터에서 이더로만 구매할 수 있었다. (이더리움 블록체인에서 거래되는 이더리움 코인은 '이더'라고 불린다.) 우선 나는 2만 달러 상당의 이더를 구매해야 했다. 나는 가장 유명한 미국의 암호화폐 거래소인 코인베이스를 이용하기로 했다. 코인베이스에 돈을 입금하려면, 나의 뱅크오브아메리카 계좌에서 거래소 계좌로 돈을 이체시켜야 했다. 은행에서 거래소로 돈을 이체하는 데 들어가는 수수료는 40달러였다. 30달러는 은행 수수료였고, 나머지 10달러는 거래소 수수료였다. 나는 수만 달러라는 거액을 이체해본 경험이 전혀 없어서 긴장이 됐다. 그래서 우선 시험 삼아서 소액을 이체했고, 소액 이체가 완료된 것을 확인한 뒤에 2만 달러를 이체하기 시작했다.

은행 계좌에서 거래소 계좌로 돈을 이체하고 10분 뒤, 뱅크오브아메리카에서 전화가 왔다. 거액이 암호화폐 거래소로 이체되자 은행에 경보가 울렸던 것이었다. 친절한 은행직원인 오옛Oyet은 금융 사기일지도 모른다고 내게 경고했다. "이것이 당신 계좌인지, 그리고 혹시 금융 사기 피해가 아닌지 확인하기 위해서 전화했습니다"라고 그가 말했다. "당신이 직접 이체를 했기 때문에, 돈을 회수하는 것이 어려울 수 있습니다. 나중에 뭔가 문제가 생기더라도, 은행에서 자금을 되찾을 수 없을 겁니다. 그런데도 이체를 계속하시겠습니까?"라고 그가 물었다.

나는 오옛이 옳을지도 모른다고 생각했지만, 이체를 계속하겠다고 말했다. 돈이 코인베이스로 이체되면 나는 그 돈으로 이더를 사야 했다. 거래소에서 암호화폐를 사는 게 뭐가 그리 어렵겠나. 코인베이스는 E-트레이드와 비슷했다. 차이가 있다면, 애플 주식 대신 암호화폐를 사고판다는 것이었다. 이것은 사토시 나카모토가 최초의 P2P 전자 현금 시스템을 개발했을 때 고려했던 것은 아니었을 것이다. 코인베이스는 단순하게 온라인 거래 사이트를 대신하는 플랫폼이었다. 하지만 거의 모든 사람이 코인베이스와 같은 암호화폐 거래소에서 비트코인, 이더 등과 같은 코인을 산다.

코인베이스에서 이더를 사는 것은 첫 단계에 불과했다. 돌연변이 원숭이 NFT를 사려면 중개인 없이 코인을 내 컴퓨터에 저장할 수 있도록 코인을 분산 서비스로 보내야 한다는 것을 나는 알게 됐다. NFT를 구매하기에 가장 좋은 곳은 오픈시OpenSea였다. 하지만 분산형 거래소인 오픈시에서는 결제 서비스가 지원되지 않았다. 그래서 나는 이더와 원숭이 NFT를 메타마스크MetaMask라는 디지털 지갑에 보관해서 결제를 진행해야 했다.

메타마스크에 가입하기 전에, 나는 2분짜리 동영상을 시청해야 했다. 화면에 파스텔 색깔의 애니메이션이 재생됐다. 그 애니메이션에 얼굴이 없는 사람이 등장했는데, 자물쇠와 열쇠였다. "전통적인 웹사이트에서는 중앙 데이터베이스나 은행이 통제하고 복구한다. 그러나 메타마스크에서는 마스터키를 지닌 자가 모든 권한을 갖는다. 마스터키 소유자가 계좌를 통제한다"라고 내레이터가 말했다.

그는 마스터키는 12개 문자이고, 내가 안전하게 보관해야 하는 비밀번호라고 설명했다. 그는 누군가가 내 마스터키를 얻게 되면, 그는 쉽게 내 자금을 빼낼 수 있다고도 했다. "누군가가 마스터키를 요구한다면, 그가 당신에게 사기를 치려고 시도하는 것이다"라고 그가 말했다. 그리고 그는 삽으로 흙을 파내서 구멍을 메우는 남자와 금속판에 문자를 새기는 사람을 보여줬고, 이게 실제로 마스터키를 보호할 좋은 방법일지도 모른다고 말했다.

영상에서 마음을 편안하게 만드는 잔잔한 배경음악이 흘러나왔지만 비밀번호 분실, 사기와 도난사고에 대한 이야기를 들으니 기분이 썩 좋지 않았다. 나는 니키에게 원숭이 NFT를 도난당했다고 말하거나 어느 날 핸드폰을 봤더니 원숭이 NFT가 사라진 것을 확인하게 되는 끔찍한 상상을 했다.

비이성적
암호화폐

메타마스크는 광고 차단이나 비밀번호 기억과 같은 기능을 제공하는 구글 크롬 안에 탑재된 브라우저 확장기능이었다. 이 사실을 알고 내 기분은 훨씬 더 안 좋아졌다. 나의 2만 달러는 슈퍼컴퓨터와 오옛과 같은 친절한 은행직원 수천 명을 보유하고 거대한 사기 방지 부서가 관리하는 뱅크오브아메리카에 안전하게 보관되는 대신에, URL를 입력하는 주소창 옆에 있는 작은 여우 아이콘 안에 보관될 것이었다.

코인베이스에 돈을 이체하려면, 나는 먼저 42개의 문자와 숫자가 무작위로 뒤섞인 메타마스크 지갑 주소로 돈을 보내야 했다. (내 주소는 0xfDE68e4ABbE0A25a7a57626956E9A9B844CF4Cd3였다.) 숫자나 문자 하나를 잘못 입력하면, 내 돈은 영원히 사라져 버리고 말 것이다. 나는 주소를 입력하고, 심장이 요동치는 것을 느끼며 몇 분 동안 가만히 기다렸다. 그리고 이체 버튼을 눌렀다. 그러자 이더가 팝업창으로 내 자산 목록에 나타났다.

마지막으로 이더로 가득 찬 여우 머리 버튼으로 무장한 나는 오픈시 웹사이트로 가서 돌연변이 원숭이 요트 클럽 컬렉션을 화면에 띄웠다. 얼굴이 녹아내리는 원숭이, 불붙은 셔츠를 입은 원숭이, 귀에 이빨이 난 원숭이, 목에 눈알이 박힌 원숭이, 그리고 뇌가 튀어나온 원숭이가 있었다. 모두가 하나같이 징그러웠다. 아무리 공짜라고 해도 그것 중 하나를 내 온라인 아바타로 사용한다니, 상상조차 하기 힘들었다.

나는 피투성이 중절모를 쓴 원숭이를 클릭했다. 이더를 '랩드wrapped' 이더로 변환하라는 팝업창이 떴다. 이게 무슨 소리인지 나는 도통 이해할 수 없었다. 귀에 딱지가 앉도록 들었던 금융 사기일지도 모른다는 생각이 들었다. 2만 달러짜리 이미지 파일을 사기도 전에 브라우저 확장기능 때문에 거금을 날리는 일이 일어나지 않기를 바랐다. 하지만 나는 암호화폐 용어를 조사하는 데 지쳤고, 여기서 중단하기에는 너무 멀리 왔다고 생각했다. 나는 그냥 결제 승인을 눌렀다.

각각의 거래에서 약 3달러의 '가스비용gas fee'이 부과됐다. 신용카드보다 개선된 결제 서비스를 제공한다고 광고하면서 수수료를 부과하다니 짜증이 났다. 이 비용은 비트코인 채굴자에게 지급되는 보상과 유사한 것으로 이더리움 네트워크 운영자에게 지급되었다. 수요에 따라서 비용은 천차만별이고, 때때로 거래당 100달러를 넘어서는 경우도 있다. 내가 제시한 금액으로 피투성이 모자를 쓴 원숭이를 바로 낙찰받을 수 없었다. 그래서 나는 다른 데로 눈을 돌렸다. 나는 마침내 돌연변이 원숭이 #8,272을 낙찰받았다. 그는 주황색 머리의 주황색 원숭이였다. 까칠하게 자란 수염으로 덮힌 얼굴은 녹아내리는 것처럼 보였고, 구더기로 만든 터틀넥 스웨터를 입었으며, 담배를 피우고 있었다. 그의 눈은 뭔가에 취한 듯이 빨갛게 충혈되어 있었다. 현재 환율 기준으로 2만 280달러 27센트였다. 나는 이더를 조금 더 구매해야 했다.

그 돌연변이 원숭이 NFT를 구매하자마자, 머릿속에 한 가지 생각이 떠올랐다. 이런 걸 살 정도로 멍청한 사람이 또 있을까? 내가 이 업계의 마지막 호구면 어쩌지? 그러고 나서 나는 내가 도대체 뭘 샀는지를 보려고 나의 여우 머리 브라우저 확장기능, 그러니까 메타마스크 지갑을 확인했다. 그런데 거기에는 아무것도 없었다. 미친 듯이 인터넷을 검색한 뒤에, 나는 암호화폐 업계의 표준 지갑이지만 메타마스크에 NFT가 자동으로 담기지 않는다는 것을 알았다. NFT 장터인 오픈시에 찾아 들어가서 여우 머리를 클릭하니, 그 원숭이가 내 것이라는 증거가 확인됐다.

이것이 인터넷과 예술, 상업의 미래라고 생각되었다. 그 대신 혹자는 자기 위로를 위해 사용하는 아주 매끄럽고 재미있는 온라인 쇼핑 경험을 끔찍한 시련으로 바꿔놓았다. 내가 큰돈을 벌고 그 사실을 미국 국세청에 숨길 생각이라면 이 기술이 어떻게 도움이 될지 이해가 갔다. 여우 아이콘은 내 이름이나 사회보장번호를 요구하지 않았다. 하지만 나는 대대손손 물려줄 부를 얻을 것이라는 희망 없이 이렇게 위험하고 터무니없이 복잡한 과정을 기꺼이 참아낼 사람이 있을까 싶었다. 그리고 나는 지미 펄론이나 스테판 커리가 직접 이 과정을 거쳐서 NFT를 구매했을 리가 없다고 확신했다.

나는 새로 산 돌연변이 원숭이 NFT를 자랑하고 싶었다. 그래서 몇몇 친구들에게 원숭이 사진을 찍어서 보냈다. 사진을 받자마자 일부는 해킹을 당했냐고 걱정스러운 듯이 물었다. 일부는 예의를 지켜서 '하하'라고만 회신했다. 어머니는 내게 원숭이 사진을 다시 보냈고 진짜 샀냐고 물었다. 나는 내가 정말로 그 원숭이를 샀다는 것을 어머니께 증명하고 싶었지만 어머니가 그것을 이해할 정도로 블록체인에 대해 충분히 알지 못했다.

어떻게 되었든 나는 생각했다. 에이프페스트에서 나는 나의 돌연변이 원숭이를 놀리지 않는 새로운 원숭이 친구들을 만나게 될 것이다. 나는 그들을 만날 때를 대비해서 '닥터스컴Dr. Scum'이라는 이름을 나의 돌연변이 원숭이에게 붙여줬다. 나는 다른 돌연변이 원숭이들이 정교한 뒷이야기를 지어내서 트위터에서 팔로워를 모으는 것을 본 적이 있었다. 나는 닥터 스컴에 마리화나를 피워서 초인적인 지능을 얻은 사립 탐정이라는 이야기를 설정했다.

그런데 돌연변이 원숭이 NFT를 갖고 있는 것만으로는 에이프페스트에 참가할 수 없었다. NFT는 온라인 예매 시스템의 개선된 버전으로 여겨졌지만, 사실상 지루한 원숭이 요트 클럽은 그것만으로 충분하지 않았다. 예비 참가자들은 일찍이 별도의 원숭이 NFT 소유권 인증 절차에 가입해야 했는데, 나는 그 시기를 놓쳤다.

운이 좋게도 셀시어스 트레이더 출신인 제이슨 스톤이 유명한 원숭이 NFT 수집가였다. 그가 나를 자신의 손님으로 에이프페스트에 초대해줬다.

16

지루한 원숭이 요트 클럽

NUMBER GO UP

"커뮤니티 형제여!"

에이프페스트가 열리는 다운타운 맨해튼의 이스트리버 부두로 나는 걸어갔다. 한 블록 떨어진 곳에서 베이스 기타 소리가 울려 퍼졌다. 바깥에 요트만한 원숭이 풍선이 인도에 비스듬하게 눕혀 있었다. 그리고 부두 옆에 정박된 돛단배에 검은색 원숭이 해골 깃발이 설치되어 있었다. '지루하고 배고다'란 이름의 푸드 트럭은 치즈버거를 팔고 있었고, '지루한 타코'라는 이름의 음식을 파는 푸드 트럭도 있었다.

나는 길 아래 바에서 제이슨 스톤을 만났다. 돌연변이 원숭이 수집가들의 단체인 돌연변이 카르텔이 축제가 본격적으로 시작되기 전에 행사장 밖에서 파티를 즐기고 있었다. 그는 지루한 원

비이성적
암호화폐

숭이 요트 클럽 모자를 푹 눌러쓰고 있었다. 그는 짐짓 우울해 보였다. 그는 건성으로 허리를 굽히고 테이블 아래로 몸을 숨겨서 케타민을 코로 흡입했다. 그는 오스트레일리아 억만장자가 자신이 보유한 희귀한 돌연변이 원숭이 중 하나인 '메가 돌연변이'를 사겠다는 제안을 철회했다고 내게 말했다. "1,000만 달러짜리에요. 오늘만 당신 겁니다"라고 스톤이 말했다.

반면 돌연변이 카르텔 수장인 리오르 메시카Lior Messika는 열정으로 가득했다. 말끔한 스물여섯 살의 청년인 메시카의 피부는 햇볕에 그을려 갈색이었고, 그의 머리는 젤로 단정하게 정리되어 있었다. 검은색 폴로 셔츠를 입은 그는 금목걸이를 하고 있었다. "가족이 된 것을 환영합니다, 형제여"라고 메시카는 악수 후 포옹을 하려고 나를 잡아당기며 말했다. "좋은 시기에 구매했어요"라고 그가 말했다.

메시카 집안은 메시카라는 이름의 보석 회사를 소유하고 있었다. 그는 자신이 첫 번째 원숭이 NFT를 산 지는 꽤 됐다고 말했다. 그리고 자신의 컬렉션은 대략 2,500만 달러의 가치를 지닌다고 말했다. 우리는 몇 주 전에 줌으로 대화를 나눴었다. 당시 메시카는 160피트(약 48미터) 요트를 타고 그리스 인근을 천천히 둘러보고 있었다. "저는 우리가 '성배'라고 부르는 것, 말하자면 지루한 원숭이 요트 클럽 컬렉션의 모나리자를 지난 몇 년 동안 수집해왔어요. 제겐 세계 최고의 원숭이 NFT 몇 점이 있어요"라고 그가 말했다.

메시카와 돌연변이 카르텔은 지루한 원숭이 NFT 제작사인 유가랩스Yuga Labs가 앞으로 출시할 원숭이 NFT에 대해서 신나게 수다를 떨었다. "메카 원숭이에요. 완전히 기계화된 원숭이란 말입니다"라고 메시카가 말했다.

수줍어 보이는 40세의 엔지니어는 '따분해서 죽겠다'라고 적힌 검은색 티셔츠를 입고 상투를 틀어 머리를 묶었다. 그는 내게 수백만 달러의 가치가 있는 메가 돌연변이 로봇을 갖고 있다고 했다. 그는 어떤 지루한 원숭이 NFT를 약 4만 5,000달러를 주고 샀는데, 그것은 복권에 당첨된 일이나 다름없다고 말했다. "사람들에게 자랑하고 다니지 않아요. 주변에 이 일을 아는 사람은 없습니다"라고 그가 말했다.

PTM으로 불리는 또 다른 카르텔 일원은 오늘 밤에 자신의 원숭이가 '메가 돌연변이 혈청mega mutant serum'을 후루룩 마실 예정이라고 내게 말했다. 이렇게 하면 새로운 메가 돌연변이 원숭이 NFT가 탄생된다. 혈청 하나가 무려 석달 전에 580만 달러에 팔렸다. 이렇게 거금을 들여서 혈청을 사는 것이야말로 진정한 디젠의 행보라는 생각이 들었다. 그런데 혈청을 마시고 새롭게 태어난 돌연변이 원숭이 NFT가 전보다 훨씬 더 가치가 있어야, 그만한 돈을 투자한 보람이 있을 텐데 말이다.

그들은 'IP'와 '문화', 그리고 물론 '커뮤니티에 관해 이야기했다. 메시카는 누구나 자신의 원숭이 NFT로 새로운 게임이나 상품을 만들 수 있다고 했다. 돌연변이 카르텔은 돌연변이 원숭이 NFT를 중심으로 커뮤니티를 형성하려는 그의 노력의 결과물이었다. 유가랩스가 그런 그의 행동을 살짝 눈감아줬다고 그는 느꼈다. "부정적인 요소가 없는 일종의 컬트 집단의 일원인 것은 좋아요. 그 속에서 이렇게 깊은 동지애를 느끼는 게 진짜 장점이죠"라고 메시카는 말했다. 나는 그의 말을 확실히 이해하지 못했지만, 분위기상 그 집단의 일원이 되는 것은 멋진 일인 것 같다고 말해주었다.

우리는 부두로 함께 걸었다. 그리고 지붕 위의 콘서트 장소로 올라갔다. 거대한 네온 원숭이 해골 2개가 무대를 비췄고, 벽에는 그라피티처럼 주황색 원숭이가 그려져 있었다. "에이프페스트에 온 것을 환영합니다. 축제를 시작합시다!"라고 디제이가 소리쳤다.

나는 작년 에이프페스트 참가자들은 바나나를 들고 원숭이처럼 웅성거리면서 이야기했다고 들었다. 하지만 올해 참가자들은 원숭이 만화로 뒤덮인 옷을 입고 있었지만, 세련되게 행동하려고 무던히 애쓰는 듯이 보였다. 참가자 대부분이 남자였다. 나는 지루한 원숭이 티셔츠를 입은 남자들과 지루한 원숭이 모자를 뒤집어쓴 남자들을 봤다. 그리고 지루한 원숭이 티셔츠와 모자가 가득 담긴 지루한 원숭이 쇼핑백을 들고 있는 남자들도 있었다. 그리고 자기가 가진 원숭이 문신을 한 남자들도 있었다. 그곳에 온 많은 사람들이 자신의 원숭이 NFT의 위상을 높이려고 원숭이 패치, 핀이나 스티커를 나눠줬다.

모두 술이나 약물에 취해있는 것 같았다. 내게 버섯을 먹었다고 말하는 이들도 있었다. 옴브레 레게머리를 하고 암호화폐와 코카인이라 적힌 티셔츠를 입은 플로리다에서 온 남자는 LSD 접종 2회분, 케타민 1그램, 발륨 2알 그리고 약간의 대마초를 가져왔다고 했다. 마이애미에서 온 네온 점프슈트를 입고 벙거지를 쓴 땅딸막한 남자는 누군가 말을 걸 때마다 "모든 것이 동화 같다"라는 말을 되풀이했다.

누가 축제에서 공연을 할지는 아무도 몰랐다. 그저 비버_{Bieber}나 에미넴이 축제에 온다는 소문이 있었다. 캐나다 출신의 에이미 슈머_{Amy Schumer}가 초저녁에 무대 위에 올랐지만 반응이 썩 좋지 않았다. 그녀는 그 축제에 초대받은 것에 당황한 듯했고, 축제 참가자들을 괴짜라고 불렀다. "전 NFT가 무슨 뜻인지 몰라요. '조심해, 오늘 밤은 망치지 마'란 뜻인가요? 내 말이 맞나요?"라고 그녀는 말했다.

나는 누구를 만나든지 그가 내 원숭이를 훔쳐 가려고 할지도 모른다는 경고를 들어왔다. NFT 수집가들은 아무 앱이나 다운로드 하거나 아무 QR코드를 스캔하지 말라고 했다. 나는 타임스퀘어 전광판에서 원숭이 NFT를 훔쳐 가는 QR코드가 있다는 소문

비이성적
암호화폐

을 들었다. 나는 원숭이 NFT를 안전하게 보관하는 최고의 방법은 암호화된 휴대용 저장 매체에 옮기는 것이라고 들었다. 그런데 이것은 내게 어려운 일처럼 들렸다. 나는 잘못해서 닥터스컴을 영원히 잃고 싶지 않았다. 그래서 나는 내 컴퓨터에 설치된 여우 머리에 그를 남겨두고 컴퓨터를 껐다. 이렇게 해서 그를 정말로 안전하게 보호할 수 있는지 나는 확신할 수 없었다. 결과적으로 내 핸드폰에는 닥터스컴의 스크린샷만 저장되어 있었고, 그가 나의 원숭이인지 증명할 방법도 없었다.

나는 이것이 문제가 될까 봐 걱정했다. 하지만 내게 그를 보여달라거나 내가 지어낸 그의 사연을 들려달라고 요청하는 사람은 아무도 없었다. 내 원숭이 NFT를 본 사람들은 내가 더 비싼 원숭이 NFT를 사지 않은 것을 초라하다고 여기는 듯했다. "저는 콧물이 얼굴을 뒤덮은 원숭이 NFT는 가급적이면 구매하지 않으려 해요"라고 국방색 카고 반바지를 입고 금발 머리를 뾰족하게 세우고 얼굴에 염소수염이 난 남자가 내게 말했다. 열아홉 살의 한 소년은 100만 달러라는 금색 원숭이 NFT를 보여주며 나를 창피하게 만들었다. 또 다른 십 대 청소년은 부모님이 5만 달러를 주고 더 좋은 돌연변이 원숭이 NFT를 사줬다고 말했다. "저는 그것을 그렇게 대단하게 생각하지는 않습니다"라고 그가 말했다.

나를 축제에 초대해준 스톤은 축제 현장이 마음에 들지 않는 눈치였다. 그래서 그는 그날 밤 일찍 자리를 떠났다. 나머지 돌연변이 카르텔은 PTM의 원숭이 NFT가 혈청을 마시는 것을 구경하려고 무대 주변으로 모였다. 그 행사를 위해서 〈히맨〉 스타일로 특정 만화가 제작됐다. PTM은 완전히 넋이 나갔고, 페이스타임으로 아내에게 전화를 걸었다. 그의 원숭이 NFT가 황금 돌연변이 원숭이 NFT로 변하자, 그는 성적 쾌감을 느끼는 듯 긴 신음을 내며 "세상에나"라고 비명을 질렀고 눈물마저 훔쳤다.

무대 건너 VIP부스에 지루한 원숭이 요트 클럽을 만든 주인공들이 앉아 있었다. 그들은 본래 익명으로 활동했지만, 3개월 전 인터넷 매체 〈버즈피드buzzfeed〉에 의해서 정체가 밝혀졌다.

35세의 와일리 아로노우Wylie Aronow는 키가 6.2피트(약 188센티미터)였고 체격이 좋았다. 그의 오른쪽 팔에는 찰스 부코스키Charles Bukowski의 실물과 똑같은 초상화가 문신으로 새겨져 있었다. 33세의 그레그 솔라노Greg Solano는 책을 좋아하게 생겼고 아로노우보다 키가 작았다. 그는 작은 문학잡지사에서 시를 논평했다. 두 친구가 NFT를 만들자고 처음 이야기를 꺼냈을 때가 1여 년 전이었다. 그 당시 솔라노는 출판업계에서 일했고, 아로노우는 무직이었다. 지금은 유가랩스의 가치평가액과 그들이 보유한 암호화폐 자산 규모를 생각해보면, 두 사람 모두 억만장자였다.

유가랩스는 2021년 4월 지루한 원숭이 NFT를 판매하고 200만 달러를 벌어들였다. 내가 그들이었다면, 사기가 들통나기 전에 수익금을 갖고 두바이로 도망쳤을 것이다. 하지만 솔라노와 아로노우는 그렇게 하지 않았다. 대신 그들은 빠르게 자본화했다.

유명한 NFT 예술가인 비플은 아로노우와 솔라노를 마돈나의 매니저인 가이 오시리Guy Oseary에게 소개했다. 오시리는 그들을 고객으로 받아들였고, 많은 유명 인사와 지루한 원숭이 요트 클럽을 연결해줬다.

대다수가 NFT를 구매하기 위해서 코인베이스, 이더리움과 여우 아이콘을 거치지 않았다. 패리슨 힐튼이 지미 펄론의 쇼에서 언급했던 문페이가 소위 '번거로움 없이 가장 단순한 방법으로 NFT를 구매하길 원하는 고액 자산가를 위한 고객 맞춤형 서비스'를 제공했다. (문페이는 유명 인사와의 관계를 이용해서 34억 달러의 가치평가를 받고 자금을 조달했다.)

아로노우, 솔라노, 그리고 그들의 동료들은 원숭이와 관련된 NFT를 더 많이 생산하기 시작했다. 그들은 아직 존재하지도 않는 지루한 원숭이 NFT 온라인 게임에서 땅을 팔아서 3억 달러를 벌었다. 그들은 이것을 메타버스라고 불렀다. 그러고 나서 그들은 에이프코인ApeCoin을 개발했다. 그것은 바로 그 상상 속 세상에서 사용되는 암호화폐였다. 그들은 일부를 원숭이 NFT 소유자들에게 줬고, 회사와 자신들을 위해서 10억 달러 상당의 에이프코인을 따로 보관했다. [유가랩스는 소위 DAO(탈중앙화 자율조직-옮긴이)가 독자적으로 에이프코인을 만들어낸다고 주장했다.] 그러나 자신들이 그들에게 속았다고 불평하는 이는 아무도 없었다. 어떤 이유에선지 사람들은 진짜 돈을 주고 못생긴 원숭이 만화를 사려고 했다. 그래서 원숭이 NFT는 근본적으로 돈을 찍어낼 권한을 갖고 있었다.

벤처캐피털리스트들을 대상으로 진행된 프레젠테이션에 따르면, 유가랩스는 2022년 순수익으로 4억 4,500만 달러를 벌어들였다. 그 어디에서도 들어본 적이 없는 84퍼센트 이익률을 기록했다. 물론 〈엑시 인피니티〉 후원자인 앤드리슨 호로비츠와 샘 뱅크먼-프리드의 FTX를 위시한 벤처캐피털리스트들도 원숭이 NFT를 대거 구매했다. 거의 모든 암호화폐 스타트업을 후원할 정도로 많은 자금이 유가랩스로 흘러 들어가는 듯했다. 2022년 3월 투자 라운드에서 유가랩스는 40억 달러의 가치평가를 받았다. 그것은 디즈니가 루카스필름과 〈스타워즈〉와 〈인디애나존스〉 프랜차이즈를 인수하기 위해서 지불한 금액이었다. 물론 지루한 원숭이는 유명 영화의 주인공이나 그 무엇의 주인공도 아니었다. 하지만 대단히 뻔뻔하게도 NFT 옹호자들은 무조건 그것이 좋은 것이라고 주장했다.

유가랩스는 지루한 원숭이 NFT를 구매한 개인은 '지식 재산'으로서 NFT에 대해서 권리를 갖게 된다고 말했다. 이것은 그들이 자유롭게 상품이나 영화에 자신들이 지루한 원숭이 NFT를 사용할 권리가 있다는 뜻이었다. 지루한 원숭이 NFT 주인들은 그것의

비이성적
암호화폐

가격을 정당화하기 위해서 NFT를 이용하길 즐겼다. 하지만 지루한 원숭이 NFT를 주제로 한 영화는 내게 억지처럼 느껴졌다. 설령 그런 영화가 제작된다고 가정해도, 영화 판매 수익은 지루한 원숭이 NFT 한 개 값도 안 될 것 같았다. 모두의 투자가 성공하려면, 영화 스튜디오 1만 곳이 비슷하게 생긴 동물 1만 마리에 관한 만화 1만 편을 제작하는 계약 1만 건을 체결해야 할 것 같았다.

지루한 원숭이 구매자 대부분은 라이센스로 무언가를 만들지 않았다. 하지만 스톤은 원숭이 NFT 라이센스를 활용한 몇 안 되는 사람 중 한 명이었다. 그는 대형 할리우드 에이전시인 크리에이티브 아티스트 에이전시와 계약을 체결했다. 그들의 계약 체결 소식은 2021년 10월 〈할리우드 리포터The Hollywood Reporter〉에 보도됐다. 스톤은 실명이 아닌 트위터 익명인 '0xb1'으로 보도됐다. 보도기사에는 스톤의 악마 돌연변이 원숭이 NFT 사진도 함께 실렸다. 그는 그것을 110만 달러를 주고 구매했고 아바타로 사용하고 있었다.

처음에는 그들에게 관심이 이어졌다. 스톤은 자신의 에이전트가 〈패밀리 가이〉 제작자 세스 맥팔레인Seth MacFarlane의 제작팀과 영화감독 M.나이트 샤말란M. Night Shyamalan을 만났다고 했다. 그러나 거기서 끝이었다. 일은 더 이상 진전되지 않았다. 스눕독의 집에서 지루한 원숭이 파티를 열려던 계획처럼, 리아나Rihanna가 화염 방사기로 비플 작품을 태우는 장면을 촬영하려는 계획도 수포로 돌아갔다. "이 사람들은 문제가 뭘까요? 그들은 세상이 자기들을 중심으로 돈다고 생각합니다"라고 스톤은 말했다. 크리에이티브 아티스트 에이전시는 3만 3,000달러에 액션 피규어를 제작해서 타깃Target에서 판매하는 계약을 중개했다. 계약금은 한 번 스톤에게 지급됐다.

원숭이 NFT를 현금화하려는 다른 노력은 이보다 훨씬 더 보잘것없었다. 축제 장소 밖에는 원숭이 NFT를 이용해서 음식을 파는 푸드트럭뿐만 아니라 지루한 원숭이 디제이 2인조, 지루한 소스(브랜드 핫소스), 그리고 에이프-인 프로덕션즈('NFT 기반 음반사')가 공개한 뮤직비디오 '에이프 싯'이 있었다. 그리고 누군가는 '에이프 워터'를 팔려고 시도했다. 에이프 워터는 지루한 원숭이가 인쇄된 캔에 담긴 일반 샘물이었다. 그것은 '웹3 커뮤니티를 위해 제조된 최초의 청량하고 지속 가능한 음료'라고 불렸다.

베스트셀러 작가 닐 스트라우스Neil Strauss는 원숭이 NFT를 주제로 이해할 수 없는 책을 써서 한정판 NFT로 출시했다. 최소한 2,000부가 각각 250달러에 팔렸다. "트리피 선장은 방 뒤편에 있는 해먹에 누워 면도하는 원숭이 담배를 오른발에 느슨하게 쥐고 있었다. 어떤 사람은 그것이 그의 환각을 일으킬 정도로 밝은 피부와 선장 모자의 이유라고 말한다. 그래서 담배 연기를 통해서 그를 볼 수 있다"라고 책에 썼다. 나는 실제로 이 책을 처음부터 끝까지 읽은 사람이 있을지 궁금했다. 하지만 나는 구입했던 책을 팔아서 300달러를 벌었다.

에이프페스트에서 지루한 원숭이 요트 클럽의 일원임을 증명하기 위해서, 나는 닥터스컴을 보여주기도 했고 사전에 대외홍보 담당자와 몇 시간 동안 대화도 나눴다. 하지만 아로노우와 솔라노는 나의 인터뷰에 응하지 않았다. 그들은 초조해 보였다. 지루한 원숭이 NFT 가격이 떨어지고 있었다. 일부는 지루한 원숭이 만화에 나치 이미지가 숨겨져 있다는 음모론 때문에 가격이 하락하는 것이라고 했다.

그 음모론을 만들어낸 장본인은 라이더 립스Ryder Ripps였다. 서른여섯 살의 개념 화가이자 개구쟁이인 립스는 카니예 웨스트Kanye West와 협업했고 뉴욕 미술관에 작품을 전시했다. 그는 확실히 노련한 트롤이었다. (그는 CIA 웹사이트를 자신이 다시 디자인했다고 주장했고, CIA는 부정했지만 아무도 믿지 않았다.) 그해 1월 그는 새로운 웹사이트를 등록했고, 아로노우의 익명을 따서 '고든 고너 Gordon Goner'라고 명명한 뒤에 음모론을 제기했다.

그는 웹사이트에서 지루한 원숭이 요트 클럽의 해골 로고 옆에 나치 엠블럼을 올렸다. 그것들은 정말로 비슷하게 보였다. 하지만 그 외 연관성은 미약하거나 억지였다. 그는 유가랩스가 칼리 유가Kali Yuga를 뜻한다고 주장했다. 칼리 유가는 극보수주의로 유명한 힌두 신비주의에서 나온 용어다. 그는 '고든 고너'는 '드론고

네르고Drongo Negro'의 애너그램anagram(한 단어나 어구에 있는 단어 철자들의 순서를 바꿔 원래의 의미와 논리적으로 연관 있는 다른 단어 또는 어구를 만드는 일-옮긴이)이라고 주장했고, '드론고'는 어리석다는 오스트레일리아의 속어라고 말했다.

"이것이 얼마나 터무니없는 주장인지는 우리 역사를 아는 사람이라면 당연히 알 것입니다. 그것은 트롤의 집요함과 적의를 보여줬습니다. 솔직히 모든 것이 너무나 악의적이라 힘듭니다"라고 솔라노가 기자에게 말했다.

립스는 음모론에서 지루한 원숭이 NFT가 인종적 고정관념을 이용한다고 강력하게 주장했다. 립스는 소수 인종을 모욕하기 위해서 오랫동안 원숭이 이미지가 사용됐다고 말하며, 이것을 '유인원화'라고 불렀다. 힙합 스타일의 금 체인 목걸이를 한 큰 입의 원숭이 만화에는 뭔가 역겨운 구석이 있었다. "우리 문화를 얕잡아 보는 구석이 있다고 생각하지 않나요?"라고 제이-지Jay-Z와 함께 로커펠라 레코드를 설립한 데이먼 대시Damon Dash가 말했다. "이건 괴짜가 약삭빠르게 우리를 비웃는 방식인가요? 왜 지난 몇 년 동안 우리를 괄시하는 데 사용됐던 유인원이나 고릴라나 원숭이일까요?"라고 그는 말했다.

에이프페스트가 열리기 한 달 전, 립스는 직접 원숭이 NFT를 제작해서 팔기 시작했다. 그는 그것을 RR/BAYC라고 불렀다. RR/BAYC NFT는 지루한 원숭이 NFT를 정확하게 복제한 것이었다.

사실상 NFT에는 실제로 이미지가 아닌 이미지 링크가 담겨 있다. 립스의 NFT에도 같은 이미지 링크가 담겨 있었다. 그는 훨씬 저렴하게 개당 200달러에 RR/BAYC NFT를 팔았다. 립스는 자신은 지루한 원숭이를 베끼지 않았고, 원숭이를 새롭게 해석해서 새로운 예술작품을 만들었다고 말했다.

"NFT는 이미지가 아닙니다. NFT는 이미지 링크가 기록된 블록체인에 있는 스프레드시트 셀이에요. 자신의 원숭이와 나의 원숭이를 혼동할 사람은 없습니다"라고 그는 말했다.

그의 나치 이론에 일말의 진실이 있기 때문인지, 아니면 패리스 힐튼이 사라고 해서 수십만 달러를 주고 원숭이 만화를 사는 사람이 본래 잘 속기 때문인지는 알 수 없지만, 일부 사람들은 립스의 주장을 받아들였다. 지루한 원숭이 NFT 소유자 여럿이 내게 투자위험을 헤지하려고 RR/BAYC NFT를 구매했다고 말했다. 에이프페스트의 첫날 밤 이후에, 1,000명이 넘는 사람들이 트위터 음성 채팅으로 립스의 이론에 대해 토론했다. 대다수가 원숭이를 자신의 아바타로 사용했다. RR/BAYC NFT는 결국 매진됐다. 립스는 110만 달러를 벌었다고 말했다. (유가랩스는 자신들의 브랜드를 베낀 혐의로 그를 고소했다. 유가랩스 변호인은 누군가의 말을 잘못 인용해 이를 '냉담의 전형the epitome of coolness'이라고 불렀다. 2023년 4월 판사는 유가랩스의 손을 들어줬다.)

에이프페스트가 4일 밤 동안 열리는 축제라고 내가 말했던가? 축제가 열리는 4일 밤 중 하루는 스눕독이 디제이를 했다. 그는 유인원화에 대해서 걱정하지 않았다. 그는 자신의 원숭이 닥터 봄베이가 그려진 흰색 스웨트 셔츠를 입고, 닥터 봄베이 머리가 커다랗게 그려진 옷을 입은 댄서와 함께 공연했다. 그가 깜짝 게스트로 에미넴을 무대 위로 불렀을 때, 무대가 대마초 연기로 자욱해졌다. "와우 제기랄, 에미넴이다!"라고 누군가 소리쳤다.

"스눕독과 제가 노래를 다시 함께 부른 지 좀 됐습니다. 오늘 밤에 그대들을 위해 다시 그와 함께 노래를 부르려고 합니다. 여기가 데뷔 무대가 될 것입니다"라고 에미넴이 말했다. 그는 군중을 향해서 양손으로 손가락 욕을 했고, 눈을 내려 깐 채로 무대로 내려왔다. 그 이후에 재생된 영상에서 지루한 원숭이들이 랩을 하며 대마초를 피웠다.

어느 시점에 무대 위에 폴대 2개가 설치됐고, 비키니 차림의 여자들이 폴대 주변을 빙빙 돌기 시작했다. 스눕독이 에이프코인에 대한 노래를 부르자, 댄서 중 한 명은 닥터 봄베이의 사타구니를 문질렀다. "에이프코인이 있는 사람, 모두 소리질러"라고 스눕독이 외쳤다. "에이프코-오-이-인"이란 후렴구가 나왔다. "나는 그 도지코인은 신경도 안써"라고 스눕독이 외쳤다.

나는 나중에 법률 문서를 통해서 스눕독이 유가랩스 주식을 소유하고 있다는 것을 알게 됐다. 나는 그가 자신이 투자한 회사

비이성적
암호화폐

를 선전하려고 그 축제에 참가했다는 것을 알고 그나마 안도했다. 내가 제일 좋아하는 래퍼 중 한 명이 지루한 원숭이 요트 클럽이 정말로 멋지다고 생각했다면 더 최악이었을 것이다.

에이프페스트의 첫날 밤이 깊어가고 있을 때, 나는 VIP 구역 뒤편에서 지미 펄론을 만났다. 펄론은 햇볕에 그을린 듯 보였고, 그의 피부는 밀랍처럼 매끄러웠다. 그는 빈티지 폴로 셔츠 위에 아주 연한 푸른색 가디건을 입고 있었다. 펄론 쇼의 하우스 밴드가 된 더루츠에 소속된 퀘스트러브가 디제이 공연을 했다. 펄론은 90년대 힙합에 따라 머리를 끄덕였다.

최근 지루한 원숭이 NFT 가격이 하락했다는 것은, 다시 말하면 내가 에이프페스트에서 대화한 거의 모두가 수십만 달러를 손해 봤다는 뜻이었다. 하지만 축제에 모인 사람들은 대개 가격 하락에 대해 불평하지 않았다. NFT로 큰돈을 벌 수 있다는 신념을 잃은 사람은 원숭이 NFT를 팔아버리고 그 축제에 참가하지도 않았을 것이다. 그러나 나는 그런 그들을 대신해서 화가 났다. 나는 펄론이 쇼에서 패리스 힐튼과 지루한 원숭이 NFT를 홍보한 것에 일말의 책임감을 느끼는지 궁금했다. 두 사람에게 그 돈은 푼돈에 불과할지 모르지만, 일부는 이 원숭이 만화에 평생 모은 돈을 몽땅 투자했다.

나는 펄론에게 다가가서 암호화폐에 관해 책을 쓰고 있고 돌연변이 원숭이 NFT를 샀다고 말했다. 내가 닥터스컴을 꺼내서 보여주자, 필론은 관심 있는 척했다. 그가 지루한 원숭이 NFT는 '멋진 예술 실험'이라고 생각한다고 말하자, 나 역시 흥미로운 척했다.

"저는 원숭이 NFT 커뮤니티를 보러 오고 싶었습니다. 무슨 일이 일어나는지 보고 싶었습니다"라고 그가 말했다.

"당신은 NFT가 주류 문화가 되도록 정말 도움을 주고 있는 것 같습니다"라고 말하며, 나는 그의 패리슨 힐튼 인터뷰가 원숭이 NFT에 얼마나 큰 영향력을 미쳤는지 말해줬다.

"오 그런가요?"라고 그가 말했다.

"사람들이 돈을 잃고 있습니다." 내가 말했다.

"저는 투자는 잘 몰라요. 저는 이 커뮤니티를 위해서 NFT를 샀을 뿐이에요"라고 그는 답했다.

에이프페스트의 마지막 날 아침, 나는 네 살 된 쌍둥이에게 내가 무엇을 하고 있는지 말해주고 닥터스컴을 보여줬다. 〈마이 리틀 포니〉에 완전히 넋이 나가는 쌍둥이조차도 내 원숭이에 별 감흥이 없었다. "차라리 우주로 가는 기계를 만드는 사람에 대한 글을 쓰지"라고 딸 마고Margot가 말했다.

닥터스컴을 팔 때가 됐다. 지루한 원숭이 요트 클럽과 상관없는 사람들은 그 원숭이들이 왜 인상적인지 알지 못했다. 반면 지루한 원숭이 요트 클럽과 관련된 사람들은 닥터스컴이 대박 원숭이라고 생각하지 않았다. 내가 판매 버튼을 클릭하자, 브라우저에 설치된 작은 여우가 등장하더니 신비롭게 "좋은 기능이 있다"라고 말하고, 길게 뭐라고 횡설수설하면서 '가입' 버튼을 클릭하겠냐고 내게 물었다. 내가 지금 해킹을 당하고 있는 건가? 나는 신경 쓰지 않았다. 내가 원하는 것은 이 JPEG 파일의 원숭이를 없애버리는 것이었다. 나는 오직 이 원숭이를 살 만큼 멍청한 사람이 없을까 봐 걱정됐다.

그날 내내 나는 닥터스컴이 팔렸는지 확인하려고 몇 시간마다 컴퓨터를 켰다. 나는 닥터스컴을 없애고 싶어서 안달이 난 만큼 해킹을 당할까 봐 불안했다. 이 몇 시간은 내 인생에서 최악이었다. 그날 저녁, 나는 웹사이트가 제대로 작동하지 않는다는 것을 깨달았다. 누군가가 내게 1만 9,896달러 20센트 상당의 이더를 이미 지불했던 것이다. 그 뒤에 나는 오탈자나 해킹 때문에 돈을 잃지 않도록 이더를 코인베이스로 보내고 다시 달러로 환전하는 고통스러운 과정을 반복해야 했다. 갑자기 이더리움 네트워크의 코인베이스 접속이 끊겨버리자 내 돈은 몇 시간 동안 불확실한 상태에 빠지게 됐다.

미국 달러로 원숭이 NFT를 거래했다면, 나는 약 800달러를 손해 봤을 것이다. 암호화폐로 거래하면 거래 수수료가 발생하는데, 나는 최소 1,160달러를 수수료로 썼다. 코인베이스 수수료 36달러, 유가랩스 수수료 497달러, NFT 장터 수수료 497달러, 그리고 뱅크오브아메리카 수수료 90달러와 이더리움 수수료 40달러가 발생했다. 유가랩스는 원숭이 NFT가 판매될 때마다 2.5퍼센트 수수료를 가져갔다.

블록체인 주소에 실명을 붙이는 사람도 있었다. 그래서 나는 닥터스컴의 새로운 주인이 데이비드 모브시샨David Movsisyan이라는 미국 남성이란 것을 알 수 있었다. 그는 트위터에서 닥터스컴으로 에이프페스트에 갈 수 있다고 말했다. 그는 그 돌연변이 원숭이 NFT를 구매하고 몇 시간 뒤에 축제의 마지막 밤을 현장에서 즐기려고 시도했지만 실패했다. 나는 죄책감이 들었다. 나는 돈을 조금 손해 보긴 했지만, 지루한 원숭이 NFT 열풍을 이용해서 불쌍한 남자에게 2만 달러에 못생긴 닥터스컴을 팔았던 것이었다.

나는 모브시샨에게 연락했다. 그로부터 3주 뒤에 우리는 대화를 나누게 됐다. 그런데 닥터스컴의 새로운 주인은 내게 화를 내지 않았다. 그는 NFT 컬렉션을 팔고 싶은 사람들을 위해서 만화를 그리는 프리랜서라고 자신을 소개했다. 그의 첫 번째 프로젝트는 도박하는 원숭이로, 지루한 원숭이를 복제한 것이었다. 제작자는 도박하는 원숭이 NFT를 최소 200만 달러에 팔았다. 원숭이 NFT 진품을 소유하면, 그는 더 많은 사업 기회를 얻을 수 있었다. 그는 최소 1만 5,000달러에 원숭이 만화 1만 점을 만들 수 있다고 했다. 내가 사과를 하자, 그는 내가 닥터스컴을 팔고 몇 주 만에 가격이 5,000달러 올랐다고 했다.

"당신은 제게 사기를 치지 않았어요. 엄격히 말하면 제가 당신에게 사기를 친 거죠"라고 모브시샨이 말했다.

에이프페스트가 이어지던 어느 날 밤, 나는 밖에서 스톤을 다시 만났다. 우리는 주차장 의자에 앉아서 이야기를 나눴다. 그는 자신이 왜 우울했는지를 설명했다. 중간중간 케타민을 흡입하면서 그는 암호화폐 가격이 하락했고, 셀시어스가 자신이 마땅히 받아야하는 보상을 해주지 않는다고 설명했다. 그는 캘리포니아에서 십대들이 운영하는 거래소에 암호화폐 상당량을 예치했지만 도난당했다. 그래서 한때 1억 달러에 육박했던 그의 순자산이 폭락했다. 그는 축제 참가자들이 허세 덩어리로 느껴져서 에이프페스트의 개막식 밤에 슬쩍 행사장을 빠져나왔다고 했다.

"이들은 진정한 암호화폐 사람들이 아니에요. 진짜 암호화폐 사람들은 9,000만 달러의 가치가 있었고, 이제는 300만 달러가 됐어요. 그들은 스스로 목숨을 끊고 싶어 합니다"라고 그는 말했다.

우리는 다른 건물 옥상에서 돌연변이 카르텔이 주최하는 파티에 참석했다. 그는 전화를 받기 위해 잠깐 자리를 비웠다. 통화하고 돌아온 그의 얼굴이 새하얗게 질려 있었다.

"야단났네. 난 완전히 망했어요. 약이나 더 해야겠어요." 스톤이 말했다. 스톤은 방금 변호사에게서 온 전화였다고 말했다. 변호사는 그에게 수사기관이 셀시어스를 조사하고 있다고 말했다.

[17]
암호화폐 경제의 붕괴

NUMBER GO UP

권도형의 황당무계한 사업계획, '블롭과 프리젤'

에이프페스트가 열리기 일주일 전, 셀시어스는 고객들에게 더 이상 자금을 찾아갈 수 없다고 알렸다. 셀시어스는 완곡하게 '모든 인출 서비스를 잠시 중단한다'고 했지만, 그것은 은행 영업지점이 사람들이 돈을 찾아가지 못하도록 문을 걸어 잠그는 것과 다름없는 조치였다. 실제로 1920년대 뱅크런 사태가 일어났을 때, 은행이 문을 걸어 잠그는 일이 벌어졌었다. 셀시어스 창립자 앨릭스 마신스키는 그 어떤 은행보다 자신의 회사가 더 안전하다고 내게 장담했었다. 은행보다 훨씬 더 높은 이자율을 지급하는 이유를 묻자, 그는 은행원들은 정직하지 않고 탐욕스럽다고 말했다.

"누군가는 거짓말을 하고 있습니다. 은행이 거짓말은 하든지,

비이성적
암호화폐

아니면 셀시어스가 거짓말을 하든지"라고 마신스키는 말했다.

이제 거짓말쟁이는 마신스키였다는 것이 확실해졌다. 그래서 연방기관이 에이프페스트에 나를 데려가 준 제이슨 스톤에게 전화했던 것이었다. 스톤은 셀시어스에서 트레이더로 일했었다. 미국 연방수사기관과 만난 뒤 스톤은 그들이 쫓는 사람이 자신이 아니라고 했다. 그들은 마신스키와 다른 셀시어스 임원들이 회사 자금을 횡령하거나 회사 재정상태에 대해서 거짓말을 했는지 알고자 했다. 그는 미국 연방수사기관이 자신에게 했던 말을 신이 나서 내게 들려줬다. 셀시어스는 고객이 맡긴 자금의 상당한 액수가 어디에 있는지 파악하지 못했고, 일부 자금을 부적절한 곳에 투자하는 도박을 했다.

"사람들이 셀시어스에 돈을 맡긴 진짜 이유는 그곳이 안전할 것이라고 기대하기 때문이다. 셀시어스를 전문가들로 조직된 전문기관으로 여기지만, 실상 사람들은 돈을 사기꾼들에게 맡긴 셈이다"라고 스톤은 말했다.

셀시어스 뱅크런 사태는 2022년 여름에 전체 암호화폐 산업을 집어삼켰던 위기의 일부였다. 그 위기는 수개월 동안 이어졌다. 그 위기 상황을 지켜보는 것은 모래성이 서서히 무너지는 것을 지켜보는 것 같았다. 그 기간 내내 나는 스테이블코인으로 뱅크런이 번지는지를 알고 싶어서 테더 가격을 주시했다.

위기는 5월에 시작됐다. 테크 주식을 비롯해 데이트레이더들이 좋아하는 주식, 그리고 토큰 가격이 함께 떨어지고 있었다. 권도형이란 이름의 30세 한국인이 운영하는 암호화폐 회사가 몰락했다. 그 당시에는 명확하지 않았지만, 이 사건은 암호화폐 경제의 상당 부분을 붕괴시켰다.

권도형이 만든 코인은 테라USD라 불렸다. 그것은 테더처럼 스테이블코인이었고, 개당 1달러에 항상 거래되도록 설계됐다. 하지만 권도형은 테라USD는 은행 계좌에 예치된 달러가 보증한다고 약속하지 않았다. 테라USD는 루나라는 권도형이 만든 두 번째 코인이 보증했다. 권도형이 루나의 공급을 통제했기 때문에, 그가 원한다면 얼마든지 코인을 만들어낼 수 있었다.

이게 무슨 소린지 이해가 잘 안 된다면, 사실상 당신의 투자 직감이 나쁘지 않다는 좋은 신호다. 이후 코미디언 존 올리버John Oliver는 권도형의 황당무계한 사업계획을 다음과 같이 요약했다. "블롭blorp 한 개는 항상 1달러의 가치를 지닙니다. 제가 이를 장담할 수 있는 이유는 그렇게 되도록 프리젤을 많이 팔 것이기 때문이죠. 그리고 제가 바로 그 프리젤fleezel을 만들고 있어요."

사람들이 권도형의 테라USD와 루나를 이용한 사업계획에 속아 넘어간 이유는 테라USD가 권도형이 관리하는 앵커Anchor라는 암호화폐 은행에 예치될 수 있었기 때문이었다. 앵커는 연간 20퍼센트 이자율을 제공했다. 그래서 '이자를 지급할 돈은 어디

비이성적
암호화폐

서 나오나?'와 '이것은 폰지 사기이지 않나?'와 같은 질문이 나오는 것은 당연했다.

그러나 권도형은 이런 질문에 설득력 있는 답을 내놓지 못했다. 그는 오히려 이런 질문을 하는 사람을 모욕했다. "나는 트위터에서 가난한 사람들과 논쟁하지 않는다"라고 그는 어느 비판가에게 트위터 메시지를 보냈다. 사업계획이라고 부를 수 있다면, 그의 사업계획은 돈을 아주 많이 벌어서 테라USD를 보증할 자산을 충분히 마련하는 것이었다.

권도형은 괴짜는 아니었다. 암호화폐 산업에서 활동하는 유명 벤처캐피털리스트 중에 그에게 투자한 이들도 있었다. 월가 출신 마이크 노보그라츠도 그중 한 명이었다. 그는 자신의 왼팔에 달을 보며 울부짖는 늑대 문신 옆에 루나라는 단어를 문신했다.

권도형의 계획은 많은 사람들을 부자로 만들었다. 가치가 폭락하기 전에 테라-루나의 종합 가치는 600억 달러를 넘어섰다. 테라USD가 대량으로 판매되자 트레이더들은 경악했다. 그 이후 5월 7일부터 다수가 스테이블코인을 현금화해서 루나를 사고 다시 팔았다. 그러자 루나 가격이 폭락했다. 루나 가격이 하락할수록, 권도형은 더 많은 루나를 발행해야 했다.

5월 9일 루나 가치가 절반 이상으로 하락했고, 결국 30달러 이하가 됐다. 그리고 다음 날 또다시 루나 가치는 3분의 2가량 하락했다. 권도형은 자신의 지지자들에게 루나를 끝까지 팔지 말고 갖고 있으라고 촉구했다. "얼마 남지 않았다. 마음을 굳게 먹어라, 루나틱스들이여"라고 그는 트위터 메시지를 남겼다.

하지만 루나 가치는 끝을 모르고 계속 폭락했다. 5월 13일 오전을 기준으로, 루나 6조 5,000억 개가 시중에 유통되고 있었고, 루나 가치는 0.00001834달러로 폭락했다. 테라USD 가치도 20센트 이하로 떨어졌다. 테라USD 한 개를 루나 한 무더기로 상환할 수 있었지만, 그 누구도 테라USD를 구매하지 않았다. 그 누구도 블롭(테라USD)이나 프리젤(루나)을 원하지 않았고, 마침내 600억 달러가 증발했다.

짧은 시간 동안에 사태는 걷잡을 수 없이 악화됐고, 다음에 쓰러질 도미노는 테더인 듯했다. 테더코인은 테더가 약속한 대로 거의 항상 개당 1달러에 거래됐다. 코인 가치가 1달러 이하로 떨어지면, 고객의 신뢰는 잃을 수밖에 없었다. 5월 12일 권도형의 계획은 무너졌고, 아주 많은 사람이 앞다퉈서 테더코인을 팔아 치웠다. 그 여파로 테더코인 일부 거래소에서 95센트 이하로 거래됐다.

뱅크런이 계속 이어지는 것처럼 보였다.

테더를 비판했던 사람들은 신이 났다. 베이사이드 수영장에서 만났을 때 자신을 앤드루라고 불러달라고 했던 익명의 비판가, 비트파이넥스드는 그날 60번 이상 트위터 메시지를 작성했다. 힌덴버그리서치의 네이트 앤더슨은 내게 자신의 회의론의 정당성이 곧 입증될 것이라고 했다.

"지난 2년은 경계심을 드러내는 사람들이 가스라이팅을 하는 것처럼 느껴졌어요. 이제 모든 것이 매우 빠르게 밝혀지고 있습니다"라고 그는 말했다.

파올로 아르도이노Paolo Ardoino 테더 최고기술책임자는 그 당시에 1달러 고정 가치를 방어하겠다고 인터뷰에서 다짐했다. 그리고 테더가 가용할 수 있는 현금과 쉽게 처분할 수 있는 투자를 충분히 보유하고 있다고 투자자들을 안심시켰다. 그는 자금을 회수하길 원하는 사람은 언제든지 찾아갈 수 있다고 약속했다. "최악의 경우에 테더의 규모가 축소될 뿐이에요"라고 그는 말했다.

블록체인 거래는 공개됐다. 그래서 나는 투자자들이 점점 더 많은 테더코인을 상환하는 것을 확인할 수 있었다. 하루에 30억 달러 상당의 테더코인이 현금화됐다. 테더는 상환액을 지불할 자금을 조달해냈고, 코인 가치는 다시 1달러로 올라갔다. 하지만 상환 속도가 느려지는 것 같지는 않았다. "이것은 느린 뱅크런의 시작인가? 아니면 계획했던 대로 일이 진행되고 있다는 증거인가?"라고 나는 혼자 보는 메모장에 적었다.

그 당시 셀시어스도 난처한 상황에 놓였다. 셀시어스가 보유하고 있다는 자금에 대한 온갖 소문이 돌기 시작했다. 테더 가치가 1달러 이하로 떨어진 다음 날인 5월 13일, 마신스키는 자금이 안전하다고 고객들을 안심시키려고 애썼다. "셀시어스는 그 어떤 기관보다 안전합니다. 우리는 모든 일을 공개하고 가장 잘하는 일에 집중할 것입니다. 셀시어스는 커뮤니티를 섬기고 보호하며, 고객이 필요로 할 때 자산을 되돌려 줄 것입니다"라고 라이브스트림을 통해 말했다.

하지만 내부 상황은 암울했다. 셀시어스는 고객이 예치한 자금의 상당 부분을 잃었고, 이 사실을 고객에게 알리지 않았다. 스톤에게 디파이에 투자하라고 자금을 대는 것이 셀시어스의 그나마 안전한 투자 활동 중 하나였다. 사실 셀시어스는 고객에게 약속한 이자율을 지급할 자금을 마련할 믿을 만한 방도가 없었다. 셀시어스는 비밀리에 전용 암호화폐 셀 토큰을 대량으로 사들였다. 이것은 셀 가격을 높이기 위한 시도였다. 그러나 마신스키는 자신이 보유한 셀을 대거 처분하고 있었다. 그리고 셀시어스는 암호화폐로 위험한 도박을 하려는 대형 트레이더들에게 무담보 대출을 해주고 있었다. 법인용 슬랙 채널에서 셀시어스 임원 한 명이 자신의 직함을 '폰지 컨설턴트'라고 농담했다. 또 다른 임원은 셀시어스의 문제 있는 사업 모델을 설명했다. 그는 "지속 불가능한 수익을 제공해서 우리는 (운용자산을) 성장시킬 수 있다. 하지만 그 과정에서 고객들은 더 큰 위험을 감수하도록 강요받고, 그러한 위험과 형편없는 관리/판단 때문에 손해를 입는다. 그리하여 지금 상황에 이르렀다"라고 6월 9일에 글을 올렸다. (마신스키와 그의 변호인단은 사기 혐의가 '근거 없는 주장'이라고 말했다. 그들은

비이성적
암호화폐

셀시어스는 '연이은 재앙을 초래할 외부 사건으로' 엉망이 됐다고 말했다.)

마신스키는 공개적으로 문제가 없다고 장담했지만, 셀시어스는 구제금융을 고려하고 있었다. 셀시어스가 접촉한 기업 중에 테더도 있었다. 두 기업은 깊이 얽혀 있었다. 마신스키는 10억 달러 상당의 테더 토큰을 테더로부터 대출받았다고 말했었다. 그리고 테더는 셀시어스의 최대 투자자 중 하나였다. 하지만 테더는 셀시어스의 신규 자금 요청을 거절했다. 사실상 셀시어스를 구제해주는 대신에 테더는 셀시어스에 빌려준 대출금을 청산했다. 그리하여 셀시어스의 지급 준비금은 추가로 대폭 감소했다.

그러고 나서 셀시어스는 암호화폐 산업의 아베 마리아에게 도움을 청했다. 그 인물은 바로 샘 뱅크먼-프리드였다. 바하마 콘퍼런스 이후로 그는 암호화폐 산업에서 가장 유명한 사람이 됐다. 그의 자금력은 무제한인 듯했다. 셀시어스 임원들은 그와 셀시어스 인수 가능성을 협의했다. 뱅크먼-프리드는 6월 12일에 그들을 만났다. 알라메다리서치 대표 캐롤라인 엘리슨이 회의에 동참했다. 두 사람은 셀시어스의 재정 상태에 많은 의문을 품었고 인수 제안을 거절했다.

"기본적으로 도가 지나친 기업들이 있습니다. 그런 그들을 지원하는 것은 실용적이지 않습니다"라고 이후 뱅크먼-프리드가 기자에게 말했다.

뱅크먼-프리드가 셀시어스 인수를 거절한 이후 셀시어스의 인출 중단이 시작됐다. 그 조치는 영구적이었고, 파산 신청을 하게 됐다.

다음 차례로 무너진 기업은 오랫동안 암호화폐에 가장 잘 투자하는 기업으로 여겨지던 쓰리 애로우즈 캐피털Three Arrows Capital이란 헤지펀드였다. 공동 창립자 수 주Su Zhu는 '슈퍼사이클'이라는 이론을 주장했다. 이 이론의 핵심은 암호화폐가 세상을 지배하게 될 것이기 때문에 암호화폐 가격은 상상할 수 없는 고점에 이르게 된다는 믿음이었다.

주는 비트코인 한 개의 가격이 250만 달러 이상으로 오를 것이라고 예측했다. 50만 명이 넘는 팔로우를 보유한 그는 트위터에서 암호화폐 발명을 전통적인 시folkloric poetry, 서적이나 촬영술의 발명에 비유했다. "대부분이 암호화폐는 4차 컴퓨팅 패러다임이라고 알고 있다. 하지만 그것은 4세대 증강 기억이기도 하다"라고 그는 글을 썼다. 암호화폐 산업의 기준으로 이런 발언은 그를 영향력 있는 지성인으로 만들었다.

그의 이론은 어리석었지만, 결론을 반박하기에는 어려웠다. 그는 매사추세츠 사립 고등학교 필립스 아카데미를 함께 다닌 친구와 2012년 쓰리 애로우즈 캐피털을 설립했다. 헤지펀드는 100만 달러의 자금을 보유했고, 그의 부모님이 일부 자금을 지원했다. 두 사람은 35세였고, 그들이 최소 100억 달러를 관리한다는 소문이 돌았다. 쓰리 애로우즈 캐피털은 권도형의 테라-루나 사업 모델과 〈엑시 인피니티〉의 초기 투자자였다.

주는 약 5,700만 달러로 싱가포르에 집 두 채를 구입할 정도로 충분히 돈을 벌었다. 그는 주문한 171피트(약 52미터) 슈퍼 요트를 찍은 사진을 친구에게 자랑하는 것을 좋아했다. 그는 슈퍼 요트의 이름으로, 도지코인을 두고 암호화폐 업계 내에서 농담으로 사용하는 '머치 와우Much Wow'라고 붙였다.

나는 주를 4월에 열린 뱅크먼-프리드의 크립토 바하마 콘퍼런스에서 봤다. 우리 두 사람의 콘퍼런스 경험은 사뭇 달랐다. 나는 일반 항공편으로 콘퍼런스에 참석했고, 원숭이 NFT 모조품을 가진 남성은 뱅크먼-프리드 파티에 참석하고 싶다고 했다는 이유로 나를 놀렸다. 주는 개인 전용기로 바하마에 왔고 케이티 페리 옆에서 찍은 사진을 인스타그램에 올렸다.

널리 알려지진 않았지만, 쓰리 애로우즈 캐피털이 슈퍼사이클 베팅에 사용한 대부분의 자금은 셀시어스에서 빌렸고, 이외에도 높은 이윤을 지급하는 다른 여러 암호화폐 기업으로부터 빌린 돈이었다. 쓰리 애로우즈 캐피털은 기꺼이 높은 대출 이자를 지불했다. 이것이 편리했다. 왜냐하면 쓰리 애로우즈 캐피털에 돈을 빌려준 기업들은 이미 고객에게 했던 약속을 지키기 위해서 돈을 벌 방도를 찾아야 했기 때문이었다. 주의 고등학교 동창생이자 공동 창립자인 카일 데이비스Kyle Davies는 이후에 대출 기관들은 너무나 간절해져서 쓰리 애로우즈 캐피털이 대출금을 갚을 수 있다는 증거를 거의 요구하지도 않고 돈을 빌려줬다고 말했다. "최근에 전화 한 통화로 누군가가 제게 10억 달러를 빌려줬습니다. 전화를 끊자마자 돈이 입금됐죠. 무담보 대출이었습니다. 시스템이 그런 식으로 돌아갔습니다. 사람들은 어떻게 해서든 달러를 벌어야 했습니다"라고 그가 말했다.

그리고 쓰리 애로우즈 캐피털은 그렇게 확보한 자금의 상당 부분을 테라-루나에 투자했다. 테라-루나가 무너지자, 쓰리 애로우즈 캐피털은 6억 달러를 손해봤다. (창립자들은 이후에 싱가포르에서 자신들 근처에 살았던 권도형과의 우정에 휩쓸려서 위험한 투자를 했다고 말했다.

5월 11일에 쓰리 애로우즈 캐피털에 대출을 해줬던 기업 중 하나가 쓰리 애로우즈 캐피털 임원에게 상환을 요청하는 메시지를 보냈다. 테더나 다른 스테이블코인으로 대출 상환금을 받겠다는 내용이었다. 그 메시지를 받은 임원은 "좋아(Yo), 어, 흠"이라고 회신했다. 그러나 쓰리 애로우즈 캐피털은 대출을 갚지 않았다.

셀시어스가 '인출 중단'을 선언하고 이틀 뒤인 6월 14일, 주는 쓰리 애로우즈 캐피털에 문제가 발생했다는 소문에 트위터를 통해서 정면으로 대응했다. "우리는 관계기관과 논의 중이고 이 문제를 해결하기 위해 최선을 다하고 있다"라고 그는 글을 올렸지

비이성적
암호화폐

만, 사람들의 불안감을 잠재우기에는 역부족이었다. 그로부터 2주일 뒤 쓰리 애로우즈 캐피털은 파산을 신청했다. 법원 문서에 따르면, 쓰리 애로우즈 캐피털의 보유 자산에는 NFT 포트폴리오가 포함되어 있었다. 그중에 애매하게 인종차별적인 '일식 주방장 머리띠'를 한 지루한 원숭이 NFT와 크립토딕버트라 불리는 만화 음경의 디지털 이미지도 있었다. 놀랍게도 이 이미지의 당시 가격은 대략 1,000달러였다. (데이비스는 요청하지도 않았는데 누군가가 자신에게 그 이미지를 보냈다고 말했다. 그 사람은 아마도 암호화폐 노출증 환자였을 것이다.)

쓰리 애로우즈 캐피털의 몰락으로 이 헤지펀드에 돈을 빌려준 모든 기업이 큰 손해를 입었다. 셀시어스는 4,000만 달러를 선금으로 지불했고, 셀시어스의 경쟁사인 블록파이BlockFi와 보이저디지털Voyager Digital은 이보다 더 많은 자금을 쓰리 애로우즈 캐피털에 빌려줬다고 실토했다. 쓰리 애로우즈 캐피털에 대출하지 않았던 기업들도 타격을 입었다. 평판이 좋은 거래소인 제미니Gemini는 이용자가 맡긴 돈을 제네시스 글로벌Genesis Global에 빌려줬고, 제네시스 글로벌은 그 돈을 쓰리 애로우즈 캐피털에 빌려준 것으로 드러났다.

셀시어스와 다른 암호화폐 기업들의 이용자들은 이런 일이 일어나리라고 전혀 예상하지도 기대하지도 않았다. 그들은 자신들의 계좌가 위험이 낮다고 생각했다. 그러나 실상 자신들의 돈은 암호화폐 카지노에서 술에 취해 인사불성인 도박꾼이라 할 수 있는 쓰리 애로우즈 캐피털의 대출 자금으로 활용됐다. 쓰리 애로우즈 캐피털은 이 도박판에서 권도형의 블롭과 프리젤에 모두 투자했다.

일부는 암호화폐의 신용 위기를 2008년 금융 위기와 비교했다. 2008년 금융 위기 당시에 많은 미국 은행들이 위험한 주택담보대출상품에 크게 베팅했다. 하지만 나는 암호화폐를 너무 높게 평가한 것이 문제가 아닌가라는 생각이 들었다. 나는 암호화폐의 신용 위기를 지켜보면서 투자자들에게서 자금을 모집하고 수수료를 챙기면서 버니 매도프의 폰지 사기에 투자했던 '피더펀드 feeder funds(다른 펀드를 통해 투자하는 펀드-옮긴이)' 네트워크를 더 많이 떠올렸다. 암호화폐 회의론자인 데이비드 제라르드David Gerard와 에이미 카스토르Amy Castor가 글을 썼듯이, 암호화폐 산업은 헛소리로 가득한 상자가 꼭지점을 지탱하고 있는 역피라미드와 닮았다. 여기서 헛소리로 가득한 상자는 다름 아닌 권도형의 폰지 사기다. 상자가 뭉개지자 피라미드가 쓰러졌다.

이 사태는 암호화폐 산업과 관련된 모두에게 타격을 입혔다. 마이애미에서 열린 비트코인 콘퍼런스에서 스타였던, 날카로운 눈매를 지닌 암호화폐 예언자로 알려진 마이클 세일러는 비트코인에 베팅했다가 거의 10억 달러를 잃은 뒤에 마이크로스트레티지

CEO 자리에서 내려왔다. 마이애미의 호텔 경영자들과 나이트클럽 운영자들은 샴페인에 수십만 달러를 거리낌없이 쓰고, 군중 속에서 50센트를 뿌리기 위해서 현금 뭉치를 사용하고, 휴대폰의 작은 여우 아이콘 지갑에 저장된 계좌 잔액을 자랑하던 암호화폐 산업의 거물들이 사라진 것에 불평했다. "보통은 계좌 잔고를 남에게 보여주지 않습니다. 하지만 이 사람들은 자신의 암호화폐 지갑을 마구 보여줍니다. 평생 봤던 은행 계좌보다 1년 동안 본 암호화폐 지갑이 더 많습니다"라고 나이트클럽 E11EVEN의 파트너가 기자에게 말했다.

쓰리 애로우즈 캐피털이 파산한 뒤에 데이비스는 발리로 이주했다. 그곳에서 그는 그림을 그렸고 마약성 버섯을 먹고 헤밍웨이의 소설을 읽었다. "아주 두툼한 돼지고기 요리를 먹고 술을 진탕 마시고, 해변에서 명상을 합니다"라고 그가 기자에게 말했다. 그와 그의 공동 창립자는 충분한 돈을 모아서 다시 일할 필요가 없었다. 이번 사태의 진짜 피해자는 평생 일해서 번 돈을 셀시어스의 마신스키나 테라-루나의 권도형에게 위임했던 일반인이었다. 그들은 트위터와 레딧에 서로의 처지를 한탄했고, 일부 포럼 관리인은 자살 예방 핫라인 링크를 올렸다.

"내 집이 불에 타서 없어지는 것을 보고 있는 것 같았다"라고 어느 투자자가 트위터에서 음성 채팅을 통해 말했다. "여러분은 멍청이가 아니고, 사랑을 받을 수 없는 사람이 아닙니다. 성급한 결정을 제발 내리지 마세요"라고 호스트가 말했다.

평생 일해서 모은 돈을 잃은 사람들에 대한 이야기가 온 신문에 도배됐다. 나는 나이지리아 아부자에 사는 28세의 오도사 이야무오사Odosa Iyamuosa와 이야기를 나눴다. 그는 테라-루나가 일당이 2달러가 채 안 되는 일자리밖에 없는 도시에서 벗어나는 최고의 방도라고 생각했다고 말했다. 그는 나이키와 아디다스 스니커즈 모조품을 인스타그램에서 만난 현지인에게 팔아서 푼돈을 긁어모았다. 그는 저축액을 1만 6,000달러까지 높이고 토론토 대학교의 데이터 분석 과정에 등록하고 싶었다. 그리고 넷플릭스나 구글과 같은 큰 미국 기업에 취직하고 싶었다. 몇 달 동안 그의 계획이 제대로 진행되는 듯이 보였지만 테라와 루나 가격이 폭락한 이후 그에게 남은 돈은 20달러밖에 없었다. 그는 트위터와 채팅 앱인 디스코드Discord에서 손해를 만회할 암호화폐 프로젝트를 찾고 있다고 말했다. "말 그대로 제게 아무것도 남지 않았습니다. 저도 잘 모르겠어요. 솔직히 말해서 일자리가 없습니다. 아무것도 없습니다"라고 그는 내게 말했다.

많은 투자자들이 자신들의 돈을 인출할 수 있도록 해달라고 담당 판사에게 편지로 간청했다. 그들은 자신들이 맡긴 돈이 사라졌다는 사실도, 마신스키가 위험한 도박으로 모든 자금을 날려버렸다는 것도 이해되지 않았다. 두 자녀를 키우는 펜실베이니아 랭커스터의 36세 은행 매니저는 20만 5,000달러를 잃었다고 말했

비이성적
암호화폐

다. 그것은 그의 은퇴자금이었다. 아일랜드 양치기는 농장을 잃었다고 말했다. 로스앤젤레스의 대역 배우는 집에서 쫓겨났다고 말했다. "어느 누구도 금융회사가 영구적으로 돈을 가져갈 수 있다는 미명하에 고객 자금을 계속 붙들고 있도록 허락할 사람은 없을 것이다"라고 글을 썼다.

나는 화가 잔뜩 난 또 다른 셀시어스 고객에게 전화했다. 그는 캘리포니아 오렌지에 사는 57세의 은퇴한 소방대장인 채프먼 '채피' 쉘크로스Chapman 'Chappy' Shallcross였다. 채피는 코로나 팬데믹으로 인해 시간이 많을 때 암호화폐에 관심을 갖게 됐다. 그의 아들 자크Zach도 비트코인, 이더와 도지코인을 조금씩 거래했고, 두 사람은 새로운 코인에 대해서 이야기하길 즐겼다. (자크는 2023년 〈더 배첼러The bachelor〉에 출연해서 스타가 됐다.)

"우리는 암호화폐가 무엇이고 블록체인이 어떻게 움직이는지를 함께 공부하면서 유대감을 쌓았습니다. 하지만 지금까지도 완전히 이해하지 못했습니다"라고 자크가 내게 말했다.

채피는 아들에게 20만 달러의 은퇴자금을 현금화해서 이더와 카르다노를 구입했다고 말하지 않았다. 그는 구매한 토큰을 2021년 12월 셀시어스에 예치했다. "저는 분산이 좋다고 생각합니다. 그리고 저는 블록체인 기술과 암호화폐가 대단한 무언가가 될 수 있다고 생각해요"라고 채피가 기자에게 말했다. "하지만 눈앞에서 은퇴자금을 모두 잃게 되면, '이런 일이 일어나지 않도록 막을 규제가 있었으면 좋았을 텐데'라고 생각하지 않을 수 없죠"
라고 그는 덧붙여서 말했다.

채피처럼 내가 대화했던 많은 투자자가 여전히 암호화폐에 투
자하고 있었다. 이것은 내게 그들은 자신들이 틀렸다는 것을 인정
하고 싶어 하지 않는 것처럼 보였다. "나에게 암호화폐는 돈이 전
부가 아닙니다. 그것은 미래입니다"라고 루이지애나 라피엣의 응
급실 의사가 80만 달러를 잃은 뒤 내게 말했다. 그는 여전히 비트
코인 가격이 올라갈 것이라고 믿는다고 말했다. 그리고 비트코인
을 '가치가 올라갈 수밖에 없는 가장 순수한 디지털 자산'이라고
불렀다.

뱅크먼-프리드는 그 나름대로 암호화폐 산업이 위기에 처했던 여
름을 가까스로 빠져나왔고, 그런 그는 영웅처럼 보였다. 2022년 6월
에 그는 쓰리 애로우즈 캐피털이 손실을 보자 블록파이와 보이저
에 긴급자금을 대출해줬다. 그러나 보이저는 결국 파산해버렸다.
이 행동은 그의 대중 이미지에 대단히 좋았다. 이미 암호화폐 산
업의 총아였던 그는 이제 산업의 구원자가 됐다.

《포춘》은 '제2의 워런 버핏인가?'라는 표제와 함께 뱅크먼-프
리드를 표지 모델로 내세웠다. 이어진 기사에서는 그를 '암호화폐
의 백마탄 기사'이고 '끝없는 야심을 지닌 트레이딩 귀재'라고 불
렀다. 《이코노미스트》와 CNBC 호스트 짐 크래머Jim Cramer는 뱅크

먼-프리드를 1907년 주식시장 공황상태를 피하기 위해서 자금을 동원했던 존 피어폰트 모건John Pierpont Morgan, Sr.에 비유했다. 뱅크먼-프리드는 자신이 암호화폐 산업을 어떻게 구원했는지에 대해 이야기하기 위해서 많은 인터뷰를 하고 TV에 출연했다.

"우리가 손해를 보더라도, 그 위기 상황이 전 산업으로 퍼지는 것을 막기 위해서 사태에 개입할 책임이 있다고 느꼈습니다. 물론 우리가 위기를 초래했거나 당국의 조사를 받지 않았지만 말입니다. 암호화폐 생태계에 그렇게 하는 것이 건전한 행동이라 생각했습니다"라고 뱅크먼-프리드가 NPR에서 말했다.

뱅크먼-프리드는 그해 6월 《포브스》와의 인터뷰에서 불길한 이야기를 했다. 그는 FTX는 잘 해내고 있다고 장담하면서, 다른 암호화폐 거래소는 이미 고객이 맡긴 돈을 잃었지만, 그 누구에게도 그 사실을 이야기하지 않고 있다고 했다. "아무도 모르지만 이미 지불불능 상태에 빠진 3단계 거래소가 있습니다"라고 그는 말했다.

나는 믿을 수 없었지만, 암호화폐 기업이 연이어 파산할 때 테더는 살아남았다. 나는 약간의 좌절감을 넘어선 복잡한 감정에 휩싸였다. 2021년 나는 암호화폐 로고가 잔뜩 붙어 있는 벽에 다트를 던져서 어느 암호화폐 기업을 조사할지 선택할 수 있었다. 하지만 당시 내가 다트로 어느 기업을 맞혔든지, 그 기업은 이제 파산해서 없어졌을지도 몰랐다. 나는 파산하지 않은 몇 안 되는 기업 중한 곳을 조사하는 데 1년이 넘는 시간을 썼다.

나는 여전히 테더가 의심스럽다고 생각했다. 사실 테더를 더조사할수록 나는 테더와 그것이 내세우는 원칙에 대해 신뢰를 잃었다. 하지만 7월이 되자 테더는 160억 달러 상당의 토큰을 상환했고 완전한 뱅크런을 피했다.

앤더슨과 같은 암호화폐 회의론자들은 이것이 테더가 보유하고 있다고 주장하는 자금을 전부 안전하게 갖고 있다는 증거가되지는 않는다고 내게 말했다. 코인 160억 개를 현금으로 상환하는 것은 테더가 160억 달러를 갖고 있다는 증거밖에 되지 않았다. 테더는 50억 달러나 100억 달러를 잃었을 수도 있었다. 하지만모든 토큰을 현금으로 상환해주지 않는다면, 이를 확인할 방도는없었다. 물론 이 기준으로 실물 화폐가 테더의 가치를 보증하고있다는 것을 증명하기는 매우 어려웠다. 테더를 조사하기 시작했을 때, 나는 이 미스터리를 내가 풀 수 있을 것으로 생각했지만 이제는 그 끝을 알 수 없는 상황처럼 여겨지기 시작했다.

나는 더 많은 사람이 테더를 현금화하지 않는 이유가 궁금했다. 테더가 파산할 가능성이 최소한 조금이라도 존재했고, 신뢰해선 안 되는 이유가 차고 넘쳤지만, 테더를 대체로 신뢰하는 누군가에게도 테더를 현금화할 이유가 있을 것이다. 투자자들은 심지어 암호화폐 세계를 떠나지 않았다. 테더는 USDC라는 경쟁 스테

비이성적
암호화폐

이블코인으로 쉽게 교환됐다. USDC는 미국에 기반을 뒀고, 테더 처럼 파란만장한 과거를 갖고 있지 않았다.

나는 튀르키예나 레바논처럼 인플레이션이 높은 일부 국가에 서 현지인들이 테더를 비교적 안정적인 미국 달러를 얻는 수단으 로 구입하고 있다는 글을 읽었다. 테더가 왜 이런 일이 일어나는 지를 직접 대대적으로 설명했다. 하지만 나는 테더가 널리 이러한 용도로 사용되는 것이 테더의 거대한 규모를 설명하기에 충분한 증거가 되기에는 부족하다고 생각했다.

내가 들었던 또 다른 이유는 테더의 초대형 고객들이 미국 사 법당국과 정보를 공유하길 꺼려하는 역외 법인과의 금융거래를 선호하는 수상쩍은 인물일 수 있다는 것이었다. 많은 돈세탁범은 정확하게 무엇이 테더를 보증하는지를 신경 쓰지 않았다. 그들은 그저 테더를 더러운 현금을 빨리 옮기는 수단으로 사용했다.

최소한 일부는 테더를 사용해서 돈세탁을 했다. 일찍이 테더 를 옹호했던 유명인 중 한 명인 자오동Zhao Dong이란 이름의 중국 암호화폐 트레이더는 2021년 중국에서 테더를 이용해 불법 카지 노 자금 4억 8,000만 달러를 세탁한 혐의로 유죄 판결을 받았다. 나는 때때로 다른 돈세탁 사건에서 테더가 언급되는 것을 봤다. 북한은 현금을 벌기 위해서 노동자들을 해외로 보낼 때, 테더나 다른 스테이블코인으로 그들에게 돈을 줬다. 비영리단체인 국제 투명성기구Transparency International 러시아지부는 모스크바의 많은 암

17장
암호화폐 경제의 붕괴

359

호화폐 거래소가 허술한 신분증 확인으로 사용자들로부터 테더를 받고, 그 대가로 런던의 택배 기사에게 현금 뭉치를 전달한다는 사실을 밝혀냈다.

나는 러시아 돈세탁범에 대한 형사 소송에서 테더가 언급된 것을 우연히 발견했다. 미국 검찰은 그를 미국 군사 기술을 빼낸 혐의를 포함해서 엄청난 음모를 진두지휘한 혐의로 고소했다. 법정 문서에서 나는 수사당국이 확보한 그 돈세탁범이 암시장에서 베네수엘라 석유를 구입하고 돈을 지불할 최고의 방법을 누군가와 논의한 문자 메시지를 읽었다. 그는 거기서 문자 메시지처럼 '빠르게 처리할 수 있다'고 말하며 테더를 언급했다. "모두가 테더를 이용하는 이유입니다. 테더는 편리하고 빠르죠"라고 그 돈세탁범이 그 문자 메시지에 썼다.

하지만 나는 그 돈세탁범이 범죄자들이 테더를 사용하는 관행이 널리 퍼져 있다고 말하고 있는 것인지 확신할 수 없었다. 테더의 작은 부분이라도 설명하려면 막대한 자금을 움직이는 사기꾼으로 가득한 도시가 필요할 것 같았다. 그것을 어떻게 조사할지 나는 확신할 수 없었다. 그러다가 2022년 8월의 어느 저녁, 나는 캘리포니아 남부의 지역번호로 시작하는 모르는 전화번호로 문자 메시지를 받았다. 그것은 내가 만난 적 없는 아름다운 여인에게서 온 문자 메시지였다. 그리고 바로 그녀가 내가 필요한지도 몰랐던 단서를 제공했다.

비이성적
암호화폐

암호화폐
로맨스 사기

NUMBER GO UP

돈을 훔쳐 가는 신종 수법, '돼지 도살'

2022년 8월 어느 밤, 미스터리한 문자 메시지가 도착했다. 나는 친구와 바에서 술을 마시고 있었다. "안녕, 데이비드. 나는 비키 호야. 나 기억해?"라고 적혀 있었다.

내 이름은 데이비드가 아니다. 그리고 나는 비키라는 이름을 지닌 사람을 알지 못했다. 하지만 최근 몇 달 동안 나는 잘못 온 듯한 문자 메시지를 꽤 많이 받았다. 보통 나는 그런 문자 메시지를 무시했지만, 매운 수박 마가리타를 마시고 취해서인지 이번에는 답장을 보내기로 결심했다.

나는 비키에게 문자 메시지를 잘못 보냈다고 말했다. 그러자 그녀는 내게 사과했다. 그리고 나서 그녀는 어색하게 대화를 이어

비이성적
암호화폐

나갔다. "틀린 번호로 문자 메시지를 보낸 것을 사과하는 대신에 우리 친구할까? 호호"라고 그녀가 답 문자를 내게 보냈다.

그녀에게 어디에서 문자 메시지를 보내고 있느냐고 물었다. 그녀는 자신의 모습을 찍은 사진과 함께 답장을 보냈다. 지나치게 편집한 건지 그녀는 만화 캐릭터처럼 보였다. 도자기처럼 매끈한 피부를 지닌 예쁘고 어린 아시아 여성이었다. 그녀는 좁은 턱과 긴 속눈썹에 큰 눈망울을 갖고 있었다.

"만나서 반가워. 내 이름은 제크 포크스_{Zeke Faux}야. 나는 브루클린에 살아"라고 나는 답장을 보냈다.

"멋진 이름이네. 나는 서른두 살이고 이혼녀야"라고 그녀의 답이 왔다.

나는 핸드폰을 같이 있던 친구에게 보여주며 비키와 계속 대화를 이어가겠다고 양해를 구했다. 무작위로 문자 메시지를 보내서 투자 사기를 치는 신종 사기 수법에 대해서 들은 적이 있는데, 나는 '비키'가 내게 문자 메시지를 보낸 이유가 이것 때문일 것이라는 직감이 들었다. 이 신종 수법을 '돼지 도살'이라고 불렀다. 사기꾼들이 로맨틱한 관계를 맺는 척하고 날조한 투자 수익으로 피해자의 신뢰를 충분히 얻은 뒤에 한순간에 그들의 돈을 훔쳐 갔다. 이는 마치 돼지를 도살하기 전에 살을 찌우는 것과 유사했다. 내 친구도 이와 비슷한 말도 안 되는 추파를 던지는 문자 메시지를 받았었는데 그냥 무시했다고 말했다.

나도 내 사진을 그녀에게 보냈다. 비키는 나에게 잘 생겼다고 했고 나이를 물었다. 하지만 친구와 내가 바를 나와서 만두를 먹으려고 장소를 옮긴 뒤로 비키와의 대화가 끊겼다. 다음 날 아침에 일어났을 때, 비키에게서 나를 유혹하려는 말도 안 되는 문자 메시지가 잔뜩 와 있었다.

"뭐 하고 있어?"

"좋은 밤 보내."

"자는 거야?"

"직업이 뭐야?"

"내 친구야 어디에 있어?"

"아주 바쁜가 봐."

내가 답장을 보냈을 때, 비키는 신난 듯했다. 나는 그녀가 나를 잠재적인 먹잇감으로 본다는 것을 알았다. 설령 그가 진짜 존재하는 인물이 아닐지라도, 매력적인 새로운 펜팔 친구를 사귄다는 것은 왠지 재미있었다. 그녀는 5년 전 삼촌의 조언으로 대만에서 미국으로 왔고, 뉴욕에 살며 네일숍을 운영한다고 했다. 그녀의 삼촌은 '금융업계에서 잘 나가는' 부자라고 했다.

비키는 자신은 여유시간이 많아서 여행, 요가, 스쿠버 다이빙, 골프 등 많은 고급 취미 생활을 즐긴다고 늘어놨다. 한참 잡담을 나누다가 그녀는 우리의 대화가 종착역이 어딘지 슬쩍 단서를 흘렸다. 그녀는 자신도 '암호화폐 시장의 트렌드를 분석하는 것'을

비이성적
암호화폐

좋아한다고 했다. 나는 비키의 직업이 소셜 엔지니어링을 활용해서 나에게 사기를 치는 것이라는 사실을 알았다. 하지만 그녀는 유능한 편이 아니었다. 우선 그녀는 내게 뉴욕에 비가 내리고 있다고 했지만, 내가 봤을 때 뉴욕에는 해가 쨍쨍했다. 그녀는 메트 갈라에 참석하고 있다고 했지만, 그 행사는 석 달 뒤에 열릴 예정이었다. 그녀는 침대에 누워서 맨다리를 찍은 사진을 내게 보냈다. 그런데 그녀의 창문에서 내다보이는 풍경은 뉴욕처럼 보이지 않았다. 나에게 수작을 걸려는 그녀의 말투는 로봇 같았다. "나는 건강한 몸과 놀랍고 소중한 사랑과 같은 로맨틱한 것을 추구해"라는 식으로 그녀는 말했다.

하루 뒤에 비키는 진짜 하고 싶었던 말을 꺼냈다. 비트코인 가격 차트였다. 그녀는 내게 비트코인 가격이 올라가고 있는 그래프를 보내기 시작했다. 그녀는 내게 시장 변동을 예측하고 20퍼센트 이상의 수익을 빠르게 얻는 법을 알아냈다고 말했다. 그녀가 내게 보낸 스크린샷에 따르면, 그 주에만 그녀는 3번의 거래를 통해서 각각 1만 8,600달러, 4,320달러, 그리고 3,600달러를 벌었다. 그녀는 테더라는 암호화폐를 기반으로 거래했다고 설명했다. 그러면서 테더는 '스테이블코인으로 알려져 있고 미국 달러와 1대 1로 교환'되기 때문에 안전하다고 말했다.

비키는 아직 내가 자신처럼 암호화폐 거래를 할 준비가 안 되어 있으니 먼저 비트코인에 관한 책을 몇 권 읽으라고 권했다. 며칠 동안 그녀는 나와 계속 문자 메시지를 주고받았지만, 내게 돈을 보내라고 요구하지는 않았다. 나는 그녀의 먹잇감이었지만, 그녀가 나에게 사기를 치도록 유도해야 할 것 같은 기분이 들었다.

나는 그녀에게 수작을 걸었다. 그녀가 골프 코스에서 찍은 사진을 내게 보냈을 때, 나는 "아주 귀엽네"라고 답했다. 그리고 직접적으로 그녀에게 "네가 설명한 기술을 배워보고 싶어"라고 메시지를 보냈다. 그녀에게 내가 암호화폐를 거래할 준비가 됐다는 것을 보여주기 위해서, 나는 그녀에게 내 친구인 제이의 이야기도 했다.

"내 친구 중 일부는 암호화폐로 돈을 많이 벌었어. 한 명은 도지코인에 투자해서 가족 전체를 디즈니월드에 데려갈 정도로 충분한 돈을 벌었어"라고 나는 문자 메시지를 보냈다.

하지만 그 주 내내 그녀는 나와 잡담만 계속 나눴고, 내가 그녀의 사기로 대화를 끌고 가려고 할 때마다 대화 방향을 다른 곳으로 돌렸다. 그녀의 자제력은 대단했다. 나는 그녀에게 빨리 사기를 당하고 싶었다.

문자 메시지 알림 소리에 나는 잠에서 깼다. 비키는 "내 사랑, 지난밤에 잘 잤어?"라고 메시지를 보내왔다. 나는 좋은 먹잇감이라는 것을 보여주기 위해서 다른 방법을 시도했다. 나는 그녀에게 새 차를 사고 싶다고 말하면서 내가 너무나 갖고 싶은 14만 2,000달러의 걸윙식 테슬라 사진을 보냈다. 그것은 내가 지루한

비이성적
암호화폐

원숭이 NFT로 부자가 되면 사겠다고 말했던 꿈의 차였다.

"보니까 가격이 14만 2,200달러네"라고 비키가 말했다. "너무 비싸"라고 나는 말했다.

"네가 마음에 든다면, 돈은 아무것도 아니지"라고 그녀가 말했다.

그러자 그녀는 내게 비트코인 가격 그래프를 보냈고, 다음 날 자신의 데이터 분석을 기반으로 새로운 거래를 할 거라고 말했다. 그녀는 마구 만들어낸 전문 용어를 사용해 가면서 내게 설명했다. 그런데 그녀의 말은 내가 들었던 암호화폐의 허튼소리만큼이나 그럴듯하게 들렸다. "나는 단기 계약 노드node 거래에 투자해. 내일 말해줄게"라고 그녀가 말했다.

마침내 나는 성공했다. 다음날 비키는 내게 ZBXS라는 앱을 다운로드 할 수 있도록 링크를 보냈다. 비록 애플의 공식 앱 스토어에서 다운로드 하는 것은 아니었지만, 그것은 내가 사용해봤던 다른 암호화폐 거래소와 매우 비슷하게 보였다. "새로운 안전하고 안정적인 거래 시장"이라고 맨 위에 배너가 적혀 있었다. 앱은 테더를 기준으로 다양한 암호화폐의 가격을 보여줬다.

그리고 나서 비키는 그 앱을 어떻게 사용하는지 내게 안내했다. 그녀는 미국 거래소에서 테더를 구입하고 ZBXS 예금 주소로 보내라고 설명했다. 주소는 문자와 숫자가 섞인 42자리 일련번호였다. 나는 100달러로 거래를 시작하기로 했고, 여러 수수료를 지급하고 테더 81개를 살 수 있었다. 내가 ZBXS 예금 주소로 테더를 이체하자 나의 ZBXS 계좌에 테더가 떴다.

하지만 비키는 그 정도로는 부족하다고 했다. 그녀는 '단기 노드'가 효과적이려면 테더로 500달러를 예치해야 한다고 말했다. 내가 곧장 그 돈을 보냈을 때, 그녀는 내게 음성 메시지를 보냈다. "좋아 제크, 지금 뭐 하고 있어? 내가 무슨 말 하는지 이해했으면서, 왜 대답이 없어?"라고 그녀가 내가 이해할 수 없는 억양이 묻어나는 부드러운 목소리로 말했다.

이 시점에서 나는 여기에서 장난을 끝내야겠다고 생각했다. "너에게 말할 게 있어. 나는 탐사보도 전문 기자야. 내가 너와 이야기를 계속 나눴던 이유는 이런 종류의 일에 대해서 더 많은 정보를 얻기 위함이었어"라고 그녀에게 말했다.

"오, 네가 생각하는 그런 게 아니야"라고 비키는 말했다.

그러고 나서 그녀의 왓츠앱 프로필 사진이 크고 아름다운 갈색 눈을 가진 여성에서 하얀 점으로 바뀌었다. 그게 내가 비키와 나눈 마지막 대화였다.

거짓 우정을 쌓으려는 비키의 시도는 효과적이지 못했다. 하지만 많은 사람이 이와 같은 돼지 도살 사기에 속아 넘어가고 있었다. 사기꾼들이 수많은 사람들에게 무작위로 문자 메시지를 보내서 미끼를 물 정도로 외로운 사람을 결국에는 찾아내는 듯했다.

비이성적
암호화폐

뉴스에 따르면 사람들은 엄청나게 많은 돈을 사기로 잃어버리고 있었다. 말기암 환자인 보스턴의 프로젝트 금융 변호사는 250만 달러를 사기꾼에게 넘겨줬다. 3명의 자녀를 키우는 루이지애나의 이혼녀는 500만 달러를 사기로 잃었다. 테네시에 사는 스물네 살의 소셜 미디어 프로듀서는 어린 시절에 살던 집을 팔아서 상속받은 30만 달러를 잃었다. "암호화폐로 백만장자가 되는 사람의 이야기를 어디서든 듣습니다. 그러면 암호화폐가 새로운 트렌드이고, 거기에 나 역시 올라타야 한다는 기분이 들죠"라고 그녀가 기자에게 말했다.

짧게 주고받은 비키와의 문자 메시지는 내가 의심했던 부분을 확인해주었다. 사기꾼들은 테더를 이용해서 돈을 옮기고 있었다. 나는 다른 돼지 도살 사기 피해자 여러 명과 대화를 나눴다. 그들은 자신들도 테더를 보내라는 말을 들었다고 말했다.

사기로 돈을 잃은 사람들을 찾는 동안에 나는 우연하게 돼지 도살 사기 피해자들을 돕는 데 사용할 돈을 모금한다는 단체를 만났다. 그 단체의 이름은 국제사기방지기구Global Anti-Scam Organization였다. 국제사기방지기구는 많은 돼지 도살 사기 피해자들을 도왔다고 말했다. 전 세계적으로 1,483명을 도왔고, 그들의 사기 피해 금액은 합쳐서 2억 5,000만 달러였다. 이 수치가 정확하다면, 이 금액은 돼지 도살 사기 피해액의 아주 작은 일부에 불과했다. 나는 이 사기 행각에 사용된 테더의 총 규모가 훨씬 더 클 거라고 생각했다.

국제사기방지기구의 웹사이트에는 다른 사람을 돕기 위해서 자진한 돼지 도출 사기 피해자들이 운영하는 비영리 기구라고 단체를 소개했다. 하지만 특징이 없는 단체 이름과 클립 아트로 가득한 웹사이트 때문에 나는 그 자체가 사기일 것으로 의심되었다. 웹사이트에 있는 다른 글을 읽고 나의 의심은 더 짙어졌다. 그 단체는 돼지 도살 사기와 아무 관련이 없어 보이는 '인신매매'와 싸우고 있다고 주장했다. 그리고 피자게이트Pizzagate(힐러리 클린턴을 비롯한 미국 민주당원들이 피자집에서 아동성착취, 학대, 인신매매를 한다는 괴담으로 가짜뉴스로 밝혀짐-옮긴이) 스타일의 음모론자들이 주로 사용하는 용어도 적혀 있었다.

"전 세계적으로 인생에서 가장 좋은 시기를 살아가는 남성과 여성 수천 명이 인신매매로 희생되고, 굶주리고, 온라인 사기로 피해를 입는다. 피해자를 정신적으로 지지하고, 사이버범죄에 대한 인식을 높이고, 인신매매와 싸워서 이 국제 위기를 끝내도록 우리를 도와달라"라고 국제사기방지기구는 웹사이트에서 촉구했다.

그 단체와 통화를 하고 모든 회원이 소위 코드 네임으로 불린다는 이야기를 듣고 나는 그 단체가 더욱 의심스러웠다. 돼지 도살 사기에서 테더의 역할을 조사하고 있다고 말하자, 그들은 내게 코드 네임 '아이스토드'로 불리는 단체의 암호화폐 전문가와 대화할 것을 제안했다. 나는 아이스토드와 줌으로 만났다.

아이스토드는 제이슨 백Jason Back이라는 38세의 지저분한 갈색 머리를 한 남자였다. 그는 캐나다 온타리오에 있는 자기 집 지하실에서 나와 줌으로 대화했다. 그는 파란색의 피쉬 티셔츠를 입고 있었다. 그의 링크드인 프로필을 보고 그가 최근에 '대마초 관리인'으로 일하고 있다는 것을 알 수 있었다. 아이스토드는 다크웹에서 사용하는 익명은 아니었고 그가 3학년 이후로 계속 사용해 온 온라인 닉네임이었다.

아이스토드는 사기 피해를 입은 뒤에 국제사기방지기구에 가입했다고 말했다. 그의 전문 분야는 돈의 흐름을 추적하는 것이었다. 그는 공개적으로 이용할 수 있는 블록체인 분석 도구를 활용해서 희생자가 사기꾼에게 보낸 암호화폐를 추적한다고 말했다. 그리고 그는 나쁜 놈들은 대부분 테더를 사용한다고 확인해줬다. 그는 개인적으로 돼지 도살 사기의 수익금인 수억 달러 상당의 테더를 추적했다고 말했다.

"항상 테더에서 시작합니다. 테더는 기본적으로 돈세탁을 촉진하고 있어요"라고 그가 말했다.

아이스토드는 사기꾼들이 항상 테더를 사용하는 이유를 알지 못했다. 처음에는 나도 몰랐다. 어쨌든 그들이 피해자들에게 다운로드해서 설치하라고 했던 암호화폐 거래 앱은 비키의 가짜 암호화폐 거래소인 ZBXS처럼 완전히 가짜였다. 이론적으로 나는 암호화폐 거래를 하기 전에 신용카드, 페이팔이나 은행 이체서비스로 테더를 계좌에 송금할 수 있었다. 그러면 사기꾼은 피해자에게 테더를 확보하고 보내는 법을 가르치는 수고를 덜 수 있었다.

나는 테더가 등장하기 전에 사기꾼들이 돈을 어떻게 옮겼는지 생각해봤다. 내가 취재하면서 배운 게 하나 있다면, 금융 사기에서 가장 어려운 부분은 피해자를 속이는 것이 아니고 돈을 송금하는 것이었다. 나는 비키의 사기 수법을 꼼꼼히 살폈고, '빅 스토어Big Store'로 불리는 1900년대 유명했던 사기 수법과 거의 동일하다는 것을 알게 됐다. 심지어 당시에도 사기꾼들은 피해자의 은행 계좌에서 돈을 빼내서 자신의 계좌로 옮기기 위해서 온갖 수고를 마다하지 않았다.

한 세기 전에 철도역, 대서양횡단 증기선, 그리고 미국의 술집에는 신용 사기꾼들이 모여들었다. 작은 사기꾼들은 주사위 게임을 조작하거나 쓰리카드몬테로(퀸을 포함한 카드 3장을 보인 다음 교묘한 솜씨로 뒤섞어 엎어놓고는 그 퀸을 맞히게 하는 도박—옮긴이) 사기를 쳤다. 하지만 오랜 시간 사기를 치는 노련한 사기꾼들은 며칠이나 몇 주를 들여서 피해자와 신뢰 관계를 형성한 뒤에 그의 돈을 갖고 사라졌다.

빅 스토어는 이런 오랜 시간 사기를 치는 사기꾼의 일종이었다. '로퍼roper'라 불리며 정처 없이 떠돌아다니며 사기를 치는 사기꾼은 비키가 내게 말했던 것처럼 확실한 돈벌이 수단을 아는 친척이 있다고 말했다. 당시에는 일반적으로 우승할 경주마나 주식을 고르는 방법이었다. 사기꾼들은 먹잇감을 빅 스토어로 데려갔다. 빅 스토어는 도박장이나 주식 거래소로 꾸민, 가짜 주식 티커와 현금다발을 들고 고객인 척 연기하는 배우로 가득한 임대한 스위트룸이었다.

여기서 피해자는 도박이나 주식 거래에서 몇 번 돈을 벌었다. 그러면서 그는 대담해지고 결과적으로 사기에 취약해졌다. 마침내 피해자는 더 많은 돈을 도박에 걸게 되고, 결국에는 돈을 잃었다. 피해자가 떠나면, 빅 스토어는 사라졌다. 경찰이 도착했을 때 방은 텅 비어 있을 뿐이었다. 언어학자 데이비드 마우러David Maurer가 1940년 자신의 고전《더 빅 콘The Big Con》에 적었듯이, 빅 스토어는 "가장 흥미로운 지하세계에서 희생자가 원하지 않는 역할을 맡아 연기하는 치밀하게 설계되고 노련하게 관리된 극장"이었다.

빅 스토어는 한 번에 10만 달러를 사기로 벌어들일 수 있었다. 이는 당시에 엄청난 액수였다. 빅 스토어에서 활동하는 사람들은 조셉 '옐로우 키드' 웨일Joseph 'Yellow Kid' Weil(1875~1976, 그 시대에 잘 알려진 미국인 사기꾼-옮긴이)처럼 유명해졌다. "나는 정직한 사람을 만들어낸 적이 없다. 나는 오직 악인이었다. 그들은 아무 대가 없이 무언가를 원했다. 나는 그들에게 무언가의 대가로 아무것도 주지 않았다"라고 웨일이 작가 솔 벨로Saul Bellow에게 말했다.

당시 빅 스토어를 운영하는 데 가장 어려운 부분은 의심을 사지 않고 엄청난 금액을 옮기는 것이었다. 여기에는 현지 은행원의 협조가 필요했다. 사기꾼들은 뇌물을 받고 외지인에게 큰 금액의 수표를 써주고 입을 다물어줄 은행원을 찾아야 했다.

비키가 나와 같은 낯선 사람에게 무작위로 접근한 방식은 좀 더 최근에 일어난 사기 사건을 떠오르게 했다. 그것은 1990년대 '나이지리안 프린스Nigerian Prince' 사기 사건이었다. 이메일이 생긴 초창기에 나이지리아 왕족인 척 연기하는 사람들이 가족의 재산을 되찾는 데 도움을 줄 '정직하고 신뢰할 수 있는 조력자'를 찾는 '긴박하게 도움을 요청하는' 메일을 마구 발송했다. 수신자들은 항상 비용을 부담하기 위해서 돈부터 보내달라는 요청을 받았다. 하지만 그들이 돈을 얼마를 보내든지, 그들은 일확천금을 얻는 데는 항상 또 다른 장애가 있다는 말을 들었다.

사기꾼들은 피해자에게 미국 은행 계좌를 가진 공모자에게 돈을 보낼 것을 요구했다. 이 '불법 자금 송금책들'은 은행에 실명을 대야 했기 때문에, 사기 행각이 밝혀지면 결국에 체포됐다.

사기꾼들의 시각에서 테더는 은행원에게 뇌물을 주거나 불법 자금 송금책을 이용하는 것보다 확실히 개선된 방법이었다. 테더를 사용하면 즉시 돈을 송금할 수 있었고, 환불 요청도 없었고, 이름이나 주소도 묻지 않았다. 그리고 다른 암호화폐와 달리 테더의 가치는 시시각각 요동치지 않았다. 그래서 잠재적인 피해자들은 덜 두려워했고 범죄자들은 관리가 더 쉬웠다.

비이성적
암호화폐

사기는 블록체인이 암호화폐 업계에서 선전하는 무한한 잠재력을 발휘하는 산업 중 하나였다. 아이스토드와 국제사기방지기구 봉사자들은 테더가 계좌에 사기 수익금을 보유하고 있다는 증거를 제시했음에도 불구하고 계좌를 동결하거나 훔친 돈을 압류하여 그들을 돕지 않았다고 말했다. 테더는 분명히 도움을 줄 수 있는 능력을 가지고 있었다. 해킹처럼 테더가 계좌를 동결하고 돈을 압류한 경우도 있었다. 하지만 돼지 도살 사기로 연락했을 때 테더는 블록체인을 통제하지 못한다는 핑계로 한걸음 물러났다. 또 다른 국제사기방지기구 봉사자는 여러 명의 피해자들이 테더와 주고받은 이메일 사본을 제공했다.

"우리는 사용 중인 모든 주소를 발행하지 않고 블록체인에서 이뤄지는 모든 거래 중 그 무엇도 통제할 수 없다. 우리도 통제할 수 없는 주소를 사용하는 개인에 관한 정보를 알 수 없다"고 테더 고객 서비스 직원이 싱가포르 피해자에게 이메일을 보냈다.

"이해해주길 바라고, 두 이해관계자의 분쟁에 회사가 관련되는 것을 원치 않는다"라고 테더의 직원은 덧붙였다.

이것은 책임을 회피하는 것으로 들렸다. 나는 테더코인 81개를 비키의 플랫폼에 보냈을 때, 내가 얼마를 가졌는지와 비키가 얼마를 가졌는지를 보여주는 데이터가 테더의 데이터베이스에 입력됐다. 이를 확인하는 또 다른 방법은 뱅크오브테더에 비키가 익명으로 숫자 계좌를 개설하는 것이었다.

국제사기방지기구는 또 다른 증거로, 테더가 홍콩 경찰 관계자에게 개입할 수 있는 능력이 있다고 말했다. 그러나 회사는 사건이 너무 적다며 여전히 거부했다.

"우리는 도난당한 USDT의 액수가 적은 사기 사건을 조사하는 데 개입하지 않는다"라고 테더 대변인이 암호화폐 티커를 사용해서 이메일을 보냈다. 사건이 '직접적으로 폭력 행위와 관련이 있는 경우'에만 개입한다고 말했다.

나는 경찰이 협조를 구할 때 테더가 스스로 만든 규칙을 핑계로 요청을 거절할 수 있다는 것을 믿을 수 없었다. 경찰이 은행에 훔친 자금이 예치된 계좌가 있으니 수사 협조를 요청했는데, 은행은 도둑이 그 누구도 총으로 쏘지 않았으니 그 돈을 돌려줄 수 없다고 말한다면 무슨 일이 일어나겠나.

그리고 아이스토드와 다른 자원봉사자들에게서 들은 이야기를 놓고 봤을 때, 돼지 도살 사기를 저지르는 범죄 연합체는 사실상 굉장히 폭력적이었다. 그들은 나와 같은 잠재적인 피해자에게 스팸 문자를 보내는 사람 대다수가 인신매매의 피해자라고 말했다.

국제사기방지기구에 따르면, 대다수 돼지 도살 사기는 캄보디아나 미얀마에 근거지를 둔 갱들이 진두지휘했다. 그들은 젊은 남성과 여성을 동남아시아에서 빼돌려서 해외로 보냈다. 고객 서비스나 온라인 도박과 같은 돈을 많이 벌 수 있는 일자리를 미끼로 사용했다. 그렇게 노동자들이 도착하면, 그들은 포로로 붙잡히고 온라인 사기에 강제로 동원됐다.

아이스토드와 그의 동료들은 이런 식으로 속아서 사기에 가담하게 된 사람이 수천 명에 이른다고 말했다. 사무실 건물 전체가 강제로 24시간 스팸 문자를 보내는 일을 하는 사람들로 가득했다. 말을 듣지 않으면 그들은 고문이나 죽임을 당했다. 이 사람들이 테더를 사용해서 불법 자금을 옮겼다.

나는 처음에 아이스토드와 그의 친구들을 믿어도 되는지 확신이 서지 않았다. 하지만 내가 깊이 조사할수록 그들의 말도 안 되는 이야기와 내가 조사한 내용이 일치했다. 그리고 캄보디아 신문, 〈알자지라〉 〈니케이〉 그리고 〈바이스〉가 이런 내용을 보도했다. 나는 자신을 비키라고 소개했던 사람도 인신매매 피해자인지 궁금했다. 아마도 그들은 여전히 어딘가에 갇혀 있을 것이다. 하지만 그들은 내 문자 메시지에 회신하지 않았다. 내가 추적할 수 있는 가장 좋은 단서는 무작위로 숫자와 문자가 썩인 42자리의 테더 계좌 주소였다.

물론 가끔은 이 42자리 주소가 어딘가로 이어지기도 했다. 미국 국세청이 대형 비트코인 해킹 사건의 자금을 추적해서 래퍼였던 라즐칸의 월가 아파트를 찾아낸 것처럼 말이다. 나는 나만의 블록체인 수사관이 필요했다.

암호화폐 보안회사 여러 곳을 조사한 뒤 나는 사이퍼블레이드

CipherBlade에서 일하는 수석 조사관에게 연락했다. 그의 이름은 리치 샌더스Rich Sanders였고, 그의 회사 웹사이트는 그가 암호화폐 사기로 잃은 돈을 찾아내는 전문가라고 광고했다. 그가 음성 변조기와 도발적인 사진을 이용해 십 대 소녀인 척 연기를 해서 암호화폐 도둑을 속여 정체를 밝혀냈다는 글을 읽고 나는 신뢰가 갔다. 확실히 이 정도로 헌신할 수 있는 남자라면 나의 테더 81개를 추적하는 데 도움이 될 것 같았다.

나는 샌더스에게 이메일을 보냈고 그는 도와주겠다고 했다. 우리는 피츠버그 근처의 오래된 제철소 마을인 웨스트 미플린에 있는 그의 집에서 만났다. 그는 집 밖에서 나를 맞이했다. 그의 곁에는 허스키와 리트리버가 섞인 하보크가 있었다. 32세의 샌더스는 개털이 잔뜩 묻은 청바지와 회색 티셔츠를 입고 있었다. 그의 왼팔에는 프랑스 외인부대 노래의 가사가, 오른팔에는 아프가니스탄에서 복무했던 군인에게 수여되는 날개 달린 검이 문신으로 새겨져 있었다.

샌더스는 나를 자신의 사무실로 데려갔다. 하보크가 내게 침을 흘리며 달려들 때, 그는 돼지 도살 사기로 도난당한 5억 달러를 추적했다고 말했다. 그리고 최소한 100억 달러가 암호화폐 로맨스 사기, 즉 돼지 도살 사기의 총 피해액일 것으로 추정한다고 말했다.

"처음부터 이런 종류의 사기 피해와 관련된 의뢰를 많이 받았

비이성적
암호화폐

고 코로나 팬데믹 시기에 건수가 증가했습니다"라고 그가 말했다.

나는 만나기 전 그에게 비키의 주소를 보내줬다. 샌더스는 숫자 계좌로 주고받았던 자금 이체 내역을 추적한 흐름도를 꺼냈다.

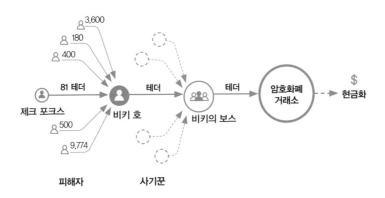

가운데쯤에 작은 검은 동그라미가 비키 호의 지갑이었다. 여기에 내가 테더 81개를 보냈다. 샌더스는 이 지갑은 두 달 동안 사용됐고 미국과 캐나다 암호화폐 거래소와 연결된 것으로 알려진 주소로부터 많은 예금을 받았다고 설명했다. 3,600달러, 180달러, 400달러, 500달러 그리고 9,774달러가 이체됐고, 모두가 테더로 이체됐다. 같은 수법과 계좌를 이용해서 사기를 당한 다른 사람들도 있다고 샌더스가 말했다. 다시 말해서 나는 비키의 유일한 연인이 아니었다.

비키가 자금을 수집하면, 화면의 커다란 흰 원으로 표현된 다른 주소로 송금시켰다. 이것 역시 사기꾼들이 통제할 가능성이 있다고 샌더스가 말했고, 그 주소에 94만 달러 상당이 테더로 예치되어 있었다.

거기에서 대다수 테더가 바이낸스라는 암호화폐 거래소와 연결된 주소로 전송되었고, 다른 주소는 샘 뱅크먼-프리드의 FTX에 속한 계좌로 이체됐다. 샌더스는 이것이 전형적인 수법이라고 했다. 사기꾼들은 자신들의 테더를 거래소로 이체하고, 현지 통화로 교환하고, 현금을 이체해서 은행 계좌에 입금시켰다.

샌더스는 비키의 자금이 바이낸스로 이체된 것까지 추적했다고 말했다. 바이낸스는 송금 받은 사람의 신원을 기록한 정보를 갖고 있지만, 법 집행 외에는 그것을 공개하지 않을 것이었다. (그가 옳았다. 내가 바이낸스에 요구했을 때, 담당자는 나를 도와줄 수 없다고 했다.)

설령 바이낸스가 내게 실명을 제공했다고 할지라도, 그것은 가짜일 수 있었다. 샌더스는 거짓 신분으로 암호화폐 거래소 계좌를 개설하는 것은 쉽다고 말했다. 그는 '테일러 스위프트Taylor Swift'라는 이름으로 직접 계좌를 개설하기까지 했다. 인증 단계에서 그는 금발 가발을 쓰고, 파란색 아이섀도우를 짙게 바르고, 그의 풍만한 머리를 돋보이게 하는 반짝이는 은색 드레스를 입고 사진을 찍은 뒤에 그 사진을 전송했다. 그는 혹 여장을 선호하지 않는 사기꾼이라면 단돈 20달러에 다른 사람이 등록한 계좌를 구입할 수도 있다고 했다.

"왜 사람들이 암호화폐를 신뢰하지 않겠어요? 이렇게 엉망인데"라고 샌더스는 말했다. 나는 그의 책상 뒤에 놓인 테이블 위에서 기관단총 장난감처럼 생긴 무언가를 봤다. 그는 그것이 레이저 조준기가 달린 진짜 스콜피언 반자동 권총이라고 말했다. 그는 그것을 항상 손이 쉽게 닿는 곳에 둔다고 말했다. 자신이 조사했던 사람 중 일부에게서 꽤 신빙성 있는 위협을 받았기 때문이었다. 나는 비키의 자금이 최종적으로 어디로 흘러가는지 끝까지 추적할 것이라고 그에게 말했다.

"내가 당신이라면 조심하겠어요. 사람은 돈 때문에 인간성을 잃고 짐승이 되죠"라고 그는 내게 경고했다.

아이스토드는 내게 도움이 될지도 모르는 또 다른 사람을 소개해 줬다. 그는 응오 민 휴Ngô Minh Hiếu라는 베트남 해커였다. 그는 돼지 도살 사기에 대한 기밀 정보를 모았던 최초 인물 중 한 명이었다. 그는 인신매매 피해자를 조사했고 사기꾼들의 컴퓨터를 해킹하기도 했다.

휴는 꽤 화려한 이력을 소유했다. 20대 초반일 때 그는 너무 많은 사람들의 신원을 훔쳤기 때문에, 미국 첩보 기관 요원은 그가 그 어떤 해커보다 막대한 금전적 피해를 입혔다고 말했다. 함정 수사에 빠져 괌으로 갔던 그는 체포되어 미국 교도소에서 15년

형을 받았다. 그는 2020년 출소한 뒤에 베트남으로 추방됐다. 이후에 그는 범죄자에서 벗어나 사법기관을 위해서 일하기 시작했다. 그는 이제 베트남의 국가 사이버 보안 센터를 위해서 '위협 사냥꾼'으로 활동했고, 그 분야에서 꽤 유명했다. 위협 사냥꾼은 일종의 화이트 해커다.

우리는 줌으로 만났다. 휴는 자신이 사기를 밝혀내는 전문가로 유명했기 때문에 어느 베트남 인신매매 피해자로부터 도움 요청을 받았다고 했다. 바로 그 사람이 그를 다른 피해자에게 소개해줬다. 그들은 캄보디아 카지노에서 고객 서비스 직원으로 일하면서 돈을 많이 벌 수 있다는 광고에 속아서 사기꾼에게 연락했다. 하지만 그들이 캄보디아에 도착했을 때, 자신들은 그곳을 마음대로 떠날 수 없다는 것을 알았다. 고객 서비스 직원으로 일하는 대신 그들은 사기꾼으로 일하도록 강요받았다.

휴는 내게 사기 본거지에서 확보한 사진과 영상을 보여줬다. 한 남자의 이마에 깊은 상처가 있었다. 높은 아파트는 가시철조망으로 둘러싸여 있었고, 각각의 창문에는 철봉이 설치되어 있었다. 그곳에서 도망치려는 한 남성이 3층에서 뛰어내렸다. 하지만 그는 인도에 떨어지면서 다리가 부러졌다.

"중국 조직 폭력배들이 관리하는 아주 위험한 구역입니다. 안으로 들어갈 수는 있지만 마음대로 나올 수는 없습니다. 감옥 같은 곳이죠"라고 그가 말했다.

비이성적
암호화폐

나는 휴에게 비키가 내게 다운로드 하라고 시켰던 가짜 암호화폐 거래소인 ZBXS에 관한 첩보를 얻을 수 있느냐고 물었다. 그는 소스코드를 살폈고 캄보디아로 이어졌던 다른 앱과 유사해 보인다고 말했다. 휴는 비키인 척했던 사람은 캄보디아에서 문자 메시지를 보냈을 가능성이 있다고 말했다. 하지만 그가 웹사이트에 침투하려고 시도했을 때, 웹사이트 소유주가 그 시도를 알아차린 듯했다. 몇 시간 내에 웹사이트가 인터넷에서 깨끗하게 사라졌다. 휴는 새로운 웹사이트를 만드는 것은 식은 죽 먹기만큼 쉽다고 말했다. 그렇게 돼지 도살 사기는 은밀하게 퍼져나가고 있었다.

"매일 수많은 사기 웹사이트가 제거되지만, 새로운 웹사이트가 생겨납니다"라고 그는 말했다.

나는 막다른 길에 부딪힌 듯했다. 비키를 찾으려고 했으나 더 이상의 단서가 없었다. 하지만 그들의 문자 메시지는 이상하게도 나를 테더의 가장 크고 가장 불법적인 사용 중 한 사례로 이끌었다. 다른 것으로 넘어가려고 해도, 나는 캄보디아에 갇혀서 자신들의 보스에게 테더를 벌어다 주기 위해 비키인 척 연기하며 스팸 문자를 보낼 수밖에 없는 사람들이 자꾸 떠올랐다.

휴는 캄보디아의 사기 소굴에서 도망친 사람들의 목록을 내게 전달했다. 통역사의 도움을 받아서 나는 화상 채팅으로 그들 중 일부를 인터뷰하기 시작했다. 대대수가 합법적으로 보이는 구인 광고를 보고 연락하거나 채용 담당자에게서 연락을 받았다고 말했다. 이 구직자들은 캄보디아로 가면 고객 서비스 직원이나 영업 사원으로 일하면서 돈을 괜찮게 벌 수 있다고 확신했다. 그러나 캄보디아에 도착하는 순간, 그들은 사기에 가담해야 한다는 말을 듣게 됐고, 무장한 경비원들이 그들을 도망치지 못하게 감시했다.

내가 인터뷰했던 사람들이 말한 학대 수준은 나의 상상을 초월했다. 하루 작업량을 채우지 못한 사람들은 맞거나, 굶거나, 서로 때리거나, 다른 사기 조직에 팔려갔다. 생산성을 높이기 위해서 강제로 마약을 맞는 사람들도 봤다고 말하기도 했다. 그리고 대대수가 노동자들이 살해되는 것을 목격했고, 살해당한 사람들은 자살한 것으로 꾸며졌다고 말했다.

19세의 베트남 소녀는 "하루하루가 너무 무서웠어요"라고 말했다. 그녀는 베트남 메콩 강 삼국주 지역 출신이었고 캄보디아에서 노예처럼 갇혀 지냈다고 말했다. 그녀의 가족은 그녀를 그 소굴에서 빼내기 위해서 몸값으로 약 3,400달러를 지불해야 했다.

말레이시아 출신인 각진 얼굴에 외향적인 41세의 블라이스 탄Bilce Tan은 '전화 판매원'을 구한다는 잡스트리트라는 웹사이트에 올라온 광고를 보고 연락을 했다고 말했다. 그 광고에는 캄보디아 왕복 항공권을 무료로 제공하고 한 달에 보너스를 포함해서 1,000~2,000달러를 임금으로 지급한다고 적혀 있었다. 그리고

'친구 같은 동료와 아늑하고 따뜻한 사무실'에서 일하고 '근속 수당'도 지급한다고 적혀 있었다. 화상 채팅으로 진행된 인터뷰에서 채용 담당자는 그에게 자신들은 통신사이고, 사업 개발부에 더 좋은 자리를 제안했다. 탄은 사업 개발부 자리는 캄보디아의 서해안에 위치한 시하누크빌 지점에 있고, 사무실 근처에 기숙사가 제공될 것이라고 들었다. 2022년 5월, 그는 비행기를 타고 프놈펜으로 갔다.

중년 남성이 검은색 밴을 타고 공항에서 그를 기다렸다. 그리고 주유소에서 다른 사람 3명이 밴에 탔다. 탄이 그들과 대화를 나눴을 때, 뭔가 잘못됐다는 것을 단번에 알아차렸다. "그들은 조용했고 내게 입을 다물라고 했어요. 마치 나는 범죄자고 그들은 경찰인 것처럼 느껴졌어요"라고 탄은 말했다.

밤이 되어서 탄은 새로운 직장에 도착했다. 사무실은 언덕 위에 있는 여러 개의 건물 중 한 곳이었다. 어두워서 잘 보이지는 않았지만, 그곳은 정상적인 회사처럼 보이지 않았다. 길은 조명으로 밝혀져 있었다. 경비원들은 지휘봉과 장총을 들고 순찰을 돌았다. 건물은 철조망 울타리로 둘러싸여 있었다. 도처에 감시 카메라가 설치되어 있었다.

"그게 캄보디아에 처음 간 일이었습니다. '이곳은 도대체 뭐하는 곳이지?'라고 저는 생각했습니다"라고 탄은 말했다.

매니저가 그를 문 앞에서 맞이했고 기숙사를 보여줬다. 그곳에서 탄은 불안한 밤을 보냈다. 기숙사는 그가 상상했던 주거 형태가 아니었다. 다음 날 또 다른 매니저가 그가 일할 사무실로 데려갔다. 그 방에는 10명의 노동자들이 있었다. 각자 컴퓨터 모니터 2대와 전화기 10대를 갖고 일하고 있었다. 그리고 남성이나 여성 프로필 사진이 있는 가짜 계좌를 잔뜩 갖고 있었다. 잠재적인 피해자의 성별에 따라서 계좌를 바꿔서 사용하는 듯했다. 탄의 가짜 신분 중 두 개는 릴리와 안젤리나라는 여성이었다. 그는 대본과 잠재적인 피해자 목록을 받았고, 상대에 따라서 어떻게 접근해야 하는지를 교육받았다. 편부모가 최고의 먹잇감이라고 그는 들었다.

"먼저 우리가 겪은 이야기부터 들려줍니다. 그러면 잠재적인 피해자들도 자신들의 이야기를 들려주기 시작하죠"라고 탄이 말했다.

앱을 다운로드 하라고 강요하는 대신 그는 자신이 얼마나 많은 돈을 어떻게 벌었는지에 대해서 미끼를 던지라고 들었다. 그리고 잠재적인 피해자가 스스로 그 미끼를 물 때까지 기다리라고 배웠다. 비키가 내게 했던 그대로였다. "잠재적인 피해자가 우리에게 질문하면, 그는 미끼를 문 것입니다. 그 순간이 우리가 치고 나갈 순간인 것이죠. 우리는 이 암호화폐 웹사이트를 보여주고 어떻게 가입하는지를 알려줍니다"라고 그가 말했다.

탄은 비키처럼 피해자에게 테더로 자금을 이체하라고 요구했다고 말했다. 보스들은 테더를 이용하면 사법당국의 추적을 피할 수 있었다. "그게 더 안전합니다. 사람들이 돈세탁 때문에 우리를 추적할까 봐 두려웠으니까요. 테더는 추적이 불가능하죠"라고 탄이 말했다.

탄은 그 누구에게도 사기치고 싶지 않았다. 하지만 하루 작업량을 달성하지 못한 노동자들은 전기 지휘봉으로 맞거나 독방에 갇히거나 다른 사기 집단에 팔려갔다.

탄은 핸드폰 3대를 갖고 캄보디아로 갔고, 캄보디아에 도착한 밤에 기숙사에 그것들을 숨겼다. 어느 날 밤, 그는 가족에게 숨긴 핸드폰으로 전화를 했다. 하지만 어떻게 알았는지, 그 사실이 고용주에게 발각됐다. 그들은 그를 의자에 앉혔고 머리에 총을 겨눈 채로 마구 때렸다. 그러고 나서 그는 벽장에 감금됐다. 며칠이나 흘렀을까, 탄은 어둠 속에 계속 갇혀 있었다. 그의 다리에서는 피가 났고 그는 바닥에 누웠다. 그는 화장실을 사용할 수 없었고 흰 쌀죽만 먹었다. 하지만 그는 그것마저 소화시킬 수 없었다. "숨쉬기가 너무 힘들었습니다. 어지럽고 기절할 것만 같았어요"라고 탄이 말했다.

감금 상태에서 풀려난 뒤에 탄은 제대로 하지 않으면 죽여버리겠다는 마지막 경고를 받았다. 그러고 나서 신원을 밝히지 않은 누군가의 도움으로 그는 가까스로 그곳에서 도망칠 수 있었다. 그는 내게 자신의 이야기를 비밀로 해달라고 요청했다. 자신을 살려준 사람을 보호하기 위해서였다. 마지막으로 그는 택배 상자 더미에 숨어서 도망쳤다는 말을 내게 해줬다. "할리우드 영화의 납치 장면 같았습니다"라고 그가 말했다. 그 소굴에서 도망치자마자, 그는 말레이시아로 돌아갔다. 그는 겨우 3주 동안 캄보디아에 있었지만 그가 살아서 그곳을 도망칠 수 있었던 것은 순전히 운이 좋았기 때문이었다.

"무슨 일이 벌어지고 있는지 전 세계가 알아야 합니다. 우리는 더 많은 사람이 이 일을 알고 그 소굴에서 사람들을 구해야 해요"라고 탄이 말했다.

문제는 생각보다 심각했고 광범위했다. 많은 피해자가 '차이나타운'이라 불리는 거대한 구역에 갇혀 있었다. 그곳은 탄이 구출된 지역에서 몇 마일 떨어진 시아누크빌에 있었다. 뉴스 보도, 피해자와의 인터뷰, 그리고 소셜 미디어의 게시글에서 나는 차이나타운에 무려 6,000명이 갇혀 있다는 사실을 알게 됐다.

나는 9,000마일(약 1만 4,484킬로미터)이나 떨어진 곳에서 최선을 다해 차이나타운을 조사하기 시작했다. 사진으로 봤을 때, 차이나타운은 어느 도시의 다운타운만큼 컸다. 그곳에는 수십 개의 높고 칙칙한 오피스 타워가 있었고, 몇 개의 안뜰을 둘러싸고 있었다. 그 주위에는 높은 대문, 보안 카메라, 그리고 가시철조망으로 둘러져 있었고, 위아래 검은색 옷을 입은 경비원들이 순찰을

비이성적
암호화폐

돌았다. "이 지구상에서 가장 무시무시한 곳 중 하나죠"라고 해커 휴가 말했다.

거리에는 국수 가게, 편의점, 그리고 이발소가 있었고, 대부분 현지어인 크메르어가 아닌 중국어로 간판이 쓰여 있었다. 혼란스러운 관광객 한 명이 올린 사진에 따르면, 가게들은 뒷문으로 들어오는 사람이 현관으로 도망치지 못하게 철문으로 양분되어 있었다.

최고의 정보원 중 하나는 캄보디아 잡지인 《민주주의의 소리 Voice of Democracy》였다. 나는 차이나타운에서 학대받았던 노동자들의 진술을 그 잡지에서 읽었다. 일부는 두들겨 맞았거나, 테이저 총을 맞거나 고문을 당했다. 일부는 좁은 공간에 수갑이 채워진 채로 감금되어 물 한 모금조차 먹지 못했다. 그들은 그곳의 보스들이 짐승처럼 자신들을 사고팔았다고 말했다. 어느 소셜 미디어에서 나는 수갑이 채워진 노동자들이 전기 지휘봉으로 고문당하고 무자비하게 발길질을 당하고 몽둥이로 두들겨 맞는 영상을 봤다.

《민주주의의 소리》는 차이나타운 주변에서 발생한 수상쩍은 사망 사건에 대해서도 보도했다. 손이 묶인 시체가 공사장 근처 들판의 얕은 구덩이에서 발견됐다. 현지 상인은 다른 캄보디아 언론에 차이나타운 내 단지에서 자살 사건이 많다고 말했다. "일주일에 두 번 구급차가 단지로 들어가지 않으면, 이상하게 생각될 정도라니까요"라고 그는 말했다.

그리고 그 문제는 상당한 양의 테더가 거래되는 상황을 설명하기에 충분히 컸다. 만약 차이나타운에 비키처럼 누군가에게 사기를 치는 사람 6,000명이 갇혀 있고, 각자가 하루에 300달러를 사기쳐서 벌어야 한다면, 차이나타운 하나만으로도 연간 불법 자금은 6억 달러 이상 발생시킬 수 있었다. 참고로 일부 피해자의 하루 작업량이 300달러 정도라고 나는 들은 바 있었다.

내가 알게 된 사실을 근거로 이 사기 조직은 암호화폐가 없으면 불가능해보였다. 암호화폐가 전 세계에 주는 혜택은 제한적이었다. 나머지 세계에서 암호화폐는 제로섬 도박 열풍을 가능하게 하는 한계가 있었다.

암호화폐 산업 관계자들은 블록체인에서 익명으로 결제하고 추적이 불가능하다는 것이, 세계의 가난한 사람들이 가난에서 벗어나는 데 어떤 식으로든 도움이 될 것이라고 주장했다. 하지만 그 누구도 자신들이 개발한 기술이 실제로 어떻게 사용되고 있는지 자세히 살펴볼 생각을 하지 않는 것 같았다. 스무스러브포션에 투자해서 부자가 되겠다는 허황된 꿈을 꾸다가 빚더미에 앉은 필리핀인의 사연만으로도 상황은 충분히 심각했다. 하지만 노예를 방조하는 상황은 어떤가?

화상 채팅만으로 내가 차이나타운에 대해서 알 수 있는 것은 제한적이었다. 내 눈으로 직접 현장을 봐야겠다고 생각했다.

[19]

사기 범죄
소굴로

NUMBER GO UP

"우리는 자유로워요"

영상은 고속도로를 달리는 한 남성이 등장하며 시작된다. 그는 단추에 자기 이름이 새겨진 폴로 셔츠를 입고 있다. 그의 이름은 퐁부이Phong Bui이고, 한 손에 핸드폰을 들고 스피커폰으로 통화를 한다. 통화 상대는 겁에 질려 어쩔 줄 몰라하며 베트남어로 말하고 있다. 투이는 시아누크빌의 차이나타운 사기 단지 외부에서 부이와 통화를 하고 있다. 그는 내가 인터뷰하고 관련 기사를 읽었던 많은 사람처럼 속아서 캄보디아까지 왔고, 강제로 사기에 가담했고, 몇 달 동안 학대를 받았다. 고속도로를 달리던 부이는 유명한 베트남 유튜버다. 그는 몸값으로 5,000달러를 지불하고 투이를 차이나타운에서 벗어나게 해주기로 했다. "그곳에서 빠져나오기 전에 전기 충격을 몇 번이나 받았어요"라고 투이가 말했다. "내가 그들에게 몸값을 지불했어요. 왜 그들이 당신에게 전기 충격을 가하는지 이해할 수 없군요"라고 부이가 물었다.

"저도 모르겠어요. 그들은 제 핸드폰을 빼앗아서 부숴버렸어요. 그리고 저를 때렸고 누가 몸값을 지불했는지 말하라고 했어요."

"잔인하군요."

베트남에서 이 영상 조회수는 수백만에 달했고, 부이를 현지 스타로 만들었다. 그는 피해자들이 입은 상처를 찍은 잔인한 사진을 공개하며 '지옥에서 도망치는 투이의 이야기와 한밤의 절규'라는 자극적인 제목으로 영상을 올렸다. 나는 돈을 주고 영상을 번역했다. 인간의 고통을 유튜브 콘텐츠로 제작하는 것이 혐오스러웠지만 이런 유튜브 콘텐츠가 내가 찾은 암호화폐가 조장하는 인신매매에 관한 정보를 얻는 최고의 정보원이었다. 이런 방식으로 나는 인터뷰했던 피해자 여러 명을 찾아냈다.

캄보디아에 가기 전에 나는 베트남에 들러서 부이와 그가 구해준 투이를 만났다. 나는 문자 메시지로 투이에게 연락했고, 몇 달 동안 화상 채팅으로 거의 수십 번 그와 대화를 했다. 투이는 호찌민에서 대략 한 시간 떨어진 산업 도시에서 삼촌 부부와 함께 살고 있다고 했다. 나는 통역사와 함께 그곳까지 택시를 타고 갔다. 그는 자동차 가게가 줄지어 선 먼지가 풀풀 날리는 고속도로 옆에서 우리를 맞이했다. 투이는 스물아홉 살이었고 나이보다 어려 보였다. 웨이브가 있는 앞머리가 그의 이마를 덮고 있었고, 가늘게 수염을 기르고 있었다. 입에 문 담배에 불을 붙이려고 입을 열었을 때, 앞니 4개가 빠진 그의 치아가 드러났다. 그는 캄보디아에 붙잡혀 있을 때 그 일당에게 맞아서 앞니가 빠졌다고 말했다.

투이는 우리를 푸른 천막으로 해를 가린 골목길로 안내했고, 문패가 없는 그의 삼촌의 아파트에 도착했다. 그곳이 그가 살고 있는 곳이었다. 부엌과 높은 매트리스가 딸린 10제곱피트(약 0.9제곱미터) 남짓한 공간이었다. 우리는 초록색 타일이 깔린 바닥에 양반다리를 하고 앉았다. 그날은 나른한 날이었다. 머리 위로 덜덜거리는 선풍기가 돌아가고 있었다. 선풍기 아래로 이불이 펄럭였고, 더위를 식히기에 선풍기 바람은 역부족이었다.

투이는 차이나타운에서 겪었던 역경에 대해서 자세히 말하려고 애썼다. 그는 그곳에 몇 달 동안 붙잡혀 있었고 잔인한 학대에 시달렸다. 그는 귀 뒤와 팔에 난 고르지 못한 흉터를 보여줬다. 그리고 앞머리를 젖히고 그의 이마에 긴 응어리를 가리켰다. 그것은 아직도 낫고 있는 골절이었다. 그는 노동자들이 죽도록 맞는 것을 목격했고 사람들이 자살하는 것도 봤다고 말했다.

나는 그를 만나기 전에 수많은 우스꽝스럽고 경솔한 암호화폐와 관련된 인사들을 인터뷰했다. 그리고 나서 투이의 이야기를 들으니 정신이 번쩍 들었다. 그러나 그의 이야기가 언론 보도와 일

비이성적
암호화폐

치했지만, 나는 그를 어느 정도까지 신뢰할 수 있을지 확신할 수 없었다. 그는 폭행과 마약 밀매로 감옥에 두 번 수감됐다고 말했다. 그가 내게 말했던 그의 개인사 중 일부는 사실인지 확인할 수 없었다. 하지만 그는 여전히 테더와 돼지 도살 사기와의 관계에 대해서 정보를 얻을 수 있는 믿을 만한 정보원이었다. 그는 차이나타운에서 찍은 사진을 보여주며, 내가 인터뷰했던 도망자들이 해줬던 그 어떤 이야기보다 자세한 이야기를 들려줬다.

투이가 차이나타운에서 겪은 고초는 리암 니슨Liam Neeson의 액션 영화 〈테이크〉의 속편처럼 들렸다. 가장 믿을 수 없는 부분은 그가 부이의 유튜브 영상을 찾고 도망치기 위해서 그에게 연락했던 방법이었다. 투이는 그 어떤 도구도 사용하지 않고 경비원의 아이폰을 훔쳐서 자신의 직장에 몰래 숨겼다. 그리고 방전된 핸드폰 배터리를 분리해서 철사를 형광등에 연결해 충전했다.

"저는 매우 침착했고 전혀 두렵지 않았습니다. 이래저래 결국에는 죽게 될 거라고 생각했기 때문입니다. 제가 핸드폰을 훔친 사실이 발각되면 맞거나 죽임을 당하겠죠. 제가 핸드폰을 숨기는 데 성공한다면 살 기회를 얻는 것이었죠"라고 투이가 말했다.

나는 회의적이었다. 그리고 다음 날 내가 머무르는 호찌민에서 다시 만났을 때, 나는 투이에게 그가 철사를 이용해서 아이폰을 충전시켰다는 이야기가 사실인지 의심스럽다고 말했다. 투이는 직접 시범을 보이겠다고 했다. 우리는 가게를 찾았고, 나는 거기서 40달러를 주고 중고 핸드폰을 샀다. 그리고 내가 숙박한 호텔로 돌아갔다. 거기서 투이는 망설임 없이 내 방의 램프에서 LED전구를 분리했다. 그러고 나서 그는 이빨로 벗겨낸 USB 전선을 이용해서 전구를 아이폰 배터리에 연결했다. 그가 그것을 다시 설치했을 때, 핸드폰에 전원이 들어왔다. 그 광경에 나는 너무 놀랐다.

우리는 내 여행 일정을 짜기 위해서 차이나타운의 인공 사진을 살폈다. 투이는 내게 경비원이 지키는 철문과 붙잡힌 노동자들이 도망칠 수 없는 구역을 보여줬다. 그는 단지 안에 있는 금박을 입힌 외관의 호텔을 가리키며 두목들이 매춘부들로부터 서비스를 제공받는 곳이라고 했다.

호찌민에서 나는 내가 묵는 호텔 근처의 식당에서 부이를 만나기로 했다. 그곳의 웨이터가 부이를 한눈에 알아봤다. 부이는 내게 동남아시아를 여행하는 더 행복한 영상을 만들려고 여행을 시작했다고 말했다. 하지만 캄보디아에서 그는 베트남 이주 노동자들의 고역에 대한 이야기를 들었다. 그래서 그는 그들의 역경을 담은 영상을 제작했고, 그 영상은 많은 조회수를 기록하고 기부금을 모았다. 투이와 같은 피해자들이 사기 소굴에서 벗어나기 위해서 그에게 연락하기 시작했다. 부이는 몸값을 지불하고 그곳에 붙잡혀 있던 사람 중 50명이 넘는 사람들을 그곳에서 벗어나게 도와줬다고 말했다. 유튜버 부이는 이 일은 위험하다고 했다. 그는 갱단에게 위협을 받은 뒤에 구출 계획을 실행에 옮기기 위해서 중개인을 이용하기 시작했다.

우리는 함께 차이나타운 지도를 살펴봤다. 부이는 몸값을 전달하고 투이를 데려오기 위해서 운전기사를 보냈던 건물을 내게 보여줬다. 그는 이야기들이 극단적이기는 하지만, 자신은 그것을 믿는다고 말했다. 차이나타운에 붙잡혀 있었던 또 다른 어린 여성은 자신이 보는 앞에서 두 사람이 살해됐다고 부이에게 말했다. 부이는 내게 차이나타운을 들쑤시지 말라고 강조했다.

"택시를 타고 가세요. 그리고 택시 안에서 주변 사진만 찍으세요. 택시에서 절대 내리지 마세요"라고 부이가 내게 경고했다.

캄보디아에서 나는 사기-노예 사건의 문제를 폭로하는 데 도움을 줄《민주주의의 소리》기자 두 명을 만날 예정이었다. 그들이 미국에 있었다면, 저널리즘상을 수상했을 것이다. 아쉽게도 캄보디아에서는 그런 위험한 취재를 하는 기자에게 상을 수여하지 않았다.

대선을 앞두고 캄보디아를 장기간 통치한 독재자인 훈 센Hun Sen 총리는 조작된 혐의로 반대파 지도자들을 감옥에 쳐 넣고 노조 지도부를 괴롭혔다. 캄보디아에서 만연하는 인신매매는 국제 정치 문제로 대두됐다. 2023년 2월 훈 센 총리는《민주주의의 소리》를 폐지할 것을 명령했다. 그는 기사에서 자신의 아들이 언급된 것에 화가 났다고 말했다. 하지만 많은 이들이 사기 소굴에 대한 보도가 수치스러웠기 때문에 그런 조치를 내렸을 것이라고 의심했다.

"제가 항상 권력을 사용한다고 사람들은 말합니다. 그래서 저는 사람들이 볼 수 있도록 제가 가진 권력을 사용할 생각입니다"라고 훈 센 총리가 2월 20일 언론사 폐지에 관해 성난 연설을 하면서 말했다.

"당부하지만, 외국인은 개입하지 마세요. 이곳은 캄보디아입니다"라고 그는 덧붙였다.

그로부터 3일 뒤 나는 호찌민에서 버스에 올랐다. 버스는 덜컹거리며 목초지, 녹슨 주석 지붕이 얹힌 판잣집, 그리고 네온색으로 치장한 맨션을 지나쳐 캄보디아 수도인 프놈펜으로 향했다.

나는 베트남 국경 바로 너머에 있는 캄보디아 남동쪽에 위치한 황량한 카지노 도시인 바벳에 잠깐 들렀다. 나는 그곳의 카지노 대부분이 사기와 강제 노역을 위한 눈속임이라는 베트남 현지 언론보도를 본 적이 있었다. 나는 비를 맞으면서 카지노에서 도망치는 노동자들을 찍은 영상도 봤다. 그들은 경비원의 추격을 받고 있었고, 도망치다가 넘어진 사람들은 경비원에게 두들겨 맞았다.

그곳에 도착했을 때, 나는 직접 알아낼 수 있는 것이 거의 없다는 사실을 깨달았다. 하지만 주차장에 있는 작은 부스의 간판이 내 시선을 사로잡았다. 그것은 베트남어와 중국어로 송금 서비스를 광고하고 있었다. 거기서 나는 초록색 원으로 둘러싸인 하얀색의 알파벳 'T'를 봤다. 그것은 테더의 로고였다. 그것이 증명하는 것은 아무것도 없었지만, 암호화폐 콘퍼런스 밖에서 그 상징을 처음 본 곳이 인신매매 중심지라는 것이 이상하게 다가왔다.

프놈펜에서 나는《민주주의의 소리》기자 출신인 다니엘 키톤 올슨Danielle Keeton-Olsen과 메크 다라Mech Dara를 만났다. 시카고 교외 출신으로 28세의 올슨은 대학교 졸업 이후 캄보디아에서 기자로 활동했고, 35세의 다라는 겁 없는 과감한 보도와 정부 기자회견에 슬리퍼를 신고 청바지 차림으로 참석하는 등 자유로운 복장으로 취재 장소에 나타나는 것으로 유명했다.

다라는 덜덜거리는 낡은 모터 자전거를 타고 내가 묵는 호텔로 왔다. 그가 타고 온 모터 자전거는 그보다 더 나이가 많아 보였다. 그 모터 자전거의 보라색 몸체에는 금이 가 있었고, 거울은 사고로 부러지고 없었다. 총리의 폐간 명령 이후에도 취재를 계속 진행하는 것이 긴장되지 않느냐고 나는 두 사람에게 물었다. 두 사람은 내게 전혀 긴장되지 않는다고 답했다. "정부가 우리를 잡아 가두고 싶다면, 우리가 무슨 짓을 하든지 잡아서 감옥에 가둘 겁니다"라고 다라가 말했다.

올슨은 내게 프놈펜에서 중국인이 거주하는 구역에는 환전소가 많다고 말했다. 내가 베트남과 캄보디아 국경 근처에서 봤던 파사드에 테더를 광고하는 그런 환전소들을 말했다. 그녀는 그게 무엇을 의미하는지 나만큼 궁금해했다. 그녀는 중국어로 고급 아파트를 광고하는 번쩍이는 콘도 타워 건너편에 있는 가게로 나를 데려갔다.

나는 선팅 창문이 달린 잘 빠진 검은색 SUV 두 대가 밖에 주차된 것을 봤다. 하나는 레인지로버였고, 다른 하나는 중국산 조티에였다. 10피트(약 3미터)의 청동 문 위에 설치된 LED 간판에 중국 문자가 연이어 지나갔다. 그중에서 우리는 테더의 티커인 USDT를 봤다.

가게 안으로 들어갔을 때, 점원이 커다란 대리석 책상으로 우리를 안내했고, 우리는 하얀색 가죽 의자에 앉았다. 그 의자에는 벤틀리 로고가 박혀 있었다. 나는 광이 나도록 닦은 마룻바닥의 사무실에 있는 유일한 고객이었다. 벽에 난 틈새로 수사슴 조각상과 파란색과 흰색이 섞인 도자기 꽃병이 보였다.

나는 축구복을 입은 친절하고 어린 캄보디아 남성 점원에게 테더코인을 미국 달러로 환전하고 싶다고 말했다. 그는 현장에서 현금으로 바꾸거나 중국 은행 계좌에 돈을 예치할 수 있다고 말했다. 그리고 내게 사장이 점심을 먹고 돌아올 때까지 기다려 달라고 했다. 그는 테더가 중국 사업가들에게 유명하다고 말했다.

"해외로 불법 자금을 보낼 때 USDT를 사용하는 것은 편리합니다. 익명성이 보장되고 꽤 안전하죠"라고 그가 말했다.

우리가 사장을 기다리고 있을 때, 숙취에 찌든 중국인 남성이

비이성적
암호화폐

잠옷 차림으로 슬리퍼를 질질 끌며 사무실로 들어왔다. 그는 책상 뒤로 걸어갔고 검은색 비닐봉지에서 점심 도시락만한 100달러 현금다발을 꺼냈다. 현금다발은 고무줄로 묶여 있었고, 나중에 점원에게서 듣기로 총액이 5만 달러였다. 그 중국인 남성은 돈다발을 팔에 잔뜩 끼운 채 사무실을 나섰다. 그는 중국 기업어음 등 그무엇이 테더코인의 가치를 보증하는지 전혀 관심이 없다. 그저 암호화폐를 현금다발로 교환하고 싶을 뿐이지, 테더코인을 현금으로 교환했다는 사실은 아무에게도 말하려고 하지 않는다.

그가 떠나고 곧 사장이 사무실에 도착했다. 사장은 앞선 중국인 남성과는 다르게 무례한 사람이었다. 배가 불룩 나온 그는 흰색 티셔츠를 입고 있었다. "ERC-20, 아니면 TRC-20?"라고 그가 내게 투덜대듯이 물었다. 나는 돌연변이 원숭이 NFT를 사면서 암호화폐 용어를 공부한 덕분에 이 용어가 무엇을 의미하는지를 알고 있었다. 그는 내게 어떤 블록체인으로 테더코인을 현금으로 바꾸고 싶은지를 묻고 있었다.

나는 미리 테더코인 100여 개를 내 아이폰에 설치한 여우머리앱에 담아왔다. 사장은 숫자와 문자가 뒤섞인 자신의 지갑 주소를 내게 문자로 보내줬다. 나는 그의 주소를 여우머리 앱에 복사했고, 순식간에 그에게 테더코인 105개를 보냈다. 그중에서 5개는 그와의 거래 수수료로 사용됐다. 그는 신분증이나 이름조차 묻지 않고 내게 빳빳한 지폐로 100달러를 건넸다. 이렇게 나는 서류작업 없이 테더코인을 현금으로 교환할 수 있었다.

나는 블록체인 분석 도구를 사용해서 며칠 동안 다른 고객들이 그에게 2,990달러, 5,000달러 그리고 2만 달러를 보내는 것을 확인했다. 이것은 주변에서 테더를 홍보하는 환전소 4곳 중에서 유일했다.

올슨과 다라는 차이나타운에서의 사기 범죄가 수 아이민xu Aimin이란 인물과 관련이 있다고 말했다. 그는 그 단지를 개발한 중국 거물이었고, 엄격하게 말해서 인터폴의 '적색 수배'가 내려진 국제수배자였다. 그래서 전 세계 경찰에게 그를 체포하라는 체포령이 내려진 상태였다. 그는 2013년 궐석 재판에서 10억 달러 이상의 매출을 올린 불법 도박장을 운영한 혐의로 중국 감옥에서 10년 징역형을 선고받았다.

내가 아이민이 도망자 신세인지 올슨과 다라에게 물었을 때, 두 사람은 코웃음을 지었다. 차이나타운을 관통하는 거리에는 그의 이름을 붙인 거리명이 있었다. 프놈펜에서《민주주의 소리》의 폐쇄된 사무실 아래 그의 회사 건물 신축 공사를 위한 크레인 작업이 진행되고 있었다. 그것은 53층 건물로, 완공되면 프놈펜에서 가장 높은 건물 중 하나가 될 것으로 기대됐다. 그의 회사에 대해서 질문했지만 그 누구도 대답해주지 않았다.

비이성적
암호화폐

차이나타운으로 가기 전에 나는 올슨과 다라와 함께 프놈펜에서 좀 더 가까운 다른 사기 범죄 단지를 가보기로 했다. 그곳은 프놈펜에서 남서쪽으로 대략 100마일(약 160킬로미터) 떨어진 타이만에 위치한 캄보디아 서부에 있는 카지노 단지에 부속되어 있었다. 그곳은 국립공원 중앙에 위치한 보코르라 불리는 산꼭대기에 있었다.

수십 명이 그곳에 갇혀서 온라인 사기에 가담하도록 강요받고 두들겨 맞고 외부 세계와 연락하려고 시도하면 살해 위협을 받고 있다는 보도가 있었다. 2022년 '비계 덩어리'라는 별명으로 불리는 대만 폭력배가 온라인 사기에 가담시키기 위해서 노동자 수십 명을 인신매매하여 그곳으로 보낸 혐의로 본국에서 체포됐다. 하지만 들리는 바에 의하면 산꼭대기에 위치한 그 사기 범죄 단지는 여전히 운영되고 있다. 숲으로 둘러싸인 그곳은 탈출한다는 것 자체가 불가능하기 때문에 인신매매범들에게 이상적인 위치였다.

떠나기 전에 나는 리차드 젠Richard Jan과 대화를 나눴다. 그는 대만에서 비계 덩어리 사건을 담당했던 베테랑 경찰관이었다. 그는 대만 정부가 2022년 캄보디아에서 인신매매 피해자 400명 이상을 구출했다고 말했다. 그는 몇몇 피해자를 구하기 위해서 보코르까지 갔다. 산꼭대기에 있는 사기 범죄 단지에서 구출했던 어린 여성 중 한 명은 너무 심하게 두들겨 맞아서 거의 실명에 이르렀다. 젠은 살해된 노동자들도 있었다고 말했다.

"지붕에서 떨어져서 죽은 사람들도 있다고 생존자들에게 들었습니다. 그런데 범죄자들은 그들이 직접 지붕에서 뛰어내려서 목숨을 끊은 것처럼 말했죠"라고 젠이 말했다.

비계 덩어리가 속한 인신매매단은 암호화폐를 사기 범죄에 이용한 것에 더해서, 인신매매 피해자들을 노예로 팔 때 몸값을 테더코인으로 지불할 것을 요구했다고 젠은 말했다. 젠은 오랫동안 인신매매 사건을 수사해왔다. 그는 내게 암호화폐 때문에 인신매매단을 추적하기가 더 어려워졌다고 했다. 이전에는 인신매매단이 자금을 옮기는 데 은행 계좌를 사용했다. 그래서 은행에 요구하면 고객 정보를 쉽게 확보할 수 있었고, 여기서 인신매매단에 대한 단서를 얻곤 했다. 하지만 테더는 코인 소유자에 대한 정보를 전혀 수집하지 않았다.

"인신매매 사건을 조사하기가 정말로 어렵습니다. 테더가 신분증이나 문서를 전혀 요구하지 않기 때문이죠"라고 젠이 중국어로 말했다.

나는 산꼭대기에 있는 인신매매단의 본거지로 가면서 살짝 긴장했다. 하지만 올슨은 생각만큼 위험하지 않다고 설명했다. 보코르는 관광명소였다. 관광객들은 프랑스 식민시대 대저택의 잔해와 산꼭대기에서 내려다보는 풍경을 즐기기 위해서 그곳을 찾았다. 그곳은 누구나 사기 범죄 단지에서 불과 100마일(약 160킬로미터) 떨어진 곳에서 사진을 찍으려고 포즈를 취하겠지만, 누군가가 갇혀 있으리라고는 상상도 못할 곳이었다.

비이성적
암호화폐

우리가 가까이 다가가자, 보코르는 구름 뒤에 숨어 있었다. 그곳으로 들어가는 게이트를 지키는 경비원이 우리를 멈춰 세우며 목적지를 물었다. 우리는 게이트를 지나쳐 암석 사이에 난 구불구불한 길을 따라 30분 동안 차를 타고 산을 올랐다. 우리가 탄 차는 산을 오르면서 야자나무와 흰 얼굴 원숭이를 지나쳤다. 우리는 산꼭대기 근처에 있는 거대한 호텔에 도착했다. 호텔의 노란색 파사드는 너무 낡고 흙투성이로 좀비 대참사에서 살아남은 것처럼 보였다. 호텔 뒤에는 크롬 울타리가 둘러쳐진 빈 타운하우스 50채가 산 정상까지 뱀처럼 이어져 있었고, 사용하지 않는 듯한 인도는 자갈 사이로 잡초가 자라고 있었다.

산 정상에는 100년 된 사찰이 있었다. 주황색 승려복을 입은 승려 3명이 녹음된 염불을 들으면서 황금 불상 주변에서 빗질을 하고 있었다. 사찰 밖에서 개가 뭔가 먹을거리를 찾느라 쓰레기 더미를 뒤지고 있었다.

탄수르 소카Thansur Sokha는 객실 500개가 갖춰진 호텔이었다. 온라인 후기를 읽어보지 않았는지 어리둥절해 보이는 프랑스 연인과 올빼미 가족처럼 나를 따라다닌다고 몸을 휙 돌리는 직원 십여 명을 제외하고, 호텔은 텅 비어 있었고 소름끼치게 조용했다. 카지노, 스파, 와인바, 식당이나 어린이 놀이방에는 아무도 없었다. 차 수백 대를 세울 수 있게 만들어진 주차장에는 겨우 차 6대만이 주차되어 있었다. 나는 미야자키 하야오의 〈센과 치히로의 행방불명)에 나오는 귀신을 위한 놀이공원에 와 있는 것 같았다.

다 허물어져 가는 사무실 건물이 모여 있는 단지가 호텔 뒤로 대략 100야드(약 91미터) 떨어진 게이트 건너편에 있었다. 그곳이 사기 범죄 단지인 듯했다. 나는 좀 더 가까이 가서 그곳을 보기로 했다. 아무 생각 없는 관광객처럼 보이고 싶어서, 나는 작은 가방을 잽싸게 들고 작은 컵에 담긴 딸기 아이스크림을 샀다. 딸기 아이스크림은 냉장고에 몇 달이나 보관됐었는지 분필처럼 이상하게 변해 있었다. 게이트는 사기 범죄 단지와 호텔 카지노의 공공장소를 분리하고 있었다. 나는 사기 범죄 단지 쪽으로 걸어가면서 보란 듯이 작은 숟가락으로 딸기 아이스크림을 떠먹었다. 굵은 목줄이 채워진 독일산 양치기견이 나타났고 나를 향해서 맹렬하게 짖어댔다. 경비원이 내게 지나갈 수 없다는 듯이 눈짓을 했다. 그래도 나는 건물 창문을 통해서 늘어선 2단 침대를 볼 수 있었다.

개는 나를 보고 계속 짖고 있었고, 다라는 다른 경비원과 가볍게 대화를 나눴다. 그 남자는 다라에게 중국 회사가 건물을 임대했고 노동자들은 건물을 떠날 수 없다고 말했다. 나는 뭐라도 하고 싶었지만, 당국에 강제노동을 신고해도 별 소용이 없다고 올슨과 다라가 말했다. 인신매매단은 현지 권력가들에게 뇌물을 주고 있었다. 그래서 캄보디아 당국은 그곳을 도망친 노동자들을 돕기는커녕 이민법 위반으로 구금했다.

젠은 캄보디아 경찰이 인신매매단과 결탁한 것 같다고 말했

406

비이성적
암호화폐

다. 캄보디아 경찰은 대만 인신매매 피해자들을 구출할 때 그를 도와줬지만 인신매매범들을 체포하거나 사기 범죄 단지를 폐쇄하지는 않았다. 젠은 수상쩍은 사업가인 척 연기를 하며 잠입 수사를 했고, 사기단 보스들을 만났다. 젠이 그들과 함께 저녁을 먹을 때, 경찰이 단지를 불시에 급습할 것이라는 제보가 들어왔다.

"경찰은 이 단지를 숨기려고 할 것이다"라고 제보를 들은 보스 한 명이 말했다.

베벳과 보코르를 방문한 것은 으스스한 경험이었지만 별 소득 없이 끝났다. 그 이후에 우리는 가장 악명 높은 사기 범죄 단지인 차이나타운으로 향했다. 보코르부터 시아누크빌까지는 차로 75마일(약 120킬로미터)로 먼지투성이 도로를 몇 시간이나 달려야 했다. 그 덕분에 나에게는 올슨과 다라에게서 지금까지 그들이 조사한 내용을 자세히 들을 시간이 충분했다.

시아누크빌은 집단 학살을 자행한 크메르주가 권력을 잡기 5년 전인 1970년 쿠데타로 축출된 캄보디아 왕의 이름을 따서 명명되었다. 백사장이 깔린 해변은 대나무 오두막에 머물며 값싼 마리화나를 피우는 유럽 배낭 여행자들에게 약간은 지저분하지만 매력적인 여행지가 되었다.

그런데 2017년부터 중국 투자자들이 카지노를 마구 짓기 시작했고, 시아누크빌은 큰 변화를 겪었다. 중국 본토에서는 국영 복권을 제외하고는 도박이 불법이지만, 시아누크빌은 비행기로 중국과 가까운 거리에 있었다. 미심쩍은 법의 허점으로 인해 시아누크빌에서 방송되는 라이브 스트리밍 비디오에 대한 베팅이 허용되었다.

고층 건물과 신축 아파트가 먼지투성이 길을 따라서 세워졌다. 시내는 번쩍이는 네온사인으로 치장한 돔 구조물로 가득했다. 중국 노동자 수만 명이 시아누크빌로 몰려와서 카지노에서 일하고 도박을 했다. 2019년 중국 이민자 수가 캄보디아인을 넘어섰다. 시아누크빌에는 합법적으로 영업하는 카지노가 93곳에 이르렀다. 그리고 무려 50억 달러가 넘는 매출을 기록하는 불법 카지노도 100여 개에 이르렀다. 게임 구역과 계단 뒤에 숨겨진 사무실에서 야회복을 입고 티아라를 쓴 여성들이 중국 본토의 도박꾼들에게 바카라와 같은 게임을 생중계했다. 고급 카지노 밖에는 롤스로이스와 훙치 리무진이 세워져 있었다.

"골든 샌드에서 바카라를 하는 고객은 보통 젊은 중국인입니다. 험상궂은 인상에 티셔츠와 반바지를 입고 담배를 물고 손바닥에 100달러 지폐를 움켜쥐고 게임을 하죠. 그들은 게임 한 판에 1,500달러가 넘게 베팅합니다"라고 2019년 한 방문객이 《뉴욕 리뷰 오브 북스》에 글을 썼다.

도박은 범죄를 수반한다. 시아누크빌은 매춘, 원한을 갚기 위한 총격전, 납치, 그리고 돈세탁으로 악명 높은 곳이 됐다. 현지

비이성적
암호화폐

당국은 이 모든 사태의 원흉으로 중국 갱단을 지목했다. 온라인에 급속하게 퍼진 영상에서 피에 젖은 흰색 티셔츠를 입은 남성이 길을 달려서 내려간다. 그의 뒤를 전기 충격봉을 손에 든 갱 2명이 따른다. 도망치는 남성은 넘어져 주저앉더니, 가위를 자기 목에 갖다 대고 살려달라고 외친다. 또 다른 영상에서 고리 대금업자의 시체가 대낮에 SUV 뒷자리에서 떨어져 나온다.

2019년 말, 캄보디아 총리는 온라인 카지노의 영업권을 갱신하지 않겠다고 선언했고, 사실상 온라인 도박을 불법화했다. 코로나19 확산으로 인한 여행 금지령과 함께 이 조치는 시아누크빌의 경제를 완전히 망가뜨렸다. 카지노의 절반가량이 폐업했고 건설 경기는 얼어붙었다. 공사가 중단된 건물이 1,100여 개가 넘었다. 중국 노동자 대부분이 시아누크빌을 떠났다. 카지노 몰락은 범죄 조직인 갱단을 진화시켰다. 그들은 카지노를 온라인 사기 활동의 본거지로 바꿨다. 우리가 도착했을 때, 시아누크빌에는 중단된 공사로 고층 건물의 콘크리트 뼈대가 듬성듬성 남아 있었다. 건물 바닥판 틈새로 계단이 그 어디로도 이어지지 못한 채 하늘을 향해 끊겨 있고, 스카이라인은 괴기스럽게 보였다. 마치 투기 과열을 보여주려고 설치된 듯한 도시 구조물처럼 보였다.

차가 시아누크빌로 들어가자, 다라와 올슨은 도처에 있는 사기범죄 단지를 손으로 가리켰다. 그들은 그곳에서 자행되는 학대 행위를 내게 들려줬다. 그 건물들이 사기 범죄 단지인지 알아차리지 못하는 이들도 있을 것이다. 그것들은 카지노 뒤편에 있는 보통의 사무실 건물들이었다. 하지만 창문에는 철봉이 설치됐고, 건물 밖에는 경비원들이 지키고 있었다. 아니면 카지노를 광고하는 골목과 단지를 구분하는 게이트가 설치되어 있었고, 그 누구의 출입도 허용하지 않았다. 그 건물들의 존재를 알아차리는 사람들도 있었다. 다라는 창문에 철봉이 덧대져 있고 검은색 페인트로 칠해진 높은 건물을 가리켰다. 그 건물은 울타리가 쳐져 있었고, 울타리 꼭대기는 깨진 유리 조작과 철조망이 설치되어 있었다. 그리고 보안 카메라가 단지 내부를 비추고 있었다.

차이나타운은 도시 밖에 있었다. 그곳은 시아누크빌 해변 중 한 곳과 가까웠다. 회색 건물이 지평선 너머로 모습을 드러내자, 나는 그것들이 진짜 존재하는 건물이라는 사실에 믿을 수가 없었다. 《비즈니스위크》 편집자가 테더를 조사해보라고 요청한 뒤로 거의 2년이 흘렀다. 나는 대부분의 시간을 웃길 정도로 이상한 창립자들을 조사하는 데 썼다. 그러나 테더가 보유하고 있다고 주장하는 수십억 달러에 이르는 지급준비금의 위치와 실존 여부를 파악하는 데 실패했다. 나는 테더가 거대한 사기라고 생각했다. 하지만 테더의 자금 흐름이 이곳과 같은 장소로 이어질 거라고는 상상도 못했다.

차이나타운은 인신매매 희생자들이 묘사한 모습 그대로였다.

차이가 있다면, 건물 대다수가 비어 보인다는 것이었다. 5개월 전에 캄보디아 당국은 그 일대의 가장 큰 사업장을 폐쇄했다고 발표했다. 이것은 올슨과 다라, 그리고 다른 언론매체들이 그 지역을 내버려 두는 것을 캄보디아 정부가 인신매매에 얼마나 관대한지를 보여주는 가장 확실한 상징이라고 보도한 뒤에 나온 발표였다.

차이나타운의 첫 번째 단지는 비어 있었다. 하지만 두 번째 단지에서는 사람들의 인기척이 더 많이 느껴졌다. 수십 송이 꽃으로 만든 꽃다발처럼 생긴 가로등이 양옆에 설치된 대로 위에 금색 페인트가 칠해진 호텔을 20개의 낡은 회색 건물들이 둘러싸고 있었다. 그곳은 이 20여 개의 건물로 이뤄진 거대한 단지였다. 위아래로 검은색 옷을 입은 경비원들이 검은색과 금색 페인트가 칠해진 금색 못이 박힌 게이트 밖에 서서 보초를 섰다. 건물 내 가구마다 바람이 잘 통하는 발코니가 설치되어 있었다. 하지만 용접된 철봉 때문에 발코니는 마치 새장 같았다.

경비원을 지나쳐서 단지 안으로 들어가는 차 행렬이 꾸준히 이어졌다. 경비원들은 차에 적절한 현수막이 부착됐는지 확인했다. 단지 안으로 들어가는 차는 창문이 진하게 썬팅된 도요타 알파드 밴과 레인지로버였다. 몸에 착 달라붙는 드레스를 입은 젊은 여성 여럿이 스쿠터를 타고 단지로 다가왔고, 경비원은 그들도 그냥 통과시켰다. 원하지 않은 이목이 사라진 뒤에 단지 내 활동이 다시 시작된 것일까?

게이트 안에는 동네 하나가 들어선 듯했다. 이발소, 식당, 그리고 창문에 인형이 진열된 가게가 있었다. 게이트 안으로 들어갈 수 있느냐고 물었지만, 나는 출입을 거부당했다. 경비원 중 한 명이 다른 경비원 5명에게 무어라고 이야기했고, 모두가 박장대소했다.

단지 옆에는 건물 정면이 금색 페인트로 칠해진 호텔이 있었다. 그 호텔의 이름은 KB호텔이었다. 나는 그곳에 성노동자들이 머무르고 있다고 들었다. 하지만 KB호텔은 일반인에게 개방된 듯했다. 호텔 정문의 양쪽에 코코넛 나무가 있었고, 검은색과 금색이 섞인 반바지와 조끼를 입고 로퍼를 신은 벨보이들이 배치되어 있었다. 나는 KB호텔이 검색되는지 궁금해서 부킹닷컴을 확인했다. 놀랍게도 KB호텔이 검색 결과로 나왔고, 슈페리얼 킹룸에 하룻밤 묵는 데 98달러로 조식이 포함된 가격이었다.

호텔 밖에서 검은색 옷을 입은 남자 5명이 검은색 마이바흐 리무진을 닦고 있었다. 빨간 모히칸식 머리 스타일에 배가 불룩 나온 중국인 남성은 구찌 티셔츠를 입고 앞뒤로 왔다 갔다 했다. 한 남자가 내게 성매춘을 홍보하는 명함을 건넸다.

나는 호텔 안으로 들어가 보기로 했다. 올슨과 다라는 나 혼자 들어가는 것이 덜 수상하게 보일 것이라는 데 동의했다. 벨보이 중 한 명이 안내를 해줬다. 호텔 로비에는 황금 파인애플이 전시되어 있었고, 그 높이가 20피트(약 6미터)에 달했다. 홀은 보코르

비이성적
암호화폐

정상에 있던 호텔처럼 한산했다. 호텔 카지노에서는 중국 소프트록이 흘렀고 우아한 컵에 무료 중국산 담배가 담겨 있었다. 그리고 딜러가 게임을 하는 손님보다 3배는 많아 보였다.

곡선형 대리석 계단은 로비에서 위층 고급 식당까지 이어졌다. 고급 식당에는 여러 가지 중국 음식이 금속 신선로에 담겨 있었다. 식당 주인은 음식을 먹으러 온 관광객을 보고 짐짓 놀란 눈치였지만, 나를 식당 안으로 안내했다. "무료로 제공됩니다"라고 웨이터가 말했다.

식당은 결혼식을 열기에도 충분할 정도로 넓었다. 하지만 겨우 몇 명만이 식당에서 식사를 하고 있었다. 그중에 마이바흐 리무진을 닦던 무리와 티셔츠를 입은 근육질 몸매의 중국인 남성이 있었다. 그는 자기 핸드폰으로 주변 사람에게 피해가 갈 정도로 큰소리로 틱톡 영상을 보고 있었다. 그가 그 무리의 우두머리처럼 보였다. 그가 바지 주머니에서 꺼낸 현금 뭉치에서 돈을 그들에게 나눠줬기 때문이다.

나를 제외하고 모두가 자기 집처럼 편안한 듯 보였다. 나는 방 옆에 놓인 냉장고에서 버드와이저를 꺼내 홀짝 마셨다. 너무 긴장하거나 주변에 일어나고 있는 일에 너무 관심이 있는 것처럼 보이지 않으려고 애썼다. 하지만 나는 완전히 매료됐다. 혹시 사기 범죄단의 우두머리가 내 바로 옆에 앉아서 오리구이를 먹고 있는 것은 아닐까? 하지만 모두가 중국어를 사용해서, 나는 그 어떤 단서도 얻을 수 없었다.

호스티스 한 명이 영어를 사용했다. 나는 그녀에게 호텔이 왜 텅 비었는지 물었다. 그녀는 불과 몇 달 전부터 일반인에게 호텔을 개방했다고, 그 전에는 주변 건물에서 온 사람들만 호텔을 이용했다고 말했다. 나는 그녀에게 호텔 경비가 왜 삼엄한지도 물었다.

"여긴 차이나타운이에요. 몰랐나요?"라고 그녀가 말했다.

나는 모르는 척했다. 그녀는 최대한 완곡하게 노동자들은 차이나타운을 떠날 수 없다고 설명했다. 내가 얼굴을 찌푸리자, 그녀는 노예들이 제공하는 서비스를 받는 것이 아니라고 내게 설명했다.

"호텔 직원, 그러니까 우리는 자유로워요"라고 그녀가 말했다.

나는 식당 뒤로 걸어갔다. 거기에는 안마당을 내려다볼 수 있는 커다란 창문들이 있었다. 해가 저물었고, 회색 사무실 건물 일부에 불이 들어왔다. 그것을 보면서 나는 그곳에 다시 사람들이 거주하고 있다는 것을 확신했다. 새장 같은 발코니 일부에 세탁한 티셔츠와 반바지가 널려 있었다. 나는 건물 안에서 사람들이 어떤 일을 겪고 있는지 생각하니 몸서리가 쳐졌고, 서둘러서 호텔 밖으로 나왔다.

다라가 나를 마중하러 왔다. 단지를 빠져나가면서 덧문이 내려진 환전소가 보였다. 간판이 내려져 있었지만, 윤곽은 여전히 남아 있었다. 테더의 티커인 USDT라는 알파벳이었다.

　나는 보코르 산꼭대기 유령호텔에서 빅 패티와 국수를 후루룩 마시는 지안카를로 데바시니의 흔적을 찾을 수 없다는 것을 알고 있었다. 자금을 옮기는 수단으로써 테더코인의 묘미는 테더의 감독을 거의 받지 않고 운용할 수 있다는 것이다. 테더는 모든 고객의 정체를 안다고 말하지만 테더가 정체를 알고 있는 고객들은 회사를 통해서 테더코인을 사거나 현금으로 상환하는 소수의 암호화폐 트레이더들일 뿐이다. 나 또한 개인 정보를 전혀 제공하지 않고 프놈펜에서 내 여우머리 앱에 담긴 테더코인을 현금으로 상환할 수 있었다. 사법당국이 테더에 비키나 비계 덩어리에 대한 서류를 요구했다면, 테더는 그들에게 내어줄 서류를 하나도 갖고 있지 않을 것이다. 그러므로 테더는 그들이 불법 행위에 테더코인을 사용한 데 책임이 전혀 없다고 주장할 수 있다.

　돼지 도살에 대해서 처음 알게 됐던 2022년 여름 이후로 나는 투트랙으로 조사를 진행했다. 나는 캄보디아에서 어떻게 테더가 돼지 도출 사기 행각을 촉진하는지를 조사하면서, 데바시니가 얼굴을 보였었던 장소를 조사하기 시작했다. 그곳은 바로 엘살바도르였다. 나입 부켈레Nayib Bukele 엘살바도르 대통령은 내가 참석했던 마이애미에서 열린 콘퍼런스인 2021 비트코인에서 비트코인을 법정통화로 채택하겠다고 선언했다. 2022년 2월에 엘살바도르

여당 의원이 트위터에 비트코인 지지자와 다른 정당 관계자들과 함께 의회에서 찍은 사진을 올렸다. 그 뒤에 데바시니가 있었다.

나는 엘살바도르 언론매체인 〈엘 파로El Faro〉를 통해서 데바시니와 다른 테더 관계자들이 엘살바도르 정부에 비트코인에 대해 조언했다는 사실을 알게 됐다. 테더는 엘살바도르와 거리를 둘 수 없었다. 비트코인이 기적적으로 나라를 변화시켰다고 말했던 암호화폐 관계자들도 마찬가지였다. 심지어 대부분의 언론 보도가 이 실험을 인기 없는 실패작처럼 들리게 했음에도 말이다. 그리하여 이 중앙아메리카 국가는 비트코인이 실제로 법정통화로 사용될 수 있는가를 결정하는 국민 투표장으로 바뀌었다.

비이성적
암호화폐

비트코인 사절

NUMBER GO UP

"비트코인은 받지 않습니다"

2021년 5월, 나입 부켈레 엘살바도르 대통령이 비트코인을 법정통화로 채택하겠다고 선언했을 때, 나는 그가 그렇게 할 것이라고 정말로 믿지 않았다. 엘살바도르는 외채를 갚지 못할 위기에 처해 있었고, 한때 엘살바도르에 세계의 살인 수도라는 오명을 씌웠던 갱단 폭력 조직들이 또다시 난립하고 있었다. 엘살바도르가 이러한 난관을 타개하기 위해서 현실에서 그 누구도 사용하지 않는 불안한 가상화폐에 모든 것을 걸었단 말인가?

놀랍게도 부켈레는 비트코인을 법정통화로 채택하는 계획을 실행에 옮겼다. 그는 모든 국민에게 농장 노동자의 며칠 임금에 해당하는 30달러를 비트코인으로 지급했고, 모든 쇼핑센터에 비

비이성적
암호화폐

트코인 ATM을 설치했으며, 자영업자에게 비트코인을 지급 결제 수단으로 인정하라고 말했다. 그리고 엘살바도르가 대외 채무에 대한 불이행 위기에 처한 상황에서, 부켈레는 국제 신용을 무시하고 비트코인으로 엘살바도르의 금융 위기를 타개하겠다고 국제 채권자들에게 장담했다. 그는 "#비트코인은 퍽유 머니!Bitcoin is FU money!"라고 트위터 메시지를 올렸다.

비트코인을 법정통화로 채택한 엘살바도르는 국가 단위로 진행되는 비트코인 홍보나 다름없었다. 내가 인터뷰했던 암호화폐 지지자들 대다수가 이 계획은 대성공해서 다른 국가들도 머지않아 엘살바도르처럼 암호화폐를 법정통화로 채택할 것이라고 말했다. 전 세계 국가가 암호화폐를 법정통화로 채택한다면, 당연히 암호화폐 가격은 치솟을 것이다. 트위터 공동 설립자 잭 도시는 "지금 이 순간 엘살바도르에서 미래가 펼쳐지고 있는지도 모릅니다"라고 2022년 2월 온라인 인터뷰에서 말했다.

나는 법정통화로 채택된 비트코인이 엘살바도르에 미치는 영향을 직접 두 눈으로 보고 싶었다. 엘살바도르로 가기 전에 나는 소년 같은 잭 말러스를 만났다. 암호화폐 회사 임원인 말러스는 마이애미에서 개최된 비트코인 2021에서 비트코인을 엘살바도르 법정통화로 채택하는 부켈레의 계획을 소개했다. 그가 눈물을 쏟으며 "전 그 역사적인 장소에 있을 것입니다. 우리는 이 언덕에서 죽습니다. 저는 이 빌어먹을 언덕에서 죽을 겁니다!"라고 콘퍼런스 참가자들에게 외친 지 불과 10개월이 흘렀을 뿐이었다. 하지만 엘살바도르의 실험이 어떻게 진행되고 있는지를 물었을 때, 그는 엘살바도르를 마지막으로 방문한 게 언제인지 기억나지 않는다고 말했다. 그는 엘살바도르의 비트코인 실험에 그렇게 관심 있어 보이지 않았다. 그는 "그것은 저의 프로젝트가 아니에요. 이를 명심하세요. 이 사실은 매우 중요해요"라고 내게 말했다.

부켈레는 비트코인을 엘살바도르의 법정통화로 채택하는 프로젝트에 더 매진했다. 41세의 엘살바도르 대통령은 트위터 팔로우가 400만 명에 이르는 암호화폐 인플루언서였고, 자칭 '가장 멋진 독재자'였다. 그는 정부 자금으로 1억 달러 상당의 비트코인을 매수했다. 그러나 비트코인 가격이 하락하자, 그는 곧장 투자금의 절반을 잃었다. 거래 손실을 봤는데도 그는 여전히 더 많은 비트코인을 매수해야 한다는 글을 트위터에 올렸다. 그리고 가끔 욕실에 나체로 앉아서 핸드폰으로 비트코인을 거래한다며 자랑하는 듯한 글을 올렸다.

'가장 멋진 독재자'는 농담이었지만, 사실에 너무나 가까워서 그냥 웃어넘길 수가 없었다. 부켈레는 갈수록 독재적으로 변했다. 2022년 3월 그는 국가비상사태를 선포하고 정당한 법적 절차를 밟을 권리를 유예했다. 경찰에 범죄 조직과 관련 있다고 간주되는 인물을 모두 잡아들이라고 명령했고, 6만 명이 넘는 사람들이 구금되었다. 이것은 엘살바도르인 100명당 한 명이 구금된 것으로 대다수가 혐의 없이 구금되었다. 부켈레는 잔인한 면모를 한껏 드러냈다. 그는 속옷만 입은 구금자들의 굴욕적인 모습을 온라인에 게시했다. 그는 구금자 모두가 폭력 조직의 일원으로 감옥에서 죽을 것이라고 말했다. 최소한 150명이 구금된 상태에서 사망했다. 인권단체인 크리스토살Christosal에 따르면 일부에게서 고문의 흔적이 발견됐다.

그러나 비트코인 신봉자들은 부켈레의 강압적인 정책들 때문에 비트코인에 대한 신뢰를 저버리지 않았다. 공정하게 말해서 그들에게는 그 이외에 선택할 수 있는 비트코인을 사랑하는 대통령이 그리 많지 않았다. 그들은 엘살바도르의 태평양 연안을 암호화폐 순례자들이 가야 할 성지로 만들었다. 첫 번째 무리 중 한 명이 아역 출신의 테더 공동 설립자인 브록 피어스였다. 그는 2021년 9월 전용기로 엘살바도르에 도착해 암호화폐 형제이자 인플루언서인 로건 폴Logan Paul을 위해서 파티를 열었고, 그다음 날 다시 전용기를 타고 엘살바도르를 떠났다.

부켈레를 후원하는 또 다른 인물이 테더의 지안카를로 데바시니였다. 그는 2022년 2월 부켈레의 2단계 암호화폐 프로젝트인 '비트코인 씨티'를 후원하기 위해 엘살바도르에 왔었다는 사실을 알게 됐다. 비트코인 씨티는 두바이처럼 미래형 대도시가 될 예정이었다. 부켈레는 엘살바도르 동쪽에 비트코인 씨티를 건설하겠다고 선언했다. 그는 비트코인 씨티에 신공항이 들어서고, 면세지역으로 지정되며, 비트코인 채굴 화산에서 전력이 무료로 공급될 것이라고 말했다. 그리고 너무나 거대해서 우주에서도 볼 수 있는 비트코인 로고를 본뜬 대형 쇼핑센터가 들어설 것이라고 했다.

그런데 엘살바도르는 인프라 예산으로 단일 고층 건물을 겨우 건축할 수 있었다. 그런 나라가 어떻게 이 모든 건축비를 감당하겠다는 것인지 이해가 되지 않았다. 데바시니가 이 문제를 해결해 줄 주인공이었다. 그의 암호화폐 거래소인 비트파이넥스는 특수한 비트코인 채권을 발행해서 비트코인 씨티를 건축할 자금을 조달하겠다고 약속했다. 그런데 이것이 데바시니에게 무슨 이득이 있었을까?

엘 존테티 Zonte는 나의 첫 번째 기착지였다. 그곳은 비트코인을 실물경제에서 사용하는 실험이 시작된 해변 마을이었다. 2019년 샌디에이고에서 온 서퍼가 소위 '비트코인 순환 경제'가 그곳에 형성되기를 바라는 마음에서 현지인들에게 비트코인 소량을 나눠주기 시작했다. 부켈레는 이것을 비트코인이 실물경제에서 사용된 성공 사례로 언급했고, 비트코인 국가 정책에 대한 영감을 여기서 얻었다.

엘 존테에 비트코인 인플루언서, 여행 블로거, 그리고 TV 촬영팀이 몰려들었다. 그들은 그곳을 비트코인 해변이라 칭했다. 비트코인 지지자들은 엘 존테 사례가 주요한 개념 증명이라고 말하

비이성적
암호화폐

길 즐겼다. 그들은 비트코인이 전 세계적으로 실물경제에서 활용될 수밖에 없고, 엘 존테가 그 첫 번째 단계라고 말했다. 그들은 관광객이 일상용품을 비트코인으로 구매할 수 있는 상점 한두 곳이 마침내 생겼다는 사실에 지나치게 흥분한 듯했다. "좋다. 여기 미누타스 마리오에서 주문하면 비트코인으로 결제할 수 있다"라고 내가 찾은 영상에서 독일인 비트코인 유튜버가 말했다. 그는 바퀴가 녹슨 수레 앞에 서서 과일빙수인 미누타를 받았고 상인의 디지털 지갑으로 (당시 약 5달러의 가치를 지닌) 비트코인 1,348개를 이체하기 위해서 QR코드를 스캔하는 데 3분을 할애했다.

엘 존테는 진정 아름다운 해변 마을이었다. 하지만 엘살바도르 수도에서 남쪽으로 대략 1시간가량 떨어진 작은 관광지에 불과했다. 닭들은 바퀴 자국이 깊이 패인 먼지투성이 도로를 뛰어다녔고, 현지인들은 서핑하러 온 외국 관광객들이 묵는 호텔 옆에서 판금 판잣집에서 살았다. 그런데 나는 무언가를 구매하고 비트코인으로 결제하는 사람은 단 한 명도 보지 못했다. 내가 처음으로 들어갔던 가게에서 비트코인 이야기를 꺼내자, 점원은 내가 구매하려던 물병을 내 손에서 낚아챘다. 그는 "쓰레기에요. 우리는 비트코인을 절대 사용하지 않을 겁니다"라고 말했다. 내가 묵는 호텔도 비트코인을 받지 않았다. 그리고 호텔 옆에 있는 해변가 식당에는 식사 값으로 비트코인을 받지 않는다는 손으로 만든 안내문이 걸려 있었다. 식당 주인은 식당을 찾는 관광객들에게 그렇게 불안정한 화폐는 받지 않는다고 말하는 데 질렸다고 내게 말했다. 그는 "관광객들은 이곳에서 어디서나 비트코인을 쓸 수 있다고 생각해요"라고 말했다.

나는 흑사 해변으로 나왔다. 서퍼들이 파도를 가르며 서핑을 즐기고 있었고, 근육질 인플루언서 2명이 자신들의 근육을 뽐내며 자세를 잡고 있었다. 나는 독일인 비트코인 유튜버가 영상을 찍었던 낡아빠진 수레를 바로 알아봤다. 수레 주인의 이름은 마리오 가르시아Mario García였다. 그는 요란한 흰색 모자를 쓰고 아디다스 작은 가방을 메고 더러운 주황색 폴로 셔츠를 입고 있었다. 수레에 놓인 '비트코인 받음'이란 안내문은 너무 빛이 바래서 비트코인 로고 'B'를 겨우 알아볼 정도였다. 근처에서 그의 아내가 만두를 빚기 위해서 커다란 솥에 감자를 젓고 있었다.

가르시아는 비트코인에 대해서 별말이 없었다. 그는 관광객을 끌어들이기 위한 전략이라고 했다. 그는 비트코인을 받으면 되도록 빨리 달러로 환전했다. 하지만 그는 부켈레의 다른 정책인 폭력 조직 소탕에 대해선 할 말이 많은 듯했다. 비공식적인 비트코인 마스코트만으로 그 정책에서 그를 보호하기에는 부족했던 것이었다.

4월의 어느 날 아침 군인 4명과 경찰 2명이 상자를 준비하던 그를 찾아왔다. 그들은 그에게 총을 겨누고 속옷만 남기고 옷을 전부 벗으라고 지시했다. 나중에 알게 된 사실이지만, 가르시아는

비이성적
암호화폐

엘살바도르의 최대 폭력 조직인 MS-13의 칠티우파네코스 로코 스파로 지목됐다. 그는 거의 한 달을 감옥에서 보냈고, 그곳에서 두들겨 맞고 최루 스프레이를 맞았다고 말했다. 그는 셔츠를 올려서 V자 모양의 상처와 멍을 보여줬다. 다른 수감자들은 그보다 더 큰 곤욕을 치렀다. 그는 수감자 4명이 죽는 것을 봤다고 회상했다. 가르시아는 "정부는 인구의 절반을 체포했습니다. 그래야 어느 정도 규모가 되고, 실제로 범죄를 저질렀는가와는 상관없이 '아주 많은 사람을 체포했다'라고 말할 수 있을 테니까요"라고 말했다.

그는 기부금을 받아서 전기료와 은행 대출을 갚을 수 있기를 바라며 안내판에 나의 QR코드를 공유해줄 수 있는지 물었다. 하지만 내가 비트코인으로 빙수를 사서 먹으려고 했을 때, 내 QR코드가 인식되지 않았다.

테더의 엘살바도르 등록지 주소는 산살바도르의 사무실 건물이었다. 그곳에는 로펌이 입주해 있었고, 나는 출입할 수 없었다. 그리고 나는 산살바도르에서 근무하는 테더 관계자에게 테더에 대해서 그 어떤 정보도 얻을 수 없었다. 부켈레는 아직 비트코인 씨티 건축을 착수하지 않았다. 그래서 비트코인 씨티가 들어설 사업 부지에는 볼 것이 아무것도 없었다. 그래도 나는 그곳을 찾았고 대통령의 헛된 꿈 때문에 삶의 터전에서 쫓겨나게 생겼다며 불같이 화를 내는 농장 노동자들 몇몇을 만났다.

부켈레는 나의 인터뷰 요청을 거절했다. 나는 데바시니와 함께 사진을 찍은 국회의원에게 문자 메시지를 보냈다. 그는 테더에 대해서 인터뷰하는 것을 거절했다. 그리고 부켈레의 비트코인 프로젝트는 실패작이라는 많은 증거가 있는데도, 비트코인 프로젝트는 성공적이라며 대통령에게 찬사를 보냈다. 국회의원인 윌리엄 소리아노William Soriano는 "우리의 대통령은 용감한 선구자다. 지금 엘살바도르는 세계를 경제적으로뿐만 아니라 문화적으로 완전히 바꿀 통화 혁명을 주도하고 있다"라고 문자 메시지를 내게 보냈다.

이상했다. 혁명의 탄생지인 엘 존테보다 엘살바도르에서 비트코인이 훨씬 덜 사용됐다. 산살바도르 시내에서 나는 비트코인을 받는 상점이 있는지 보려고 오후 내내 시장을 거닐었다. 군인들은 소총이나 엽총을 들고 길모퉁이에 서 있었다. 벽에는 비트코인에 반대하는 그라피티가 그려져 있었고, 가판대에는 흰색 죄수복이 팔리고 있었다. 가족이 죄수복을 사서 수감자에게 보내야 했다. 나는 거기서 비트코인을 사용한다는 사람을 만나지 못했다. 작은 약국을 운영하는 상인은 "때때로 비트코인 가격은 오르고, 때때로 내리죠. 어쨌든 비트코인은 저에게 쓸모가 없어요"라고 말했다. 관광객이 많이 찾는 고급 식당에서도 마지못해서 비트코인을 받았다. 점원은 누군가 비트코인으로 식사 값을 지불하려고 하면

비이성적
암호화폐

비트코인 앱이 설치된 장치를 찾으러 뒷방으로 갔다. 그것은 마치 프랑스 식당 웨이터가 거만한 미국인을 조롱하기 위해서 계산대 아래에서 먼지가 소복이 쌓인 케첩 병을 꺼내는 것 같았다.

만약 엘살바도르가 비트코인을 일상에서 사용하는 것이 가능한지를 실험하는 곳이라면, 그 실험은 완전히 실패였다. 그곳에서 증명된 것이라곤, 정부가 대대적으로 인센티브를 제공함에도 불구하고 그 누구도 비트코인을 사용하고 싶어 하지 않는다는 것이었다. 엘살바도르인들은 비트코인을 이해하지 못했고 신뢰하지 않았다. 그리고 그들은 확실히 비트코인을 가난에서 벗어날 수단으로 보지도 않았다.

한 여성이 "전 땡전 한 푼도 없어요. 그러니 비트코인을 어떻게 사용하겠어?"라고 웃으며 내게 말했다.

•

엘살바도르에서 테더에 가장 가까이 접근하는 방법은 테더의 영향권에 속한 비트코인 지지자들과 이야기를 나누는 것이었다. 하지만 그들을 만나면, 비트코인이 얼마나 위대한지 그리고 자신들이 엘살바도르를 위해서 얼마나 대단한 일을 하는지에 대해서 지겹도록 들어야 했다. 산살바도르에서 만난 미국인 비트코인 지지자는 반은 농담으로 반은 진심으로 자신이 만나는 스트리퍼의 가족에게 냉장고를 사줘서 엘살바도르 경제를 활성화했다고 내게 말했다. 비트코인 전도사였던 부켈레의 고문은 진짜 자를 꺼내더니 비트코인 가격이 확실히 오를 수밖에 없는 이유에 관해서 설명했다. 그 당시에 비트코인 가격은 폭락하고 있었다. 그는 "비트코인을 이 자라고 생각해봐요. 숫자가 오르는 이유는 자가 일정한 크기이듯이 비트코인의 수가 정해져 있기 때문이죠"라고 말했다.

비공식적이지만 부켈레의 가장 영향력 있는 비트코인 고문은 2021년 마이애미에서 열린 콘퍼런스 무대에서 "엿이나 먹어라, 일론!"이라고 외쳤던 팟캐스터 맥스 카이저Max Keiser와 그의 아내이자 공동 호스트인 스테이시 허버트Stacy Herbert인 것 같았다. 몇 년 전에 그들은 러시아 국영방송사 RT네트워크에서 음모론으로 가득한 시사 방송 프로그램을 제작했다. 지금 소셜 미디어를 근거로 판단하면 두 사람은 엘살바도르의 든든한 후원자로 호화롭게 살았고, 엘살바도르 최고급 식당에서 식사했고, 엘살바도르 정부의 암호화폐 프로젝트를 둘러보기 위해서 군용 헬리콥터를 탔다. 엘살바도르를 방문하기 전에 나는 두 사람이 엘살바도르의 비트코인 법을 축하하는 유튜브 영상을 봤다.

TV 프로듀서 출신으로 분홍색 머리의 허버트는 "화산 같은 역동적인 에너지!"라며 자신의 이두박근을 보이며 외쳤다.

카이저는 "어머니와 같은 대지의 고환에서 흘러나온 저렴하고 깨끗한 화산 에너지입니다. 여기 우리 모두를 엄청난 부자로 만들 자유로운 힘과 같은 정액 속에 폭발하는 에너지죠!"라고 외쳤다. 카이저와 허버트 모두 데바시니와 가까운 것 같았다. 그들

비이성적
암호화폐

은 소셜 미디어에 비트파이넥스가 후원하는 200만 달러 자선기금을 전국에 지원금으로 나눠준다고 알렸다. 나는 허버트에게 연락해 산살바도르의 고급 몰에 있는 카페에서 커피 한 잔 마시자고 제안했다.

직접 만난 허버트는 쾌활하고 다소 안정적인 사람이었다. 그녀는 비트코인을 '완벽한 돈'이라고 불렀고, 부켈레를 '슈퍼 천재 같은 수학자'라고 평했다. 그리고 비트코인 씨티는 부켈레가 엘살바도르를 제2의 싱가포르로 변화시키기 위한 프로젝트의 일환이라고 말했다. 하지만 그녀는 테더와 데바시니에 대해서는 말을 아꼈다.

그녀는 엘살바도르에서 테더의 존재를 확실히 느낄 수 있는 흔적이 있다고 분명히 말했다. 그것은 비트코인 화산 폭발과 비트파이넥스 로고를 닮은 잎을 지닌 나무를 그린 벽화였다. 그 변화는 데바시니의 아주 어린 파트너인 발렌티나 피코지Valentina Picozzi란 이름의 예술가가 디자인한 것이었다. 그 벽화는 폭력 조직이 관리하는 구역으로 들어가는 입구 근처에 세워진 큰 벽면에 그려져 있었다. 그는 그 벽화가 데바시니와 나머지 테더 임원들이 엘살바도르 국민을 돕겠다는 의지를 보여준다고 말했다.

허버트는 "그들은 그저 조용하고, 겸손하고, 아주 너그러운 사람들이에요"라고 말했다.

이것이 대단한 실마리는 아니었다. 하지만 나는 뉴욕으로 돌아가서 피코지의 작품을 찾아봤다. 그녀는 화가이자 조각가였다. 그녀의 작품은 비트코인과 관련된 다른 작품처럼 저속하고 극단적으로 상상력이 부족한 경향이 있었다. 그녀의 작품에는 비트코인 로고가 그려진 수류탄, 분쇄된 달러로 가득한 아크릴 상자 등이 있었다. 아크릴 상자에는 사토시 나카모토의 말이 인쇄되어 있었다. 때때로 나는 그녀가 테더에 '미안한데, 넌 망했어'라는 붉은 사인과 '미안한데, 넌 연방기관이 아니고 지급준비금도 없어'라는 파란 사인과 같은 메시지를 보내는 상상을 했다.

피코지를 따르는 암호화폐 신봉자들은 소수인 것 같았다. 엘살바도르에서 돌아온 지 한 달이 지난 2022년 8월에 나는 트위터에서 그녀가 마침내 주로 아트페어에서 그동안 작업했던 모든 비트코인 작품을 전시한다는 소식을 접했다. 아트페어는 스위스 루가노에서 열릴 예정이었다.

나는 그 소식을 접하고 제일 먼저 비트코인 예술작품이 주류 아트페어에 진출했다는 점이 끔찍하다고 생각했다. 하지만 좀 더 생각해보니, 이것이 은둔자와 같은 데바시니를 만나서 테더가 전 세계적으로 끔찍한 범죄를 가능케 하고 있다는 사실에 대해서 직접 그의 생각을 들어볼 수 있는 절호의 기회일지도 모른다는 생각이 들었다. 나는 성형외과 의사 출신인 그에게 돼지 도출 사기와 부켈레의 실패한 비트코인 정책에 관해서 묻고 싶었다. 하지만

비이성적
암호화폐

과연 그가 나의 인터뷰에 적극적으로 응할지는 미지수였다. 테더 CEO인 진-루이스 반 데르 벨데는 바하마에서 은밀한 만남을 가진 뒤에 나의 메시지에 응답하지 않았다. 솔직한 대답을 원한다면, 반드시 비공식적인 석상에서 데바시니를 만나서 이야기를 나눠야 한다고 나는 생각했다.

데바시니는 암호화폐 콘퍼런스를 피하는 듯했다. 아마도 나와 같은 성가신 기자들을 피하고 싶었을 것이다. 하지만 초대형 아트페어에 참가하는 자신의 파트너를 지지하기 위해서 모습을 드러내지 않을 사람이 누가 있겠는가?

그리고 그는 기자가 아트페어에 오리라고는 생각도 못할 것이다. 어떤 기자가 암호화폐 회사의 사장과 인터뷰를 할 수 있을지도 모른다는 희박한 가능성 때문에 스위스에서 열리는 아트페어에 참석하겠는가?

이제 비트코인 예술을 보러 갈 때였다.

[21]

테더의 보스를
쫓아서

NUMBER GO UP

꿀이 더 좋다

나는 이탈리아 예술 비평가들을 가득 실은 버스를 타고 테더 보스인 지안카를로 데바시니의 뒤를 쫓아서 루가노에 도착했다. 데바시니는 내게 들어가는 길을 찾을 수 없는 밀라노 채석장과도 같은 존재였다. 그 시찰단은 욉아트WopArt가 구성한 것이었다. 욉아트는 데바시니의 파트너인 발렌티나 피코지가 자신의 작품을 전시하는 아트페어를 기획했다. 그 아트페어의 테마는 '지폐와 거울, NFT'였다. 아트페어 언론 대변인은 암호화폐에 관해 책을 쓰고 있다고 했더니 내가 그 시찰단에 참가하는 것을 흔쾌히 수락했다.

시찰단을 태운 버스는 밀라노에서 출발해서 스위스 국경 너머의 코모 호수를 지나서 루가노에 도착했다. 루가노는 푸르른 산들

434   비이성적
암호화폐

이 물결 모양으로 둘러싸고 있는 잔잔한 호수의 제방 위에 있는 나른하고 부유한 마을이었다. 루가노의 자갈길은 너무 가팔라서 푸니쿨라 열차가 사람들을 위아래로 실어날랐다.

엘살바도르처럼 루가노는 비트코인을 결제 수단으로 채택했다고 주장했다. 루가노 시장은 그해 초 이 계획을 공개했고, 테더와 협력했다고 말했다. 그제야 피코지가 다른 곳을 다 마다하고 알프스 산맥에 위치한 이 마을에서 작품을 전시하는 이유가 이해됐다.

예술 비평가들과 나는 아트페어가 개최되고 있는 휑뎅그렁한 컨벤션 센터 안으로 걸어 들어갔다. 피코지가 그린 거대한 포스터가 우리를 반겼다. 남자가 노란색 페인트로 전구를 그리고 있는 모습이 담긴 포스터였다. 그가 그린 전구는 연이은 비트코인 로고를 밝혔다. 포스터는 그라피티 방식으로 표현됐다. 그녀의 작품 수십 점이 30피트(약 9미터) 길이의 벽면에 걸려 있었다.

나는 곧장 액자를 조정하고 있는 피코지를 찾아냈다. 그녀는 작고 우아한 여성이었다. 그녀는 가죽 재킷과 검은색 플로잉 팬츠를 입고 검은색 뾰족구두를 신고 있었다. 그리고 금발을 뒤로 쓸어넘겨서 핀으로 고정했다. 그녀의 넷째 손가락에 커다란 다이아몬드 반지와 작은 밴드가 끼워져 있었다. 나는 그녀에게 다가가지 않기로 했다. 데바시니가 등장할 때까지 기다리는 편이 더 나을 것 같았다.

나는 데바시니를 기다리면서 이탈리아 평론가와 함께 피코지의 작품을 감상했다. 비트코인 로고가 찍힌 블리스터 포장에 커다란 주황색 알약이 담겨 있었다. 비트코인 지지자들은 비트코인을 거래할 때 주로 '주황색 알약을 먹었다'고 표현했다. 그리고 '개자식'이란 문구가 새겨진 흰 종이도 있었다. 그녀의 작품에는 눈에 시퍼렇게 피멍이 든 시몬 볼리바르Simón Bolívar가 그려진 베네수엘라 지폐와, 자신의 머리를 손으로 들고 있는 조지 워싱턴이 그려진 미국 지폐도 있었다. 이는 모두 인플레이션을 상징하고 있었다.

아트페어의 예술 감독은 네온 주황색 안경을 쓴 패기 넘치는 남자였다. 그는 작품 설명을 듣기 위해서 예술 비평가와 나를 데리고 피코지에게로 갔다. 그녀는 관중이 와서 신이 난 듯이 보였다. 나는 이탈리아어를 못한다. 그래서 그 순간에 유일하게 알아들은 단어는 '비트코인'이었다. 하지만 나는 녹음기를 손에 들고 미소를 지었다. 이후 녹음기에 녹음된 그녀의 말을 번역할 생각이었다.

피코지는 "기본적으로 비트코인은 부패할 수 없는 대단히 윤리적인 화폐입니다. 그야말로 갑자기 제가 수학적으로 화폐를 발행할 기회를 창조해냈죠. 그리고 비트코인과 관련된 규칙이 존재하는데, 그것은 수학적인 규칙입니다"라고 말했다.

관람은 몇 시간 동안 이어졌다. 나는 관람단을 슬쩍 빠져나와

436

비이성적
암호화폐

서 혹시라도 데바시니를 볼 수 있을지도 모른다는 희망으로 피코지의 부스를 엿봤다. 하지만 데바시니를 찾을 수 없었다. 나는 비평가들이 모두 돌아가고 난 뒤에도 아트페어를 돌아다니며 몇 시간 동안 그를 기다렸다. 기다림은 끝날 줄 몰랐다. 그는 도대체 어디에 있을까? 나는 그가 예술가들과 VIP들을 위해서 적어도 개막식 밤 저녁 식사 자리에는 모습을 드러낼 것으로 생각했다. 하지만 그는 그 자리에도 나타나지 않았다. 피코지는 자신의 비서와 함께 저녁 식사에 참석했다. 아트페어를 둘러보던 둘째 날에도 데바시니는 나타나지 않았다. 나는 실패자가 된 기분으로 브루클린으로 돌아갔다. 하지만 내게 곧 두 번째 기회가 생겼다.

공교롭게도 그다음 달에 루가노에서 비트코인 계획에 관한 콘퍼런스가 열렸다. 테더는 그 콘퍼런스의 공동 주최자로 이름을 올렸다. 하지만 나는 여전히 데바시니가 그 콘퍼런스에 모습을 드러낼 것으로 생각하지 않았다. 그는 연사 명단에 없었다. 그가 기자들과 조사기관들을 피하고자 한다면, 이런 대규모 공개 행사에 참석하지 않는 것이 합리적이었다. 나는 데바시니를 샘 뱅크먼-프리드의 바하마 콘퍼런스나 마이애미에서 열린 여타 비트코인 콘퍼런스에서 본 적이 없었다. 하지만 나는 이 일에 깊게 빠져들었고, 루가노 콘퍼런스에 가야 했다. 나는 그들이 콘퍼런스에서 무슨 말을 할지 알 수 없었다. 나는 첫 번째 방문에서 비트코인이 루가노에서 그렇게 인기 있는 가상화폐가 아니라는 것을 알게 됐다. 사실상 엘살바도르의 비트코인 실험이 비트코인을 널리 알리는 과장된 과잉 광고였지만, 루가노 콘퍼런스는 그 무엇도 아니었다. 현지인들은 대개 루가노가 비트코인에 관해 무슨 계획을 세우고 있는지 알지도 못했다. 암호화폐를 받는 곳은 맥도날드를 제외하고 거의 없었다. 그리고 비트코인으로 빅맥을 사먹는 경험은 그다지 흥미롭지 않았다. 비트코인으로 결제하는 데 걸리는 시간이 신용카드보다 더 길었다. 맥도날드는 내게 포인트를 적립해주지 않았고 오히려 거래 요금을 부과했다. 그렇게 힘들게 사 먹는 햄버거는 마치 고무를 질겅질겅 씹는 것 같았다.

　일부 현지 정치인들은 비트코인 계획에 반대했다. 그들 중 한 명은 내게 비트코인 계획을 가장 열렬히 반대하는 인물과 대화를 나눠볼 것을 추천했다. 그 사람은 남의 뒤를 캐는 것을 좋아하는 전직 검사인 파올로 베르나스코니Paolo Bernasconi였다. 그는 콘퍼런스 첫날 아침에 나를 자신의 사무실로 초대했다. 그의 사무실은 콘퍼런스 장소의 길 건너편에 있었다. 비서가 나를 그의 법률 사무소에 있는 회의실로 안내했다. 복도에서 누군가가 명랑한 비발디의 사계를 휘파람으로 불고 있었다. 파란색 블레이저를 입고 고급 사립학교 학생처럼 보라색과 흰색 줄무늬 넥타이를 맨 잘생긴 회색 머리의 남성이 회의실로 걸어 들어왔다.

　베르나스코니는 "우리는 돈의 흐름을 추적하기 시작했습니다.

비이성적
암호화폐

범죄와 싸우는 데 60년을 바친 저에게 그 작업은 꽤 답답했죠. 그저 책상 앞에 앉아서 그것만 쳐다보고 있었어요"라고 말했다.

베르나스코니는 뒤로 돌더니 컨벤션 센터의 이중 유리문을 가리켰다. 거기에 피코지가 빨간색, 파란색, 그리고 녹색으로 작업한 비트코인 깃발이 있었다. 그는 미소를 짓고 눈썹을 치켜세웠다. 그러고 나서 자신의 경력을 아주 조금 과장해서 설명했다. 79세의 그는 70년대와 80년대 스위스 남부에서 지방 검사로 일하면서 마피아의 불법 자금을 옮기는 스위스 은행을 수사했다. 그가 다뤘던 가장 유명한 사건은 소위 '피자 커넥션The Pizza Connection'이었다. 미국 피자 가게가 루가노, 바하마 또는 버뮤다로 수십억 달러의 마약 자금을 옮기는 간판으로 사용됐기 때문에 이런 이름이 붙여졌다. 그 일은 위험했다. 베르나스코니와 일했던 이탈리안 판사는 1992년 마피아에 의해 살해당했다. 그의 차량 행렬이 원거리에서 작동시킨 폭탄으로 폭발했다. 이 수사는 이탈리아에서 수상한 출처에서 흘러나온 자금 위에 형성된 현지 은행업계의 반대에 부딪혔다. 그러나 1990년 베르나스코니의 도움으로 마침내 스위스에서 돈세탁은 불법이 됐다.

그는 "조직범죄를 무력화시키는 목적을 달성했습니다. 그런데 이제 암호화폐와 함께 조직범죄가 고개를 들고 있어요. 고마워서 눈물이 날 지경이죠"라고 말했다.

변호사로 활동하고 있는 베르나스코니는 해킹 피해를 입고 몸값 요구를 받은 회사를 변호하고 있었다. 해커들은 항상 암호화폐로 몸값을 지불할 것을 요구한다고 그가 말했다. 그는 "많은 범죄를 살펴보면, 불법 자금을 세탁하는 최고의 방법이 암호화폐를 이용하는 것임을 확인할 수 있어요. 아주 간단해요. 왜냐고요? 암호화폐로 거래되는 자금을 추적하는 것은 불가능하기 때문이죠"라고 테이블을 손으로 치면서 말했다.

나는 동남아시아에서 조직범죄에 테더코인이 어떻게 사용되고 있는지를 베르나스코니에게 들려줬다. 범죄자들은 스테이블코인을 사용해 익명으로 수십억 달러를 이동했을 가능성이 높았다. 미국 은퇴자들은 속아서 동남아시아에 있는 사기꾼들에게 상당한 양의 테더코인을 보내고 있었다. 그리고 나는 이런 사기를 치는 사기꾼들이 본인의 의지에 반해서 차이나타운과 같은 거대한 상업 지구에 감금되어 있다는 것도 그에게 설명했다. 테더는 이용자의 신분을 증명하는 문서를 요구하거나 보관할 의무가 없기 때문에 테더 임원들은 이런 상황을 전혀 모르고 있을 수 있다고 설명했다. 나는 테더가 이 문제에 대한 책임을 인정하지 않고 부인할 거라고 생각했다. 베르나스코니가 끼어들었다. 그는 내게 마피아와의 전쟁을 벌였던 과거 스위스 은행도 테더와 같은 입장을 취했다고 말했다. 그는 손가락 끝으로 자기 눈을 지그시 누르더니 진지한 표정으로 나를 쳐다봤다.

그는 만일 "당신이 눈을 감는다면, 그것도 의도적으로 눈을 감

비이성적
암호화폐

는다면, 당신에게도 책임이 있어요. 당신이 신경 쓰지 않는다면, 당신에게도 책임이 있어요"라고 말했다.

길 건너편에 비트코인 예찬가, 암호화폐 2류급 인사, 학생, 그리고 호기심 가득한 현지인이 뒤섞여 있었다. 이전 암호화폐 콘퍼런스의 주요 주제 중 하나가 비트코인 가격이었다. 하지만 비트코인 가격이 3분의 2가량이나 하락해서 2만 달러가 된 상황에서 비트코인 가격을 공개 석상에서 논하는 것은 금기시된 듯했다.

나는 이 두 번째 방문이 시간 낭비일까 봐 걱정했다. 하지만 놀랍게도 데바시니가 모습을 드러냈다. 나는 관중 속에서 그를 봤지만, 내가 다가가기 전에 그는 자리를 떠났다. 그리고 정오가 됐을 무렵에 나는 그가 콘퍼런스 행사장 안으로 걸어가는 것을 봤다. 그의 옆에는 스테이시 허버트와 그녀의 방송 파트너이자 남편인 맥스 카이저가 있었다.

데바시니는 키가 컸고 어깨까지 손질하지 않은 곱슬머리가 내려왔다. 그는 숱 머리를 귀 뒤로 넘기고 있었다. 그는 58세로 늙은 로커처럼 검은색 후드 가죽 재킷에 청바지를 엉거주춤하게 입고 있었다. 그의 오른손에는 검은색 반지가 끼워져 있었고, 왼손에는 팔찌 3개가 채워져 있었다. 그는 뼈가 앙상한 얼굴에 도드라진 코와 튀어나온 턱을 갖고 있었다. 그는 몸을 앞으로 살짝 구부린 채로 긴 팔을 흔들며 걸었다. 아마도 그의 대화명 때문인지 그를 보니 멀린Merlin(아서왕 이야기에 나오는 마술사—옮긴이)이라는 마법사가 떠올랐다. 그는 만화영화 〈스머프〉에서 권력에 굶주린 악당인 가가멜을 떠오르게도 했다.

데바시니가 포함된 무리는 사람들로 북적이는 콘퍼런스 홀로 들어가기 전 문 앞에서 잠시 멈췄다. 나는 허버트를 붙잡으려고 서둘렀다. 산살바도르에서 함께 커피를 마셨던 그녀가 나를 데바시니에게 소개해주길 바랐다. 하지만 그녀는 나를 엄한 눈빛으로 바라봤고 모르는 척했다.

나는 데바시니에게 내가 누구이고 무엇을 하고 있는지를 설명하려고 했다. 하지만 그 역시 나를 가볍게 무시했다.

그는 "잘 지냅니다. 고맙습니다. 책이 잘 되길 바랄게요"라고 이상하게도 가벼운 이탈리아 억양이 살짝 묻어나는 영어로 말했다. 데바시니는 대강당 맨 앞줄에 앉아서 콘퍼런스 프로그램 소개를 들었다. 자세히 소개하기에 지루하기 짝이 없는 프로그램이었다. 프로그램을 간단히 소개하자면, 사람들이 이곳 맥도날드의 새로운 결제 방법에 대해 얼마나 많은 이야기를 했는지 알게 된다면 크게 놀랄 것이다.

쓸쓸한 전자 음악이 10여 분 동안 반복적으로 흘러나왔다. 나는 행사장 로비에 서서 기다리기로 했다. 피코지가 디자인한 황소 금속 입상이 전시되어 있었다. 검은색 스키 마스크를 쓰고 선글라스를 낀 남성이 경비원에게 붙잡혀 행사장 밖으로 끌려나갔다. 그

비이성적
암호화폐

는 "사생활이 사라질 것이다!"라고 외쳤다.

근육질 남성 두 명이 시끄럽게 떠들고 있었다. 나는 본의 아니게 그들의 대화를 엿듣게 됐다. 그들의 억양을 들어보니, 뉴욕에서 온 사람들인 듯했다. 그래서 나는 그들에게로 가서 내 소개를 했다. 그들은 비트파이넥스 트레이더라고 말했다. 내가 나처럼 브루클린에서 비행기를 타고 루가노로 왔느냐고 묻자, 그들은 갑자기 수줍어했다. 그들 중 한 명이 "아닙니다. 우리는 미국에 사무실이 없어요. 이 사실을 그 누구에게도 말하지 말라고 지시받았죠"라고 말했다.

근처에 파올로 아르도이노Paolo Ardoino 테더 최고기술책임자가 있었다. 그는 자신의 식단을 다른 콘퍼런스 참가자에게 설명하고 있었다. 그는 건강해 보였고, 슬림한 회색 정장 바지에 몸에 딱 붙는 티셔츠를 입고 있었다. "저는 하루에 식사를 한 번 해요"라고 그가 말했다. 하지만 그는 나와의 대화를 꺼려했다. 심지어 소고기의 장점에 대해서도 나와는 이야기하지 않으려 했다.

그는 "우리에 대해서 나쁜 이야기를 쓰는 사람이죠"라고 자신의 옆에 서 있는 아내에게 말했다.

나는 인사를 했지만, 그녀도 나와 이야기하려 하지 않았다.

첫날은 엘살바도르에서 일어난 비트코인 기적에 대한 연설을 듣느라 너무나 지루했다. 그다음 날에 나는 길 아래에 있는 바bar로 갔고 텔레그램으로 데바시니에게 메시지를 보냈다. 그는 텔레그램에서 여전히 '마법사 멀린'이라는 대화명을 사용하고 있었다. 나는 그가 적어도 한 번은 친구들이 없는 자리에서 사적으로 대화를 나눌 기회가 있을 거라고 생각했다.

나는 "어제 인사했던 사람입니다. 저는 당신이 큰 영향력을 행사하는 암호화폐 업계에 관해 책을 쓰고 있어요. 대화를 나누고 싶습니다. 당신에게서 직접 당신의 이야기를 듣고 싶습니다. 그러면 더 무게감이 전달될 것입니다. 콘퍼런스 장소 근처 바에 있습니다. 저를 만나고 싶다면 이곳으로 오세요"라고 썼다.

그 무렵에 나는 1년이 넘도록 데바시니를 쫓고 있었다. 그리고 그와 하고 싶은 이야기가 너무나 많았다. 그가 내게 갑자기 마음을 열어서 성형외과 의사였던 시절, 이혼, 그리고 내가 찾았던 오래된 블로그에 대해서 전부 말해줄 거라고는 생각하지 않았다. 나는 그가 테더의 지급준비금에 관해 새로운 정보를 제공할 거라고도 기대하지 않았다. 하지만 나는 그에게 캄보디아의 사기 범죄의 본거지에 관해 이야기하고 싶었다. 그 말을 들은 그의 반응을 보면, 테더가 전 세계적으로 무슨 일을 부추기고 있는지를 그가 알고 있는지 어느 정도 파악할 수 있을 것 같았다.

나는 몇 시간 동안 그곳에 앉아서 그의 답장을 기다렸다. 나는 호박 파니니를 조금씩 먹었고 내 앞에 놓인 빈 빨간색 의자를 바라봤다. 옆 테이블에는 스위스 가족이 이제 막 걸음마를 배운 아기와 장난을 치면서 에스프레소를 마시고 있었다. 작은 갈색 새가

비이성적
암호화폐

테이블 위로 앉았고, 몇 초 동안 나를 쳐다보더니 다시 날아갔다.

데바시니는 나타나지 않았다. 대신 그날 밤 새벽 12시 38분, 내가 자는 동안에 데바시니가 한 문장의 답장을 보냈다. "꿀벌은 꿀이 똥보다 더 좋다고 파리에게 설명하는 데 시간을 쓰지 않습니다."

나는 실망했다. 나는 그를 인터뷰하기 위해서 이 먼 곳까지 그것도 두 번이나 왔다. 하지만 그와의 인터뷰는 성사되지 않았다. 데바시니와 다른 테더 경영진이 내게 마음을 열고 대화를 하도록 만들고자 했다. 하지만 이 시도는 막다른 골목에 부딪혔다. 나는 이제 어디로 가야 할지 몰랐다.

내가 뉴욕으로 돌아온 지 일주일 뒤, 샘 뱅크먼-프리드에게서 악의가 전혀 없어 보이는 메시지가 트위터로 도착했다. 그의 메시지는 예상치 못한 연쇄 사건을 일으켰고, 마침내 암호화폐 산업의 썩어빠진 중심부를 만천하에 드러냈다. 그의 트위터 메시지는 암호화폐 산업에서 가장 부유한 인물을 향한 것이었다. 그는 바로 바이낸스 창립자인 창펑자오였다. 샘 뱅크먼-프리드는 농담으로 그 메시지를 보낸 것이었다.

22

자산이
건전하지 않다

NUMBER GO UP

"나는 망했다"

2022년 10월 29일, 샘 뱅크먼-프리드는 트위터에 글 하나를 올렸다. "앞으로 DC에서 그가 업계를 대표하는 것을 보게 된다니 신난다! 그가 아직 DC에 가도 괜찮나 봐?"

그는 자신의 부하직원이 CZ로 더 잘 알려진 경쟁업체 바이낸스의 CEO 자오창펑을 찬양하는 아부성 메시지를 올린 것을 보고 이런 메시지를 트위터에 올렸다. 바이낸스가 미국 법무부, 국세청, 증권거래위원회, 그리고 상품선물거래위원회로부터 조사를 받고 있다는 소문이 돌고 있던 때라서 CZ가 미국에 가기 싫을지도 모른다고 뱅크먼-프리드가 농담을 던진 것이었다. 두 사람은 오랫동안 복잡한 관계를 유지하고 있었다. 머리를 아주 짧게 자르고 마른 45세의 CZ는 FTX의 초기 투자자 중 한 명이었다. 그런데 지금 뱅크먼-프리드는 한때 자신을 후원했던 그의 성공을 질투하고 있었다. 내가 FTX 사무실을 방문했을 때, 그는 내게 바이낸스의 시장 점유율과 비교해서 FTX의 시장 점유율을 추적하는 대시보드를 보여줬다. 뱅크먼-프리드의 자산이 200억 달러 이상인지 모르겠지만 《블룸버그》는 CZ의 자산을 960억 달러로 추정했다. 이 중국인은 캐나다 이민자 세계에서 가장 부유한 사람 중 한 명이 됐고, 암호화폐 산업에서 가장 부유한 사람이 됐다.

CZ도 암호화폐 사업을 굉장히 수상하게 운영하고 있었다. 바이낸스는 오랫동안 본사의 위치를 밝히기를 거부했다. 그래서 모든 국가가 바이낸스에 사법권을 주장하기가 어려웠다. 미국은 이란과 러시아 제재 회피, 무기명증권 거래, 그리고 돈세탁 금지법 위반과 관련해 바이낸스를 수사하고 있었다. 〈로이터〉는 바이낸스를 '해커, 사기꾼과 마약 밀매업자가 활동하는 중심지'라고 불렀다. 2018년 바이낸스 최고 감사 책임자는 동료에게 보낸 메시지에서 "우리는 미국에서 무허가 증권거래소를 운영하고 있다"라고 직설적으로 인정했다. 돼지 도살 사기꾼도 수익금을 현금화하는 데 바이낸스를 애용했다. 내가 '비키 호'에게 보낸 테더코인 81개 중 일부도 바이낸스로 흘러 들어갔다. (바이낸스와 CZ는 이 모든 혐의를 부인했다.)

뱅크먼-프리드의 농담에 일말의 진실이 포함되어 있었는지 모른다. 그런데 여기서 중요한 것은 그가 CZ를 두고 이런 농담을 한 시기가 좋지 않았다는 것이다. 11월 2일 암호화폐 전문매체인 〈코인데스크〉에 뱅크먼-프리드의 재정 상태에 대해서 의혹을 제기하는 기사가 게재됐다. 이 기사에 따르면, 그의 헤지펀드인 알라메다리서치가 거의 60억 달러 상당의 그가 개발한 암호화폐인 FTT를 보유하고 있었고, 대출 기관에 수십억 달러의 빚을 지고 있었다. 이 기사는 뱅크먼-프리드의 재정 상태가 불안하다고 주장했지만, 대부분 처음에는 그 보도를 가볍게 무시했다. 그러나 결국 감사기관과 일류 벤처캐피털리스트가 뱅크먼-프리드의 암호화폐 거래소를 점검했다. 모든 암호화폐 관계자 중에서 그는 미국 규제를 가장 잘 따르는 듯했다. 그는 암호화폐 업계의 JP모건으로 불렸고 숨길 것이 없는 것처럼 보였다.

그런데 CZ는 트위터에서 그 기사가 걱정거리를 안겨준다고 주장하며 의도적으로 저격했다. 그는 11월 6일 〈코인데스크〉가 최근에 보도한 '기사' 때문에 바이낸스는 비밀리에 확보했던 FTT 토큰을 저가로 매각할 것이라고 발표했다. 바이낸스는 일찍이 뱅크먼-프리드의 회사에 투자하면서 FTT 토큰을 확보하고 있었다. 그는 트위터에 "이혼했는데, 서로 사랑하는 척하지 않을 것이다. 우리는 몰래 다른 암호화폐 관계자를 반대하는 로비 활동을 벌이는 사람들을 지지하지 않을 것이다"라는 메시지를 올렸다.

다른 투자자들도 바이낸스의 뒤를 따랐다. 그들은 FTT 토큰을

비이성적
암호화폐

대량 매도하고 FTX에서 자금을 인출했다. 그러자 FTX가 이용자의 예치금을 충당할 자금을 충분히 보유하지 않고 있다는 소문이 급속하게 퍼졌고, 그에 따른 자금 인출 규모가 눈덩이처럼 빠르게 불어났다. 이 중 일부는 공개적으로 블록체인에서 추적이 가능했다. 더 많은 자금이 인출될수록, 더 많은 투자자가 투자 자금을 회수하는 것이 좋은 생각이라고 판단했다. 이것은 포모증후군(남들은 다 하는데 자신만 뒤처져 기회를 놓칠 것 같은 두려움-옮긴이)이 반전된 사례였다. 투자자들이 FTX가 곤경에 처했다고 확신하는 것은 아니었다. CZ가 옳았을 경우를 대비해서 투자 자금을 회수하는 편이 더 낫다고 판단했다. 그들은 파산했던 셀시어스나 다른 암호화폐 기업에 자금이 묶였던 투자자들에게 어떤 일이 벌어졌었는지를 두 눈으로 목격한 경험이 있었다.

뱅크먼-프리드는 트위터에 글을 써서 인출 사태를 막으려고 시도했다. 그는 "FTX는 안전하다. 자산은 안전하다. 우리는 고객 자산을 (심지어 미국 국채에도) 투자하지 않는다"라고 다소 힘없이 메시지를 트위터에 올렸다.

하지만 투자자들은 자금 회수를 멈추지 않았다. 뱅크런은 계속됐다. CZ는 일요일에 트위터에 그 글을 썼다. 화요일이 되자, 60억 달러가 FTX에서 빠져나갔다. 투자자들이 FTX에 맡겼던 자금의 상당 부분이 빠져나간 셈이었다.

나는 이 모든 사태를 브루클린에서 지켜봤다. 나는 전개 추이를 보며 내심 놀랐다. 공매자들이 테더를 무너뜨릴 것이라고 오랫동안 가정했던 사건들이 연쇄적으로 일어났고, 그것이 테더가 아닌 뱅크먼-프리드의 암호화폐 거래소를 파괴하고 있는 듯했다. FTX는 내게 암호화폐 카지노 같은 곳이었다. FTX는 가짜 코인과 사기 범죄에 베팅하도록 투자자들을 끌어들였다. 하지만 나는 이 카지노의 경리과에 현금이 부족하다고 의심하지 않았다.

뱅크먼-프리드는 바하마에서 새로운 투자자들로부터 자금을 조달하기 위해 필사적으로 노력했다. 그는 그들에게 '유동성'을 문제로 제기했다. 그는 FTX가 많은 자산을 보유하고 있지만, 인출하는 고객에게 자금을 돌려주기에 충분히 신속하게 일부 자산을 처분할 수가 없다고 주장했다. 그는 경쟁업체들에게까지 손을 벌렸고, 경쟁업체들은 그가 빌려달라는 자금 액수를 듣고 깜짝 놀랐다. 홍콩 암호화폐 거래소인 OKX의 레닉스 라이Lennix Lai는 이후 기자에게 뱅크먼-프리드가 화요일 아침에 자신에게 '심각한 사태'를 피하기 위해서 당장 수십억 달러가 필요하다고 말했다고 전했다. 뱅크먼-프리드는 콘퍼런스 콜에서 최소한 40억 달러를 융통하지 못하면 FTX는 파산할 것이라고 투자자들에게 말한 것으로 전해졌다.

뱅크먼-프리드는 "나는 망했어"라고 통화 중에 말한 것으로 전해졌다. 그는 자신을 도와주는 사람이라면 그가 누구든지 '엄청

비이성적
암호화폐

나게 대단히 고마울 것'이라고 덧붙였다.

이것은 정말로 말이 안 됐다. FTX와 같은 암호화폐 거래소는 고객의 예치금을 보유하고 고객이 요청하면 그 돈을 반환하도록 되어 있다. FTX는 카지노처럼 예치금에서 소액을 거두고 모아서 자금을 마련했다. FTX는 고객의 돈으로 도박을 해서는 안 됐다. 그리고 얼마나 많은 도박꾼이 한번에 게임칩을 현금으로 교환해 달라고 요구하든지, FTX는 그들의 요구를 문제없이 들어줘야만 했다. FTX가 위기에 처한 상황에서 미국 규제기관들은 FTX가 고객이 맡긴 돈을 오용했는지를 수사하기 시작했다.

뱅크먼-프리드는 화요일 오후 늦게 FTX를 매각할 것이라는 충격적인 발표를 했다. 그리고 매수자는 CZ가 될 것이라고 말했다. 뱅크먼-프리드는 "FTX와 바이낸스가 갈등을 겪고 있다는 소문이 언론을 통해서 퍼진 것을 안다. 하지만 바이낸스는 몇 번이고 암호화폐 업계와 규제기관과의 관계를 개선하는 데 힘쓰면서 세계 경제를 더 분권화하기 위해서 애쓰는 모습을 보여줬다. 우리는 안심할 수 있다"라고 트위터에 글을 올렸다.

하지만 그다음 날, CZ는 FTX 매수를 철회했다. 그는 "고객 자금을 잘못 관리하고 미국 규제기관이 수사를 시작했다는 최근 뉴스 보도뿐만 아니라, 기업 실사를 진행한 결과 바이낸스는 FTX를 매수하지 않기로 최종 결정했다"고 트위터에 글을 올렸다. 혹자는 CZ가 FTX를 완전히 끝장내기 위해서 매수를 제안했다가 철회했을 것이라고 추측했다.

CZ가 트위터에서 FTT 토큰을 처분하겠다고 발표한 후 5일이 지났다. 그 주 금요일에 FTX는 파산을 신청했다. 그해 초 320억 달러의 가치를 지녔다고 평가받았던 FTX는 몰락했다. FTX에서 자금을 회수하지 않은 사람은 모두 아연실색했다.

충격적인 반전이었다. 그것은 암호화폐 업계에서 단 한 번도 들어본 적 없는 최대 뉴스였다. 마치 사토시 나카모토의 정체가 드디어 밝혀졌고, 그가 비트코인을 증오하는 중앙은행 총재 재닛 옐런Janet Yellen이었다, 정도의 충격과 맞먹는 소식이었다. FTX가 파산했다는 소식이《뉴욕타임스》일면을 장식했다.《월스트리트 저널》은 "샘 뱅크먼-프리드가 암호화폐 업계의 총아에서 악당으로 전락했다"라고 보도했다.

암호화폐 추종세력은 트위터에 FTX 뱅크런을 촉발시킨 주체가 CZ인지 아니면 거대한 사기 범죄 세력인지를 두고 논쟁을 벌였다. 뱅크먼-프리드를 즉시 체포할 것을 요구하는 사람들도 있었다. 경쟁자들은 그의 실패를 보고 기뻐했다. 그와 관련된 모든 것이 독이 되었다. 한때 FTX를 금융의 미래라고 칭했던 벤처캐피털리스트들은 투자금을 모두 잃었다. 뱅크먼-프리드에게 정치자금을 받았던 정치인들은 그와 거리를 두기 시작했다.

효율적 이타주의 단체는 집단적으로 공황에 빠졌다. 철학자들

비이성적
암호화폐

과 활동가들은 자신들에게 가장 많은 자금을 제공하는 사람이 빈털터리가 됐다는 사실에 경악했고, 그의 흔적을 지웠다. 혹자는 뱅크먼-프리드가 정말로 수십억 달러를 여기저기 나눠주려고 했는지 물었다. 그리고 자신들이 순전히 홍보를 위해서 그에게 이용당한 것은 아닌지 물었다. 수년 전 오봉팽에서 어린 뱅크먼-프리드를 효율적 이타주의 운동에 영입했던 철학자 윌리엄 맥어스킬은 그를 비난했다.

맥어스킬은 "나는 샘을 신뢰했다. 그런데 그가 고객에게 거짓말을 하고 그들의 돈을 마음대로 사용했다면, 그는 고객, 직원, 투자자와 그가 속한 단체를 배신한 것처럼 나를 배신한 것이다"라고 트위터에 글을 올렸다.

〈코인데스크〉는 FTX 임원 대다수가 함께 살고 서로 사귀었다고 보도했다. 이것은 그들이 다자연애를 하며 집단적으로 성관계도 맺었을 것이라는 소문이 소셜 미디어를 통해 확산됐다. 보수적인 언론은 뱅크먼-프리드가 민주당원 후보자들에게 거액을 기부했다는 사실을 집중적으로 보도했다. 〈폭스뉴스〉의 제시 와터스 Jesse Watters는 "어떻게 이 사내는 구속되지 않았을까요?"라고 못마땅한 듯이 말했다. 그는 "이 사내는 금융 수류탄을 손에 쥐고 민주당 상원의원들을 매수한 뒤에 그 수류탄을 터트렸습니다. 그가 사무실에서 전 직원과 관계를 맺었다는 사실은 어떤가요?"라고 말했다.

나 역시 그 누구만큼이나 FTX의 파산 소식에 집착했다. 내가 처음 뱅크먼-프리드와 대화했을 때, 나는 그에게 자선 활동에 자금을 조달하기 위해서 사기 칠 생각을 한 적이 없느냐고 물었다. 나에게 효율적 이타주의와 공리주의의 논리는 그런 행위를 정당화하는 듯했다. 윤리와 도덕과 같은 사소한 것들을 제쳐두고 뱅크먼-프리드가 가장 좋아하는 '기대값'에 집중해보자. 암호화폐 도박꾼들에게서 10억 달러를 횡령해서 가난한 사람들에게 주고 수천 명의 목숨을 살렸다면, 모든 것이 좋은 것 아닌가?

하지만 뱅크먼-프리드는 그 당시 나에게 암호화폐 속어로 '약탈'하는 사기를 치는 것은 말이 안 된다고 했다. 그는 사기에 반하는 개념으로 도덕률을 언급하지는 않았다. 대신 그는 사기를 치는 것은 자신의 신뢰도를 훼손할 것이고 나아가 자신이 후원하는 자선단체의 신뢰도도 망가뜨릴 것이라고 했다. 사기는 자선단체에 기부할 수십억 달러를 조달하는 확실한 방법일지 모르지만, 장기적으로 정직하게 사업하는 것의 기대값이 더 높았다.

그 당시에 이러한 그의 설명이 내게는 논리적으로 들렸다. 하지만 이제는 그가 자선단체에 기부하기 위해서 사기를 쳐서 돈을 모은다는 나의 아이디어를 실행에 옮겼던 것 같았다. 물론 그가 대규모로 사기를 치기 위해서 필요했던 신뢰를 얻기 위해 박애주의자처럼 행동했을 가능성도 있다.

FTX가 파산을 선언하고 며칠이 지난 어느 늦은 밤, 나는 뱅크

비이성적
암호화폐

먼-프리드에게 이메일을 보내며 우리가 처음 만났을 때 나눴던 대화를 상기시켜줬다.

나는 "우리의 첫 번째 대화에서 당신은 2차 효과를 감안할 때 모든 사람을 약탈하는 것은 +EV가 아닐 것이라고 말했다. 나는 당신이 이것을 충분히 생각했을 것이라고 상상한다"라고 새벽 1시 9분에 그에게 이메일을 보냈다. (+EV는 안전한 투자와 같은 양의 기대값을 의미한다. 나는 그에게 이에 대해 만나서 논의할 의향이 있느냐고 물었다.

뱅크먼-프리드는 "통화로 충분하지 않다면, 기꺼이 만나서 대화를 하겠다. 이보다 더 분명한 것은 없다"라고 몇 분 뒤에 내게 답장을 보냈다.

그다음 날, 나는 나소로 가는 비행기표를 예매했다. 뱅크먼-프리드에게 갈수록 불리하게 들리는 새로운 소식이 계속 들려왔다. 나는 그가 머지않아서 체포될 것이라고 생각했다. 그날 아침에 아침을 먹으면서 나는 상황을 아이들에게 설명했다.

나는 "나쁜 사람이 큰 곤경에 처했어. 내가 그를 만나기 전에 체포돼서 감옥에 갈까 봐 걱정이야"라고 아이들에게 말했다.

그러자 딸아이 마고는 "좋은 일을 하려고 노력했다면서 왜 나쁜 일을 저지른 거죠?"라고 물었다. 좋은 질문이었다.

나는 무엇이든 할 준비가 되어 있었다. 뱅크먼-프리드는 실제로 인터뷰에 응하지 않았다. 일단 바하마에 도착해서 나는 그에게 이메일과 문자 메시지를 보내기 시작했다. 하지만 그는 그 어떤 언질도 주지 않았다. 나는 FTX와 연관된 장소를 방문하며 시간을 보냈다. 바하마는 취재진으로 바글거렸다. 최소한 촬영팀 2개가 넷플릭스나 HBO와의 방송 계약을 체결하길 바라며 다큐멘터리를 찍고 있었다. FTX가 거대한 본사를 짓기로 한 부지에는 강한 바람을 맞으며 잡초가 자라고 있었고 자갈투성이였다. 거기서 나는 우연히 〈뉴욕〉의 의뢰로 바하마로 취재를 하러 온 친구를 만났다. FTX에 뷔페를 제공했던 케이터링 사업자는 이미 《파이낸셜타임즈》와 인터뷰를 했다고 말했다. 경비원 2명이 내가 지난 2월에 뱅크먼-프리드를 인터뷰했던 상업 지구의 출입구를 지키고 있었다. 그중 한 명이 "죄송합니다. 사장님이 그 누구도 들이지 말라고 했습니다"라고 내게 말했다. 상업 지구 밖에서 〈CNBC〉 앵커가 촬영하고 있었고, 《블룸버그》 카메라팀이 밴에서 대기하고 있었으며, 길 건너에서 사진기자가 망원렌즈로 사진을 찍고 있었다.

트위터에 뱅크먼-프리드가 편의점에 있는 모습이 찍힌 사진이 올라왔다. 나는 편의점 로고를 보고 그가 알바니리조트에 머무르고 있다는 것을 알 수 있었다. 알바니리조트는 바하마 남서쪽에 있었다. 리조트에 투숙하지 않는 사람은 리조트 안으로 들어갈 수 없었다. 너무나 많은 취재진이 리조트로 들어오려고 해서, 리조트는 일일 스파 이용권 판매를 중단해야 했다. 내가 듣기로 그 누구

비이성적
암호화폐

도 뱅크먼-프리드를 인터뷰할 수 없었다.

나는 알바니리조트 회원에게 전화했고, 그는 나를 슬쩍 들여보내주겠다고 했다. 나는 그와 테니스를 치러 리조트를 방문하는 척했다. 나는 바로 밑에서 기다리고 있다고 말하면, 뱅크먼-프리드가 나의 인터뷰 요청에 동의할 가능성이 클 것이라고 생각했다. 내가 알바니리조트로 들어가는 순간, 만나겠다는 그의 회신이 왔다.

그날은 후덥지근한 토요일 오후였다. 뱅크먼-프리드가 머무는 방은 리조트 마리나에 접한 고급 콘도 중 하나의 꼭대기에 있었다. 밖에서 갑판원들이 어느 억만장자의 200피트(약 6미터) 요트의 기둥을 광내고 있었다. 그리고 그것보다 훨씬 큰 요트가 근처에 정박되어 있었다.

월가의 돌진하는 황소를 본뜬 청동상이 아주 깨끗한 잔디밭에 세워져 있었다. 잔디밭은 주변을 산책하는 투숙객만큼이나 단정하게 손질되어 있었다. 리조트는 너무 조용해서 물이 부드럽게 찰랑거리는 소리가 들릴 정도였다. 어찌 된 영문인지, 냄새마저도 비싸게 느껴졌다. 나는 엄청난 부자들과 그들에게 고용된 사람들만이 사는 외계 행성에 불시착한 것 같았다.

나는 뱅크먼-프리드가 머무는 '오차드Orchid'로 걸어갔다. 그곳은 베니스 궁전 양식으로 복잡한 무늬의 아치형 구조물로 장식되어 있었다. 그는 나를 로비에서 맞아줬다.

뱅크먼-프리드는 맨발에 흰색 운동 양말을 신고, 빨간색 티셔츠와 주름진 카키색 반바지를 입고 있었다. 그의 전형적인 스타일이었다. FTX가 파산 신청을 한 지 8일이 지났다. 그래서 나는 그가 우울할 것이라고 생각했다. 나는 그가 자살을 생각하지는 않을까 걱정했다. 하지만 그는 놀랍게도 낙관적이었다.

뱅크먼-프리드는 "흥미로운 몇 주였어요"라고 말했다. 우리는 함께 엘리베이터를 타고 그의 펜트하우스로 올라갔다. 그리고 문을 열고 그의 방으로 들어갔다.

비이성적
암호화폐

23

FTX의 몰락

"아주 큰 실수였습니다"

샘 뱅크먼-프리드의 3,000만 달러짜리 펜트하우스는 겨울 방학으로 학생들이 떠난 기숙사 같았다. 식기세척기는 설거짓거리로 가득했다. 수건은 세탁실에 잔뜩 쌓여 있었다. 할로윈 파티에서 사용한 장식 테이프가 출입구에 그대로 남아 있었다. 레고 상자 2개가 침실 바닥에 놓여 있었다. 그리고 신발이 어지럽게 널브러져 있었다. 현관에 수십 켤레의 스니커즈와 하이힐이 있었다. FTX가 파산했을 때, 직원들이 바하마를 도망치면서 벗어놓고 간 신발들인 듯했다.

이것은 뱅크먼-프리드가 책상 옆 빈백에서 자고 기부하기 위해서 돈을 버는 암호화폐 업계의 천재 소년을 취재하러 온 수많

비이성적
암호화폐

은 기자진에게 구경시켜 주는 일반적인 광경은 아니었다. 그 이유는 쉽게 알 수 있었다. 이것은 도요타 코롤라를 몰고 다닐 정도로 검소한 금욕주의자의 영역이 아니었다.

뱅크먼-프리드는 나를 데리고 대리석이 깔린 복도를 지나서 작은 침실로 갔다. 거기서 그는 갈색의 고급 의자에 허리를 꼿꼿이 세우고 앉았다. 그는 언제나 초조한 듯이 발을 바닥에 톡톡 두드렸다. 이번에는 너무 세게 발을 굴려서 커피 테이블까지 흔들렸다. 그는 껌을 손으로 짓눌렀고, 눈에 보이지 않는 피젯 스피너를 빙글빙글 돌리는 것처럼 엄지손가락으로 집게손가락을 문질렀다. 하지만 그는 쾌활했다. 그는 그 누구도 만나지 말라는 변호사의 조언에도 나를 1만 2,000평방피트(약 337평) 도피처로 초대한 이유를 설명했다. 당시 미국 법무부는 그가 헤지펀드인 알라메다리서치를 지원하기 위해서 고객 자금을 사용했는지를 조사하고 있었다. 이것은 그가 몇 년 동안 감옥에 수감될 수 있는 범죄였다. (내가 보기에 그가 이 범죄를 저지른 것 같았다.)

뱅크먼-프리드는 "지금 저는 일을 가능한 바로잡기 위해서 제가 할 수 있는 일에 집중하고 있습니다. 숨어 있기만 해서는 해결될 일이 아니죠"라고 내게 말했다.

하지만 그는 그저 숨어 있기만 하는 것 같았다. 내가 그의 펜트하우스를 방문한 것을 시작으로 그는 앞으로 며칠 동안 여기저기 사과를 하러 다닐 계획이었다. 그는 《뉴욕타임스》 콘퍼런스에 화상으로 참석했고 〈굿모닝아메리카〉와 인터뷰를 했다. 뱅크먼-프리드의 말에 따르면, 그 누구도 의도적으로 사기를 치지 않았다. 그는 우스꽝스러울 정도로 형편없는 장부 조작, 위험을 잘못 판단한 것, 그리고 자신의 헤지펀드가 무엇을 하고 있는지에 대한 완전한 무지가 뒤섞인 결과로 FTX가 파산했다고 말했다.

다시 말해서 MIT 동창이자 월가 트레이딩 회사 동료였던 제인 스트리트Jane Street는 뱅크먼-프리드가 숫자는 젬병이었다고 주장했다. 그가 의식적으로 사기를 저지르지 않았다는 의미였다. 기자에게 광범위한 소송의 대상이 될 것이 분명한 사실을 자세하게 이야기하는 것은 이례적인 전략인 듯했다. 하지만 그것은 합리적인 전략이었다. 언론사는 그가 암호화폐 업계에서 정직한 사내라는 이미지를 형성하도록 도왔다. 그러니 현재의 곤경을 빠져나가는 데 그들을 이용하지 못할 이유가 무엇이겠는가?

그는 그렇게 말하지 않았지만, 그가 나와 기꺼이 대화하려고 했던 이유는 내가 그의 명성을 쌓는 데 도움을 줬던 기자 중 한 명이었기 때문이었다. 지난 2월에 FTX 해외 사무실을 방문한 이후 나는 FTX가 보내는 위험 신호를 무시했다. FTX는 기업 지배 구조가 취약했고, 그의 헤지펀드에 묶여 있었다. 그리고 마케팅에 무분별하게 투자했고, 미국 관할권 밖에서 운영됐다. 나는 그저 뱅크먼-프리드가 자선단체에 막대한 자금을 기부하겠다는 계획을 끝까지 지킬 것인가에만 집중해서 기사를 작성했다.

비이성적
암호화폐

내 기사는 그를 칭찬하는 글 중에서 가장 당혹스러울 정도로 낮 간지러운 글은 아니었다. (어느 기자는 "샘 뱅크먼-프리드와 인터뷰한 뒤에 나는 미래 조만장자와 이야기를 나눴다고 확신했다"라고 벤처 캐피털리스트의 의뢰로 작성한 기사에서 말했다.) 하지만 나의 어조는 달랐다. "뱅크먼-프리드는 대학 철학 세미나에서 다룰 법한 사상 실험을 현실에서 실천한 인물이다. 이 세상을 구원하고자 하는 사람은 먼저 많은 부를 축적하고 가능한 많은 권력을 얻어야만 할까? 아니면 계획을 추구하는 과정에서 그가 부패할 것인가?"라고 썼다. 하지만 더 좋은 질문은 그의 사업이 처음부터 사기인지 아닌지가 더 나은 질문이 될 것이 분명해 보였다.

나는 침실에서 그에게 FTX의 몰락으로 이어진 결정에 관해 이야기하고 싶다고 말했다. 그리고 그가 왜 그런 결정을 내렸는지도 듣고 싶다고 했다. 그 주 초, 그는 늦은 밤 〈복스Vox〉 기자와 주고받은 DM과 암호화폐 인플루언서와의 통화에서 그가 한 말은 전부 거짓말이었다고 인정하는 것으로 들리는 발언을 했다. (〈복스〉 기자는 "그래서 윤리와 같은 가치는 그저 간판이었나요?"라고 물었고, 뱅크먼-프리드는 "그런 셈이죠"라고 답했다.) 그는 자신의 동기에 대해서 너무나 냉소적으로 말해서, 대다수에게 그것은 처음부터 그곳에 숨어 있었던 악당이 자신의 정체를 밝히기 위해서 가면을 벗어던지는 만화책을 읽고 있는 것 같았다.

이번에 나는 다른 이론을 잠정적으로 세운 뒤에 바하마를 방문헜다. 나는 내가 지난번에 작성한 기사에서 강한 끌림을 느꼈던 건지도 모른다. 하지만 나는 그가 자선 활동에 대해서 했던 모든 말이 완전히 거짓이라고 여전히 생각하지 않았다. 십 대 이후로 뱅크먼-프리드는 스스로를 공리주의자라고 소개했다. 그는 옳은 행동이 최대 다수를 위한 최선으로 이어질 수 있다는 철학을 따랐다. 그는 자신의 최종 게임은 팬데믹을 예방하고 고삐 풀린 인공지능이 인류를 파괴하지 못하게 막기 위해서 돈을 충분히 많이 벌고 기부하는 것이라고 했다. 위기에 직면한 그는 자신이 공상과학 영화의 주인공이라고 믿으면서, 회사를 구하기 위해서라면 심지어 미친 불법 도박을 하는 것이 옳다고 생각했을 것이다.

분명히 그가 그렇게 생각했다면 그것은 순교자가 아닌 과대망상증 환자의 논리였다. 그 돈은 도박하라고 그에게 주어진 것이 아니었다. 그리고 '수단을 정당화하는 목적'은 악덕의 상투적인 문구였다. 하지만 그가 그렇게 믿었다면 설령 효과가 없었더라도 자신이 옳은 결정을 내렸다고 여전히 생각할지도 모른다고 나는 생각했다. 나는 이것이 그가 〈복스〉 기자에게 "최악의 조합은 대충+패배다. 최고의 조합은 승리+???다"라고 메시지를 보냈을 때 이것이 그가 의도한 바인 것 같았다. 나는 그것을 증명해내고 싶었다. 부분적으로 그것이 그가 고객의 돈으로 무엇을 했는지에 대해 좀 더 솔직하게 말하게 만들지도 모르기 때문이었다.

나는 그가 말했던 조건대로 그 주제에 조심스럽게 접근하기로

비이성적
암호화폐

했다. 그는 정확하게 자신이 저지른 범죄를 자백할 기분은 아닌 듯이 보였다. 나는 그가 좋아하는 기대값을 이용해서 질문하기 시작했다. "당신의 영향력이나 결정의 기대값 중에서 무엇을 기준으로 당신을 판단해야 하나요?"

그는 "모든 것을 고려했을 때, 중요한 것은 실제로 실현한 영향력입니다. 그것이 세상에 실제로 중요하기 때문이죠. 하지만 분명히 운도 있었죠"라고 말했다.

그것이 내가 찾던 내부정보였다. 그로부터 11시간 동안 나는 그가 한 말이 무슨 의미인지를 정확하게 말하게 하려고 노력했다. 인터뷰하는 중간에 자금 조달을 위한 전화통화와 어색한 저녁식사 때문에 잠깐 쉬기는 했다. 그는 자신이 사기를 쳤거나 사람들에게 거짓말을 했다는 것을 부인했다. 그리고 자신의 태만과 부주의 때문에 FTX가 파산했다고 말했다. 하지만 어느 순간에 그는 자신이 운이 없었거나 확률을 잘못 계산했다고 말하고 있는 것 같았다.

뱅크먼-프리드는 FTX를 살리기 위해서 80억 달러를 조달할 가능성이 여전히 자신에게 있다고 말했다. 그는 과대망상에 빠졌거나 FTX 파산을 자신이 바로잡을 수 있는 실수라고 굳게 믿는 눈치였다. 어느 쪽이든 그의 펜트하우스에 남아 있는 지지자 중에서 그의 오해를 풀어줄 수 있는 사람은 거의 없었다. 그 암울한 장면은 영화 〈스카페이스〉의 마지막 장면을 떠오르게 했다. 토니 몬타나Tony Montana가 절반은 비어 있는 자신의 대저택에 숨어 있고 적들이 그에게 점점 다가간다. 뱅크먼-프리드는 산더미처럼 쌓인 코카인 대신에 과하게 낙관적으로 계산된 암호화폐 밸류에이션이 기록된 스프레드시트에서 눈을 떼지 않았다.

고객이 FTX에 맡긴 돈에 정확하게 무슨 일이 일어났을까? 내가 뱅크먼-프리드의 펜트하우스에 도착했을 무렵에, 여러 언론사가 FTX가 비밀리에 수십억 달러의 고객 자금을 알라메다리서치에 빌려줬다는 의혹을 보도했다. 알라메다리서치는 잘못된 베팅, 방만한 지출 그리고 더 수상쩍은 활동으로 이 자금을 모두 잃었다. 파산한 FTX CEO로 임명된 존 레이 3세John Ray III는 법정에서 FTX가 비밀 소프트웨어를 사용해서 대출 내역을 은폐했다는 의혹을 제기했다.

뱅크먼-프리드는 이 의혹을 다시 부인했다. 기대값으로 되돌아가서 나는 그가 했던 결정이 옳았는지를 그에게 물었다.

그는 "저는 기대값이 양인 결정을 많이 내렸고, 멍청한 큰 결정은 조금 내렸다고 생각합니다. 확실히 되돌아보면 아주 나쁜 큰 결정을 몇 가지 내렸고, 그것들이 다른 모든 것을 압도했는지도 모르죠"라고 말했다.

무슨 일이 일어났는지를 설명하려면, 뱅크먼-프리드가 알라메다리서치를 운영하기 위해서 2018년 캐롤라인 엘리슨, 니샤드

비이성적
암호화폐

싱, 개리 왕, 그리고 효율적 이타주의 단체의 일원 몇 명과 함께 이주했던 홍콩으로 되돌아가야 했다. (이 헤지펀드의 이름 자체가 규칙에 대한 그의 무심한 태도를 보여주는 초기 사례였다. 그들은 계좌를 자주 폐쇄하는 은행들의 감시를 피하고자 알라메다리서치라는 이름을 선택했다. 뱅크먼-프리드는 팟캐스트에 출연해서 "회사 이름을 싯코인 데이트 레이더스 주식회사로 지으면, 은행은 우리와 거래하지 않으려고 했을 겁니다. 하지만 연구소를 싫어하는 사람은 없죠"라고 2021년 업계에서 가치가 없는 암호화폐를 일컫는 속어인 싯코인Shitcoin이란 단어를 사용해서 말했다.) 그 무렵에 그들은 자신들만의 암호화폐 거래소를 시작할 생각이었고, 이것은 이후 FTX가 됐다.

이후 뱅크먼-프리드가 이때 내린 결정을 어떻게 이야기하는지를 들어보면, 그가 리스크에 어떤 태도로 접근하는지를 이해할 수 있다. 그는 암호화폐 거래소가 충분한 고객을 끌어들이지 못할 가능성이 80퍼센트 정도라고 추산했다. 그러나 그는 기댓값이 양이라면 승산이 거의 없더라도 시도를 해봐야 한다고 생각했다. 그는 이런 입장을 '리스크 중립적인' 태도라고 불렀다. 하지만 실제로 그가 위험을 감수한다는 것을 의미한다면 정상적인 사람에게는 미친 것처럼 들릴 것이다. 효율적 이타주의 팟캐스트 호스트인 로버트 위블린Robert Wiblin은 "개인적으로 '100억 달러를 도박으로 걸고 200억 달러나 0달러를 같은 확률로 얻는 것'은 미친 짓일 겁니다. 하지만 이타주의적 관점에서, 그것은 그렇게 정신 나간 짓은 아니에요"라고 4월에 뱅크먼-프리드에게 말했다.

뱅크먼-프리드는 "완전히 동의한다"라고 대답했다. 그는 또 다른 인터뷰에서 '이 지구상의 어딘가에 땅을 두 배로 넓힐 확률이 51퍼센트 또는 완전히 없앨 확률이 49퍼센트인 베팅을 했었다'고 말했다.

헤지펀드를 운영하면서 거래소를 시작하는 것은 엄청난 이해가 충돌하는 행위였다. 그리고 뱅크먼-프리드는 FTX와 알라메다리서치를 철저히 분리하지도 않았다. FTX에서 알라메다리서치는 초대형 트레이더 중 하나이거나 월가 용어로 '유동성 공급자'였다. 온라인 포커 게임업체의 최고위 인사가 판돈이 가장 많이 걸린 게임에 참여한다고 상상해봐라. 다른 사람들이 들고 있는 카드패를 슬쩍 보고 싶은 유혹이 엄청날 것이다. 하지만 뱅크먼-프리드는 FTX 고객에게 알라메다리서치도 동일한 규칙에 따라서 거래한다고 보장했다. 충분한 고객이 유입되면서 FTX는 성장했다. 나는 뱅크먼-프리드에게 알라메다리서치가 FTX에서 거래하도록 허용한 것이 본래 실수였는지를 물었다. 그는 그렇지 않다고 대답했다.

뱅크먼-프리드는 "처음부터 알라메다리서치가 FTX에 유동성을 공급하도록 한 것은 옳은 결정이었습니다. 결국에 역효과를 냈지만, 그것이 FTX 이용자에게 매력적인 거래소로 만드는 데 도움이 됐다고 생각하기 때문입니다"라고 말했다.

FTX의 매력은 부분적으로 파생상품 거래소란 것이었다. 그 덕분에 고객들은 '신용으로' 거래할 수 있었다. 이것은 차입금으로 거래가 가능하단 의미였다. 이것이 그를 방어하는 핵심 논리였다. 뱅크먼-프리드는 알라메다리서치를 포함한 FTX의 대형 트레이더들이 거래소에서 직접 돈을 빌려서 거래를 했다는 사실에 놀랄 사람은 아무도 없을 것이라고 주장했다. 그리고 왜인지 모르지만 알라메다리서치를 통제할 수 없게 됐다고 덧붙였다.

그는 "모두가 돈을 빌리고 빌려줬다. 그것이 FTX의 명함이었다"라고 말했다.

하지만 FTX의 정상적인 증거금 시스템으로는 그 누구도 알라메다리서치처럼 많은 돈을 빌려서 거래를 하고 빚이 눈덩이처럼 쌓이도록 허락하지 않았을 것이라고 암호화폐 트레이더들이 내게 말했다. 내가 알라메다리서치가 다른 트레이더들과 같은 증거금 규칙에 따랐는지 물었을 때, 그는 그렇지 않았다고 시인했다.

그는 "자유재량이 더 있었습니다"라고 말했다.

알라메다리서치가 일본에서 비트코인 시세 차액으로 엄청난 수익금을 올렸던 것과 같은 리스크가 낮은 본래의 차익거래 전략을 고수했더라면, 이것이 그렇게 중요한 문제는 아닐 것이다. 하지만 2020년과 2021년 뱅크먼-프리드가 FTX를 대변하는 얼굴, 고액의 정치자금을 내는 기부자, 그리고 실리콘밸리가 선호하는 인물이 되면서 알라메다리서치는 더 거센 경쟁에 직면했다. 그리고 쉬운 거래 기회가 사라졌다. 알라메다리서치는 소위 싯코인에 투자하는 전략으로 선회했다.

당시 알라메다리서치의 공동 CEO였던 캐롤라인 엘리슨은 2021년 3월 트위터에서 "정말 돈을 버는 방법은 시장이 상승할 시기를 파악하고 늦기 전에 기회를 낚아채는 것입니다"라고 설명했다. 그녀는 시장 조작 분야의 고전이라 할 수 있는 회고록《어느 주식투자자의 회상Reminiscences of a Stock Operator》에서 이 전략을 배웠다고 덧붙였다. 또 다른 공동 CEO는 트위터에 올린 다른 글에서, 일론 머스크가 도지코인에 대한 트윗을 올렸기 때문에 수익성 있는 전략은 도지코인을 사는 것이라고 말했다.

나는 믿을 수 없었다. 이것은 내 친구 제이가 '도기코인'이라고 불렀던 도지코인에 투자하면서 내게 추천했던 투자 전략과 같았기 때문이었다. 그저 투자 규모가 10억 배로 커졌을 뿐이었다. 뱅크먼-프리드의 부는 부분적으로 제이의 디즈니월드 여행경비를 충당했던 같은 전략에 기반하고 있었다.

엘리슨이 그토록 터무니없는 전략을 자랑한 이유는 아는 것보다 더 효과적이었기 때문이었다. 우리가 2022년 2월에 대화했을 때, 뱅크먼-프리드는 알라메다리서치가 전년도에 10억 달러를 벌어들였다고 말했다. 그로부터 9개월 뒤, 바하마 펜트하우스에서 그는 그 10억 달러가 알라메다리서치가 차익거래로 얻은 이익이라

비이성적
암호화폐

고 말했다. 그리고 알라메다리서치가 보유한 싯코인의 가치가 적어도 장부상으로 수백억 달러로 올랐다. 뱅크먼-프리드는 "모든 것을 시가평가로 계산하면, 저의 순가치는 어느 시점에 1,000억 달러에 이를 것입니다"라고 말했다.

모든 트레이더가 이것이 들리는 것만큼 좋지 않다는 것을 알 것이다. 산더미처럼 쌓인 토큰을 시장을 폭락시키지 않고 단숨에 현금화하는 것은 불가능했다. 게다가 알라메다리서치가 보유한 싯코인 대부분은 FTT, 세럼serum, 맵스(가상화폐와 지도를 결합하여 개발한 터무니없는 앱에서 사용되는 공식적인 암호화폐) 등 뱅크먼-프리드와 그의 친구들이 직접 발행한 토큰이었다. 또는 솔라나처럼 그들과 긴밀하게 연관된 토큰이었다. 뱅크먼-프리드는 알라메다리서치가 보유한 싯코인의 가치가 1,000억 달러에 이를 것이라고 말하면서, 자신이 보유하고 있는 코인에서 상당한 현금을 조달할 수 있다고 주장했다. 이어서 그는 전체 가치가 3분의 1로 떨어졌을지도 모른다고 말하긴 했다.

하지만 그는 현금을 조달하지 못했다. 알라메다리서치는 FTX가 아닌 다른 암호화폐 대출업체로부터 수십억 달러를 빌려서 암호화폐에 전부 투자했다. 공개적으로 뱅크먼-프리드는 스스로를 윤리적인 운영자라고 내세웠고, 암호화폐 과잉 사태를 통제할 것을 규제기관에 촉구했다. 하지만 실제로 그는 자신의 헤지펀드인 알라메다리서치를 통해서 암호화폐 업계에서 가장 타락한 도박꾼이 됐다. 나는 그에게 토큰을 팔 수 있다면, 왜 실제로 토큰을 팔아서 현금화하지 않았느냐고 그에게 물었다. "그러면 왜 리스크를 조금 줄이지 않았나요?"

그는 "지금 생각해보면 분명히 코인을 팔 수 있었습니다. 코인을 파는 것이 옳은 일이었죠. 분명하게 해야 할 옳은 일이었습니다. 하지만 당시에 FTX는 웃길 정도로 자본이 충분했어요"라고 말했다.

뱅크먼-프리드의 문제는 2022년 5월부터 시작됐다. 〈코인데스크〉가 기사를 내보내고 CZ가 투자 철회를 선언하기 몇 개월 전이었다. 그달에 권도형의 테라-루나 사업이 붕괴되며 암호화폐의 신용 위기가 촉발됐다. 일부 초대형 암호화폐 펀드는 대출금으로 바로 이 600억 달러의 폰지 사기에 투자했다가 파산했다. 이 사건이 알라메다리서치에 수십억 달러를 빌려줬던 사람들을 불안하게 만들었다. 그들은 알라메다리서치에 진짜 돈으로 빌린 돈을 갚을 것을 요구했다. 하지만 알라메다리서치는 그만큼의 자금을 보유하고 있지 않았다. 알라메다리서치는 벤처캐피털 거래와 같은 판매하기 어려운 것들과 모호한 싯코인에 엄청난 양의 돈을 투자했다.

그 이후에 일어난 일에는 두 가지 버전이 존재했다. 그 시기에 엘리슨은 알라메다리서치의 단독 CEO였다. 그녀는 위기가 한창이던 시기에 전체 회의를 개최해서 직원들에게 자신의 입장에 대

비이성적
암호화폐

한 상황을 설명했다. 엘리슨은 자신과 뱅크먼-프리드, 그리고 참모격인 개리 왕과 니샤드 싱이 부족한 액수에 대해서 논의했다고 말했다. 당시 정직한 행보는 알라메다리서치가 파산했다는 사실을 인정하고 그 결과에 직면하는 것이었다. 하지만 엘리슨은 자신들은 그렇게 하지 않기로 결정했다고 말했다.

그 대신 엘리슨은 직원들에게 알라메다리서치가 FTX로부터 '많은 자금'을 빌려서 "FTX의 고객 자금이 그만큼 부족해졌다"고 말했다. 그녀는 이것이 알라메다리서치의 FTX 계좌가 설정된 방식으로, 그 자금이 "코인으로 마이너스가 될" 수 있었기 때문에 가능했다고 말했다.

그들은 알라메다리서치의 실패를 모두 인정하는 대신에, 사태를 은폐하기 위해서 FTX 고객 자금으로 도박을 하기로 결정했다.

이것이 사실이라면, 4명 모두가 알고서 사기를 저지른 것이었다. 내가 이 이야기를 뱅크먼-프리드에게 했을 때, 그는 눈을 치켜뜨고 눈썹을 찌푸리며 머리에 손을 얹진 채로 몇 초 동안 생각에 잠겼다.

뱅크먼-프리드는 "제가 기억하는 것은 그것과 달라요"라고 말했다. 하지만 그는 루나 사태 이후에 네 사람이 만나서 알라메다리서치의 채무에 대해 어떻게 할 것인지에 관한 회의가 있었다는 사실을 인정해 나를 놀라게 했다. 그의 말에 따르면, 그는 DC로 여행을 가기 위해 짐을 싸고 있었고 사태에 대해서 '가벼운 의

견만' 났다며, 그는 그 사태가 위기처럼 느껴지지 않았다고 말했다. 이미 거래되고 있는 펀드에 신용을 좀 더 확대하는 문제였다고 말했다. 마진이 있었고, 여전히 대출금을 충당할 만큼 충분한 가치가 있는 담보 더미가 있었다. (비록 담보물이 대체로 싯코인이었지만 말이다.)

"그것이 FTX에 대한 알라메다리서치의 마진 포지션이 실질적으로 더 많이 활용되는 지점이었습니다. 분명히 돌이켜보면, 우리는 그 요구를 거절했어야 했습니다. 부채가 그렇게 많이 불어날 것이라고는 그 당시 알지 못했습니다."라고 그가 말했다.

"당신은 이것이 효과가 없을 가능성이 있다는 것을 알고 있었습니다"라고 내가 말했다.

"그렇습니다. 하지만 그럴 위험이 상당히 작다고 생각했죠"라고 그가 말했다.

나는 그가 무슨 생각을 했을지 상상해 보려고 노력했다. FTX가 알라메다리서치의 포지션을 청산했다면 해당 펀드는 파산했을 것이다. 그리고 FTX가 직접적인 손해를 입지 않았더라도, 고객들은 거래소에 대한 신뢰를 잃었을 것이다. 뱅크먼-프리드는 알라메다리서치에 자금을 빌려준 기업들도 파산하여 예측하기 힘든 연쇄적인 사건이 발생했을 수 있다고 지적했다.

나는 그에게 물었다. "FTX가 알라메다리서치에 마진콜(추가증거금)을 요구하지 않는다고 가정해 보겠습니다. 당신은 아마도

비이성적
암호화폐

모든 것이 괜찮을 확률이 70퍼센트 정도라고 생각하시나요? 다 잘될 것 같나요?"

"그렇습니다. 하지만 그것이 효과가 없는 경우에도 채무가 그렇게 높지 않으리라고 생각했습니다. 저는 부채 규모가 훨씬 더 작을 것으로 생각했고, 충분히 관리할 수 있을 것으로 봤습니다"라고 그가 말했다..

뱅크먼-프리드는 랩톱을 꺼내서 그가 무슨 말을 하는지를 보여주기 위해서 스프레드시트를 화면에 띄웠다. 그것은 그가 마지막으로 도움을 요청할 때 투자자들에게 보여줬던 재무제표와 비슷했다. 그는 알라메다리서치가 이미 채무불이행 상태였기 때문에 FTX와 알라메다리서치의 재무제표를 통합했다고 말했다. '내가 *생각했던 것*'이라고 이름이 붙은 줄에 부채 89억 달러, 유동성 자산 90억 달러, '유동성이 덜한' 자산 154억 달러 그리고 '비유동성' 자산 32억 달러라고 적혀 있었다. 부채를 갚고도 남을 정도의 충분한 자산액이었다. 그는 다른 임원 3명과 만날 당시에 FTX와 알라메다리서치의 재무상태가 이렇다고 알고 있었다고 내게 말했다.

"제게 상황은 단순했어요. 상당한 부채가 있지만 그것을 감당할 수 있다고 생각했습니다"라고 그가 말했다.

나는 "그렇다면 뭐가 문제였나요?"라고 물었다.

뱅크먼-프리드는 내게 스프레드시트에서 다른 곳을 가리켰다. 그는 그것이 그들과 만났을 때 실제 상황이 어땠는지를 보여주는 수치라고 말했다. 거기에도 비슷한 수치를 보였지만 유동성 자산이 80억 달러 적었다.

그는 "이 두 줄이 뭐가 다르다고 생각하나요?"라고 물었다.

나는 "당신이 현금으로 갖고 있다고 생각했던 80억 달러가 없었네요"라고 말했다.

그는 "그래요"라고 답했다.

나는 "80억 달러를 잘못 기록했나요?"라고 물었다.

뱅크먼-프리드는 "장부에 잘못 계산해서 기록했던 거죠"라고 말했다. 그의 말은 마치 자신의 설명이 자랑스러운 듯이 들렸다. 그는 고객들은 가끔 FTX에 직접 송금하는 대신 알라메다리서치에 송금을 했다고 말했다. (일부 은행은 어떤 이유로 FTX보다 알라메다리서치와 거래하는 데 거부감을 덜 나타냈다.) 그는 FTX의 내부 회계 시스템이 이 돈을 이중으로 계산하여 본질적으로 거래소와 펀드 모두에 적립됐다고 주장했다.

하지만 그것은 여전히 돈이 사라진 이유를 설명하지는 못했다. 나는 "그래서 80억 달러는 어디에 있나요?"라고 물었다.

내 질문에 답하기 위해서 뱅크먼-프리드는 새로운 창을 열어서 타이핑하기 시작했다. 그는 알라메다리서치와 FTX의 초대형 현금흐름을 열거했다. 가장 큰 지출 중 하나가 FTX 투자금을 회

비이성적
암호화폐

수했던 바이낸스에 25억 달러를 지불한 것이었다. 그는 부동산 2,500만 달러, 비용 15억 달러, 벤처캐피털 투자 40억 달러, 인수 자금 15억 달러, 그리고 '실수' 10억 달러라고 적었다. 두 회사의 수익을 계산하고 FTX가 벤처캐피털리스트에게 조달한 자금을 모두 합쳐도, 65억 달러가 부족했다.

뱅크먼-프리드는 고객들이 알라메다리서치에 직접 이체한 자금은 두 회사가 번 것보다 더 많이 지출했기 때문에 사라졌다고 내게 말하고 있었다. 그는 지출에 신경을 너무 안 써서 자신이 버는 것보다 더 많이 쓰고 있다는 사실을 알지 못했다고 주장했다. 물리학을 전공했던 그는 "암산하는 것이 너무 귀찮았어요"라고 말했다. 그는 스프레드시트에 다른 행을 만들었고 훨씬 더 낮은 숫자를 기록했다. 그것은 그가 생각했던 그 당시의 지출 규모였다.

그는 정확하게 말하진 않았지만 FTX의 실패를 자신의 부하직원들, 특히 알라메다리서치의 CEO인 엘리슨의 탓으로 돌리는 것 같았다. 두 사람은 데이트를 하다가 말다가 했고 항상 함께 살았다. 그녀는 FTX와 알라메다리서치의 수입을 효율적 이타주의를 위해 기부하기로 되어 있던 뱅크먼-프리드의 미래 펀드에 동참했다. 그녀가 그에게 물어보지도 않고 수십억 달러를 날려버릴 것 같지는 않았다. 나는 "사람들은 당신의 긴 변명을 '나의 전 여자친구의 탓이다'로 받아들일지도 모릅니다. 지금 당신이 그런 식으로 말하고 있다구요"라고 그에게 말했다.

그는 "저는 가장 큰 실패는 누구의 잘못인지가 분명하지 않다는 것이라고 생각해요"라고 말했다.

대화가 시작되고 몇 시간이 지나자 뱅크먼-프리드는 전화를 해야 할 곳이 있다고 말했다. 나는 그가 들려준 이야기가 사실임을 뒷받침해줄 사람이 있는지를 물었다. 그는 내가 기다리는 동안 몇 안 되는 그의 지지자 중 한 명과 이야기를 나눌 수 있다고 말했다. 거만한 남성이 침실로 걸어 들어왔다. 그의 수염은 들쭉날쭉 길게 자라 있었고, 그의 배는 올챙이배마냥 볼록했다. 그는 양말을 짝짝이로 신고 있었는데, 그중 하나는 팩맥 디자인이었다. 그는 뱅크먼-프리드가 거래소를 살릴 투자자를 찾는 것을 돕기 위해 남아 있던 FTX 직원이었다.

나는 쉬운 질문을 던졌다. "왜 아직도 여기 머물고 있나요?"

그는 FTX 고객들을 돕고 싶다는 말로 입을 열었다. 그러고 나서 누가 묻지도 않았는데, 뱅크먼-프리드가 빈털터리가 되거나 감옥에 갈 위험이 크지 않다고 생각한다고 내게 말했다.

그는 "누구나 어느 정도의 부를 축적해서 부자가 되면, 다시 가난해지긴 어렵다고 저는 굳게 믿습니다. 부자는 감옥에 가지 않죠. 부자에게는 나쁜 일이 일어나지 않습니다"라고 말했다.

나는 그가 FTX를 수사하는 국회의원과 검찰들에게 그 이야기를 하는 상상을 하면서, 무표정을 유지하려고 애썼다. 그의 거만

비이성적
암호화폐

한 태도와 지저분한 외모는 만화영화 〈심슨〉에 등장하는 모든 것을 아는 체하는 캐릭터를 떠오르게 했다. 그의 대답은 너무나 형편없어서, 어려운 질문을 그에게 하는 것은 부당한 것처럼 느껴졌다. 나는 뱅크먼-프리드에 대해서 좋은 이야기를 할 두 번째 기회를 그에게 줬다.

"샘이 정직하다고 생각하는 구체적인 사례가 있나요?"라고 나는 물었다.

"저는 그가 정직하다고 말하지 않았습니다"라고 그가 말했고 나는 다시 물었다.

"알라메다리서치와 FTX는 구분된 독립법인으로 운영됐나요?"

그는 "당신이 제 입장이라면 그 질문에 답하겠습니까?"라고 말했다.

뱅크먼-프리드의 몇 남지 않은 지지자 중 한 명인 그가 최대한 깊이 무덤을 다 팠을 무렵에, 해가 저물었고 나는 배가 고팠다. 그들의 실명을 기사에 언급하지 않는다는 조건으로, 나는 뱅크먼-프리드를 지지하는 무리와 함께 저녁 식사를 할 수 있었다.

커튼이 쳐진 거실은 사진에서 본 것보다 훨씬 덜 웅장하게 보였다. 위기가 한창이던 시기에 뱅크먼-프리드는 다른 곳에서 일하고 FTX 직원들이 이곳에 모여 있었다. 스트레스와 수면 부족으로 지치고 혼란스러운 그들은 울면서 서로를 부둥켜안았다. 대부분 한 명씩 바하마를 떠날 때마다 작별 인사는 하지 않았다. 대다수가 부모님과 함께 지내기 위해서 어린 시절 고향으로 되돌아갔다.

저녁 식사를 하던 지지자들은 내게 언론이 부당하다고 느껴진다고 말했다. 그들은 뱅크먼-프리드와 그의 친구들은 타블로이드지가 묘사한 것처럼 여러 명이 한꺼번에 사귀고 성관계를 맺는 파티광들이 아니라고 말했다. 그리고 그들은 일 이외에 다른 일은 거의 하지 않았다고 말했다. 이번 주 초, FTX의 24시간 전담 운전사로 일했던 바하마 남성도 내게 언론보도는 사실이 아니라고 말했다. 그는 "사람들은 이곳을 〈울프 오브 스트리트〉에 등장하는 금융회사로 만들었어요. 그들은 그저 공부 잘하는 괴짜였죠"라고 말했다.

내가 저녁 식사를 다 먹었을 무렵, 뱅크먼-프리드는 다시 여유시간이 생겼다. 보도하지 않는다는 조건으로 나의 저녁 식사 메뉴는 쌀밥과 콩이었다. 우리는 서재로 돌아갔다. 그는 맨발이었다. 그는 신고 있던 운동 양말을 벗어서 공처럼 말더니 의자 쿠션 뒤에 쑤셔 넣었다. 그는 의자에 누워서 랩톱을 무릎 위에 놓았다. 그리고 자신이 가장 좋아하는 게임인 〈스토리북 브롤〉을 화면에 띄웠다. 화면 불빛 때문에 그의 곱슬머리 앞머리가 이마에 그림자를 드리웠다.

나는 9개월 전, 그의 사무실에서 그를 인터뷰할 때 봤던 같은 색깔의 패치가 그의 팔에 붙어 있는 것을 봤다. 이번에 나는 그게 무엇인지를 물었고, 그는 그것이 경피성 항우울제, 셀레길린이라고 했다. 나는 그것이 성능 향상용인지 아니면 우울증 치료용인지를 물었다. 그는 "둘로 명확하게 나눌 수는 없지만, 저는 평생 경계성 우울증을 앓았어요"라고 말했다. 자신의 일부 동료처럼 그는 때때로 암페타민을 복용한다고 말했다. 그는 '하루에 몇 차례 한 번에 10밀리그램씩' 복용했다. 하지만 그의 약물 사용에 관한 소문이 부풀려졌다. 그는 "이게 문제가 된다고 생각하지 않습니다"라고 말했다.

나는 뱅크먼-프리드에게 고객 자금을 유용했는지에 대한 질문을 피하면서 그의 동기에 관한 나의 이론을 말했다. 뱅크먼-프리드는 세계를 구하겠다는 목표 때문에 거대한 도박을 한 것은 아니라고 했다. 이야기를 나누다 보니, 그는 일종의 내기를 했으나 기대값을 제대로 계산하지 않았다는 얘기처럼 들렸다.

"나는 완전히 실패할 위험을 감수하는 것을 불편하게 생각하지 않았습니다." 그는 만화 기사와 요정 군대를 이끌고 있는 컴퓨터 화면을 응시하며 말했다. "하지만 실제로 끔찍할 정도로 나쁜 결과가 나왔어요. 그런 일이 일어날 가능성이 없다고 생각했고, 예측이 완전히 빗나갔죠. 대규모로 기대값을 잘못 계산했을 때 생기는 단점입니다"라고 말했다.

뱅크먼-프리드에게 물어봐야 할 것이 또 있었다. FTX가 파산을 선언할 직전에 그가 테더의 지안카를로 데바시니에게 도움을 청했다는 보도가 있었다. 그는 전직 성형외과 의사에게 수십억 달러를 빌려달라고 했다. 그러나 데바시니는 그 제안을 거절했다. 나는 뱅크먼-프리드가 이제 잃을 것이 없다는 것을 알았고, 그가 마침내 내게 테더에 관한 진실을 들려줄 것이라고 생각했다. 이전에 그는 일부는 이상한 투자에 묶여 있지만, 테더가 정말로 가지고 있다고 주장하는 자금을 보유하고 있다고 내게 장담했었다. 나는 그에게 테더에 관해 더 해줄 이야기가 있느냐고 물었다. 하지만 이번에도 그는 큰 비밀은 없다고 말했다.

"테더는 사람들이 말하는 것만큼 엉망진창은 아니에요. 그들이 많은 부정적인 소문에 시달리는 것은 이상합니다. 그들은 그런 소문을 잠재우려고 아무것도 하지 않죠. 정말로 아무것도 안 해요. 하지만 안 좋은 소문은 존재하죠. 테더에는 실제로 큰 문제가 없습니다"라고 그가 말했다.

나는 뱅크먼-프리드에게 돼지 도살 사기에 대해 알게 된 것과 동남아시아에서 암호화폐가 인신매매를 어떻게 조장하고 있는지도 말했다. 그의 거래소 FTX는 일부 사기꾼들이 수익을 현금화하는 데 도움이 된 것 같았고, 일부 FTX 고객들은 사기 범죄의 희생양이 되어 자금을 보냈던 것 같았다.

그는 "젠장, 저는 근본적으로 그 일에 대해 무엇을 해야 할지 모르겠어요"라고 말했다.

나는 뱅크먼-프리드에게 2022년 그의 미래 자금 이사회에 동참했던 맥어스킬이 트위터에 올린 글을 읽어줬다. 효율적 이타주의자는 뱅크먼-프리드가 자신을 배신했다고 말했다. 맥어스킬은 "수년 동안 효율적 이타주의 단체는 성실, 정직 그리고 상식적인 도덕적 제약의 준수의 중요성을 강조해왔습니다. 만약 고객 자금이 오용됐다면, 샘이 단체의 입장을 따르지 않은 것입니다. 그는 자신이 그런 것을 고려할 필요가 없는 존재라고 생각했던 게 틀림없습니다"라고 말했다.

뱅크먼-프리드는 손으로 팔을 움켜쥐면서 눈을 감고 발가락으로 의자 손잡이를 밀어냈다. 그는 "저는 그렇게 바라보지 않습니다. 하지만 제가 완전히 망쳤죠. 저는 정말 미안하다고 사과하고 싶습니다. 이에 관해 단연 최악은 이 세상을 위해 최선을 다하겠다고 맹세한 사람들의 명성이 더럽혀질 것이란 사실이죠"라고 말했다. 뱅크먼-프리드는 말끝을 흐렸다. 컴퓨터 화면에서 그의 군대는 사람이 아무도 없는데도 주문을 걸로 검을 휘두르고 있었다.

나는 그를 최근 가장 악명 높은 폰지 사기꾼과 비교하는 사람들에게 하고 싶은 말이 있는지를 그에게 물었다. 나는 "버니 매도프도 선의를 갖고 있었고 자선단체에 많은 기부를 했다"라고 말했다.

그는 "FTX는 합법적이고 수익성이 높은 승승장구하던 기업이었습니다. 저는 마진 포지션을 너무 크게 잡아서 망쳐버렸습니다. 거래소를 위험에 빠트렸어요. 그것은 완전히 불필요하고 자초

한 실수였죠. 저는 운이 엄청나게 나빴는지도 몰라요. 이것도 저의 잘못이죠"라고 말했다.

그는 이어서 "최악이에요. 하지만 거래소에 내재한 문제는 아니었어요. 그것은 그저 실수였습니다. 아주 큰 실수였다고요"라고 말했다.

하지만 나는 그것이 정말로 실수처럼 여겨지지 않았다. 설령 내가 80억 달러를 장부에 잘못 기재해서 우연히 써버렸다는 그의 말을 믿더라도, 그는 이미 알라메다리서치가 FTX의 증거금(마진) 규칙을 위반하는 것이 허용되었다고 말했다. 이것은 사소한 기술적인 문제가 아니었다. 그는 FTX의 증거금(마진) 시스템을 아주 자랑스럽게 생각했다. 그는 전통적인 안전 장치 대신 미국 증권거래소에서도 자신의 시스템을 사용하도록 규제기관에 로비하기도 했다. 뱅크먼-프리드는 거래소가 펀드에 대한 신용을 확장하여 다른 고객의 자산을 위험에 빠뜨리면 절대 안 된다고 말했다. 그는 거래소가 그러한 재량권을 갖는다는 생각을 하는 것조차 '무섭다'고 트위터에 글을 올렸다. 나는 그 글에 관해 "이것이 정확히 그 시기에 당신이 한 일 아닌가요?"라고 물었다.

"네, 나는 그것이 공정하다고 생각합니다"라고 그가 말했다. 그러고 나서 그는 자신이 로비했던 규칙들이 좋은 아이디어라는 증거라고 주장하는 것 같았다. "나는 이것이 멈춰야 할 일 중 하나라고 생각합니다"라고 그가 말했다. 나는 "당신의 플랫폼에는

비이성적
암호화폐

규칙이 있었지만 따르지 않았어요"라고 말했다.

　그 무렵에 정오가 지났다. 처방된 약물의 도움 없이 장시간 인터뷰를 이어간 나는 완전히 녹초가 됐다. 나는 떠나기 전에 데크를 볼 수 있는지를 뱅크먼-프리드에게 물었다. 우리가 수영장 옆에 섰을 때, 귀뚜라미 소리가 들려왔다. 마리나는 어두웠다. 요트 조명만이 마리나를 밝히고 있었다. 내가 작별 인사를 하자, 뱅크먼-프리드는 가방에서 플레인 햄버거 빵을 꺼내서 한 입 베어 물었다. 그리고 FTX를 살릴 자금을 조달하는 방안에 대해서 팩맥 양말을 신은 남성과 이야기하기 시작했다.

.

샘 뱅크먼-프리드는 3주 남짓한 기간 동안 펜트하우스에서 은둔했다. 12월 12일 그는 뉴욕에 있는 자신의 변호사에게서 전화를 받았다. 변호사는 바하마 경찰이 그를 체포하기 위해 펜트하우스로 가고 있다고 알렸다. 뱅크먼-프리드는 하원 금융 서비스 위원회에서 증언할 준비를 하고 있었다. 그곳에서 그는 이 모든 것이 엄청난 실수였다고 말할 계획이었다. 그의 연설 초안에 따르면 첫 문장은 다음과 같다. "나는 공식적으로 맹세하면서 다음과 같이 말하고 싶습니다. 내가 망쳤습니다."

오후 6시쯤에 무장한 경찰들이 고급 콘도들이 밀집된 뱅크먼-프리드의 알바니리조트에 도착했다. 그들은 그에게 수갑을 채

비이성적
암호화폐

우고 경찰서로 데려갔다. 그는 유치장에서 하룻방을 보냈고, 바하마 동쪽 끝에 위치한 악명 높은 폭스힐 교도소로 이감됐다. 인권 단체와 미국 국무부는 그곳은 식수가 부족하고 쥐와 구더기가 들끓는 어둡고 악취가 진동하는 곳이라고 설명했다. 보도에 따르면, 수감자가 너무 많아서 맨바닥에서 자는 수감자도 있었다.

한 교도관은 "인간이 살 곳이 못 됩니다"라고 말했다.

뱅크먼-프리드는 미국 정부로부터 사기 혐의, 돈세탁, 그리고 선거 자금법 위반으로 기소됐다. 그는 다른 수감자 5명과 함께 20평방피트(약 0.5평)의 초록색과 노란색 페인트가 칠해진 병실에 수감됐다. 그는 주로 원더브레드에서 나온 퀴퀴한 빵과 땅콩버터를 먹으면서 지냈다. 그는 곰팡이가 핀 칸막이에서 정원용 호스를 사용해 차가운 물로 샤워했다.

그의 최대 불만은 인터넷을 사용할 수 없다는 것이었다. 그는 FTX에 관한 최신 기사를 읽거나 잡생각을 하지 않기 위해서 〈스토리북 브롤〉과 같은 온라인 게임을 할 수 없었다. 그는 미칠 것만 같았다. 그는 면회 온 사람들에게 자신이 찾고 있는 정보 목록과 온라인에서 찾을 수 있는 위치를 안내한 리스트를 주면서 그들이 다음 날 그 자료를 출력해 다시 감옥으로 찾아오기를 기다렸다.

뱅크먼-프리드는 "인터넷이 연결되는 데 하루 정도 걸린다고 생각했어요"라고 이후에 기자에게 말했다.

뱅크먼-프리드가 손에 넣을 수 있었던 문건 중 하나는 외교 전문이었다. 그것은 미국 정부가 바하마 정부에 그를 체포해달라고 요청하면서 첨부한 문건이었다. 그 문건에는 증인 2명이 협조를 했고, 그들 모두가 소프트웨어 개발자라고 적혀 있었다.

그중 한 명은 9월경 알라메다리서치에 수십억 달러를 대출해주는 것에 관해 뱅크먼-프리드에 직접적으로 항의했다고 검찰에 말했다. 뱅크먼-프리드는 그에게 상황 때문에 자신도 우려하고 있다고 대답했다. 외교 전문에 따르면 놀랍게도 이 결정으로 뱅크먼-프리드의 생산성이 '5~10퍼센트 하락'했다. 뱅크먼-프리드는 암호화폐 가격이 오르면 상황이 저절로 해결될 것이라고 말했다. 이름을 밝히지 않은 증인은 니샤드 싱으로 생각됐다. 뱅크먼-프리드가 신뢰했던 참모였던 그는 한때 팔로알토에서 열리는 뱅크먼-프리드 가족의 저녁 식사에 초대되는 단골손님이었다.

또 다른 증인은 뱅크먼-프리드가 알라메다리서치가 고객 자금을 대출해갈 수 있도록 FTX의 컴퓨터 코드를 변경하도록 지시했다고 검찰에 말했다. 그는 이것이 부당하다고 여겼고, 뱅크먼-프리드에게 문제 제기를 했지만, 뱅크먼-프리드는 토큰이 대출금을 보증하기 때문에 "괜찮다"고 대답했다.

뱅크먼-프리드는 이 증인이 FTX의 최고 코드 책임자이자 수학 캠프와 MIT를 함께 다닌 친구인 개리 왕이란 사실을 깨달았다.

그는 십 대부터 왕과 싱을 알았다. 그들은 돈을 벌기 위해서 함께 홍콩으로 이주했고, 이후 바하마로 갔다. 거기서 그들은 거의 매시간을 붙어 다녔다. 하지만 뱅크먼-프리드의 최측근이었던 그들은 그에게 등을 돌렸다.

뱅크먼-프리드는 미국으로 송환되기 전에 폭스힐 교도소에서 8일 밤을 보냈다. 12월 21일 밤에 오토바이를 탄 경찰관이 이끄는 경찰차 행렬이 사이렌을 울리며 바하마 도로를 통과했고, 뱅크먼-프리드를 뉴욕으로 데려갈 전용기가 있는 개인 활주로에 도착했다. 그날 밤 찍은 사진에는 양옆에 미국 경찰관이 서 있고 수갑을 찬 뱅크먼-프리드가 있었다. 다음 날 그는 심리를 위해 맨해튼 시내에 있는 연방법원으로 이송됐다.

취재기자와 사진기자가 법정에 벌떼처럼 모여들었다. 뱅크먼-프리드는 회색 정장을 입고 발목에 구속 장치를 차고 집행 요원의 뒤를 따라서 법원에 모습을 드러냈다. 그는 변호사 2명 사이에 웅크린 채 앉았다. 판사는 뱅크먼-프리드에게 재판이 열릴 때까지 팔로알토에 있는 부모님 집에 가택연금될 것이라고 말했다. 이에 관해서 이해했느냐는 판사의 물음에 뱅크먼-프리드는 "이해했다"고 대답했다. 이것이 이날 심리에서 그가 했던 유일한 말이었다. 나는 딸에게 뱅크먼-프리드가 외출 금지를 당할지도 모른다고 농담했었다. 그런데 그는 실제로 부모님 집에 있는 그의 방으로 보내졌다.

싱과 왕은 알라메다리서치 CEO인 캐롤라인 엘리슨과 마찬가지로 미국 정부와 수사 협조 협정을 협상하느라 바빴다. 그들 각자는 모두 수십 년을 교도소에서 살게 될지도 모르는 사기 혐의에 유죄를 인정하며 법원 심리에서 자백했다. 그들은 수사에 협조한 대가로 짧은 형을 받을 것으로 예상했다. 왕은 알라메다리서치가 대출 특혜를 누릴 수 있도록 FTX의 컴퓨터 코드를 변경하는 데 동의했다고 인정했다.

왕은 이렇게 말했다. "저는 다른 사람들이 투자자와 고객에게 알라메다리서치는 대출 특혜를 누리지 않는다고 이야기하고, 사람들은 그들의 거짓말을 듣고 FTX에 투자하고 거래할 것임을 알고도 그 일을 했습니다. 저는 제가 한 짓이 잘못된 일임을 알고 있었습니다"라고 말했다.

엘리슨은 알라메다리서치가 그 특혜를 이용해서 FTX로부터 수십억 달러를 빌렸고, 그 돈은 다른 고객의 예치금에서 나왔다고 말했다.

엘리슨은 "저는 FTX가 알라메다리서치에 돈을 빌려주려면 고객 자금에 손을 대야 한다는 것을 알고 있었습니다. 그런 일을 저질러서 진심으로 잘못했습니다"라고 말했다.

싱의 자백은 유죄를 입증하는 강력한 증언이었다. 그는 알라메다리서치가 FTX 고객 자금으로 수십억 달러를 빌렸다고 말했

비이성적
암호화폐

다. 그리고 알라메다리서치가 그 돈을 갚지 못할 것임을 알면서도 그 돈을 정치 기부와 같은 다른 일에 사용했다고 말했다. 그는 뱅크먼-프리드가 잠재 투자자들을 속일 수 있도록 FTX 매출을 부풀렸다고 말했다.

싱은 "이 사태에서 제가 맡은 역할과 초래한 피해에 대해 깊이 반성합니다. 책임을 지고, 미국 정부를 돕고, 자산을 몰수하여 잘못을 바로잡을 수 있기를 바랍니다"라고 말했다.

뱅크먼-프리드는 2023년 1월 맨해튼 법정에 다시 섰고, 모든 혐의를 부인했다. 그리고 3월에 새로운 금융 사기 혐의와 중국 공직자에 대한 뇌물 수수 혐의를 부인했다. 한때 억만장자였던 그의 대변인은 그가 친구들의 증언을 모두 인정하지 않는다고 말했다. 그의 재판은 10월에 열릴 예정이었다.

팔로알토로 돌아온 그는 어린 시절의 침실에서 잤고 하루 하루가 지루했다. 그는 서브스택 뉴스레터를 시작해 FTX가 왜 실패했는지에 관한 8장으로 구성된 긴 글을 썼다. 그는 비난의 화살을 바이낸스의 CZ에게로 돌리려고 했다.

뱅크먼-프리드는 슈퍼볼을 시청하기 위해서 스트리밍 서비스에 접속하려는 접속자의 위치를 숨겨주는 VPN을 사용했다. 판사는 이 사실을 알고 그를 크게 꾸짖었고, 그에게서 스마트폰을 압수했다. 그리고 그의 부모는 그에게 인터넷 사용을 허락하지 않겠다고 맹세했다.

뱅크먼-프리드는 훈련받은 독일산 양치기 투견을 샀고, 산도르라고 이름지었다. 살해 협박을 받은 뒤 그들은 일주일에 1만 달러를 주고 무장 경호원을 고용했다. 무장 경호원은 거리에 통행을 막는 장벽을 설치했다. 뱅크먼-프리드의 변호인단은 어느 날 차가 장벽으로 돌진했다고 법정에서 주장했다. 그 차에서 남자 3명이 내렸고 "우리의 접근을 막지는 못할 것이다"라고 말했다. 그들은 신원이 확인되기 전에 그 자리를 떠났다.

작가 마이클 루이스가 뱅크먼-프리드를 만나러 왔다. 그리고 《블룸버그 뉴스》,《파이낸셜타임스》,《포브스》,〈픽〉에서 취재진이 몰려왔다. 스물여덟 살의 암호화폐 인플루언서인 티파니 퐁Tiffany Fong도 그를 만나러 왔다. 뱅크먼-프리드는 그들에게 외롭고 무기력하다고 말했다.

뱅크먼-프리드가 감금된 팔로알토 집에는 버그하우스 체스를 하기 위해서 체스 세트 2개가 진열된 대리석 테이블이 있었다. 그것은 그가 FTX 동료들과 밤새도록 하던 게임 중 하나였다. 그는 자신을 만나러 온 방문객 중 한 명에게 같이 체스 게임을 할 사람이 없다고 말했다. 그는 "다른 것들처럼 앞으로도 저렇게 덩그러니 놓여 있을 거에요"라고 말했다.

2022년 11월 FTX가 붕괴하자, 2020년과 2022년의 싯코인 광풍이 끝을 맺었다. 모든 암호화폐 가격이 폭락했다. 비트코인 가격은 무려 1만 6,000달러로 하락했고, 뱅크먼-프리드가 좋아했던 암호화폐 중 하나인 솔라나 가격은 고점에서 95퍼센트 폭락했다. 2년 전에 3조 달러를 육박했던 암호화폐의 총가치는 1조 달러 미만으로 떨어졌다.

더 많은 암호화폐 기업이 쓰러졌다. FTX가 구제했던 블록파이가 이번에는 실제로 파산했다. 권도형의 테라-루나가 폭락할 것이라는 데 크게 베팅해서 큰돈을 번 펀드인 갈로이스캐피털 Galois Capital은 FTX에 수익금을 맡긴 이유로 파산했다. NFT 닭싸움 게임 제작사처럼 다른 암호화폐 연관 기업은 인공지능으로 사업 방향을 급선회했다. 암호화폐로 큰돈을 벌었다고 자랑하던 친구들도 잠잠해졌다. 트위터에 '우리라면 할 수 있다'라는 문장을 올리거나 코인을 홍보하는 사람은 거의 없었다. 의회는 청문회를 요청했고, 정치자금을 후원받기 위해서 암호화폐 업계 인사들과 가까이 지내는 그들을 호되게 꾸짖었다. 영국에서 입법부는 도박처럼 암호화폐를 규제할 것을 요구했다. 2023년 슈퍼볼에서 암호화폐 광고는 단 한 편도 볼 수 없었다.

오랫동안 암호화폐를 비판했던 JP모건 CEO인 제이미 다이먼은 "이 모든 것이 시간 낭비라고 생각합니다. 사람들이 암호화폐에 단 1초라도 쓴 이유를 이해할 수 없습니다. 비트코인 자체는 과장된 사기입니다. 그것은 애완용 바위rock죠"라고 〈CNBC〉와의 인터뷰에서 고소해 하며 말했다.

암호화폐 옹호자들은 암호화폐 업계는 이전에도 어려운 시기를 겪었고 머지않아 좋은 시기가 다시 찾아올 것이라고 말했다. 하지만 내가 보기에는 그럴 것 같지 않았다. 사토시 나카모토가 첫 번째 비트코인을 채굴한 지 14년이 흘렀다. 암호화폐 기술은 영어에서 동사로 사용되기 시작한 이후 우리의 일상에 더 이상 깊이 파고들지 못하고 있는 왓츠앱이나 우버만큼 노후됐다. 암호화폐가 주류에서 사용되도록 기술을 개선한 사람도 아무도 없었다. 아주 많은 똑똑한 사람이 수천 시간을 암호화폐 기술을 연구하는 데 썼지만, 실생활에서 그 기술은 충격적일 만큼 거의 사용되지 않았다. 뱅크먼-프리드 때문에 누구나 암호화폐를 사용할 수 있다고 생각했던 영역의 신빙성이 훼손됐다. 그 영역은 반만 합법적인 역외 도박이다. 가장 평판이 좋은 암호화폐 카지노라 할 수 있는 FTX를 신뢰할 수 없다면, 누가 암호화폐로 도박을 하려고 하겠나?

즉각적으로 돈을 전 세계로 이체한다는 것은 여전히 매력적이었다. 하지만 나는 여우머리 아이콘을 사용해봤고, 언젠가는 모두가 현금을 여우머리 아이콘과 같은 디지털 지갑에 보관하게 될 것이란 생각은 터무니없다. 암호화폐 조사로 전 세계를 다니면서, 나는 비자카드의 새로운 활용성을 발견했다. 단말기에 단 한 번만 비자카드를 찍으면 결제가 됐다. 서비스 요금은 부과되지 않았고, 그 누구도 긴 일련번호를 요구하지 않았으며, 뒷마당에 카드번호

비이성적
암호화폐

를 숨길 필요도 없었다. 심지어 비자카드를 사용하면 항공 마일리지가 적립됐다. 아내의 계정이 해킹되어 에어비앤비를 예약하는 데 사용됐을 때, 우리는 비자카드 고객 센터와의 전화 한 통으로 전액 환불을 받았다.

나는 모든 암호화폐의 가격이 0이 된다거나 하룻밤 사이에 억만장자를 만들어내는 새로운 암호화폐를 다시는 만나지 못할 것이라고 생각하지는 않는다. 주식시장에서 헐값에 주식을 대량으로 매입해서 주가를 올린 뒤에 되파는 수법은 수백 년 동안 이어져 왔다. 그리고 대성공을 거뒀다고 주장하는 페이퍼 컴퍼니의 주식을 기꺼이 매수하는 새로운 호구들이 여전히 존재한다.

내가 특별히 반대하지 않는 코인 하나가 바로 비트코인이다. 비트코인이 유용해서가 아니다. 이렇게 생각하는 이유가 있다면, 다른 코인보다 비트코인이 덜 이상하기 때문이다. 비트코인의 진정한 신봉자들은 신념이 너무나 확고해서 그 무엇도 비트코인에 대한 자신들의 믿음을 꺾지 못할 것이라고 생각한다. 그들에게 무슨 질문을 하든지, 그들의 답은 '비트코인 매수'다. 그들의 눈에는 비트코인 가격이 오를 것이란 증거만 보인다. 이는 마치 어떤 컬트 집단의 구성원이 지구 종말과 자신들의 구원이 멀지 않았다고 확신하는 것과 같다.

심지어 암호화폐 붐이 한창이던 시기에 내가 인터뷰했던 암호화폐 지지자 대다수가 코인 대부분이 사기라고 말했다. 자신들의 코인도 마찬가지라고 했다. 이제 그들 다수가 교도소에 있거나, 재판을 기다리거나, 민사소송을 당하거나 파산했다. 실질적으로 암호화폐 업계 관계자 모두가 이에 해당되는 것 같았다.

2023년부로 암호화폐 억만장자들이 모여드는 곳은 바하마와 마이애미 해변에서 워싱턴 DC 맨해튼 법정으로 바뀌었다. 셀시어스 파산, 보이저 파산, 쓰리애로우즈 파산, 그리고 FTX 파산이 일어났다. 테라-루나 사기꾼인 권도형은 위조 코스타리카 신분증으로 두바이로 도망치려다가 그해 3월 몬테네그로 공항에서 체포됐다. (그는 모든 잘못을 부인했다.) 6월에 미국 증권거래위원회는 바이낸스와 코인베이스를 상대로 대형 소송을 제기했다. 미국 증권거래위원회는 그들의 웹사이트에서 공개적으로 진행된 암호화폐 거래 대부분이 사실상 불법이라고 주장했다. 그러나 미국 증권거래위원회는 암호화폐 거품이 생겼다가 터지고 많은 사람이 암호화폐로 재산을 탕진할 때까지 기다렸다가 소송을 제기한 이유를 밝히지 않았다.

다른 사례는 내게도 혼란스러웠다. 연방정부는 지루한 원숭이 요트 클럽 NFT를 모방해서가 아니라 구매자를 속였다는 이유로 '돌연변이 원숭이 행성'과 '멋진 원숭이 클럽' NFT 제작사를 체포했다. 분명히 원숭이 NFT가 충분히 못생겼다면, 연방정부는 그 NFT 제작자를 사기 혐의로 기소할 수 있을 것이다. 나는 26세의

비이성적
암호화폐

아비 아이젠버그Avi Eisenberg의 법원 심리에 참석했다. 그는 디파이 거래 플랫폼인 망고마켓Mango Market에서 망고라 불리는 토큰의 가격을 조작한 혐의로 장기 징역형을 선고받았다. 그는 이 토큰으로 1억 달러를 벌어들였다. 그가 카나리아 깃털 같은 샛노란 점프 슈트를 입으려고 이리저리 움직이자 그가 차고 있던 족쇄가 달그락거렸다. 짧게 자른 머리 때문에 그는 화장실에서 대마초를 피우다가 걸려서 교장실로 불려간 심통 난 십 대처럼 보였다. 과일 이름을 붙인 코인의 가격을 조작했다는 이유로 이런 어린아이를 기소하는 데 미국 정부가 온 정신과 자원을 쏟아붓는 것이 옳은 일일까? 중국 갱단의 돈세탁이나 캄보디아의 인신매매와 관련된 혐의로 재판이 열리는 경우가 하나도 없다는 점에서 상황이 어처구니없어 보였다.

놀랍게도 암호화폐 업계는 완전히 붕괴했지만, 테더는 살아남았다. 세상이 암호화폐를 아무리 세게 짓밟더라도, 테더는 금융계의 바퀴벌레처럼 잽싸게 달아나는 듯했다. FTX가 붕괴되고 며칠 뒤인 11월 16일, 지안카를로 데바시니는 엘살바도르로 돌아갔다. 그는 대통령 관저에서 나입 부켈레 대통령과 함께 사진을 찍었다. 그의 파트너인 비트코인 예술가 발렌티나 피코지와 팟캐스터 스테이시 허버트와 맥스 카이저도 그와 함께 대통령 관저를 찾았다. 바짝 자른 린넨 바지를 입고 캔버스화를 신은 데바시니는 대통령

옆에 섰고, 대통령은 그의 작은 등에 손을 얹었다. 테더 대표는 밝게 웃었다.

데바시니가 웃을 이유가 있었다. 테더가 큰돈을 벌었기 때문이었다. 2022년 내내 미국 연방준비제도이사회는 인플레이션을 잡기 위해서 금리를 인상했다. 12월을 기준으로 금리가 4퍼센트가 됐다. 이것은 수익이 전혀 나지 않는 미국 국채가 수익을 내기 시작했다는 의미였다.

금리 인상은 은행 대부분이 예금자에게 더 높은 이자율을 지급해야 된다는 뜻이기도 했다. 하지만 테더는 코인 소유자에게 이자를 지급하지 않는다. 그러므로 테더가 지급준비금으로 얼마를 벌든지, 그 돈은 테더의 순수익이 된다.

2023년 5월, 테더는 보유 자산 대부분을 미국 국채로 전환한다고 발표했다. 그리고 고금리 덕분에 1/4분기에만 15억 달러를 벌어들였다고 말했다. 이는 규제를 받지 않는 역외기업이 벌어들인 수익으로 엄청난 액수였다. 그것은 레이테온Raytheon, 나이키 또는 디즈니와 같은 초대형 기업에게도 괜찮은 수익이었다. 그것이 믿을 만한 액수라면, 테더는 세계에서 가장 수익성 있는 기업 150개 중 하나가 됐다.

나는 데바시니가 테더 주식의 40퍼센트를 소유하고 있다고 들었다. 그 속도라면 전직 성형외과 의사는 2023년에만 개인적으로 20억 달러가 넘는 돈을 벌어들일 수 있었다. 그런데 테더는 코인의 안전을 보장하기 위해서 수익을 초과 지급준비금으로 보유할 것이라고 말했다. 그리고 수익금의 15퍼센트로 비트코인을 매수할 것이라고 말했다. 테더는 한때 자사 코인이 비트코인의 가격을 지탱하는 데 사용되고 있다고 주장하는 비판가들을 비웃었다. 그런데 이제 테더는 그 부분을 사업 계획의 일부로 만들고 있었다.

테더의 최고 기술 책임자인 파올로 아르도이노는 "내일 비트코인 가격이 0이 된다고 할지라도 시장에서 유통되는 모든 코인은 완전히 보증될 것입니다. 테더는 비트코인에 투자한 모든 수익을 주주에게 나눠줘도, 코인 가치가 (미국 달러에) 고정된 것은 영향을 받지 않을 것입니다. 이 시나리오에서 테더는 여전히 초과 지급 준비금으로 10억 달러를 보유하고 있을 것입니다"라고 말했다.

테더는 회계법인 BDO 이탈리아의 '보증 의견'을 발표했다. 이 의견에는 테더가 보유하고 있다고 주장하는 자산을 실제 가지고 있다는 것이었다. 물론 테더는 몇 년 동안 공개하겠다고 약속한 완전 감사 재무제표를 아직 작성하지 않았다. 그리고 내가 아는 한, 미국 검찰은 여전히 테더 임원들을 수사하고 있었고, 회사 초기에 은행 계좌를 개설하는 데 사용한 속임수에 대해 금융 사기 혐의로 고소할지를 고려하고 있었다. 그러나 조사는 2018년 이후로 지지부진했고, 그 수사가 어떤 결론에 이를지 불확실했다.

테더가 파산할 것이라고 베팅했던 공매자 대부분이 포기했다. 센트럴파크에서 테더에 관한 정보를 넘겨주면 100만 달러를 주겠다고 나를 유혹했던 힌덴버그리서치의 네이트 앤더슨은 찾고 있던 폭탄을 터트리는 데 실패했다.

단순히 살아남는 것만으로도 테더는 적어도 지금은 승리했다. 신용 위기가 한창이던 시기에 하락했던 테더 미수금은 6월에 사상 최고액인 830억 달러가 됐다. 나는 마지막으로 테더에 연락해서 그동안 내가 찾아낸 사실을 자세히 작성한 문건을 넘겼다. 그런데도 대변인은 문건에 '오류와 잘못된 정보가 가득하다'고 말하며 회신하지 않았다.

나는 그저 웃을 수밖에 없었다. 나는 데바시니가 블로그에 작성했던 문장이 떠올랐다. "내가 천재이거나 나머지 모두가 무비판적으로 당신의 지능을 모욕하고 있다." 어느 쪽이든 그가 옳았다.

2023년 1월 수요일 아침, 나는 지하철을 타고 맨해튼 남쪽 끝에 있는 법원으로 갔다. 그곳에서 셀시어스와 전형적인 타락한 트레이더이자 지루한 원숭이 NFT 애호가인 제이슨 스톤의 법정공방이 예정되어 있었다. 지하철역 계단을 오르면서 나는 내 앞을 걸어가는 시무룩한 표정을 짓고 있는 남자를 봤다. 그는 헐렁한 양복을 입고 있었다. 우리 모두 3층 높이의 코린트 양식 기둥 3개가 앞에 세워진 웅장한 연방 파산 법원 쪽으로 걸어갔다. 나는 그가 셀시

비이성적
암호화폐

어스 창립자인 앨릭스 마신스키란 사실을 알아차렸다. 그는 자신을 광적으로 믿는 '셀시어스 고객'을 완전히 매혹시켜서 평생 일해서 모은 수십억 달러를 셀시어스에 맡기게 만들었다. 하지만 이제 그는 언짢은 통근자 중 한 명일뿐이었다.

그는 "여기 처음이네"라고 말했다. 우리는 주머니에 든 물건을 모두 꺼내서 바구니에 넣고 법원의 금속 탐지기를 통과했다. 그는 거기에 수십 번은 와본 사람처럼 자연스러워 보였다.

심리는 5층에 있는 523호에서 열렸다. 그곳은 원목으로 판을 댄 회의실이었고 수백 명의 관중이 앉을 수 있는 의자가 있었다. 나는 둘 중 하나였다.

스톤은 정면을 응시하며 앞줄에 앉아 있었다. 그의 얼굴은 돌처럼 굳어 있었다. 그의 옆에 변호사 3명이 앉아 있었다. 셀시어스는 변호사 6명을 대동했다. 미치 헐리Mitch Hurley가 셀시어스 변호인단을 이끌었다. 그는 에이킨검프Akin Gump의 파트너 변호사로 수임료가 시간당 1,796달러에 달했다. 그의 바짝 자른 머리에는 흰머리가 희끗희끗하게 보였고, 가는 세로줄 무늬가 들어간 회색 양복을 입고 있었다. 셀시어스가 파산신청을 한 지 6개월이 지났고, 남은 자산을 고객에게 반환하는 데 거의 진전이 없었음에도 불구하고 이 사건은 파산 변호사들에게 횡재였다.

장장 9시간 동안 양측 변호인단은 스톤이 셀시어스의 암호화폐 코인을 어떻게 관리했는가를 두고 공방을 벌였다. 이로써 셀시어스 고객에게 최소한 4만 3,416달러의 손해를 입혔다. 셀시어스는 스톤이 셀시어스 암호화폐 지갑에서 돈을 횡령해서 희귀한 NFT를 구입했다고 주장했다. 거기에는 스톤을 암호화폐 인플루언서로 만들어준 악마 돌연변이 원숭이 NFT도 포함되어 있었다. 스톤은 암호화폐 관리비의 선금으로 원숭이 NFT를 받았고, 나머지 비용을 셀시어스에게서 받지 못했다고 말했다. 그가 셀시어스에게 못 받았다고 주장하는 돈의 액수는 대략 2억 달러였다.

마신스키가 증인석에 섰을 때, 스톤 변호인단 중 한 명이 그의 신빙성을 공격했다. 이것은 꽤 쉬웠다. 그 변호사는 셀시어스가 파산하기 전 주에 마신스키가 올린 트위터 메시지를 읽었다. 그 메시지에서 마신스키는 고객들에게 아무 문제가 없다고 이야기했다. 그리고 그는 전 주에 뉴욕 검찰총장이 제기한 소송을 언급했다. 뉴욕 검찰총장은 회사 자산으로 비밀리에 도박을 하면서 자금이 안전하다고 고객들을 속인 혐의로 마신스키를 상대로 소송을 제기했다.

변호사는 스톤이 NFT를 산다는 것을 마신스키는 분명히 알고 있었다고 주장했다. 스톤이 그것을 트위터에 자랑했기 때문이었다. 이 주장은 스톤의 트위터 계정이 유명한지와, 마신스키가 그의 트위터 메시지를 읽는지에 대한 공방으로 이어졌다.

마신스키는 "제 피드에 있었습니다. 그래서 확신합니다. 저는 가끔 트위터 메시지를 봅니다. 하지만 이것은 제가 제이슨이 갖고

비이성적
암호화폐

있는 NFT가 뭔지를 아느냐 모르느냐와는 아무 상관없습니다"라고 더듬거리며 말했다.

파산 법정의 수석판사인 마틴 글렌Martin Glenn이 줌으로 재판을 주재했다. 카메라 조작에 미숙한지 그는 가끔 카메라에서 사라졌다가 머리가 없는 상태로 다시 나타나곤 했다. 헐리는 "존경하는 재판장님, 잠시 쉬는 게 어떤가요? 카메라가 당신의 가슴을 비추고 있습니다"라고 지적했다. 글렌은 원숭이 그림의 소유권을 가리는 재판을 주관하는 것이 못마땅한 듯이 보였다. 어느 순간 그는 굳은 표정으로 매섭게 카메라를 가만히 노려봤다. 접속 불량으로 피드가 중단된 것인지 아니면 그가 너무 짜증이 나서 표정이 굳은 것인지 알 수가 없었다.

쉬는 시간 동안 스톤과 나는 홀에서 잠깐 대화를 나눴다. 그는 "지루해요"라고 내게 말했다. 그는 태국에서 발견해서 입양한 개 사진을 내게 보여줬다. 그는 우울증 때문에 케타민을 처방받아 복용하고 있어서 기분이 조금 나아졌다고 말했다.

법정공방의 주요 쟁점 중 하나는 스톤이 셀시어스 암호화폐 지갑의 비밀번호를 어디에 적어두었냐였다. 스톤은 내가 원숭이 NFT를 살 때 사용했던 그의 브라우저에 설치된 여우머리 아이콘에 셀시어스의 자금을 보관했다. 그가 여우머리 아이콘에 보관했던 셀시어스 자금은 코인으로 14억 달러, 대출금으로 6억 달러였다. 그는 비밀번호를 아버지에게 불러줬고, 아버지는 그것을 작은 메모장에 받아 적었다고 말했다. 헐리는 그가 그 돈을 되돌려주기로 약속했다고 말했다. 그런데 스톤은 변호사 비용으로 며칠 전 그 돈을 사용했다고 시인했다. 에이킨검프 변호인단 중 한 명이 "미쳤다"라고 소리 내지 않고 입 모양으로만 말했다. 그러고는 미소를 감추기 위해서 손으로 입을 덮었다.

그 변호사는 셀시어스 지갑에 기록된 모든 거래내역이 적인 엑셀 스프레드시트를 컴퓨터 화면에 띄웠다. 그것은 법정의 왼쪽에 설치된 대형 화면으로도 볼 수 있었다. 나는 일어서서 화면을 자세히 살폈다. 각 줄에 셀시어스의 지갑 주소인 '0xb1adceddb2941033a090dd166a462fe1c2029484'가 적혀 있었다. 문자와 숫자가 마구잡이로 섞여 있었다.

암호화폐 신화가 이것에 의미를 부여했다. 각각이 미래 예술의 소유권이나 금융계를 혁명적으로 바꿀 디파이 투자를 나타냈다. 사람들은 암호화폐 스프레드시트에 줄을 추가해서 자신이 도지코인이나 희귀한 지루한 원숭이 NFT의 주인임을 기록하기 위해서 수백만 달러를 지불했다. 뱅크먼-프리드는 이런 스프레드시트를 조작해서 세계에서 가장 부유한 사람 중 하나가 됐다.

스프레드시트는 법정에 설치된 모니터 화면에서 힘을 잃었다. 그것은 그저 문자와 숫자가 무작위로 뒤섞인 일련번호가 적힌 금융 기록에 불과해 보였다. 그것이 다른 무언가를 의미한다고 생각하기는 어려웠다.

비이성적
암호화폐

장진영

경북대학교 영어영문학과와 경영학을 복수전공하였으며, 서울외국어대학원대
학교 통번역대학원 한영번역과를 졸업하였다. 홈페이지 영문화 번역 등 다년간
기업체 번역을 하였으며, 현재 번역에이전시 엔터스코리아에서 출판 기획 및 전
문 번역가로 활동하고 있다. 주요 역서로는 『클라우드 머니』, 『더 나은 삶을 위
한 경제학』, 『돈의 탄생 돈의 현재 돈의 미래』, 『아이디어』, 『스타트업 웨이브』,
『더 클럽The Club』, 『빅데이터, 돈을 읽다』 등이 있다.

비이성적 암호화폐

1판 1쇄 인쇄 2024년 4월 25일
1판 1쇄 발행 2024년 5월 3일

지은이 제크 포크스
옮긴이 장진영

발행인 양원석
편집부 출판기획실
디자인 김유진 **영업마케팅** 양정길, 윤송, 김지현, 정다은, 박윤하

펴낸 곳 ㈜알에이치코리아
주소 서울시 금천구 가산디지털2로 53, 20층 (가산동, 한라시그마밸리)
편집문의 02-6443-8842 **도서문의** 02-6443-8800
홈페이지 http://rhk.co.kr
등록 2004년 1월 15일 제2-3726호

ISBN 978-89-255-7505-6 (03320)